·北京师范大学史学探索丛书·

从历史到史学

向燕南 著

北京师范大学出版集团
BEIJING NORMAL UNIVERSITY PUBLISHING GROUP
北京师范大学出版社

图书在版编目(CIP)数据

从历史到史学／向燕南著.—北京：北京师范大学出版社，2010.9
（北京师范大学史学探索丛书）
ISBN 978-7-303-10992-0

Ⅰ.①从… Ⅱ.①向… Ⅲ.①史学史—中国—文集 Ⅳ.①K092.53

中国版本图书馆CIP数据核字（2010）第 083965 号

营 销 中 心 电 话　010-58802181　58808006
北师大出版社高等教育分社网　http://gaojiao.bnup.com.cn
电 子 信 箱　beishida168@126.com

出版发行：	北京师范大学出版社　www.bnup.com.cn
	北京新街口外大街19号
	邮政编码：100875
印　　刷：	北京中印联印务有限公司
经　　销：	全国新华书店
开　　本：	170 mm × 230 mm
印　　张：	20.5
字　　数：	285 千字
版　　次：	2010 年 9 月第 1 版
印　　次：	2010 年 9 月第 1 次印刷
定　　价：	40.00 元

策划编辑：李雪洁	责任编辑：唐正才　李雪洁
美术编辑：毛 佳	装帧设计：毛 佳
责任校对：李 菡	责任印制：李 啸

版权所有　侵权必究

反盗版、侵权举报电话：010—58800697
北京读者服务部电话：010—58808104
外埠邮购电话：010—58808083
本书如有印装质量问题，请与印制管理部联系调换。
印制管理部电话：010—58800825

北京师范大学史学探索丛书
编辑委员会

顾　问　何兹全　龚书铎　刘家和　瞿林东　陈其泰
　　　　郑师渠　晁福林
主　任　杨共乐
副主任　李　帆　易　宁
委　员（按姓氏笔画排序）
　　　　马卫东　王开玺　王冠英　宁　欣　汝企和
　　　　张　皓　张　越　张荣强　张建华　郑　林
　　　　侯树栋　耿向东　梅雪芹

出版说明

在北京师范大学的百余年发展历程中，历史学科始终占有重要地位。经过几代人的不懈努力，今天的北师大历史学院业已成为史学研究的重要基地，是国家"211"和"985"工程重点建设单位，首批博士学位一级学科授予权单位。拥有国家重点学科、博士后流动站、教育部人文社会科学重点研究基地等一系列学术平台。科研实力颇为雄厚，在学术界声誉卓著。

近年来，北师大历史学院的教师们潜心学术，以探索精神攻关，陆续完成了众多具有原创性的成果，在历史学各分支学科的研究上连创佳绩，始终处于学科前沿。特别是崭露头角的部分中青年学者的作品，已在学术界引起较大反响。为了集中展示北师大历史学院的这些探索性成果，也为了给中青年学者的后续发展创造更好条件，我们组编了这套"北京师范大学史学探索丛书"，希冀在促进北师大历史学科更好发展的同时，为学术界和全社会贡献一批真正立得住的学术力作。这些作品或为专题著作，或为论文结集，但内在的探索精神始终如一。

当然，作为探索丛书，特别是以中青年学者作品为主的学术丛书，不成熟乃至疏漏之处在所难免，还望学界同仁不吝赐教。

北京师范大学历史学院
北京师范大学史学理论与史学史研究中心
北京师范大学史学探索丛书编辑委员会
2010年3月

目 录

北魏太武灭佛原因考辨 …………………………………… 1

战国末期新道家的历史思想 ……………………………… 20

《史记》编纂体例之数的意义 ……………………………… 34

论匡正汉主是班固撰述《汉书·五行志》的政治目的 …… 44

从"荣经陋史"到"六经皆史":宋明经史关系说的演化及意义之探讨 … 53

从国家职能看明清官修史学 ……………………………… 73

明至清前期海外关系的变化与史学 ……………………… 85

论明代经济史撰述的突出发展 …………………………… 99

从"主于道"到"主于事":晚明经世史学的实学取向及局限 … 113

晚明士人自我意识的张扬与史学评论 …………………… 134

引领历史向善:方孝孺的正统论及其史学影响 ………… 150

"技艺与德岂可分两事":唐顺之之实学及其转向的思想史意义 …… 161

薛应旂的理学特点与史学思想 …………………………………… 176

王圻纂著考 …………………………………………………… 197

20世纪二三十年代中国新社会科学运动与史学发展的新境界 …… 209

拓荒与奠基：陶希圣创办《食货》的史学意义 ………………… 239

试析陈寅恪晚年"著书唯剩颂红妆"之因 ………………………… 261

道与势：传统史权与君权的紧张 ………………………………… 271

早期史官的制度形态与中国历史编纂致用传统的生成 …………… 285

从"是/应该"问题看传统史学理论中的现代因素 ………………… 292

后现代理论视域下的问题意识与史学史的重写 ………………… 306

为史学求善而辩 ……………………………………………… 314

史学：后现代主义思潮之后的思考 ……………………………… 317

北魏太武灭佛原因考辨

一、关于太武灭佛原因的两种观点及分析

关于北魏太武灭佛的原因，史学界目前存在着两种说法：一是佛道之争说。如侯外庐先生认为："其发动太武毁佛则是土著宗教对于外来宗教的联合进攻。"王仲荦先生也认为，灭佛是由于"搀入了佛道之争的因素"才发生的[①]。二是经济原因说。如金家瑞先生在《北朝的寺院地主》一文中认为，太武灭佛的原因，是代表封建农奴生产方式的寺院经济与北魏初期占统治地位的奴隶生产方式的游牧经济争夺劳动人口的斗争。

笔者认为两种观点都有不妥之处，都忽略了灭佛前北魏的政治史实与灭佛事件的联系；没有注意到太武时期两次灭佛的不同原因。甚至有人沿袭《魏书·释老志》记载的错误，将两次灭佛误为一次。按《魏书》中的《世祖纪》和《释老志》都记载有"禁私养沙门"诏，二者除文字稍有出入外，意思基本相同。《世祖纪》记载该诏发于太平真君五年（444）正月戊申，而《释老志》则将该诏记在太平真君七年太武帝西入长安之后。按《魏书》的《世祖纪》和《天象志》记载，太武帝是在太平真君七年二月才入长安的，而是年正月无戊申日。《北史》和《资治通鉴》均未按《释老志》而从《世祖纪》的记载。因此，可以肯定《魏书·释老志》记载错误。金家瑞先生不辨辄引，显然没有注意到太平真君五年（444）的灭佛事件。又如侯外庐先生，把太平真君五年计算为纪元446年，显然错误。如果侯先生不是笔误的话，则很可能也把二次灭佛混为一次了。

[①] 侯外庐：《中国思想通史》第3卷，358~359页，北京，人民出版社，1957；王仲荦：《魏晋南北朝史》下册，866页，上海，上海人民出版社，1980。此外还有一些论及崔浩和寇谦之及其新道教的文章和著作，也都执佛道之争说，如牟润孙的《崔浩与其政敌》，卿希泰的《中国道教思想史纲》第1卷等。

对于太武灭佛的原因，执佛道之争说者，都举出太武、崔浩和寇谦之三人与佛道二教的关系为依据。但细考三人与佛道二教的关系，并不足以构成促发二次灭佛的原因。试证如下：

（一）太武与佛道之关系

考道士寇谦之在太宗拓跋嗣时期便活动于魏廷之间，并与崔浩相互引为知己，同志于辅弼"北方太平真君"。其详见《魏书·崔浩传》。史称一俟太武即位（始光元年，424），谦之便"奉其书而献之"，世祖"于是崇奉天师，显扬新法，宣布天下，道业大行"①。然而，于其时到太平真君五年（444）第一次灭佛，有20年的时间，太武对沙门却依然礼敬，"每引高德沙门，与共谈论"。② 其中，《魏书》和《高僧传》中所载太武对释惠始的礼敬，以及对释昙无谶的向往便是例子。③ 至于其间，太武帝诏"罢沙门五十已下者"，则另有原因。《魏书·释老志》载："太延中，凉州平，徙其国人于京邑，沙门佛事皆俱东，象教弥增矣。寻以沙门众多，诏罢年五十已下者。"④ 按《魏书·世祖纪》载，此诏发于太延四年（438），时凉州并未平，《释老志》记载错误。据《魏书·世祖纪》和《魏书·蒙逊传》，北魏大举伐凉是在太延五年六月。不过推测此诏仍与伐凉有关。《魏书·李顺传》载：

> 太延三年，顺复使凉州，及还，世祖曰："昔与卿密图，期之无远。但以顷年东伐，未遑西顾，荏苒之间，遂及于此。今和龙既平，三方无事，比缮甲治兵，指营河右，扫荡万里，今其时也。卿往复积

---

① 《魏书·释老志》，3052～3053页，北京，中华书局，1974。
② 同上书，3032页。
③ 按《魏书·释老志》载："世祖初平赫连昌，得沙门惠始……统万平，惠始到京都，多所训导，时人莫测其迹。世祖甚之，每加礼敬。"见《魏书》，3032～3033页。又《高僧传》卷2记载："时魏虏拓跋焘闻（昙无）谶有道术，遣使迎请，且告（蒙）逊曰：'若不遣谶，便即加兵。'……又命逊曰：'闻彼有昙摩谶法师，博通多识，罗什之流，秘呪神验，澄公之匹，朕思欲讲道，可驰驿送之'……"见《高僧传》，76页，北京，中华书局，1992。
④ 《魏书》，3032页。

岁，洞鉴废兴，若朕此年行师，当克以不？"顺对曰："臣畴日所启，私谓如然。但民劳既久，未获宁息，不可频动，以增劳悴。愿待他年。"世祖从之。①

考《魏书·世祖纪》和《魏书·蒙逊传》，上引对话似在太延三年（437）的下半年，因此翌年三月有诏罢沙门五十以下者，以为伐凉作准备。《通鉴》该条下胡三省注云："以其强壮，罢使为民，以从征役"，是正确的。故此诏并不能说明太武帝对佛教的仇怼。《高僧传》载：凉州平后，玄高等沙门随之东来，宏扬佛法，从师者甚众，而在太平真君五年（444）以前，并未见限禁。其中玄高在太平真君五年遇害时年仅43岁，其弟子玄畅时年方29②。可见"罢沙门五十已下者"，仅仅是一个临时征发劳役的措施。

《续高僧传·僧朗传》虽记载有平凉后，太武帝欲杀三千沙门的事，但这仅是由于这些沙门参加了抵抗魏军的战争，而非由于佛道之争。该传记云：

> 魏虏攻凉城，城民素少，乃逼斥道人，用充军旅，队别兼之。及**輽輼**所拟，举城同队，收登城僧三千人至军，将魏主所，谓曰："道人当坐禅行道，乃复作贼，深当显戮，明日斩之。"至期，食时，赤气数丈贯日直度。天师寇谦之为帝所信，奏曰："上天降异，正为道人，实非本心，原不须杀。"帝弟赤坚王亦同谦请。乃下敕止之。③

又，审《魏书·世祖纪》所载太平真君五年（444）发布的灭佛诏，

---

① 《魏书》，832页。
② 按《高僧传》卷13，《玄畅传》记载，玄畅死于南齐永明二年（484）十一月，时年69，故推算太平真君五年（444）玄高遇害时，玄畅为29岁。见《高僧传》，489页。
③ 《续高僧传》，第113册，793～794页，彰化，台湾传正有限公司编辑部，1997年精缩新版《乾隆大藏经》。

太武实采取的是佛道均灭的政策。该诏云：

> 愚民无识，信惑妖邪，私养师巫，挟藏谶记、阴阳、图纬、方伎之书，又沙门之徒，假西戎虚诞，生致妖孽。非所以壹齐政化，布淳德于天下也。自王公已下至于庶人，有私养沙门、师巫及金银工巧之人在其家者，皆遣诣官曹，不得容匿。限今年二月十五日，过期不出，师巫、沙门身死，主人门诛。明相宣告，咸使闻知。①

关于道教与巫觋的关系，陈符国先生在《道藏源流考》一书中，附录有《天师道与巫觋有关》一文，论述详备。② 虽说当时道教流派纷杂，但寇谦之确实和天师道关系密切。这点陈寅恪先生在《崔浩与寇谦之》一文中详有考证。③ 姑且不论巫道的同异，仅就灭佛而言，灭佛与禁师巫，以及禁谶记、阴阳、图纬、方伎之书间有什么联系？与一天后所发"禁私学，谐太学"诏书间又有什么关系？因此，抑而思之，诏书必为它因而发，而非由于简单的佛道之争。对此详在后考。

佛道之争说者，又往往举出太子晃师沙门玄高被杀之事作佐证。该事《魏书》和《宋书》均未见载，而载于《南齐书·魏虏传》和《高僧传·玄高传》。其曰魏太子晃笃信佛教，师事沙门玄高。初，拓跋晃遭谗受到太武帝的怀疑，晃便请玄高作"金光斋七日恳忏"。太武帝"乃梦见其祖及父，皆执剑烈威"，斥责太武帝。太武帝为之惊醒，于是对晃"无复疑焉"，并始立晃为太子，总理百揆。时受太武宠信的崔浩和寇谦之"恐晃纂承之日，夺其成柄"，乃潜言晃及玄高于太武帝。太武帝"遂勃然大怒，即敕收高"，于太平真君五年九月十五日处死。同时被杀的还有魏尚书韩

---

① 《魏书》，97页。
② 见陈符国：《道藏源流考》附录二，《道藏札记》，260~261页，北京，中华书局，1963。
③ 该文收陈寅恪著：《金明馆丛稿初编》，107~140页，上海，上海古籍出版社，1980。

万德的门师释慧崇。① 按《通鉴考异》已疑《高僧传》和《南齐书》所记不全为实录，谓应从《魏书》。② 据《魏书·世祖纪》和所附《恭宗景穆帝晃纪》载：太子晃在太平真君四年十一月从太武帝远伐柔然，由于对敌情判断正确（更重要的原因在后面说明），"自是恭宗所言军国大事，多见采纳"；即尔，太武帝便依此发诏："令皇太子副理万机，总统百揆"。其时在伐柔然归程之中。翌年正月壬寅，太子正式监国。以《魏书》和《高僧传》、《南齐书》的记载比较，显然后二者所记不合情理。又，太平真君五年所发"禁私养沙门、巫觋"诏，明确规定："限今年二月十五日，过期不出，师巫、沙门身死，主人门诛。"而玄高和慧崇是在这年九月方被出絷，九月十五日被刑，按诏书精神，本是在情理中事。其中未必搀有佛道之争的因素。《高僧传》、《南齐书》所记，肯定多系灭佛后南逃僧众的附会穿凿之辞。

虽太武帝崇信道士寇君谦之，并曾亲诣道坛受符，然此并不能说明太武帝反对佛教。史记自太武以后，北魏诸帝无论崇佛信道，"每即位皆如之"，③ 诣道坛受符，其显然不可能都看作是反佛教。

（二）崔浩与佛道二教之关系

崔浩为北方大儒。考其思想，旨在实现儒家的理想社会，并以此为基础与寇谦之契合。这在陈寅恪先生的《崔浩与寇谦之》一文中，考论博洽。进而考证崔浩的思想行径，与其说佞道菲佛，毋宁说更重世族高门。他对世族之士，往往并不以其佞佛为意。如《魏书·王慧龙传》载：

> 初，崔浩弟恬闻慧龙王氏子，以女妻之。浩既婚姻，及见慧龙，曰："信王家儿也。"王氏世齇鼻，江东谓之齇王。慧龙鼻大，浩曰："真贵种矣。"数向诸公称其美。司徒长孙嵩闻之，不悦，言于世祖，

---

① 见《南齐书》，983～984页，北京，中华书局，1972；《高僧传》卷11。
② 《通鉴考异》文字见《资治通鉴》卷124，3902页，北京，中华书局，1956。又《通鉴考异》曰《宋·索虏传》云云。按温公此误也，《宋书·索虏传》无此记载，该记载实见于《南齐书·魏虏传》。
③ 《魏书》，3053页。

以其叹服南人，则有讪鄙国化之意。世祖怒，召浩责之。浩免冠陈谢得释。

……

宝兴（慧龙子）少孤，事母至孝。尚书卢遐妻，崔浩女也。初，宝兴母及遐妻俱孕，浩谓曰："汝等将来所生，皆我之自出，可指腹为亲。"及婚，浩为撰仪，躬自监视。谓诸客曰："此家礼事，宜尽其美。"①

从上引文可见崔浩对王氏的推重。可是不但王氏家族与释门关系密切，史书多有记载，就是王慧龙本人，也和释门有很多瓜葛。《魏书·王慧龙传》载：

王慧龙，自云太原晋阳人，司马德宗尚书仆射愉之孙，散骑侍郎缉之子也。……初，刘裕微时，愉不为礼，及得志，愉合家见诛。慧龙年十四，为沙门僧彬所匿。百余日，将慧龙过江，为津人所疑，曰："行意匆匆傍徨，得非王氏诸子乎？"僧彬曰："贫道从师有年，止西岸，今暂欲定省，还期无远，此随吾受业者，何至如君言。"既济，遂西上江陵，依叔祖忱故吏荆州前治中习辟疆。时刺史魏咏之卒，辟疆与江陵令罗脩、前别驾刘期公、土人王腾等谋举兵，推慧龙为盟主，克日袭州城。而刘裕闻咏之卒，亦惧江陵有变，遣其弟道规为荆州，众遂不果。罗脩将慧龙，又与僧彬北诣襄阳。

……

慧龙自以遭难流离，常怀忧悴，乃作《祭伍子胥文》以寄意焉。生一男一女，遂绝房室。布衣蔬食，不参吉事。……真君元年，拜使持节、宁南将军、虎牢镇都副将。未至镇而卒。临没，谓功曹郑晔曰："吾羁旅南人，……身殁后，乞葬河内州县之东乡，依古墓而不坟，足藏发齿而已。庶魂而有知，犹希结草之报。"……吏人及将士共

---

① 分见《魏书》，875～876、877页。

于墓所起佛寺，图慧龙及僧彬象赞之。①

从上述王慧龙平生行径看，他与释门的关系一直很密切，礼拜之举恐怕也不会少。崔浩却丝毫不以为意，不但推重，亦一再与之联姻婚媾。足证其重世族胜于释道之隙。

又，崔浩与其父推重的"贤俊之胄"勃海高允，也和释门关系密切。《魏书·高允传》载：

> 允少孤夙成，有奇度，清河崔玄伯见而异之，叹曰："高子黄中内润，文明外照，必为一代伟器，但恐吾不见耳。"年十余，奉祖父丧还本郡，推财与二弟而为沙门，名法净。

高允出家后，虽"未久而罢"，但其一生始终对佛崇敬不移。曾作《鹿苑赋》弘赞佛德，文载《广明弘集》卷二十九。

史载崔浩之妻太原郭氏笃信佛教，礼拜特勤。崔浩虽鄙视，然仍予容忍，并且相依被祸受诛。此亦可佐证崔浩重高门，超过对佛教的嫌隙。

（三）寇谦之与佛道二教之关系

寇谦之革新道教的过程中，与僧徒多有往来，受佛教影响很多。陈寅恪先生著《崔浩与寇谦之》文中，有详细的考证，此不赘述。又，据《魏书·释老志》载，寇谦之自称接受有老君玄孙李谱文赐《天中三真太文录》，"凡六十余卷，号曰《录图真经》"。其中"《经》云：佛者，昔于西胡得道，在三十二天，为延真宫主。勇猛苦教，故其弟子皆髡形染衣，断绝人道，诸天衣服悉然。"②审其文意，对佛教不但无半点菲薄之辞，反而认为佛得道。这种认识焉能灭佛！前引《续高僧传·僧朗传》载平凉后寇谦之力救三千僧众，和《魏书·释老志》载在太平真君七年（446）其

---

① 《魏书》，875～877页。
② 《魏书》，3051～3052页。

"苦与浩争",①反对灭佛,应是其思想的必然反映。所以《集古今佛道论衡》载道士郭行真语,谓:"陶(贞白)、寇(谦之)两桀,摄敬释宗",是有根据的。

以上考证,说明佛道之争不足以构成太武灭佛的原因。至于金家瑞先生所执的经济原因说,除前面举出的史料错误外,对史实的分析也有不妥之处。

金家瑞先生仅依据太延五年(439)发布的"罢沙门五十已下者"诏,便认为太武时期,北魏境内已存在有较发达的寺院经济,并已与国家发生争夺劳动人口的冲突,从而构成太武灭佛的原因。按此论断并不符合当时历史事实。其实只要分析下北魏当时内部及周边情况,便会理解太武之所以要诏"罢沙门年五十已下者"。②

灭凉前,北魏已统一了除凉州外的黄河流域。占领凉州,不但可以改变北凉与柔然对北魏西北两向的犄角之势,削弱北魏最感头疼的柔然力量,使之能够全力对付南方的刘宋政权,而且能够控制整个河西走廊,从而获得商贸等各方面的惠益。但是,北魏伐凉有许多困难。首先就是由于南北设防,西向出兵,和"戎车屡动"而造成的人力匮乏的局面。因此,伐凉几乎遭到魏廷的举朝反对。在这种情况下,"锐志武功,每以平定祸乱为先"的太武帝,③临时诏"罢沙门五十以下者""以从征役",便是自然之事了。事实上,如前考,这项政策也确实仅是临时应急之措,伐凉后便不再执行了。

另外,作为一种社会经济成分,就必须在劳动人口的占有、生产资料的占有及其产品在社会总生产量中的比例等方面,在整个社会经济中具有相当的影响,但是北魏初期的佛教并没有出现这样的情况。北魏统一北方以前,由于战祸不断,相对和平稳定的时期很少,寺院经济根本没有获得稳定发展的条件。当时,后赵、前秦、后秦等割据政权,虽然都佞佛甚笃,使佛教在其境内得到一定的发展,但是随着每一政权的崩溃,僧徒不

---

① 《魏书》,3035页。
② 《魏书》,88页。
③ 《魏书》,3033页。

是流散各地，就是避居山林。如《高僧传》记载，冉闵乱后，仅随释道安南奔的僧徒就有四百余人。另外，从记载的情形看，当时寺院中的劳作者，也仅限于下层僧侣。如释道安曾被"驱役田舍，至于三年"，法显"尝与同学数十人于田中刈稻"。①

北方寺院经济的真正形成，应在北魏中期以后。由于北方长期的和平局面，佛教势力迅速增长。到孝文帝时，北魏全国僧尼数目便达到 7.7 万余人。② 又由于统治者的推崇，佛教的政治地位也迅速提高。这时的寺院已不仅仅占有下层僧侣的劳动，而且还拥有众多的奴隶，甚至民户。《魏书·释老志》载：

> 和平初（460—465）……昙曜奏："平齐户及诸民，有能岁输谷六十斛入僧曹者，即为'僧祇户'，粟为'僧祇粟'，至于俭岁，赈给饥民。又请民犯重罪及官奴以为'佛图户'，以供诸寺扫洒，岁兼营田输粟。"高宗并许之。于是僧祇户、粟及寺户，遍于州镇矣。③

这样才构成与政府分享社会劳动人口、生产资料及产品的经济结构。到寺院与政府争夺劳动人口的斗争尖锐化，则更在以后。《魏书·释老志》记载的"正光（520—524）已后，天下多虞，王役尤甚，于是所在编户，相与入道，假慕沙门，实避调役"便是明证。因此，寺院与政府间的经济斗争不是太武灭佛的原因。

二、太武第一次灭佛原因考

关于太武第一次灭佛的时间前已考证，《魏书·释老志》所记时间混

---

① 法显与释道安事均见于《高僧传》本传。
② 《魏书·释老志》载："自兴光（454）至此（太和元年，477），京城内寺新旧且百所，僧尼二千余人，四方诸寺六千四百七十八，僧尼七万七千二百五十八人。"《魏书》，3039 页。
③ 《魏书》，3037 页。

乱，应以《魏书·世祖纪》为准，即太平真君五年（444）。但这次灭佛的原因，史书中却无明确的说明。值得注意的是，就在这年发诏灭佛的后一天，太武帝又发"禁私学诣太学"诏。《魏书·世祖纪》载其诏云：

> 自顷以来，军国多事，未宣文教，非所以整齐风俗，示轨则于天下也。今制自王公已下至于卿士，其子息皆诣太学。其百工伎巧，驺卒子息，当习其父兄所业，不听私立学校，违者师身死，主人门诛。①

二诏所发的时间相距如此之近，而且二诏的内容也都是有关整齐风化、加强政治控制的内容，这便给我们提供了线索。

按北魏承汉以来的遗风，鬼神方术、谶纬之学特别发达，蔚然成风，无论王廷民间都笃信不疑。太武帝也是如此，军政大事无不先予之卜问。其所信任的重臣如崔浩、高允、许彦等辈，也都长于图谶；同时，时佛教徒往往也借助于鬼神方术扩大其影响。拓跋鲜卑初入中原，对佛教的认识更多局限于此，如太武对惠始、昙无谶及玄高的认识。因而造成当时一般人对于阴阳方术、图纬谶记、释子道徒往往无别，而统称之道术、道人。

时图纬谶记之盛行，不但统治者以应图符谶自我标榜，阴谋僭逆的野心家，以及农民起义的组织者，也往往以之为号召。如汉末黄巾起义就按谶纬之说提出"苍天已死，黄天当立"的口号。袁术亦以谶言"代汉者当涂高"，认为其名字应之，遂生僭逆之谋。②《魏书·太宗纪》载，明元泰常元年三月，"常山民霍季，自言名载图谶，持一黑石以为天赐玉印，诳惑聚党，入山为盗"。③考灭佛前的史实，太武第一次灭佛与这些有着极密切的关系。《魏书·刘洁传》载：

> 世祖之征也，洁私谓亲人曰："若军出无功，车驾不返者，吾当

---

① 《魏书》，97页。
② 见《资治通鉴》，"建安元年"，1981页。
③ 《魏书》，56页。

立乐平王。"洁又使右丞张嵩求图谶,问,"刘氏应王,继国家后,我审有姓名否?"嵩对曰:"有姓而无名。"穷治款引,搜嵩家,果得谶书。洁与南康公狄邻及嵩等,皆夷三族,死者百余人。①

《魏书·乐平王丕传》载:

  乐平王丕,少有才干,为世所称。太宗以丕长,爱其器度,特优异之。……后坐刘洁事,以忧薨。事在《洁传》。谥曰戾王。
  ……
  丕之薨及日者董道秀之死也,高允遂著《筮论》曰:"昔明元末起白台,其高二十余丈,乐平王尝梦登其上,四望无所见。王以问日者董道秀,筮之曰:'大吉。'王默而有喜色。后事发,王遂忧死,而道秀弃市。……"②

《魏书·乐安王范传》载:

  乐安王范,泰常七年封……后刘洁之谋,范闻而不告。事发,因疾暴薨。③

  考《魏书》的《世祖纪》、《蠕蠕传》及《刘洁传》,刘洁等人谋反,正值太武帝率师北伐柔然,时间是太平真君四年(443)九月至十二月。史记刘洁在这次征伐中,初"矫诏更期",至使魏军四路合击的战略计划落空;继而劝阻太武帝追击溃虏,使之逃脱;再又在魏军"师次漠中,粮尽,士卒多死"时,"阴使人惊军,劝世祖弃军轻还"。可见刘洁在北伐中,一直在伺机谋反。又,考太武北伐的四路主帅分别是:东路,乐安王范、建宁王崇;西路,乐平王丕;太武亲帅中路;中山王辰帅师为中路后

---

① 《魏书》,689页。
② 《魏书》,413~414页。
③ 《魏书》,414~415页。

继。其中西路乐平王丕直接参与谋反，东路乐安王范知谋不报，实同同谋。而据《魏书·世祖纪》载，次年"二月辛未，中山王辰等八将，以北伐后期，斩于都南"。① 疑其也与此次谋反有关，故在这些人被刑一天之后，乐平王丕便忧惧暴卒。② 如辰等确与谋反有关，则北伐的四路之中，三路对太武帝有离异之心。其中包括有二位太武帝的兄弟和一位宗室，③ 直接威胁太武的统治地位。在整个政变的过程中，巫觋、道士显然有促燃爨火的作用，所以太武要"穷治款引"，大灭巫觋沙门。而这抑或就是在政变发生几天之后，太武帝发"禁私养巫觋沙门"和"禁私学诣太学"诏的原因？

  刘洁、乐平王丕等人发动的政变，有着深刻的历史原因，实是北魏统治阶级内部斗争的产物。按上引高允的《筮论》云，乐平王丕的僭逆之心，早在明元帝末期便萌生了。疑这和皇位的继承有关系。而其时皇位的嬗递，又往往和皇权与鲜卑旧贵族势力消长紧密关联。

  北魏是从一个原始的部落联盟，通过军事征服形成的政权。随着统治区域的扩大，不断深入具有先进文化的中原地区，拓跋鲜卑的社会组织也随之发生急剧深刻的变化。从原始社会飞跃到奴隶社会，到太祖拓跋珪时期，又开始向封建社会迈进。这种急剧的变化，使得北魏社会形成一个复杂的混合体，即原拓跋鲜卑落后的社会结构与中原先进的社会结构并存。反映到政治制度上，就是带有军事民主色彩的诸部大人会议制与中原的官僚制度并存。这种情况便构成了北魏政权内部新旧二种势力激烈斗争的局面。以纥骨（胡）、普（周）、拓跋（长孙）、达奚（奚）、伊类（伊）、丘敦（丘）、侯（亥），加上乙旃氏（叔孙）、车焜氏（车）及帝室等诸姓为代表的诸部大人，既是鲜卑旧贵族势力的渊薮，也是阻碍皇权发展的障碍。他们往往通过对最高统治者的推举，来保证其自身利益的实现。而在当政者与其利益相悖的时候，他们又会寻找新的代理人，从而使魏初不断

---

① 《魏书》，97页。
② 《魏书·世祖纪》："癸酉，骠骑大将军、乐平王薨。"《魏书》，97页。
③ 按辰未书姓，应为拓跋氏。

发生僭逆弑杀事件。明元以前，皇室拓跋元氏虽然已经拥有踞于其他部帅之上的最高统治权，太祖拓跋珪采取的"离散诸部，分土定居"的政策，①也在一定程度上削弱了鲜卑旧贵族势力的基础，但是鲜卑旧贵族仍有很大影响。《魏书·官氏志》载，道武天兴元年（398）"十二月，置八部大夫、散骑常侍、待诏等官。其八部大夫于皇城四方四维面置一人，以拟八座，谓之八国。常侍、待诏侍直左右，出入王命"。②"八部大夫"，在《魏书·食货志》中又称"八部帅"，③可见八部大人制在当时仍有相当影响，表明鲜卑旧贵族仍有着特殊的地位。事实上，明元帝本人也是借助鲜卑旧贵族的力量，平定其兄弟拓跋绍的政变才当政的。鉴于这种情况，明元帝当政后开始实行折中性的政策：一方面复置"八大人官"来"总理万机"，"世号八公"；④一方面采用崔浩的建议，按汉制建立太子制度，依此来保证政权的稳定和皇位的世袭。

如果说为明元帝所"爱其器度，特优异之"的乐平王丕，一度曾有过高坐皇位的希望的话，那么，太子制度的建立，必然会打破这种诱人的可能。但是，北魏初期当政者与鲜卑旧贵族间矛盾的调合，是以各自利益为前提的。即当政者需要那些勇猛彪悍的鲜卑军人去进行军事征服，开拓疆土，鲜卑贵族则依靠北魏王廷，来使自己获得禄位和奴隶等财产。然而，一切都随着太武时期北魏在中原统治区域的扩大发生了变化。正像高允在《征士颂》中所说的那样："魏自神䴥已后，宇内平定，诛赫连积世之僭，扫穷发不羁之寇，南摧江楚，西荡凉域，殊方之外，慕义而至。于是偃兵息甲，修立文学，登延俊造，酬咨政事。梦想贤哲，思遇其人，访诸有司，以求名士。"⑤至平凉以后，黄河流域完全统一，鲜卑军人的作用愈益减少。同时，为了保证对中原地区的统治，加强皇帝的专制权力，太武帝

---

① 《魏书·外戚上》，1812页。
② 《魏书》，2972页。按中华书局标点本，"常侍"二字上属，断句号。然揆诸文，二字似应下属。
③ 《魏书》，2850页。
④ 《魏书·官氏志》，2975页。
⑤ 《魏书·高允传》，1081页。

亦开始更重视采用汉制,广延汉族士人。其时先后擢用汉族士人,有范阳卢玄、博陵崔绰、赵郡李灵、河间邢颖、勃海高允、广平游雅、太原张伟等数百人担任官职,而于鲜卑旧贵族则日渐疏远,从而引起他们的不满。统治阶级内部矛盾骤然尖锐。刘洁、乐平王丕等人的未遂政变,就是在这种背景发生的。

刘洁,按姚薇元先生考证应为鲜卑人。① 刘氏亦为北魏内入诸姓中的勋臣八姓之一。按《魏书·官氏志》载孝文太和十九年(495)诏曰:"穆、陆、贺、刘、楼、于、嵇、尉八姓,皆太祖以降,勋著当世,位尽王公。"② 而刘洁又身任尚书令,"朝夕在枢,深见委任"。但其既为鲜卑贵族,必然也受到太武帝政策的影响。太武帝早已对他"恃宠自专"而"微嫌之","心稍不平"了。他也"恨其计不用,欲沮诸将",破坏太武北伐,③ 甚至联合其他鲜卑旧贵族,阴谋在北伐途中,推翻太武帝的统治,以乐平王丕代之。这对听信巫觋、道人之言,早已认为自己是应图符谶之天子的乐平王丕,自然是巴不得。双方一拍即合,遂成这次僭逆之谋。

这次政变影响之大,使得太武帝不得不在几个月中连续采取一系列的措施来清除影响,以加强政治控制。

首先,太武帝当即于太平真君四年(443)十一月甲子,"车驾至于朔方",亲自下诏令太子"副理万机,总统百揆",决定继续实行太子制度;同时令诸鲜卑勋贵"皆当以爵归第,随时朝请,飨宴朕前,论道陈谟而已,不宜复烦以剧职。更举贤俊,以备百官"。这实际上是剥去他们的实权,不再让他们干政。十二月辛卯,"车驾至自北伐"还朝。④ 十一天后,即太平真君五年(444)春正月壬寅,皇太子正式监国,总理百揆,并在其左右辅弼大臣中增加汉人成员,如崔浩、张黎等。再六天之后,发诏禁灭私养巫觋、沙门和金银工巧之人,没收私藏的谶记、阴阳、图纬之书。又隔一天后,发"禁私学诣太学"诏,以齐整风化加强控制。再隔十天

---

① 见姚薇元:《北朝胡姓考》(修订版),50页,北京,中华书局,2007。
② 《魏书》,3014页。
③ 《魏书》,688~689页。
④ 《魏书·世祖纪》,96页。

后，以北伐后期为名，斩中山王辰等八将。四个月后，又以所祀胡神杂多，从崔浩议，罢除各种杂祀胡神。

综上考证可知，太武第一次灭佛实仅仅是其强化专制皇权，加强政治控制的措施之一。

三、太武第二次灭佛原因考

太武第二次灭佛是在太平真君七年。《魏书·释老志》载：

> 会盖吴反杏城，关中骚动，帝乃西伐，至于长安。先是，长安沙门种麦寺内，御骝牧马于麦中，帝入观马。沙门饮从官酒，从官入其便室，见大有弓矢矛盾，出以奏闻。帝怒曰："此非沙门所用，当与盖吴通谋，规害人耳！"命有司案诛一寺，阅其财产，大得酿酒具及州郡牧守富人所寄藏物，盖以万计。又为屈室，与贵室女私行淫乱。帝既忿沙门非法，浩时从行，因进其说。诏诛长安沙门，焚破佛像，敕留台下四方令，一依长安行事。①

如前面考证，太武帝伐盖吴西入长安是在太平真君七年（446）二月丙戌，因此上述事情的发生也应距此时不久。继此，太武帝在三月又"诏诸州坑沙门，毁诸佛像。徙长安城工巧二千家于京师"。② 按《魏书·释老志》记载，此次灭佛，太武帝的情绪显然十分激动，故先后连发二诏。在针对长安僧众，"诏诛长安沙门，焚破佛像，敕留台下四方令，一依长安行事"外，③ 既而，又因太子屡上表"陈刑杀沙门之滥"，不如"世不修奉，土木丹青自然毁灭"之言所激，再发一诏。《魏书·释老志》详载其

---

① 《魏书》，3033～3034 页。
② 《魏书·世祖纪》，100 页。
③ 《魏书·释老志》，3034 页。又按《释老志》此记载下"又诏曰"云云，显然是误记，即将太平真君五年（444）的诏书记在此年下。因太武入长安已在三月，焉能下诏曰"限今年二月十五日"云？故应从《世祖纪》。

诏云：

> 昔后汉荒君，信惑邪伪，妄假睡梦，事胡妖鬼，以乱天常，自古九州之中无此也。夸诞大言，不本人情。叔季之世，暗君乱主，莫不眩焉。由是政教不行，礼义大坏，鬼道炽盛，视王者之法，蔑如也。自此以来，代经乱祸，天罚亟行，生民死尽，五服之内，鞠为丘墟，千里萧条，不见人迹，皆由于此。朕承天绪，属当穷运之弊，欲除伪定真，复羲农之治。其一切荡除胡神，灭其踪迹，庶无谢于风氏矣。自今以后，敢有事胡神及造形像泥人、铜人者，门诛。虽言胡神，问今胡人，共云无有。皆是前世汉人无赖子弟刘元真、吕伯强之徒，接乞胡之诞言，用老庄之虚假，附而益之，皆非真实。至使王法废而不行，盖大奸之魁也。有非常之人，然后能行非常之事。非朕孰能去此历代之伪物！有司宣告征镇诸军、刺史，诸有佛图形像及胡经，尽皆击破焚烧，沙门无少长悉坑之。①

从上引记载看，这次灭佛与第一次灭佛不同，锋芒似直指佛教。加之《魏书·释老志》下曰太武"即位，富于春秋。既而锐志武功，每以平定祸乱为先。虽归宗佛法，敬重沙门，而未存览经教，深求缘报之意。及得寇谦之道，帝以清静无为，有仙化之证，遂信行其术。时司徒崔浩，博学多闻，帝每访以大事。浩奉谦之道，尤不信佛，与帝言，数加非毁，常谓虚诞，为世费害。帝以其辩博，颇信之"云云，遂使灭佛事件蒙上一层佛道之争的色彩。但是，细考查分析当时情况，佛道之争决不是太武灭佛的原因。

除前面列举的太武、崔浩和寇谦之三人与佛道二教的关系不能构成灭佛原因外，审上引诏书言辞，如曰佛教"接乞胡之诞言，用老庄之虚假，附而盖之，皆非真实"等等，也决不似基于道徒立场之言。而事实上，道教徒也确实没有从太武的宗教政策中得到什么好处。几乎是在太武"诏令

---

① 《魏书》，3034～3035 页。

诸州坑沙门，毁诸佛像"的同时，就有天师道徒起义。《魏书·封敕文传》记载的"又仇池城民李洪，自称应王，天授玉玺，擅作符书，诳惑百姓"，① 亦可反证灭佛之因不是佛道之争。至于诏书曰："鬼道炽盛，视王者之法，蔑如也"，以致使得"政教不行，礼义大坏"等等，与其说是基于道教立场，不如说是从儒家的立场申明其为中华王道正统的代表，表明其残酷镇压行动的合理性和合法性。其深层意蕴，实与太平真君五年（444）的灭佛精神相同。

那么，这次灭佛的真正原因是什么？对此，侯外庐先生认为："崔浩如果不以宗教观点反佛，太武决不会受其影响毁佛。"② 笔者则认为，崔浩如果不把当时的形势与僧侣的活动相联系，向太武帝陈说利害的话，太武帝决不会如此激烈地灭佛。这次灭佛之所以较第一次更为激烈、更直接，就在于当时的形势对北魏政权的威胁更大，僧侣卷入得更深入、更明显。

北魏在北方进行的既是统一战争，又是残酷的民族征服战争。在战争中，被征服的各民族人民大量被残杀或被掠卖为奴隶，生命及财产都受到极大的威胁。这使得北魏境内的民族矛盾异常尖锐。于此，北魏的统治者是很清楚的，并对之深感不安。太宗神瑞二年（415），平城一带因灾而"秋谷不登"，北魏政府一度拟迁都邺城。崔浩等人极力反对，力陈利害说：拓跋部人口太少，如果分家南徙，不能遍布诸州，居民知道虚实，更会起来反抗，边陲各族也会趁机攻击平城。他们认为，只有把统治中心放在平城，一旦中原有事，则可以随时轻骑南下，这才是"威制诸夏之长策"。③ 从这个例子中，便可看到北魏统治者对各族人民反抗的恐惧心理。

太武时期，拓跋魏的武功最盛，民族矛盾、阶级矛盾也显得更尖锐，终于爆发了北魏建国以来最大的民族起义——盖吴起义。

分析了盖吴起义时的北魏形势，便会清楚太武之所以会采取如此激烈

---

① 《魏书》，1135页。又按李洪即李弘，乃是天师道中仙人，唐长孺先生《史籍与道经中所见的李弘》一文详有论述，该文载《魏晋南北朝史论拾遗》一书中（北京，中华书局，1983）。
② 侯外庐：《中国思想通史》第3卷，359页。
③ 《魏书·崔浩传》，808页。

的灭佛行动。

"灭魏者吴"的谶言在魏境流行已久，上下咸闻。最终于太平真君六年（445）九月，关中的杏城爆发了盖吴领导的卢水胡起义。起义者大败前来镇压的北魏长安镇副将拓跋纥，纥亦战死。一时"诸众胡争应之，有众十余万"。① 盖吴一面与刘宋联系，一面分兵几路进击。十一月，盖吴又派遣部将白广平向西攻打新平郡。盖吴则在攻下李闰堡后，西进攻打长安。于此同时，安定郡的氐、羌、匈奴和汉族人民纷起而响应。河东郡的薛永宗也率众起义，遥与盖吴呼应。北魏政府所派镇压之军，均为起义军所败。无奈，太武被迫亲提大军前往镇压。但就在太武西征不久，关陇地区又先后爆发了金城边囧、天水梁会、略阳王元达和安宝卢水胡刘超等反魏起义。一时北魏在西南地区的统治大有崩溃瓦解之势。

当时的北魏周边形势更加深了北魏统治者的不安。关陇地区旧为秦夏之地，当时其西邻南附刘宋的杨文德政权，南与宋地接壤，一直是多事之域。从太平真君五年（444）七月到盖吴起义之前，就先后爆发有沮渠秉和郝温二次骚乱。盖吴起义后，亦立即派人与刘宋联系，先后二次"上表归顺"。刘宋也一面委之以爵号，输之以兵仗，一面"使雍、梁遣军界上，以相援接"。② 刘宋是否趁乱出兵，当时的太武帝难以预测。但是太武帝清楚，盖吴起义如成功，便会出现盖吴所说的"覆其巢窟"的情况。即使盖吴仅在关陇地区站住脚，也会"使中都有鸣鸾之响，荒余怀来苏之德"的情况，③ 构成对魏境腹地的威胁。因此，为了对付关陇地区的民族起义，北魏几乎是倾巢出动。太武帝一面部署各军分路南行，一面亲提大军前往镇压，同时又发"定、冀、相三州兵二万人屯长安南山诸谷，以防越逸"，"发司、幽、定、冀四州十万人筑畿上塞围，起上谷，西至于河，广袤皆千里"，④ 以对付各民族的起义。为了彻底消除关陇地区的动乱因素，魏军

---

① 《资治通鉴》，"元嘉二十二年"，3914 页。
② 《宋书·索虏传》，2339～2341 页，北京，中华书局，1974。
③ 《宋书·索虏传》，2340 页。
④ 《魏书·世祖纪》，101 页。

一开始就实行十分严酷的镇压政策，"所过诛与盖吴通谋反害守将者"。①在这种形势下，发现其地寺院中藏有武器，太武帝自然会想到其"当与盖吴通谋"，而大施淫威镇压。

另外，从佛教势力讲，对于太平真君五年（444）的灭巫、佛，肯定仍耿耿于怀。而北魏时期，弥勒信仰盛行，其往往构成北魏境内的动乱因素。北魏时期，多次农民起义与性质不明的暴动与弥勒信仰有密切关系。他们的口号是"新佛出世，除去旧魔"，这对统治者极为不利。同时，僧侣和商人一样，多是敌对国间往来交通的重要承担者。又北魏初期，除凉州外就属关陇地区佛教盛行，长安沙门是否与盖吴起义有联系，史虽无明确记载，但从当时的情形看亦不能排除这种可能。

综上述可知，太武第二次灭佛的原因，应是盖吴等各族人民的反魏起义。如果说崔浩是从维护北魏统治的立场出发力主灭佛的话，那么寇谦之则是真正从宗教的立场出发"苦与浩争"，为佛教辩护，反对太武和崔浩的灭佛政策。此次灭佛的直接原因同样不是佛道之争。

从以上诸考证可以得知，太武时期共先后有两次灭佛。引起两次灭佛的原因并不相同。第一次是在太平真君五年（444）。这次灭佛的特点是巫、道、佛均禁灭。其原因是其涉入刘洁、拓跋丕等人的反太武政变。这次政变是拓跋魏的社会变革在其统治阶级内部的反映。第二次是一次激烈的灭佛运动，发生在太平真君七年（446）。这次灭佛，是在北魏境内民族矛盾十分尖锐并威胁到北魏统治的情况下发生的。原因是长安地区的僧侣卷入盖吴领导的反魏起义。这次灭佛实质是镇压民族起义的副产品。太武时期的两次灭佛的时间如此之近，且刘洁、拓跋丕等人的政变史实分散在魏书的各纪、传之中，不易察觉，致使人们将两次灭佛混而为一。

---

① 《北史》卷2，《魏本纪第二》，58页，北京，中华书局，1974。

战国末期新道家的历史思想

《汉书·艺文志》云："战国纵衡，真伪分争，诸子之言，纷然淆乱。"① 战国时期，随着政治上的统一趋势，意识形态也发生了深刻的变化。一方面，各学派内部流派分衍，"儒分为八，墨离为三，取舍相反不同"；② 另一方面，早先似乎水火的诸子百家，则又相互吸收，呈现出合流之势。新道家学派便是在这种政治局势和文化思潮中应运而生的。

战国末产生的新道家思想，渊源于早期道家而别于早期道家③。战国中后期，道家之徒已然流派纷杂，但综其思想特点，大致仍可分为二类。他们分别执老子学说的一端，向两个相反的方向发展：一类以庄子为代表，沿袭早期道家学说中"绝仁弃义"、"绝圣弃知"的思想，"全性保真"，追求自我人格的完善，走向消极避世的道路；一类则执早期道家学说中"全性保真"的"术"，反其道而用之，研究"成败存亡祸福古今之道"，为统治者提供"君人南面之术"，④ 从而走向积极入世的道路。后一类人的学说，经"稷下黄老"诸子的养育，到战国末年，蔚然形成颇有影响的新道家学派，活跃于斯时，并成为后世黄老之学的思想先导。本文旨在论述战国末新道家学派的历史思想。

一

新道家学派的著作，《汉志》没有明确的著录。从当时流传至今的著

---

① 《汉书》，1701页，北京，中华书局，1962。
② 陈奇猷：《韩非子集释》卷19，《显学第五十》，1080页，上海，上海人民出版社，1974。
③ 对于早期道家，史学界有不同的看法，但一般认为战国时期成书的《老子》是早期道家思想的集大成之作。
④ 《汉书》，1732页。

作看,《吕氏春秋》、新出土的《经法》等帛书四种,以及《鹖冠子》、《文子》等,显然有着共同的思想体系,与司马谈所说的道家特点相符,似当属于新道家学说。但是,自唐代以来,世人对于《鹖冠子》和《文子》的真伪,却聚讼纷纭。因此,要想清楚地阐述新道家学派的历史思想,就有必要对二书的真伪问题考辨澄清。

《文子》,《汉志》注云:"老子弟子,与孔子并时,而称周平王问,似依托者也。"① 说《文子》是与孔子并时的老子弟子所著,肯定是后人的依托。但关键是后至什么时候的人。近年来的考古发现有助于解决这一问题。1973 年河北定县汉墓中出土有《文子》残简,已整理出与今本《文子》内容相同的六章,② 表明《文子》一书至少在汉初便十分流行,为时人所重,以至珍藏在墓中。另外,从反映的思想内容和文字上看,《文子》与《吕氏春秋》和《淮南子》间的因袭关系也很明显。而《文子》与《淮南子》的文字相较,《文子》的文字要更粗糙古奥。按《四库》馆臣的评议是:"其理道深至,笔力劲炼,非周秦人不能为。与《关尹》、《亢仓》伪作者迥别。"③ 从反映的社会情况看,那种"兼国有地,伏尸数十万,老弱饥寒而死者不可胜计,自此之后,天下未尝得安其性命乐其习俗也"④ 等情景,也明显地铭印着战国混战时代的印记。至于内容,"黄老、名、法、儒、墨诸家各以其说之",⑤ 则应正是新道家学说的特点。取出土的《法经》等帛书参校,洞若观火。而篇目之差,清人孙星衍认为:"今《文子》十二卷,实《七录》旧本。班固《艺文志》称九篇者,疑古以《上仁》、《上义》、《上礼》三篇,以配《下德》耳。"⑥ 推之《文子》应是战国末期新道家的作品。

与《文子》同,对《鹖冠子》首发其难的为唐代柳宗元,而且,在称

---

① 《汉书》,1729 页。
② 载何直刚等:《定县 40 号汉墓出土竹简简介》,见《文物》,1981(8)。
③ 《四库全书·文子》书前提要,影印文渊阁《四库全书》,第 1058 册,上海,上海古籍出版社,1986—1990。
④ 《文子》下,《上礼》,《四部备要》,第 53 册,北京,中华书局,1989。
⑤ 张心澂:《伪书通考》引《周氏涉笔》,695 页,上海,商务印书馆,1939。
⑥ 孙星衍:《问字堂集》卷 4,《〈文子〉序》,88 页,北京,中华书局,1996。

伪的言论中，又以柳氏的意见最具代表。柳宗元认为："(《鹖冠子》）尽鄙浅言也，惟（贾）谊所引用为美，余无可者。"且《史记》中未见称引，故"吾意好事者伪为其书，仅用《鵩鸟赋》以文饰之。"① 而《四库全书总目》则认为，柳宗元不能仅"以单文孤证，遽断其伪"，因为"古人著书，往往偶用旧文，古人引证，亦往往偶随所见"。认为，《鹖冠子》"其说虽杂刑名，而大旨本厚于道德。其文亦博辩宏肆，自六朝至唐，刘勰最号知文，而韩愈最好知道，二子称之。宗元乃以为鄙浅，过矣"。②

我们认为，《四库全书总目》《鹖冠子》条的提要，其论断是有道理的，但仍然有言之未尽的地方。

首先，柳宗元认为《鹖冠子》中语多袭贾谊的《鵩鸟赋》，不仅是"以单文孤证，遽断其伪"，而且也没有对文献作缜密考察。战国末年的《吕氏春秋》和汉初的《淮南子》均有《鵩鸟赋》中类似的文句，如《吕氏春秋·去宥》和《淮南子·兵略训》等都有"水激则旱，矢激则远"类的句子，因此，不能仅凭此而断定《鹖冠子》抄袭贾谊的《鵩鸟赋》。《鹖冠子》为楚人所作，肯定要广采楚语，并且在楚地广为流传。贾谊谪居长沙，心情悲观黯郁，自然会很容易地受到道家思想的感染。在这种情况下，贾谊引用《鹖冠子》或其他道家著作，或采用楚地的习语，是很有可能的。

其次，是《鹖冠子》篇目增多的问题，我们认为是《汉志》省略造成的结果。《汉志》道家类仅录有《鹖冠子》一篇，而将其中有关论兵的篇目省略。因此在"兵权谋"类后注云："省《伊文》、《太公》、《管子》、《孙卿子》、《鹖冠子》……二百五十九种。"③《汉志》对《鹖冠子》省略了多少篇，今已不可知，但这以后却造成流传和著录篇目的额差。与《文子》一样，《鹖冠子》也应是战国末新道家学派的著作。它们所表现的那

---

① 转引自《伪书通考》，739页。
② 《四库全书总目》卷117，《鹖冠子》提要，1007~1008页，北京，中华书局，1965。
③ 《汉书》，1757页。按这点明人胡应麟已看出，其《四部正讹》云："《鹖冠子》，《汉艺文志》有二：一道家，一兵家。兵家，任宏所录，班氏省之……"但是胡氏认为后世流传的是伪书，显然有些武断。详见胡应麟著：《少室山房笔丛》，306页，上海，上海书店出版社，2001。

种以道家为纲纪，统摄儒、墨、名、法诸家，由自然推论人事，称老子复强调仁义，正是当时学术思潮的反映，而决非后人所能伪造。

二

战国末年，全国趋向统一。其时诸子各家无不针对现实回顾历史，考察社会，提出各自的政治主张。这样，对于历史和社会的认识，在某种程度上，便成了他们各自政治学说的出发点。

同其他学派一样，新道家学派也非常重视总结历史经验。在他们看来，历史和现实是紧密相联的，现实是历史发展的必然。对历史认识的深入，必然会深化对现实的认识，而对现实认识的深化，也必然会加深对于历史的理解。《吕氏春秋》中专列有《长见》、《察今》等篇阐述这一问题。何以能"长见"、"察今"？作者论述说："智所以相过，以其长见与短见也。今之于古也，犹古之于后世也；今之于后世，亦犹今之于古也。故审知今则可知古，知古则可知后，古今前后一也。"①"故察已则可以知人，察今则可以知古。古今一也，人与我同耳。有道之士，贵以近知远，以今知古，以益所见，知所不见。"② 同样，新道家学派的其他著作中也无不渗透着这种历史主义的精神：

> 我将观其往事之卒而朵焉，寺（待）其来【事】之遂刑（形）而私〈和〉焉。③

> 欲知来者察往，欲知古考察今。④

---

① 陈奇猷：《吕氏春秋校释》卷11，《长见》，603页，上海，学林出版社，1984。
② 陈奇猷：《吕氏春秋校释》卷15，《察今》，935页。
③ 马王堆汉墓帛书整理小组：《十大经·正乱》，《经法》，61页，北京，文物出版社，1976。
④ 《鹖冠子》卷上，《近迭第七》，《四部备要》，第53册。

察其所以往者,即知其所以来矣。①

我们说,正是这种对现实的历史主义的理解,使得新道家学派诸子能够把握住历史与现实间的关系。他们也正是这样着眼现实和事物的发展去总结历史,提出相应的政治主张的。

新道家学派非常重视历史。那么,他们又是怎样认识和理解历史呢?在考察这一问题之前,有必要考察一下他们的自然观。他们的历史观正是基于他们对自然的认识和理解提出来的。

战国末年的新道家学派基本上继承了早期道家的自然观,但又有所扬弃,有所发展。

和道家其他派别一样,在新道家的观念中,自然就是客观必然,丝毫不带有任何人化、社会化的痕迹。"天"是自然的天,"地"也是自然的地,就连"人"也仅仅是自然的一部分。"所谓天者,物理情者也;所谓地者,常弗去者也;所谓人者,恶死乐生者也"②。总之,一切都是由一个东西派生,一切都循着共同的法则运动变化,一切又都复归于同一。这就是他们观念中的"道"。"道",在他们的观念中,既是宇宙的本体,也是自然万物运动的内在法则。

关于"道",《老子》中的解释是:

有物混成,先天地生,寂兮寥兮,独立不改,周行而不殆,可以为天下母,吾不知其名,字之曰道,强为之名曰大。③

新道家学派亦说:

道也者,至精也,不可为形,不可为名,彊为之谓之太一。④

---

① 《文子》上,《符言》,《四部备要》,第53册。
② 《鹖冠子》卷上,《博选第一》,《四部备要》,第53册。
③ 《老子道德经》第二十五章,《四部备要》,第53册。
④ 陈奇猷:《吕氏春秋校释》卷5,《大乐》,256页。

道者，神名之原也。①

但是，两相较之，如果说《老子》中的"道"，是朦朦胧胧而带着绝对精神的色彩，那么，新道家学说中的"道"，则在某种意义上有了具体的落实，它更带有物质性的倾向。他们在"道"的基础上进一步提出"气"的概念。"气"在新道家学派的学说中，或称为"精气"："天道圜，地道方……精气一上一下，圜周复杂，无所稽留……"② 而这"精气之集也，必有入也。集于羽鸟与为飞扬，集于走兽与为流行，集于珠玉与为精朗，集于树木与为茂长，集于圣人与为夐明。精气之来也，因轻而扬之，因走而行之，因美而良之，因长而养之，因智而明之"。③ 或称"元气"："精微者，天地之始也。……故天地成于元气，万物乘于天地。"④ 他们为我们描绘了一幅绝妙的宇宙生成的图画："天地未形，窈窈冥冥，浑而为一，寂然清澄，重浊为地，精微为天，离而为四时，分而为阴阳，精气为人，粗气为虫，刚柔相成，万物乃生。"⑤ 在他们的认识中，尽管仍然不能完全从那玄妙的"道"中挣脱出来，但是在某种程度上已不再飘渺无着了。依靠天才的猜测，他们使认识踏上物质的坚石。这在中国古代思想史上，应该说是有着重要意义的。

在道家的学说中，"道"，更多用以表示事物内在法则。他们认为天、地、人乃至宇宙万物，无不循着"道"做永恒运动："道者，万物之所然也，万理之所稽也。"⑥ 而"道之行也，繇（由）不得已"。⑦ 即这种客观存在的法则并不以人的意志为转移。它就是"命"。"命者，自然者也。"⑧

---

① 《经法·名理》，《经法》，41页。
② 陈奇猷：《吕氏春秋校释》卷3，《圜道》，171～172页。
③ 陈奇猷：《吕氏春秋校释》卷3，《尽数》，136页。
④ 《鹖冠子》卷中，《泰录第十一》，《四部备要》，第53册。
⑤ 《文子》上，《九守》，《四部备要》，第53册。
⑥ 陈奇猷：《韩非子集释》卷6，《解老第二十》，365页。
⑦ 《十大经·本伐》，《经法》，78页。
⑧ 《鹖冠子》卷上，《环流第五》，《四部备要》，第53册。

"必者，天之命也。"① 而"命也者，不知所以然而然者也。人事智巧以举错者不得与焉。故命也者，就之未得，去之未失"，对之只能"以义为之决而安处之"。② 因此，道家提出"法天地"、"法自然"的思想原则："人法地，地法天，天法道，道法自然。"③ 同样，新道家学派的学说，也是基于这一思想原则提出来的。如《吕氏春秋》在其《十二纪》的《序意》中，便特别把"法天地"的思想原则作为纲领而提出来："盖闻古之清世，是法天地。凡《十二纪》者，所以纪治乱存亡也，所以知寿夭吉凶也，上揆之天，下验之地，中审之人。若此则是非可不可无所遁矣。"④ 因为在他们看来："人与天地也同，万物之形虽异，其情一体也。"⑤ "故圣人法天顺地，不拘于俗，不诱于人，以天为父，以地为母，阴阳为纲，四时为纪，天静以清，地定以宁，万物逆之者死，顺之者生"⑥，"故古之治身与天下者，必法天地。"⑦ 事实上，《吕氏春秋》以十二纪之四季纲领全书，陈述政见，也正是"法天地"思想原则的体现。

就这样，新道家沿循着那君临万物冷漠无情的客观规律性的"道"，凭依他们朴素的经验所抽象出来的"法天地"的思想原则，把自然和社会，"天道"与"人道"，纳入统一的模式之中，构筑起他们宏大的宇宙论体系。它既是农业国度中产生的思想发展的结果，也是空前的大一统局面即将来临在意识形态上的反映。这种"天人合一"思想，对后世产生了深远影响。

与新道家学派其他学说一样，他们的历史思想，同样是基于"法天地"的思想原则提出来的。前面提到，新道家的认识中，"人"或可说是人类社会，和自然万物一样，循着同一法则运动。既然他们所经验的自然万物无不运动变化，那么，衍及与自然相一致的人类社会，也必然不会静止

---

① 《经法·论》，28页。
② 陈奇猷：《吕氏春秋校释》卷20，《知分》，1347页。
③ 《老子道德经》第二十五章，9页。
④ 陈奇猷：《吕氏春秋校释·序意》，648页。
⑤ 陈奇猷：《吕氏春秋校释》卷2，85页。
⑥ 《文子》上，《九守》，《四部备要》，第53册。
⑦ 陈奇猷：《吕氏春秋校释》卷2，《情欲》，85页。

不动。"法自然"、"法天地"的思想原则，深化了新道家学派对于社会历史的认识，使他们的历史观染上一定的进化色彩：

> 凡人之性，爪牙不足以自守卫，肌肤不足以扞寒暑，筋骨不足以从利辟害……不唯先有其备，而以群聚邪。群之可聚也，相与利之也。利之出于群也，君道立也。故君道立则利出于群，而人道备可完矣。……昔太古尝无君矣，其民聚生群处，知母不知父，无亲戚兄弟夫妻男女之别，无上下长幼之道，无进退揖让之礼，无衣服履带宫室畜积之便，无器械舟车城郭险阻之备……圣人深见此患也，故为天下长虑，莫如置天子也，为一国长虑莫如置君也。①

这里，新道家勾勒出了一条人类社会进步的轨迹，从原始群到君权的产生、国家的出现。这里既有天才的猜测，更有冷静的历史的理解。我们不能不对这些远古的思想家表示钦佩。

人类的文明是在血与火中诞生。历史从来就不是在温情脉脉的人道牧歌声中进展，相反，它却经常要无情地践踏着千万具尸体而前行。战争就是这种最野蛮的手段之一。这事实是残酷的，然而它却是客观的存在。整个历史就是这种二律背反的进程。新道家学派的诸子则看出了这一消息：

> 高阳问力黑曰：天地【已】成，黔首乃生。莫循天德，谋相复（覆）顷（倾）。吾甚患之，为之若何？力黑对曰：勿忧勿患，天制固然。天地已定，规（蚑）侥（蛲）毕挣（争）。作争者凶，不争亦毋（无）以成功。……天地已成，黔首乃生。胜生已定，敌者○生争，不谌不定。②

> 兵所自来者久矣，黄、炎故用水火矣，共工氏固次作难矣，五帝

---

① 陈奇猷：《吕氏春秋校释》卷20，《恃君》，1321～1322页。
② 《十大经·姓争》，《经法》，65页。

固相与争矣。递兴废，胜者用事。人曰"蚩尤作兵"，蚩尤非作兵也，利其械矣。未有蚩尤之时，民固剥林木以战矣，胜者为长。长则犹不足治之，故立君。君又不足以治之，故立天子。天子之立也出于君，君之立也出于长，长之立也出于争。争斗之所自来者久矣，不可禁，不可止，故古之贤王有义兵而无有偃兵。①

当然，新道家诸子不能，也不可能用历史唯物主义的观点分析历史运动。他们更多的是直观经验的体察。但是他们能多少看到历史进化的痕迹，认识到社会的运动和自然万物的生死盛衰一样，是不以人的意志为转移的客观必然："来自至，去自往，能一乎？能止乎？有令毋有已，能自择而尊理乎？"② 因此，他们面对社会的剧烈变革从容自若，积极乐观："我不臧（藏）故，不挟陈，乡（嚮）者已去，至者乃新。新故不翏，我有所周。"③ 在这里，他们的历史观已与老庄之流的历史观大相径庭，不再是充满对社会历史发展无可奈何的哀怨。他们并不像老子那样认为"夫唯不争，故无尤"，片面地认为一切战争都是"不祥之器"。他们对改变"当今之世浊甚矣，黔首之苦不可加矣"的战争，④ 对于促进社会进步，促进国家统一的战争高唱赞歌。

与新道家进化色彩的历史思想相一致，是他们"因时变法"的政治主张。在这点上，他们接近法家"法后王"的思想。

"法先王"还是"法后王"，是春秋战国时期诸子各家争论的重要问题，即面对当时社会的剧烈变革，是死守先王遗训，还是根据客观情况"应时变法"。这在当时是存在不同看法的，而各自的历史观也必然会制约对这一问题的认识。对于这一问题，新道家学派旗帜鲜明地主张"应时变法"，他们认为"宪古章物不实者死"。⑤ 对此，他们论述道："上胡不法先

---

① 陈奇猷：《吕氏春秋校释》卷7，《荡兵》，383页。
② 《十大经》，《经法》，88页。
③ 《十大经》，《经法》，88页。
④ 陈奇猷：《吕氏春秋校释》卷7，《振乱》，393页。
⑤ 《十大经·三禁》，《经法》，76页。

王之法，非不贤也，为其不可得而法。先王之法，经乎上世而来者也，人或益之，人或损之，胡可得而法？虽人弗损益，犹若不可得而法。东、夏之命，古今之法，言异而典殊，故古今之命多不通乎今之言者，今之法多不合乎古之法者。"① 他们举出荆人渡澭水袭宋的故事，说明必须依据客观情况"应时变法"。在他们看来，如果"今世之主，法先王之法"，就会像荆人那样，必然遭到客观事实的惩罚。因为"其时已与先王之法亏矣，而曰此先王之法也，而法之以为治，岂不悲哉"。所以他们得出结论："治国无法则乱，守法而弗变则悖，悖乱不可以持国。世易时移，变法宜易。""故凡举事必循法以动，变法者因时而化"，② 而"不法其已成之法。"③ 如果"人主不闻要，故耑与运（尧）［挠］"，则"无以见也"。④

从实际历史情况看，正是新道家这种承认社会历史的进步，并顺应这种进步，依据客观情况"应时变法"的历史思想，使他们在政治上获得一定的成功。

"法自然"、"法天地"的思想原则，使新道家学派认识到人类社会的运动，看出社会历史进步的消息。但是，这一思想原则，也必然地局限住他们对于社会历史运动认识的进一步深化。这种局限，表现在他们把自然界与人类社会两种截然不同性质的运动等同起来，看不到人类社会的特殊性和能动性。翻开新道家学派的著作就会看到，他们花去众多的篇幅用来陈述日月星辰的运行变化，陈述四时季节的更替，并机械地用以比附、套用于人类社会历史的运动变化，论证他们的政治学说。他们虽然也在一定程度上突破了老庄学说中的极端相对主义，在强调"否极泰来"、"盛极衰至"等盈虚消长自然变化的同时，也强调了矛盾转化的必要条件："凡治乱存亡，安危强弱，必有其遇，然后可成，各一则不设。"⑤ "有汤武之贤

---

① 陈奇猷：《吕氏春秋校释》卷15，《察今》，934～935页。
② 陈奇猷：《吕氏春秋校释》卷15，《察今》，935～936页。
③ 《文子》上，《道德》，《四部备要》，第53册。
④ 《鹖冠子》卷上，《著希第二》，《四部备要》，第53册。
⑤ 陈奇猷：《吕氏春秋校释》卷14，《长攻》，790页。

而无桀、纣之时不成，有桀、纣之时而无汤武之贤亦不成。"① 但是，当他们应用"法自然"、"法天地"的原则，去抽象社会历史运动的规律时，却又不自觉地坠入相对主义循环论的窠臼不能自拔：

> 四时有度，夫地之李（理）也。日月星晨（辰）有数，天地之纪也。三时成功，一时刑杀，天地之道也。四时而定，不爽不代（忒），常有法式，□□□□。一立一度，一生一杀，四时代正，冬（终）而复始，□事之理也。②

> 何以说天道之圜也？精气一上一下，圜周复杂，无所稽留，故曰天道圜。……日夜一周，圜道也。月躔二十八宿，轸与角属，圜道也。精行四时，一上一下各与遇，圜道也。物动则萌，萌而生，生而长，长而大，大而成，成乃衰，衰乃杀，杀乃藏，圜道也。……圣王法之，以令其性，以定其正，以出号令。③

新道家学派这种对社会、对历史唯经验式的机械把握，可以说是他们学说的必然归宿。尽管他们体察到人类社会与自然界一样是不断运动的，并且力图从理论的角度去说明这一运动，力图从纷纭的现象中抽象出共同的运动法则，但因时代所囿，生产力发展水平所局限，使他们找不到完善的科学的理论去说明社会历史发展的趋向和归宿。他们只能"采阴阳之大顺"，用直观的经验去解释社会历史的运动。同时，他们也不可能看到缓慢的"沧海桑田"的自然进化。于是，他们便采用星辰运行、四季嬗递等自然现象，机械地比附说明相对变化急剧、轨迹明显的人类社会。他们甚至操起流行的阴阳五行说来说明社会历史的发展：

> 凡帝王者之将兴也，天必先见祥乎下民。黄帝之时，天先见大螾

---

① 陈奇猷：《吕氏春秋校释》卷14，《首时》，768页。
② 《经法·论约》，38页。
③ 陈奇猷：《吕氏春秋校释》卷3，《圜道》，171~172页。

大螾，黄帝曰"土气胜"，土气胜，故其色尚黄，其事则土。及禹之时，天先见草木秋冬不杀，禹曰"木气胜"，木气胜，故其色尚青，其事则木。及汤之时，天先见金刃于水，汤曰"金气胜"，金气胜，故其色尚白，其事则金。及文王之时，天先见火，赤乌衔丹书集于周社，文王曰"火气胜"，火气胜，故其色尚赤，其事则火。代火者必将水，天且先见水气胜，水气胜，故其色尚黑，其事则水。水气至而不知，数备，将徙于土……①

这就是新道家对历史的解释。在这里，自然界与人类社会无不按照同一的顺序递禅转移着。于是他们的观念便载着人类社会，经过漫长的旅途，转过一个大圈，最终又回到出发的起点，终结并封闭住进化的轨迹，从而必然地构成其历史观中的内在矛盾，即对具体社会持进化倾向的历史观，而对整个人类社会的历史进程，却持形而上学的循环史观。

在评价新道家历史思想时，我们应该注意到他们对于具体人事的认识。

新道家学派继承了先秦诸子中的朴素唯物主义思想和民本思想，大大丰富了他们的学说，深化了他们对历史的认识。们们虽然没能从历史发展动力的高度去认识人民群众的作用，认识社会生产的重要意义，但是他们仍从政治斗争、从富国强兵等角度，强调了顺民心、应民意的重要性，对人的正常的物质欲望、对物质生产的意义等方面，陈述了朴素唯物主义的见解，从而使他们的历史思想更加丰满。

新道家学派认为："先王先顺民心，故功名成。夫以德得民心以立大功名者，上世多有之矣，失民心而立功名者，未之曾有。"② "欲为天子，民之所走，不可不察也。"③ 而只有"忧民之忧者，民亦忧其忧；乐民之乐者，民亦乐其乐。故忧以天下，乐以天下，然而不王者，未之有者也"。④

---

① 陈奇猷：《吕氏春秋校释》卷13，《应同》，677页。
② 陈奇猷：《吕氏春秋校释》卷9，《顺民》，478页。
③ 陈奇猷：《吕氏春秋校释》卷2，《功民》，111页。
④ 《文子》上，《精诚》，《四部备要》，第53册。

虽然新道家讲求天、地、人三者合而用之，但他们更重人事。《鹖冠子·近迭》篇记述有一段鹖冠子与庞子的问答很能说明问题：

> 庞子问鹖冠子曰："圣人之道何先？"鹖冠子曰："先人。"庞子曰："人道何先？"鹖冠子曰："先兵。"庞子曰："何以舍天而先人乎？"鹖冠子曰："天高而难知，有福不可请，有祸不可避，法天则戾。地广大深厚，多利而鲜威，法地则辱，时举错代更无一，法时则贰。三者不可以立化树俗，故圣人弗法。"①

恩格斯曾经指出，物质的生产和人类自身的生产即种的繁衍在人类历史上具有重要作用。新道家学派则朴素地认为："夫民之生也，规规生食与继。不会不继，无以守地；不食不人，无与守天。是□□赢阴布德，□□□□民功者，所以食之也。"②而保证民生的根本在于保证生产，这是因为"霸王有不先耕而成霸王者，古今无有"。③要想保证民生，统治者就必须"毋乱民功，毋逆天时"；④还要轻徭役，"节民力以使，则财生"；要薄敛，"赋敛有度则民富"。他们认为："民富则有佴（耻），有佴（耻）则号令成俗而刑伐（罚）不犯，号令成俗而刑伐（罚）不犯则守固单（战）朕（胜）之道也。"⑤这里，新道家基于朴素的唯物主义认识，由"人"在政治、军事角逐中的重要地位，而推及人口的增殖和物质的生产的重要地位，进而导出实行轻徭薄赋的具体政策。新道家学派的这种朴素唯物史观，是很值得我们重视的。

---

① 《鹖冠子》卷上，《近迭第七》，《四部备要》，第53册。
② 《十大经·观》，《经法》，49页。
③ 陈奇猷：《吕氏春秋校释》卷24，《贵当篇》，1629页。
④ 《十大经·观》，《经法》，49页。
⑤ 《经法·君正》，《经法》，13页。

三

战国末年兴起的新道家学派的学说中蕴有丰富的历史思想。春秋战国以来社会所发生的剧烈社会变革，各国兴衰存亡的事实，都在一定程度上深化了新道家诸子的思想认识，而对当时各种学说的吸收，也使得他们的学说更加完善，从而使他们能够对社会历史提出一些较正确的见解。但是，在评价新道家学派的历史思想中的进步因素的同时，我们也必须看到他们的局限性。

首先，在认识论方面，新道家学派仍未能完全摆脱唯心主义的影响，且在他们对待客观的历史主义的理解中，带有极浓重的直观经验的色彩，从而制约住他们对于社会历史理解的深入。他们过分地、不恰当地强调自然法则对人类社会的制约，使他们的历史观染上目的论的色彩。他们几乎完全忽略了人们对社会历史的主观能动作用，没能像荀子那样"与天地参"，明确地提出"人定胜天"的思想，而是片面地强调"法自然"、"法天地"，强调"贵因"自然，强调在"无为"基础上的有为。从而形成黑格尔所批评的那种"以主观的不自由，来争取实体的自由"的情景。

其次，是阶级的局限。由于新道家学派学说的根本出发点，是在于为统治者提供"君人南面之术"，因此，他们必然是把改变社会的最终希望寄托在帝王君主的身上，寄托在帝王君主的"任贤举能"的政策上。在这里，真正人民群众的作用，不过仅仅是统治者攫取、巩固政治权力的工具而已，至于对历史发展的真正作用，在新道家学派的历史思想中，则毫无踪迹。

《史记》编纂体例之数的意义

一、问题的提出

唐司马贞《补史记序》称:"观其本纪十二,象岁星之一周,八书有八篇,法天时之八节,十表放刚柔十日,三十世家比月有三旬,七十列传取悬车之暮齿,百三十篇象闰余而成岁。"① 此后,与司马贞同时代的张守节,亦承贞意,云:"太史公作《史记》,起黄帝、高阳、高辛、唐尧、虞舜、夏、殷、周、秦,讫于汉武帝天汉四年,合二千四百一十三年,作本纪十二,象岁十二月也。作表十,象天之刚柔十日,以记封建世代终始也。作书八,象一岁八节,以记天地日月山川礼乐也。作世家三十,象一月三十日,三十辐共一毂,以记世禄之家辅弼股肱之臣忠孝得失也。作列传七十,象一行七十二日,言七十者举全数也,余二日象闰余也,以记王侯将相英贤略立功名于天下,可序列也。合百三十篇,象一岁十二月及闰余也。而太史公作此五品,废一不可以统理天地,劝奖箴诫,为后之楷模也。"② 按此,则司马贞、张守节二人均认为,《史记》的纪、表、书、世家、列传五种体例,各按数理,蕴有深意,"废一不可以统理天地"。但是唐以后,这种带有神秘色彩的说法遭到一些人的质疑,如金代王若虚便直斥"司马贞述《史记》,以为十二本纪象岁星之周,八书法天时之八节,十表放刚柔十日,三十世家比月有三旬,七十列传取悬车之暮齿,百三篇象闰余而成岁",是"妄意穿凿,乃敢如此不已甚乎!"③ 至清末,沈涛亦

---

① 见明黄嘉惠刻本《史记》附。转引自杨燕起等:《历代名家评史记》,102页,北京,北京师范大学出版社,1986。

② 张守节:《史记正义·论史例》,见标点本《史记》,15页,北京,中华书局,1973。

③ 王若虚:《滹南遗老集》卷31,《著述辨惑》,《四部丛刊》本。

提出"然史公作《自序》，惟于三十世家有'二十八宿环北辰，三十辐共一毂'之语，其他篇数，初不自言其例，不知两家之言何所据也"的疑问。①

今天，人们或许会问，《史记》的编纂，其五种体例之数，是否真的如司马贞和张守节所云，各有所蕴，"废一不可以统理天地"？鄙意以为，这种认识在某种层面上是可能的。

按照海德格尔哲学的理解，人是被"抛入"世界中的存在，因此人对于前在的世界的理解，也就必然地成为了人于现世所存在的方式，而人的任何理解也就必然地受到其先在的"前理解"（fore-understanding）的制约。这也就是说，我们任何人对于世界的理解，都不是从空白的"无"开始，而是从一个历史的规定性的前理解的框架开始的。所以，作为距离司马迁二千多年以后的我们，要真正理解司马迁的编纂思想，理解司马迁是怎样"究天人之际"，就有必要回到司马迁史学思想发生的语境（context），回到司马迁的思想世界，以及其思想赖以发生的知识世界。尽管完全克服因时间、空间间距所构成的思想及心理的偏见是不可能的，但这样的努力又是必须的。唐司马贞、张守节距司马迁的时代较之金代王若虚等为近，故也相对更能理解司马迁时代的文化，包括社会的一般知识和思想世界，其所推测也必然有其道理。

二、司马迁的知识背景、思想世界与古代神秘数字

司马迁编撰《史记》，赖以"欲究天人之际"的知识背景和思想世界是怎样一种面貌？一句话，这是一个宇宙论盛行的时代。凡这个时代稍有成就的思想家，都会对人所生存的这个世界有一种形而上学的设想。而一般来说，这些对世界形而上学的设想，又大都是建立在"天"（大宇宙）、"人"（小宇宙）合一，且统一于"数"的宇宙论框架之上的。

按人类认识的历史，总是循着由混沌到有序的路径而展开。其中以某

---

① 沈涛：《铜熨斗斋随笔》卷3，《史记篇例》。《式训堂丛书》本。

种方式对万事万物归纳以类、序之以数，是先民在一定历史阶段认识世界的一种基本方法。而对于古中国来说，这种归纳以类、序之以数的认识方法，更是迟迟不曾从具体事物抽象脱离，乃至形成与某种具象若即若离的思维特征。这种认识世界的方式，伴随着"轴心时代"人类精神的觉醒而大致萌于晚周，盛行于战国秦汉，并深深烙印于这个时代各种典籍的内容和形式当中，形成这时期思想阐述和典籍编纂中充斥各种神秘数字的文化现象。① 其中与司马迁时代最近的著述，譬如吕不韦之《吕氏春秋》、刘安之《淮南子》，以及董仲舒之《春秋繁露》等，这种特征尤其突出。其风之炽，至东汉中，竟遭到王充的激烈抨击，曰："说事者好神道恢义，不肖以遭祸。是故经传篇数，皆有所法。考实根本，论其文义，与彼贤者作书诗，无以异也。故圣人作经，贤者作书，义穷理竟，文辞备足，则为篇矣。其立篇也，种类相从，科条相附。殊种异类，论说不同，更别为篇。意异则文殊，事改则篇更，据事意作，安得法象之义乎？"而王充的这种批判，则恰好反证了当时这种风气的盛行。②

除了司马迁所处的知识和思想世界外，司马迁本人的学承，以及其学承所构成的知识背景，或许能更直接地说明《史记》的编纂与当时盛行的神秘数字的关系。

第一是司马氏"世守史官之业"的影响。按上古之"史"，由于职业

---

① 对此，前人的一些研究已有所揭示，其中闻一多等人之《七十二》（原署名闻一多、季镇淮、何善周，今收入湖北人民出版社版《闻一多全集》第10卷）、杨希枚之《中国古代的神秘数字》、《论神秘数字七十二》、《古籍神秘性编撰型式补证》（收入杨希枚著《先秦文化史论集》，北京，中国社会科学出版社，1995），以及庞朴之《六峜与杂多》（收入《庞朴文集》第4卷，济南，山东大学出版社，2005）等，是有关著述的代表。但是要提出的是，这些论著，除了杨希枚的论文提了一句《史记》的体例问题外，其他均未阐述相关问题，这也是鄙文要在他们研究的基础上，继续在《史记》的编纂与神秘数字的问题上具体论述的原因。

② 《论衡·正说》篇。这里需要说明的是，王充只是当时的异端，并不代表当时社会知识界的主流或普遍现象。现在所推崇为古代唯物主义思想代表的《论衡》，直至东汉末，大学者蔡邕仍视为自己的"秘籍"，而不轻易示人，后经过汉魏之际的王朗、王肃父子的表彰，《论衡》才逐渐行之于世。但是王充虽然对这种社会现象竭尽抨击之能事，实际上王充本人却也未能完全免俗，如《论衡·自纪篇》便有"人面色部七十有余"之说。于此，当时的知识世界和思想背景对人的思维的影响之深，可见一斑。

的关系，必精于数而娴于历。这也可以说是当时"史"之专业的职责和"史"之职业的传统。《庄子·天下》篇云："古之人其备乎！配神明，醇天地，育万物，和天下，泽及百姓。明于本数，系于末度，六通四辟，小大精粗，其运无乎不在。其明而数度者，旧法世传之史，尚多有之。"说明这种"明于本数，系于末度，六通四辟，小大精粗"，推其运者，正是"史"者的专业。司马迁在西汉太初改历的地位、作用，在说明他没有辱没"史"之传统的同时，也说明他不仅精于"数"，而且是有可能，甚至是习惯于从"数"的角度思考天人关系。

第二是司马迁家学知识结构的影响。司马迁的《太史公自序》，曾说到他的父亲"太史公学天官于唐都，受《易》于杨何，习道论于黄子"，说明司马迁的家学主要由三部分组成，即天官学、杨何《易》学和黄子道论。而司马迁父谈《论六家要指》，声称"阴阳、儒、墨、名、法、道德"诸家，是"务为治者"的学术。其中，司马谈认为阴阳家的"序四时之大顺"和道家的"因阴阳之大顺"，都是以"历数"规范人事而"不可失的"学术。① 此外，司马迁《太史公自序》叙及其受父亲临终遗命，要"正《易传》、继《春秋》、本《诗》《书》《礼》《乐》之际"，以绍明世。其中"正《易传》"，是作为司马迁之父遗嘱的首位，对此司马迁自然不可能有半点怠慢。因此，一部《史记》，也可说是司马迁"正《易传》"的著作。而《易》不仅是先民"究天人之际"的思想和知识的渊薮，也是引发种种神秘数字的思想和知识的渊薮。关于这一点，前人多有论述，在此不赘。至于天官之学，《史记·天官书》则曾详述曰："昔之传天数者，高辛之前重黎，于唐虞羲和……夫自汉之为天数者，星则唐都，气则王朔，占则魏鲜。……为天数者，必通三五，终始古今，深观时变，察其精粗，则天官备矣。"② 其与"数"的密切关系，显然也是不言自明的。

第三是是司马迁学业师承的影响。司马迁曾从董仲舒学，而董氏是最讲"备天数以参事治"的，他的代表作《春秋繁露》，充满了神秘数字。

---

① 《史记》卷130，《太史公自序》，3288～3292页，北京，中华书局，1973。
② 《史记》卷27，《天官书》，1343～1351页。

例如其《官制象天》第二十四云:"求天数之微,莫若于人。人之身有四肢,每肢有三节,三四十二,十二节相持而形体立矣。天有四时,每一时有三月,三四十二,十二月相受而岁数终矣。官有四选,每一选有三人,三四十二,十二臣相参而事治行矣。以此见天之数、人之形、官之制,相参相得也。人之与天多此类者,而皆微忽,不可不察也。"① 其《人副天数》第五十六曰:"唯人独能偶天地。人有三百六十节,偶天之数也;形体骨肉,偶地之厚也……观人之体,一何物高物之甚,而类于天也!……是故人之身首坌员,象天容也……足布四方,地形之象也……天地之符号、阴阳之副,常设于身。身犹天也,数与之相参,故命与之相连也。天以终岁之数成人之身,故小节三百六十六,副日数;大节十二,副月数也……"② 所以司马迁《史记·天官书》"太史公曰:自初生民以来,世主曷尝不历日月星辰?及至五家、三代,绍而明之,内冠带,外夷狄,分中国为十有二州,仰则观象于天,俯则法类于地。天则有日月,地则有阴阳。天有五星,地有五行。天则有列宿,地则有州域。三光者,阴阳之精,气本在地,而圣人统理之"。曰:"夫天运,三十岁一小变,百年中变,五百载大变;三大变一纪,三纪而大备:此其大数也。为国者必贵三五。上下各千岁,然后天人之际续备"③ 均属类于董仲舒的语言之畴。

可以想见,生活在这样的社会氛围,这样的思想和知识世界当中,一个人是很难不受到熏染。更何况在体例形式上,司马迁在《史记·序传》也有"二十八宿环北辰,三十辐共一毂"而撰三十世家的说法;在叙述内容中,《史记》亦往往出现流行的神秘数字,不计乐、律、历、天官、封禅诸"书"。其他如《高祖本纪》曰:"高祖为人,隆准而龙颜,美须髯,左股有七十二黑子。"《孔子世家》称:"孔子以诗书礼乐教,弟子盖三千焉,身通六艺者七十有二人。"《封禅书》称:"孔子论述六艺,传略言易姓而王,封泰山禅乎梁父者七十余王矣。"又称:"黄帝采首山铜,铸鼎于荆山下。鼎既成,有龙垂胡髯下迎黄帝。黄帝上骑,群臣后宫从者七十余

---

① 董仲舒著:《春秋繁露义证》,苏舆义证,218 页,北京,中华书局,1992。
② 同上书,354～356 页。
③ 《史记》卷 27,《天官书》,1342、1344 页。

人,龙乃上去。"《滑稽列传》称:"(齐威王)好为淫乐……淳于髡说之以隐曰……于是乃朝诸县令奋兵而出七十二人,赏一人,诛一人……威行三十六年。"等等诸如此类①。当然,我们还可以更直接地设问:为什么司马迁剪裁"二千四百一十三年"历史于十二本纪之中?对于这么长的时段,其表为何设定为十?世事纷纭,为何司马迁仅制八书?二千余年,食世禄者众矣,世家为何定为三十?二千余年,所谓"扶义俶傥,不令己失时,立功名于天下"的人物夥如恒河之沙②,列传为何仅列七十?凡此种种,其结论只能说,《史记》的体例之数,多少是与当时社会流行的神秘数字有关的,也是与司马迁在当时知识世界背景下"究天人之际"的旨趣有关的,至少可以说是在司马迁的潜意识中存在着与这些神秘数字文化投射的影子。

三、《史记》体例之数的意义蠡测

关于《史记》体例之数的意义,唐司马贞、张守节,虽有发明,但是仍有言而不尽或舛误之处需要补正。试做一二蠡测如下:

首先是十二"本纪"。司马贞认为是"象岁星之一周"之数,而张守节则认为是"象岁十二月也"。相较而言,鄙意以为,张守节的说法或更接近事实。按这里司马迁显然亦受到《吕氏春秋》的影响。《吕氏春秋》编纂形式严整,体例上共分为八览、六论和十二纪诸种。其中"凡《十二纪》者,所以纪治乱存亡也,所以知寿夭吉凶也。上揆之天,下验之地,中审之人,若此则是非可不可无所遁矣"。③ 其《纪》以十二为数,且按春夏秋冬之秩叙述,则有取自一年十二个月,以象征天地运行之道,统摄人世之"治乱兴衰"及"寿夭吉凶",藉此以使"是非可不可无所遁"之意。而司马迁取十二为二千余年的发展纲纪,"究天人之际",无论是从著述的思想旨趣看,还是从当时社会的一般知识看,都不能说与此没有关联。傅

---

① 以上《史记》引文,分见《史记》,342、1938、1363、1394、3197页。
② 《史记》卷130,《太史公自序》,3319页。
③ 陈奇猷:《吕氏春秋校释》,648页,上海,学林出版社,1984。

斯年曾因论《吕氏春秋》而引申说："自吕氏之后，汉朝人著文，乃造系统，于是篇的观念进而为书的观念。淮南之书，子长之史，皆从此一线之体裁。"① 揭示了当时著述体裁形式与天人之学发展的一种内在联系。当然，十二亦是当时对周天的区划之数，也是当时记日的地支之数，若以之与其所配合的十表之"十"所代表的天干之数联系，则又可构成另一种统摄时间始终的意义。

其次是"十表"。司马贞的解释是"十表放刚柔十日"，张守节的解释与司马贞同，曰："作表十，象天之刚柔十日，以记封建世代终始也。"关于"十"之为数，《史记·律书》指出："数始于一，终于十。"《说文》云："十，数之具也。"孔颖达疏曰："十者，数之极。"这些说法都表明，在早期的数的观念中，"十"是个表示最大的数字，是"数之终"、"数之极"，故古人多以"十"作为表示"多"的概数。一些人推测，这可能是手指计数止于"十"的缘故。② 此外在古代的知识世界中，受《周易》文化影响，一般将1~10的数字分为所谓天数、地数，或阳数、阴数两类，其中奇数为阳，象征天；偶数为阴，象征地，并引申代表宇宙世界的刚柔两性。《周易·系辞上》说："天一、地二、天三、地四、天五、地六、天七、地八、天九、地十。"③《京房易传》说："初为阳，二为阴，三为阳，四为阴，五为阳，六为阴。一、三、五、七、九，阳之数；二、四、六、八、十，阴之数。"④便是当时这种文化观念的注脚，而这亦可归入以"十"概多的文化观念。当然，在此观念的基础上，于《周易》则有孔子"十翼"之说。"十翼"据传乃孔子襄赞《周易》之作。司马迁作"十表"，亦可理解为襄赞十二本纪之作。除以"十"概多的文化观念外，"十"亦是天干之数，其与

---

① 傅斯年：《战国子家叙论》，收入《中国现代学术经典·傅斯年》卷，333~334页，石家庄，河北教育出版社，1996。

② 参见叶舒宪，田大宪：《中国古代神秘数字》，229页，北京，社会科学文献出版社，1996。

③ 《周易正义》卷7，《系辞上》，阮元校刻《十三经注疏》，81页，北京，中华书局，1980。

④ 京房：《京房易传》卷下。影印文渊阁《四库全书》，第808册，上海，上海古籍出版社，1986—1990。

"十二"象征的地支之数配合的意义，前面已有所推测。

第三是"八书"。司马贞认为是"法天时之八节"，与之相同，张守节也说"作书八，象一岁八节，以记天地日月山川礼乐也"。所谓"天时八节"，在古代是指立春、立夏、立秋、立冬、春分、夏至、秋分、冬至等八个节气。但对于这种解释，我们认为可能并不符合司马迁当时的用意。鄙意以为，司马迁的时代，"八"之为数，更普遍的是指平面空间延展之义，或具体的平面空间方位。例如《史记·司马相如列传》载司马相如《大人赋》，有"遍览八纮而观四荒"句。其中"纮"，按刘宋裴骃《集解》对《上林赋》"降集乎北纮"句解释："纮，维也。北方之纮曰'委羽'。"故当时的典籍有"八维"、"八方"、"八纮"、"八荒"等等与"八"相联而指冥远广袤方域的词汇。此外，在《周易》中，"八"又作为地之极数而与代表天之极数的"九"相对应，例如《管子》就有"天道以九制，地理以八制，人道以六制，以天为父，以地为母，以开乎万物，以总一统。通乎九制六府三充而为明天子"的说法，① 说明"八"之为数，又有"地"的寓意，并因当时普遍观念所赋予的天、地的道德品质，而引申于人世政治，形成古典时代特有的、天人合一色彩的政治伦理。例如《吕氏春秋·圜道》便阐述说："天道圜，地道方，圣王法之，所以立上下。何以说天道之圜也？精气一上一下，圜周复杂，无所稽留，故曰天道圜。何以说地道之方也？万物殊类殊形，皆有分职，不能相为，故曰地道方。主执圜，臣处方，方圜不易，其国乃昌。"② 至于司马迁所从学的董仲舒，其《春秋繁露》亦称："为人君者，其法取象于天"③，"为人臣者，其法取象于地。"④ 这些都是数之为"八"，由"地"的寓意而引申出"臣道"，以及对国家的"治道"、"治术"的政治道德理论，而司马迁之所以以"八书"记载国家政治、经济、文化制度，亦导源于与此。与所谓"地道"、"地德"——"地"的政治伦理品质有关。早在周末，《尚书·洪范》已提出

---

① 《管子》卷14，《五行》，《四部丛刊》本。
② 陈其猷：《吕氏春秋校释》，171～172页。
③ 董仲舒：《春秋繁露义证》，苏舆义证，458页。
④ 同上书，459页。

所谓食、货、祀、司空、司徒、司寇、宾、师等所谓治国"八政"。至于研究秦汉以前制度的重要典籍《周礼》，则开卷便云："王建国，辨方位，体国经野，设官分职，以为民极。乃立天官冢宰，使帅其属，而掌邦治，以佐王均邦国。"① 亦由辨"地"之方位出发，阐述治国职能制度。并由此引申出后之一系列与"八"有关的阐述，如太宰"以八法治官府"、"以八则治都鄙"、"以八柄诏王驭群臣"、"以八统诏王驭万民"等。② 这些都说明，"八"之为数，在上古时代与政治制度的联系，也说明司马迁制"书"述国家之典章，以"八"为数的知识背景和思想渊源。

第四是"三十世家"。对此因司马迁自己在《自序》中有过说明，所以其与神秘数字的关系较之其他体例要更为明确一些。但比较而言，张守节"作世家三十，象一月三十日，三十辐共一毂，以记世禄之家辅弼股肱之臣忠孝得失也"之说，要比司马贞所谓"三十世家比月有三旬"之说，可能要更接近事实一些。

第五是"七十列传"。关于神秘数字"七十"，前人讨论得最多。专就其讨论的专题论文，代表性的就有闻一多、季镇淮、何善周等人合写的论文《七十二》，杨希枚之《论神秘数字七十二》，刘尧汉、陈久金之《道、儒、阴阳家成数"三十六"和"七十二"之谜探源》等。③ 这些论文，可以说都是学术研究的力作，其举证之多，论述之详，足以使"七十二"之为数，在古代知识和观念世界中的神秘意义得到昭彰。其中闻一多等人的论文认为："'七十二'，是一年三百六十日的五等分数，而这个数字乃是由五行思想演化出来的一种术语。"④ 杨希枚则依据揲蓍立数以定卦象的《易》卦立数原则，推论"七十二"是象征天地阴阳至极之数。⑤ 尽管相互观点有所不同，但这些论文大都谈到了"七十二"与"七十"之间的关

---

① 《周礼注疏》卷1，阮元校刻《十三经注疏》，639页。
② 见《周礼注疏》卷2，645～646页。
③ 闻一多等人的论文及杨希枚的论文之出处，已在前面注出，刘尧汉、陈久金的论文载《中国哲学史研究》，1984（3）。
④ 《闻一多全集》第10卷，174页，武汉，湖北人民出版社。
⑤ 参见杨希枚：《论神秘数字七十二》，载杨希枚著：《先秦文化史论集》，北京，中国社会科学出版社，1995。

系。但相较之下，鄙意更接近杨希枚的解释。杨氏认为："古籍上的'七十二'每与'七十'、'七十余'、'八十余'或'九十'互言，原因是这些数字本来是笼统的数字或泛表多数的神秘数字，在意义上并没有实质上的差异，所以古籍上这类数字互言的情形也就不须认为是出于撰者的疏忽或后儒的误改。"① 而假若如此理解，则司马贞所谓"七十列传取悬车之暮齿"，以及张守节所谓"作列传七十，象一行七十二日，言七十者举全数也，余二日象闰余也，以记王侯将相英贤略立功名于天下，可序列也"的说法，则似乎多少有一点儿过度诠释。

由上述例证可以看出，《史记》编纂的各体例之数，绝不是凭空随意的安排，而是有着，至少在潜意识层面，有着当时"备天数以参事，治谨于道"之一般知识和思想世界的支持。② 正像《史记》的《天官书》把人间的秩序投射到对星空的秩序叙述一样，《史记》很可能也按照当时的一般知识和思想世界，把"天"所显示的自然法则抽象、归纳为数字概念移植到了人间，于是便形成了司马迁建构《史记》各部分体例之数的理论依据。

概而言之，司马迁那个时代，人们对外在宇宙的理解，也就是人们对人类及其社会理解的依据，《庄子·天下篇》所谓"以法为分，以名为表，以参为验，以稽为决，其数一二三四是也，百官以此相齿，以事为常"，③ 反映的也正是这种思维发展阶段的先民们的思维以及其相应的实践。而在此一般知识和思想世界下，所谓"究天人之际"也是那个时代的包括自然科学探索在内的知识界、思想界的普遍欲求。司马迁撰《史记》如此，秦相吕不韦、淮南王刘安组织门客编纂《吕氏春秋》和《淮南子》也莫不是如此。因此，一方面，我们应对先民们积极探索天人秘密的努力和实践表示尊重和敬意；一方面，我们也应在研究的过程中，发扬孟子"知人论世"的精神，努力将研究对象置于其所处的时代，置于所论问题的语境，尽可能实现与对象的神思相契。这或也是鄙文撰述的更深层的思考。

---

① 杨希枚：《先秦文化史论集》，694 页。
② 董仲舒：《春秋繁露义证》，苏舆义证，215 页。
③ 郭庆藩辑：《庄子集释》卷十下，《天下第三十三》，1066 页，北京，中华书局，1961。

论匡正汉主是班固撰述
《汉书·五行志》的政治目的

探讨《汉书·五行志》对于深入理解班固的史学思想和汉代社会是有意义的。

《五行志》是司马迁《史记》所无,班固新设的四志之一,在《汉书》中卷帙最大,共占4卷,远远高于《汉书》的其他部分。① 此外,《五行志》的断限也有特点,像《汉书》中的《古今人表》及一些《志》一样,没有遵循《汉书》"断汉为史"的原则,而是始于成周,迄于王莽新朝,贯通整个春秋、战国、秦和西汉的历史。这些特点,表明《五行志》在《汉书》中具有特殊地位。同时,《五行志》也是《汉书》中受到批评最多的部分。其中最有代表的是600多年以后唐代的史学理论家刘知幾。刘知幾《史通》除在外篇部分专辟《〈汉书·五行志〉错误》和《〈五行志〉杂驳》二个专篇外,还在内篇的《书志篇》中对《汉书·五行志》提出尖锐的批驳。刘知幾的批评对后世的影响很大,此后,《汉书·五行志》遂作为班固神学思想的集中体现受到越来越多的批判,并由此殃及到对班固整个史学思想的评价。

客观地说,刘知幾对于《汉书·五行志》的批评不无道理,其中所反映的天人感应思想,今天看来确实是充满了荒谬。然而,章学诚说:"论古必恕。"说:"能为古人设身而处地也。"② 我们会问:班固为什么要在他呕心撰写的《汉书》中,花那么大的气力和篇幅,去记述自然灾异及其社

---

① 据中华书局《汉书》点校本出版说明统计,《汉书》在流传过程中,于隋唐时期,"皆以卷帙太重,故析为子卷",先后二次将原百卷的自定本分别析为115卷本和120卷本。其中"今本卷一、十五、十九、二十一、二十四、二十五、二十八、九十四、九十七都有一个分卷,卷二十七有四个分卷,卷九十九有两个分卷……"诸卷中只有卷二十七《五行志》被析为4卷,远远超过其他卷,为全书之冠。《汉书·出版说明》,3页,北京,中华书局,1962。

② 叶瑛:《文史通义校注》,278页,北京,中华书局,1985。

会感应？班固的真正目的是什么？《五行志》在《汉书》中究竟起有什么作用和意义？设身论事，这些问题显然不能用简单的否定予以解决。前人的思想自有其在历史环境中的自身合理性，"盖古人著书立说，皆有所为而发"，① 联系班固撰述《汉书》的思想背景和社会政治环境，我们认为，借灾异天象来匡正汉主，实应是班固在《汉书》中增设《五行志》的政治目的。在一定意义上，可以肯定：《五行志》决不是简单的所谓天人感应的呓语，而是寄托了班固沉重忧患意识的篇章，是班固用以展开现实批判的一种途径。

从理论的渊源看，班固持为《汉书·五行志》理论体系的《周易》，②本来就是被儒家学者目为思考现实与未来的忧患之书。《系辞》的作者说："其出入以度内外，使知惧，又明于忧患与故。""《易》之兴也，其当殷之末世周之盛德邪？当文王与纣之事邪？"③以后《易》学虽然不断发展，并在形态上发生变化，但是《易》的忧患意识，一直是《易》学研究中的一种传统。此外，司马迁在《史记》中提出所谓"究天人之际、通古今之变"的命题，不仅是影响深远的史学命题，而且也是汉代社会从上到下普遍关怀的思想命题。这个命题，作为当时历史认识中紧密相连的一个问题的两个方面，其最终的归结，实质是对现实问题的关怀和思考。所以汉武帝的"天人三诏"要提出："盖闻'善言天者必有征于人，善言古者必有验于今。'故朕垂问乎天人之应，上嘉唐虞，下悼桀纣，寖微寖灭寖明寖昌之道，虚心以改。"董仲舒的"天人三策"亦说："天人之征，古今之道也。孔子作《春秋》，上揆之天道，下质诸人情，参之于古，考之于今。"④

---

① 陈寅恪：《冯友兰中国哲学史上册审查报告》，《金明馆丛稿二编》，247页，上海，上海古籍出版社，1980。

② 关于《汉书·五行志》理论渊源，一般多认为是直接采自刘向的《洪范五行传》，实际并不尽然。所谓"五行"只是个外在的框架，而它的根本精神或理论核心实际应是被《汉书·艺文志》尊为"六经之首"的《周易》。所以《汉书·叙传》说："《河图》命庖，《洛书》赐禹，八卦成列，九畴逌叙。世代实宝，光演文武，《春秋》之占，咎征是举，告往知来，述《五行志》第七。"见《汉书》，4243页。

③ 《周易正义·系辞下》，阮元校刻《十三经注疏》，90页，北京，中华书局，1980年影印版。

④ 班固：《汉书》卷56，《董仲舒传》，2513～2515页，北京，中华书局，1962。

最终的落脚点都是现实政治。这表明,从理论渊源和社会风习上讲,《汉书·五行志》不可能脱离现实政治。

从当时学术的发展及其与政治结合的特点看,《汉书·五行志》的编纂,也不可能是脱开现实政治干系的单纯学术著作。近代著名经学家皮锡瑞,在《经学历史》一书中,曾论汉代经学说:"当时儒者以为人主至尊,无所畏惮,借天象以示儆,庶使其君有失德者犹知恐惧修省。此《春秋》以元统天,以天统君之义,亦《易》神道设教之旨。汉儒藉此以匡正其主。"① 而这种"借天象以示儆"的学术特点,在当时的易学中表现得尤为突出。皮氏的另一著作《经学通论》说:"《汉志》易家有灾异三十五篇,是易家本有专言灾异一说。而其传此说者,仍是别传而非正传。汉儒藉此以儆君,揆之易义,纳约自牖,与神道设教之旨,皆相吻合,可见人臣进谏之苦心,亦不背圣人演易之宗旨。"② 因此,凭借易学而推阐天人感应的灾异之说,借助灾祥之变而言政治得失,是汉代社会中十分流行的做法。清赵翼《廿二史考异》卷二"汉儒言灾异"、"汉重日蚀"、"汉诏多惧词"、"灾异策免三公"、"上书无忌讳"等条,都是从史书中概括出的,与这方面史实相关,并反映汉代政治面貌的内容。③

从当时的政治发展讲,班固生活的明、章帝时期虽值盛世,但是社会上下已蕴含了危机。在下,是"农民战争的前浪接后浪的时期";④ 在上,外戚的权利已经上升;朝廷中开始孕育外戚和宦官交替专权的局面。这些对于深受正统儒家思想浸润的班固来说,不能不有所感触。这种"以天象示儆","匡正其主"的做法,既有迷信荒诞的成分,也有一定监督、遏制某种不正常政治现象的作用。统治者对于这种天人感应理论的提倡与迷信,更促进了它的流行。当时行此法者,虽不乏"曲学阿世"之徒,但是更多的是怀抱儒家政治和文化价值的理想,追求自然与社会整体和谐,忠于刘氏王朝统治的儒生士大夫。这也是班固撰述《五行志》政治和价值层

---

① 皮锡瑞:《经学历史》,106页,北京,中华书局,1959。
② 皮锡瑞:《经学通论》,19页,北京,中华书局,1964。
③ 详见王树民:《廿二史札记校证》,38~48页,北京,中华书局,1984。
④ 侯外庐:《中国思想通史》第2卷,248页。

面上的意义。

整体看，班固对于天人感应是否征验的态度相当矛盾，例如他在《汉书》专为阴阳五行学者所立的合传《眭两夏侯京翼李传》的赞语中，曾用不大肯定的口气评论说："幽赞神明，通合天人之道者，莫著乎《易》、《春秋》。然子贛犹云'夫子之文章可得而闻，夫子之言性与天道不可得而闻'已矣。汉兴，推阴阳言灾异者，孝武时有董仲舒、夏侯始昌，昭、宣则眭孟、夏侯胜，元、成则京房、翼奉、刘向、谷永，哀、平则李寻、田终术。此其纳说时君著明者也。察其所言，仿佛一端。假经设谊，依托象类，或不免乎'亿则屡中'。"① 而《五行志》也说："汉兴，承秦灭学之后，景、武之世，董仲舒治《公羊春秋》，始推阴阳，为儒者宗。宣、元之后，刘向治《穀梁春秋》，数其祸福，传以《洪范》，与仲舒错。至向子歆治《左氏传》，其《春秋》意亦已乖矣；言《五行志》，又颇不同。是以揽仲舒，别向、歆，传载眭孟、夏侯胜、京房、谷永、李寻之徒所陈行事，讫于王莽，举十二世，以傅《春秋》，著于篇。"② 这些都表明班固对天人感应学说的怀疑，和对诸说之间错与乖的洞察。虽怀疑而仍为之，表明班固编纂《五行志》应是别有深意。

对于《汉书·五行志》，一般认为主要是依据刘向的《洪范五行传》，但实际上是有所区别的。检《汉书·五行志》洋洋四卷的巨帙，列举的天人感应的事例数以百计，却没有一件有关祥瑞的记载。而据《汉书·刘向传》记载，河平三年，刘向受命领校《五经》中秘，见《尚书》中的《洪范篇》，于是"向乃集合上古以来历春秋六国至秦汉符瑞灾异之记，推迹行事，连传祸福，著其占验，比类相从，各有条目，凡十一篇，号曰《洪范五行传论》，奏之"。③ 说明刘向的《洪范五行传》是"连传祸福"，即包括"符瑞之记"的。班固《汉书·五行志》只言灾异不言祥瑞，其中的深意，我们说只有"藉此以匡正其主"能够解释。④ "昔殷道弛，文王演《周

---

① 《汉书》，3194～3195 页。
② 《汉书》，1317 页。
③ 《汉书》，1950 页。
④ 皮锡瑞：《经学历史》，106 页。

易》;周道敝,孔子述《春秋》。则《乾》、《坤》之阴阳,效《洪范》之咎征,天人之道粲然著矣"。①《汉书·五行志》开篇的这一自白,正说明班固是有意要继承文王、孔子在殷、周世道弛敝之时演《周易》、述《春秋》的忧世传统来撰述《五行志》的。按《说文·人部》曰:"咎,灾也。"② 以灾异说明天人之道,"藉此以匡正其主",显然是班固在《汉书》中增设《五行志》的一个重要目的。

检索《汉书·五行志》的引文,依多寡顺序依次为:(1)京房,约170余条;(2)刘向,约152条;(3)刘歆,约73条;(4)董仲舒,约37条,余下前引文班固所列举的他人言论,仅仅是非常零星的几条而已。而班固引述最多的这几位,无一不是汉代历史中兼儒学学者、思想家、政治家三者为一身,且忠于自己儒家文化价值和政治信念的,至为重要的人物。其中除董仲舒虽一度下狱几死,一生还算相对顺利外,其他几人都是历经坎坷,如元帝时期的京房,因反对专权的宦官石显,宣扬自己的"考功课吏法",企图挽救当时的政治危机而在政治斗争失败后惨遭杀害,年仅41岁;与京房基本同时的刘向也是"宗室忠直,明经有行",③"拳拳于国家"、"忠精至诚"④ 的忠臣,先是反对宦官石显擅权而"遂废十余年",继而反对外戚王氏,为改革政治,维护刘氏政权,抱着"吾而不言,孰当言者"的决心,⑤ 屡屡犯颜上书,痛陈利害却不能见用,抑郁而死;向之子刘歆,在对当时刘氏政权极度失望的情况下,本欲借王莽所谓的知遇之恩,重铸刘汉的意识形态,进而达到革新政治、重振汉朝天威、实现儒家政治文化理想的目的,虽为狡诈的王莽所利用做了改朝换代的工具,不得已中仍告诫王莽,"居摄之意"只是"成圣汉之业","保佑圣汉,安靖元元","奉汉大宗之后",而"不得顾其私亲",⑥ 最终因策划倒莽,事泄,

---

① 《汉书》,1316页。
② 《说文解字》第八上,铸记书局据东吴筱园藏本石印本。
③ 《汉书》,1929页。
④ 洪迈:《容斋随笔》卷9、卷11,转引自汤志钧等:《西汉经学与政治》,307~308页,上海,上海古籍出版社,1994。
⑤ 《汉书》,1958页。
⑥ 《汉书》,4091页。

被迫自杀。而正是这样几位忠于自己儒家文化价值和政治理想"纳说时君著明者",① 在班固的心中唤起了最深切的同情。

对于班固来说,上述的几个人中,对他影响最大的,是身为皇家宗室的刘向。班固在《汉书·叙传》所作的"汉承尧运以建帝业"的说明,完全就是刘向《世颂》"汉帝本系,出自唐帝,降及于周,在秦作刘,涉魏而东,遂为豐公"②的翻版。而刘向自觉维护刘氏正统地位,奋力反对外戚专权的忠直,更是在班固的思想中引起强烈的共鸣。据白寿彝先生统计,在《汉书·五行志》所引述的刘向说灾异的152条中,论灾异跟后、妃、君夫人及外戚间关系的约31条,论灾异跟君主失势、国家败亡间关系的约39条。③ 而汤志钧等著《西汉经学与政治》一书,则将其大致分为"影射或直接抨击外戚、宦官集团对王权的侵夺","批评皇帝,怒其不争,以败亡警诫之","为巩固皇权而制定的具体策略"等三类。④ 其他几人的引文也大致类此。《汉书·五行志》对于前人论述灾异材料的采择,实质上也反映了班固自己的思想。

班固在《汉书·五行志》中对现实的影射和批判,最直接的反映应是他自己的言论。而关于这一点,人们却大多未能予以注意。一般来说,在《五行志》中,班固引述他人的论述或观点时,都要明确写明论述者的姓名,例如:《春秋》昭公十八年"'五月壬午,宋、卫、陈、郑。'董仲舒以为象王室将乱,天下莫救,故灾四国,言亡四方也。又宋、陈、郑之君皆荒淫于乐,不恤国政,与周同行……刘向以为宋、陈,王者之后卫、郑,周之同姓也……宋、卫、陈、郑亦皆外附于楚,亡尊周室之心……天戒若曰:不救周,反从楚,废世子,立不正,以害王室,明同罪也。"又定公二年"'五月,雉门及两观灾。'董仲舒、刘向以为此皆奢僭过度者也……天戒之曰:云高显而奢僭者。"所以钱大昕说《汉书·五行志》体

---

① 《汉书》,3195页。
② 《汉书》,81页。
③ 白寿彝:《司马迁与班固》,《中国史学史论集》(一),216页,上海,上海人民出版社,1980。
④ 汤志钧等:《西汉经学与政治》,318页。

例严谨是有根据的。① 至于《汉书·五行志》中所存在的大量没有注明论述者姓名的论述,合理的解释,只能是班固本人的论述。根据记载,刘向纂辑《洪范五行传论》是在河平三年(前26),因受诏校皇家藏书,见《尚书·洪范》"箕子为武王陈五行阴阳休咎之应"事,有感而开始的。其详可见《汉书·成帝纪》和《汉书·刘向传》。② 但《洪范五行传论》最终完成于什么时间,史书中并没有明确的记载,钱穆先生则根据《汉书·刘向传》,将之也放置于同一年,即河平三年(前26)。③ 此后,刘向又因"睹俗弥奢淫,而赵、卫之属起微贱,逾礼制……故采取《诗》、《书》所载贤妃贞妇,兴国显家可法则,及孽嬖乱亡者,序次为《列女传》,凡八篇,以戒天子。及采传记行事,著《新序》、《说苑》凡五十篇奏之。"④ 这也就是说,从河平三年(前26)到绥和元年(前8)间的史事,除刘向的上疏中会间有所涉及外,其《洪范五行传论》是不大可能涉及的。而据钱穆先生《刘向歆父子年谱》所考,从阳朔三年(前22)刘向纂《列女传》等书,到绥和元年(前8)以72岁之龄去世,其间的十几年之间,刘向先后所上奏、言对应事者,计仅有"言复甘泉泰畤、汾阴后土及雍五畤等祠"事,以及"论灾异"、"兴辟雍"等三四次,⑤ 其中内容,均不见《汉书·五行志》记述。显然《汉书·五行志》所述河平三年(前26)以后的

---

① 钱大昕说见《潜研堂集》卷12,《答客问九》,188~189页,上海,上海古籍出版社,1989。

② 按《汉书·成帝纪》记载:河平三年"光禄大夫刘向校中秘书。谒者陈农使,使求遗书于天下。"见《汉书》,310页。又《汉书·刘向传》记载:"成帝即位,(石)显等伏诛,更生乃复进用,更名向。向以故九卿召拜为中郎,使领护三辅都水。数奏封事,迁光禄大夫。是时帝元舅阳平侯王凤为大将军秉政,倚太后,专国权,兄弟七人皆封为列侯。时数有大异,向以为外戚贵盛,凤兄弟用事之咎。而上方精于《诗》、《书》,观古文,诏向领校中《五经》秘书。向见《尚书·洪范》,箕子为武王陈五行阴阳休咎之应。向乃集合上古以来历春秋六国至秦汉符瑞灾异之记,推迹行事,连传祸福,著其占验,比类相从,各有条目,凡十一篇,号曰《洪范五行传论》,奏之。天子心知向忠精,故为凤兄弟起此论也,然终不能夺王氏权。"见《汉书》,1949~1950页。

③ 钱穆:《刘向歆父子年谱》,《两汉经学今古文平议》,45页,北京,商务印书馆,2001。

④ 《汉书》,1957~1958页。

⑤ 参见钱穆:《刘向歆父子年谱》,《两汉经学今古文平议》,52~65页。

灾异事，既非刘向《洪范五行传论》的内容，也非十几年间刘向封奏言事的内容。至于刘歆，因此时一方面初涉政坛，一方面亦正想利用王莽的势力"更化"王朝政治拯救危机，所以不可能激烈地攻击外戚势力。因此《汉书·五行志》中有关西汉晚期的记载和论述，则主要应该是出自班固之手纂辑。

据统计，《汉书·五行志》中没有提到论述者姓名的，除去没有感应史事的日蚀、陨石等异象不计，大约有150余事，这中间多数论述的是河平三年以后的史事，而且多与外戚擅权有关。试摘录几条如下：

> 成帝建始元年正月乙丑，皇考庙灾……是时大将军王凤颛权擅朝，甚于田蚡，将害国家，故天于元年正月而见象也。其后滋盛，五将世权，遂以亡道。
>
> 鸿嘉三年八月乙卯，孝景庙北阙灾。十一月甲寅，许皇后废。
>
> 永始元年正月癸丑，大官凌室灾。戊午，戾后园南阙灾。是时，赵飞燕大幸，许后既废，上将立之，故天见象于凌室，与惠帝四年同应……天戒若曰，微贱亡德之人不可以奉宗庙，将绝祭祀，有凶恶之祸至。其六月丙寅，赵皇后遂立，姊妹骄妒，贼害皇子，卒皆受诛。
>
> 永始四年四月癸未，长乐宫临华殿及未央宫东司马门灾。六月甲午，孝文霸陵园东阙南方灾……是时，太后三弟相续秉政，举宗居位，充塞朝廷，两宫亲属将害国家，故天象仍见。明年，成都侯商薨，弟曲阳侯根代为大司马秉政。后四年，根乞骸骨，荐兄子新都侯莽自代，遂覆国焉。
>
> 哀帝建平三年正月癸卯，桂宫鸿宁殿灾，帝祖母傅太后之所居也。时，傅太后欲与成帝母等号齐尊，大臣孔光、师丹等执政，以为不可，太后皆免官爵，遂称尊号。后三年，帝崩，傅氏诛灭。
>
> 平帝元始五年七月己亥，高皇帝原庙殿门灾尽……是时平帝幼，成帝母王太后临朝，委任王莽，将篡绝汉，堕高祖宗庙，故天象见也。其冬，平帝崩。明年，莽居摄，因以篡国，后卒夷灭。

联想班固纂述《汉书》之时，前朝所谓"妖倖毁政之符，外姻乱邦之迹"① 又有了复活的迹象，尤其是"孝章以下，渐用色授，恩隆好合，遂忘淄蠹"，② 以至外戚"窦氏父子兄弟并居列位，充满朝廷"，"权贵显赫，倾动京都"，"既负重劳，陵肆滋甚"，"朝臣震慑，望风承旨"的局面，③ 以大汉为王命所归、正统所在的班固，自然是不愿意看到东汉重蹈西汉的旧辙，从而形成他编纂《五行志》，影射、批判现实的目的。以后的历史发展不幸果真被班固的谶言言中："东京皇统屡绝，权归女主，外立者四帝，临朝者六后，莫不定策帷帘，委事父兄，贪孩童以久其政，抑明贤以专其威，任重道悠，利深祸速……"④ 最终亡毙在外戚与宦官的争斗之中。诚如皮锡瑞所言："当时儒者以为人主至尊，无所畏惮，借天象以示儆，庶使其君有失德者犹知恐惧修省。此《春秋》以元统天，以天统君之义，亦《易》神道设教之旨，汉儒藉此以匡正其主……后世不明此义，谓汉儒不应言灾异，引谶纬，于是天变不足畏之说出矣。近西法如中国，日食、星变皆可豫测，信之者以为不应附会灾祥。然则，孔子《春秋》所书日食、星变，岂无意乎？言非一端，义各有当，不得以今人之所见轻议古人也。"⑤ 后代浅陋的史家，既没有班固时代的思想学术背景，也不存在班固生活的政治现实，徒袭班固《五行志》的皮毛，妄谈灾异祥瑞，自然也就影响了后人对于班固撰述《五行志》真实意图的理解。

---

① 范晔：《后汉书·皇后纪》，399 页，北京，中华书局，1965。
② 《后汉书·皇后纪》，400 页。
③ 《后汉书·窦融列传》，819 页。
④ 《后汉书·皇后纪》，401 页。
⑤ 皮锡瑞：《经学历史》，106 页。

从"荣经陋史"到"六经皆史"：
宋明经史关系说的演化及意义之探讨

经史关系的问题，是中国古代学术史中的一个重要论题。由于对这问题的讨论，涉及史学在中古时期的发展中，力图摆脱经学的笼罩获得"史学自主"的理论问题。所以前贤学者，对此有过不少的讨论，尤其是对清代史学理论家章学诚提出的相关理论，论述得尤多。本文考虑到这一命题在学术思想史中，往往因学术语境的不同而表现不同内涵的复杂特点，试将此论题，置于思想学术史的演进过程当中，考察其提出的学术思想史的渊源及其演进的内在理路，从一个新的角度对其予以阐释，进而揭示它在史学史中的意义。

一

经史关系的讨论，虽然很早就有学者提及，但是真正展开对二者尊卑关系的讨论，实际是从宋代开始。对此，清代的钱大昕曾有所论述。钱大昕《廿二史札记·序》云：

> 经与史岂有二学哉？昔宣尼赞修六经，而《尚书》、《春秋》实为史家之权舆。汉世刘向父子校理秘文为六略，而《世本》、《楚汉春秋》、《太史公书》、《汉著纪》列于"春秋家"，《高祖传》、《孝文传》列于"儒家"，初无经史之别。厥后兰台、东观，作者益繁，李充、荀勖等创立四部，而经史始分，然不闻陋史而荣经也。自王安石以猖狂诡诞之学要君窃位，自造《三经新义》，驱海内而诵习之，甚至诋《春秋》为断烂朝报。章、蔡用事，祖述荆舒，屏弃《通鉴》为元祐学术，而十七史皆束之高阁矣。嗣是之道学诸儒，讲求心性，惧门弟子之泛滥无所归也，则有诃读史为玩物丧志者，又有谓读史令人心粗

者。此特有为言之，而空疏浅薄者托以藉口，由是说经者日多，治史者日少。彼之言曰：经精而史粗也，经正而史杂也。①

按照钱大昕的观点，在学术的发展中，虽然早就导致了经、史分途，但是始终"不闻陋史而荣经也"。直至宋王安石废汉唐经注，倡言新学，"诋《春秋》为断烂朝报"；其后则又有理学的兴起，"诸儒讲求心性，惧门弟子之泛滥无所归也，则有诃读史为玩物丧志者"，发展至此，经与史在地位上才出现尊卑高下的说法。②

我们说，钱大昕的论述，虽然明显具有清人基于汉学立场对宋人学术批判的成分，但也确实在某种程度上抓住了经史关系变化的关节所在，即理学的形成和发展对于人们对于经史关系认识产生有很大的影响。史称："自王氏之学兴，士大夫非道德性命不谈。"③ 王安石作为北宋著名思想家、政治家，虽然一直受着理学中人的批判，但是其开启一代学风，在一定意义上促进了理学的发展之功，却是学术思想史不争的事实④。钱穆先生认为王安石对待读经的态度，是"在致我之知以尽圣，然后于经籍能有所去取，此见解，竟可谓是宋人开创新儒学的一条大原则"。⑤ 所以在一定意义上，钱大昕是以王安石为经史关系观念发生变化之肇，揭示了学术思想演化中，理学思想的形成对经史关系观念影响的内在理路。

然而王氏之时，理学的基本观点和理路还只是初露端倪，所以在经史关系认识方面还未显现什么值得注意的影响。而至以二程为代表的理学家时，受佛教华严宗，尤其是华严禅理事说的影响，则开始广泛涉及"理"

---

① 王树民：《廿二史札记校证》，885 页，北京，中华书局，1984。
② 宋代之前，虽有隋王通提出"昔圣人述史三焉"，即"六经"中的《尚书》、《诗经》及《春秋》三经"同出于史"的观点。但是王通此说的实质意图是强调三经的体裁与立意的不同，并未提出经史尊卑的问题。所以他结论说："此三者他同出于史，而不可杂也，故圣人分焉。"详见王通《中说·王道》篇。
③ 赵秉文：《滏水集》卷 1，《性道教说》。影印文渊阁《四库全书》，第 1190 册，上海，上海古籍出版社，1986—1990。
④ 如钱穆先生即云："（王）安石虽是宋学初期的人物，但他实已探到此后宋学之骊珠。"见钱穆：《宋明理学概述》，23 页，台北，台湾学生书局，1984。
⑤ 见钱穆前引书，22～23 页。

与"事"之关系的讨论,并将这一观念引入到经史关系的讨论,形成其强调读经穷理、把经学置于一切学术之上的观点。据《上蔡先生语录》卷之中记载,程颢甚至批评学生谢良佐爱好史学,"举史文成诵",是"玩物丧志"。在二程的观念中,即使是"六经"中的《春秋》,因为是依鲁史改编的史著,也是形而下之"用",而非形而上之"体"。他们认为:"盖《春秋》圣人之用也。《诗》、《书》、《易》如律,《春秋》如断案;《诗》、《书》、《易》如药方,《春秋》如治法。"① 正是在这种基本思路的支配下,他们"尝语学者,且先读《论语》、《孟子》,更读一经,然后看《春秋》,先识得个义理,方可看《春秋》"②,表现出明显的荣经陋史的思想倾向。

二程以后,其荣经陋史的思想,继续为他们的门人后学所接受,尤其是集理学之大成的朱熹,在二程观点的基础之上又有所发挥。与程颢一样,朱熹也强调读书必须"以经为本","先经后史",他批评同时学者吕祖谦道:"东莱聪明,看文理却不子细。""缘他先读史多,所以看粗着眼。读书须是以经为本,而后读史。"而当他的学生问起吕祖谦的学术时,他不无轻蔑地说:"伯恭于史分外子细,于经却不甚理会。"学生不解地问:吕祖谦不"也是相承那江浙间一种史学,故凭地?"而朱熹对这种追问显然很不满,所以不无情绪地答道:"史什么学?只是见得浅!"③ 因为在他看来:"看史只如看人相打。相打有甚好看处?陈同甫一生被史坏了;直卿亦言,东莱教学者看史,亦被史坏。"④ "故程夫子教人先读《论》、《孟》,次及诸经,然后看史,其序不可乱也。"⑤ 可见钱大昕所谓"诃读史为玩物丧志者,又有谓读史令人心粗者",是完全具有历史根据的,而所指就是二程、朱熹一系的理学学者对经史关系的思想观点。

这里值得提出来的是,钱大昕虽然意识到了理学的发生、发展对荣经陋史的学术倾向具有重大的思想影响,但是为什么会产生这种荣经陋史的

---

① 《二程集·程氏外书》,401页,北京,中华书局,1981。
② 《二程集·程氏遗书》,164页,北京,中华书局,1981。
③ 黎靖德:《朱子语类》,2950~2951页,北京,中华书局,1986。
④ 《朱子语类》,2965页。
⑤ 朱熹:《晦庵先生朱文公文集》卷35,《答吕伯恭》,《四部丛刊》本。

观念？这种思想观念的哲学依据是什么？作为一位考据学家，钱大昕并没有作出进一步的追问。而这，也正是我们所要论述的最关键的问题所在。

溯本追源，以二程和朱熹为代表的宋理学家，之所以认为经尊史卑、经精史粗，强调读书先读经再读史，以经统史，其根本是与他们"理一分殊"的理学思想分不开的。程朱理学体系的一个突出特点是在改造佛教华严宗和禅宗理与事理论的基础上，突出地强调"天下只有一个理"①，认为这个超验抽象的、普遍性的"理"，是独立于具体经验事物之外，从事物外部决定并制约着具体的、特殊性之事物的存在和发展，从而构成其理气相分，道器相离，普遍外在于特殊的二元世界观体系：一个形而上的"理"的世界，"若理，则只是一个净洁空阔的世界，无形迹"②；一个由超验之"理"分殊的具体的芸芸世界。其中，作为这经验的芸芸世界，在它存在和不断展开于时间的过程中，也就是它对"理"之不断体现的过程。而这芸芸的经验世界形而下的属性，则必然地决定了其对于"理"之展现或反映的不完全性。事实上，二程、朱熹等人，正是从他们这一基本的理学观念出发来理解经史关系的。他们之所以"荣经陋史"，强调经对于史的统辖意义，是因为他们认为经是天理的体现："'六经'是三代以上之书，曾经圣人之手，全是天理。"③ 只有"以经为本"，在从"六经"中汲取天理"而后读史"，才能"陶铸历代之偏驳，会归一理之纯粹"④，求得"天理之正，人心之安"，进而达到格物致知、体察形上之天理的目的。因此，程、朱等人荣经陋史的经史观，从一定意义上讲，也正是他们"理（道）统于气（器）"、"理一分殊"等基本理论在经史关系的问题上的逻辑推绎。

---

① 《二程集·程氏遗书》，196页，北京，中华书局，1981。
② 《朱子语类》，1页。
③ 《朱子语类》，190页。
④ 李方子：《资治通鉴纲目后序》，影印文渊阁《四库全书》，《资治通鉴纲目》卷首下，上海，上海古籍出版社，1986—1990。

二

我们认为，从"荣经陋史"到"六经皆史"的理论转变，在理论上实质存在有二大基本观念上的突破：一是需要对形而上的"道"与形而下的"器"是否具有统一性的关系，普遍性的理对于具体事物之关系是超然于外还是内在其中等认识论上的突破；一是需要对"六经"是一切真理渊薮，具有绝对的思想权威地位之神话的突破。其中后者，就其实质而言，也是在前一观点上进一步发展的必然结果。

事实上，在二程和朱熹等为代表的理学家倡言"荣经陋史"的经史观的同时甚至之前，已经有一些学者提出经亦史的观点，而且这些学者很多也是从"道"与"器"、"理"与"事"之关系的高度对经史关系问题展开讨论的。例如早在北宋时，苏洵就提出过"经以道法胜，史以事词胜"，经史"体不相沿，而用实相资焉"的观点①。南宋时，叶适也认为："经，理也；史，事也"，而且同样认为"专于经则理虚，专于史则事碍而不通。"② 入元，这种观点得到进一步发展，先是有胡三省针对"世之论者率曰：经以载道，史以记事，史与经不可同日语也"的观点论曰："夫道无所不在，散于事为之间，因事之得失成败，可以知道之万世亡弊，史可少欤！"③ 其后又有郝经、刘因等，提出"治经而不治史，则知理而不知迹；治史而不治经，则知迹而不知理"等观点，④ 甚至在此基础上提出"古无经史之分"的观点，等等。⑤ 从这些论述人们可以感觉，似乎意识到绝对之"理"与经验之"事"，事实上存在着相互依赖的关系而并不能截然分开，所以他们才会得出经史"体不相沿，而用实相资焉"，甚至"古无经

---

① 苏洵：《嘉祐集》卷8，《史论上》，《四部丛刊》本。
② 叶适：《叶适集·水心别集》，221页，北京，中华书局，1960。
③ 胡三省：《新注资治通鉴序》，标点本《资治通鉴》卷首，24页，北京，中华书局，1976第。
④ 郝经：《陵川集》卷19，《经史》，影印文渊阁《四库全书》，第1192册。
⑤ 刘因：《静修先生文集·续集》卷3，《叙学》，影印文渊阁《四库全书》，1998册。

史之分"的结论。这实际也是理学在程朱以后，理学学者竭力弥合程朱完全离析道器、二分心理的理论缺陷，而出现合会朱、陆（九渊）的一种哲学倾向。但是我们也应看到，上述这些学者，除了胡三省稍有涉及外，其他人对"道"与"器"、"理"与"事"的统一关系并没有在理论上作出明确的说明，所以他们对于经史关系的论述，在理论上也没能导致出突破性的进展，自然也不会有什么重大的学术影响。

对经史关系的认识在理论的层面取得突破性进展的是明代中叶的王阳明。

关于王阳明与程朱等人在经史关系认识上的对立，钱钟书先生已有所注意。但是钱先生仅仅认为，王阳明"五经亦史"的观点，只是前人"言意之辨"中"言不尽意"观点，以及庄子糟粕"六经"观点的翻版而无新意，并没有对这种观点作出更深层的哲学追问。① 事实上，王阳明与程朱等人之间经史关系说的对立，并不仅仅是所谓意义与语言表述的问题，而是还存在着更深刻的认识论上的歧异。

史载，明正德七年（1512）年底，王阳明升任南京太仆寺少卿，随即返乡归省，途中与弟子徐爱讲学。当时徐爱问："先儒论'六经'以《春秋》为史，史专记事，恐与'五经'事体终或稍异。"对此，王阳明回答说：

> 以事言谓之史，以道言谓之经。事即道，道即史，《春秋》亦经，"五经"亦史。《易》是包牺氏之史，《书》是尧舜以下史，《礼》、《乐》是三代史，其事同，其道同，安有所谓异？
>
> "五经"亦只是史。史以明善恶，示训戒。善可为训者，特存其迹以示法；恶可为戒者，存其戒而削其事以杜其奸。②

王阳明这里所说的"五经"，实际也就是"六经"，除后者不包括亡佚

---

① 参见钱钟书：《谈艺录》（增订版），263~266页，北京，中华书局，1984。
② 王守仁：《王阳明全集》，10页，上海，上海古籍出版社，1992。

的《乐经》外，所指是一样的，都是对儒家流传下来的五部经典的统称，因此所谓"五经亦史"，也就是"六经皆史"。而这也是古代学术史上对"六经皆史"的第一次，也是最明确的说明。但是值得提出的是，王阳明所阐述的经史关系的理论价值，并不仅仅在于其明确提出了"五经亦史"的观点，因为这种说法前人早已有所涉及，而是关键在于他空前明确地将"事"与"道"统一起来，并以此理论为基础说明经与史的统一关系，因此也就形成了对古代经史关系认识的大突破。

王阳明之所以提出"五经亦史"的观点，其理论上的前提，一是他对所谓"理"或普遍性的理解，一是在对"理"的理解基础上形成的对所谓"六经"的理解。

从对"理"的认识的角度来说，与程、朱等人所谓"性即理"，"析心与理为二"，将理视为超然于经验事物之外的绝对存在的观点相反，王阳明认为"心即理"，① 认为"心外无物，心外无事，心外无理，心外无义，心外无善"，② 即所谓的"理"，不是超验抽象地存在于经验事物之外，而是内在于作为普遍之理与个体意识相统一的、具有道德渊薮和本体意义的"心"里。从这种认识出发，自然无论是表现为普遍意义的圣人所作之"六经"，还是表现为具体经验过程的历史，都是混融如一地存在于体现为良知良能的人的心中，所以在这意义上，"事即道，道即事"，特殊体现着普遍，普遍内在于特殊。因为在王阳明看来，"其事同，其道同，安有所谓异？"所以在这种情况下，"经史一也"，二者统一地同具吾心。于是这一认识论上的转变，无意间便为"六经皆史"的理论提供了理论依据。

从对普遍之"理"的理解基础上形成的对"六经"之价值的理解来说，由于王阳明以世界统一于意识的主观唯心主义诠释经史关系，故而程朱理学体系中被奉为天理所在的"六经"，在王学理论中则只是被视为一种"致良知"的工具，从而把"六经"的权威置于主体的理性之下，所以王阳明说："'六经'，吾心之记籍也。而'六经'之实则具于吾心，犹之

---

① 王守仁：《王阳明全集》，2页。
② 王守仁：《王阳明全集》，156页。

产业库藏之实积，种种色色具存于其家，其记录者特名状数目而已。"① 即相对人人具足的良知来说，"六经"不过是个登记财产的账簿而已。对于人来说，阅读过账簿并不等于真正拥有了财产，同样，阅读过"六经"也不等于体认到了自我的良知，完成了对天理的认知。应该说王阳明"五经亦史"的论述，其主旨并不是要提高史学价值，只是认为以"六经"为代表的知识，如果不融入作为个体内在意识的"心"中，是不可能化为自觉的道德行为。但是由于他将"经"仅仅视为登记财产的账簿，使得"经"的权威大大降低，从而为作为经验的史的地位的上升留出了空间。于是，王阳明讨论道德修养途径的初衷，转而成了后来史学最终摆脱经学笼罩，获得"史学自主"的理论依据。而正是在这无意之间，王阳明的论述，为古代经史关系的认识，构筑了一个突破点。

王阳明对经史关系的论述，随着其主要哲学著作《传习录》于正德十三年（1518）刊刻，及整个王学在社会中影响的扩大，对后来的经史关系的讨论起了很积极的推动作用。王阳明之后，其再传弟子，南中王门中的史学家薛应旂，曾在王阳明论述的基础上对"五经亦史"作过进一步的演绎。不同的是，在薛应旂的论述中，已不再像王阳明那样，主要是为讨论道德修养问题而发，而是直接针对朱熹"经精史粗"，尊经抑史观点进行的批驳，即其意已是在相当程度上属于专意于史学问题的讨论了。薛应旂在他的《宋元通鉴·凡例》中说：

> 古者左史记言，右史记事。事为《春秋》，言为《尚书》，经史一也。后世史官咸推迁、固，然一则退处士而进奸雄，一则抑忠臣而饰主阙，殆浸失古意而经史始分矣。朱晦翁谓吕东莱好读史遂粗着眼。夫东莱之造诣不敢妄议，若以经史分精粗，何乃谓精义？入神之妙，不外于洒扫应对之间也！②

---

① 王守仁：《王阳明全集》，255页。
② 薛应旂：《宋元通鉴》卷首，《凡例》，明天启刻本。

薛应旂这里所针对的，显然是朱熹批评吕祖谦"好读史"，认为"经精史粗"，多读史无益于人之道德的观点所发的议论。其中他所谓"经史一也"的观点，包含二层意思：一是经与史的起源是同一的；二是经与史的本质意义是同一的。经与史的分途，只是因为后之史的叙述没能很好地体现"道"（理），"浸失古意"的结果。这实质也是王阳明"事即道，道即事"，道内在于事、事亦体现道观点的演绎。

关于薛应旂经史观与王阳明心学的理论联系，还可以从薛氏对"六经"与心的论述中得到体察。薛应旂曾说：

> 人之言曰：圣人未生，道在天地；圣人既生，道在圣人；圣人既往，道在"六经"。是"六经"者，固圣人之道之所寓也，然其大原则出于天，而夫人之心，则固天之心也。人能会之于心，则圣人之道，即吾人之道，有不在"六经"而在我者矣。①

又说：

> 人人存其本心而形气不扰，则"六经"可无作也。于是乎可以知圣人作经之意也。《易》以道化，《书》以道事，《诗》以达意，《礼》以节人，《乐》以发和，《春秋》以道义。先后圣哲，上下数千年，究其指归，无非所以维持人心于不坏也。②

在上述引文中，可以看到薛应旂的论述所展现的经、史及心相互关系的逻辑思路是：（1）"道"是历史的产物，它在历史过程中展开，并被记载在典籍（"六经"）之中；（2）作为主体意识的人心就是天之心，就是圣人之心，"圣人之道，即吾人之道"，因此作为"圣人之道之所寓于"的"六经"，也必然存在于人的心中；（3）远在圣人制经之前，道已存在于天

---

① 薛应旂：《方山先生文录》卷16，《折衷》，明刊本。
② 薛应旂：《方山先生文录》卷16，《原经》。

地,"六经"远远不能取代与天相垺的"心"体现的道的全部内容,"六经"有限,而道无限,所以"人能会之于心,则圣人之道即吾人之道,有不在'六经'而在我者矣";(4)这"不在'六经'而在我者",就是作为世界本体和道德本原的吾心或良知,如果"人人存其本心而形气不扰",保持先天良知的本真,"则'六经'可无作也",因为"先后圣哲上下数千年,究其指归,无非所以维持人心于不坏也"。这样,按照薛氏推绎的逻辑,所谓的"六经"不再是,也不可能是全部的天理所在,它与上下数千年一切维持人心不坏的说教,包括体现了良知本真的史,在意义上完全一致的,都是使主体致良知、复本真的中介或工具。于是"经史一也",价值等同,既没有三代所制与后世所作的高下差异,也没有经精史粗的区别,"入神之妙,不外于洒扫应对之间也",无论"理学政治,论次旧闻,凡事关体要,言涉几微者",只要人们能够会之于心而"自得之",就都与圣人所制的"六经"一样,具有同等价值,于此人们自然也就"庶无伯恭(吕祖谦)之累也"。于是,理气合一,道器合一,知行合一,道亦是事,事亦是道,即"'六经'皆史","经史一也"。所以薛氏结论说:"苏洵氏谓:'经以道法胜,史以事词胜'。而世儒相沿,动谓经以载道,史以载事。不知经见于事,事寓乎道,经亦载事,史亦载道,要之不可以殊观也。"① 循着王阳明的心学理论及其经史观,进一步发展了苏洵等人的观点,认为作为真理的"经"(道)与作为经验的"史"(事)是统一并展现于具体之过程的,从而在理论上将史提高到了与经相垺的地位。②

如果说作为王门南中学派的薛应旂,还基本是循着王阳明以心说理、心理不二、道事相即、同具吾心等观点的思路阐述经史关系,那么当时一些学者,则在接受王阳明以统一道事的理论,论说经史关系的观点的同

---

① 薛应旂:《宋元通鉴》卷首,《凡例》。
② 薛应旂的论点可从明代思想的殿军刘宗周的论述中得到解说。刘宗周《论语学案一·里仁第四》云:"一贯之道即天地之道,非圣人所得而私也。圣人自任以为吾道者,圣人从自己心上看出此道,满盘流露,一实万分。盈天地间万事万物,各有条理,而其血脉贯通处,浑无内外,人己感应之迹,亦无精粗、大小之殊,所谓一以贯之也。"见《刘子全书》卷28,中华文史丛书之五十七,2363页,台北,台湾华文书局影印清道光本。

时，开始多少有些在原心学理论思路的基础上，对经史关系的问题作出进一步的说明了。例如丰坊便曰：

> 人有言：经以载道，史以载事。事与道果二乎哉？吾闻诸夫子："下学而上达。"子思亦云："率性之谓道。"性也者，天理也；道也者，人事也。人事循乎天理，乃所谓道，故古之言道者，未始不征诸事也。言道而遗于事，老之虚、佛之空而已矣！故曰："我欲载之空言，不如见之行事之深切著明者也。"空言美听，而非践履之实用，行事有迹，而可以端趋舍之涂。是故《诗》、《书》已删，《礼》、《乐》□正，必假《鲁史》修《春秋》，以为《诗书礼乐》之用，必征诸行事而后实也。经与史果二乎哉？繄"六经"赖夫子而醇，诸史出于浮士而杂，非经史之二也，存乎其人焉尔！①

稍后的沈国元也说：

> 经以载道，史以纪事，世之持论者或歧而二之，不知道无不在，散于事为之间，因事之得失成败，可以知道之万世无弊，史之所系綦重矣。②

从这些论述我们可知，在他们看来，道与事，也就是具有普遍性的真理与具体的经验存在，只能是相互依存而不可分离，即道是无所不在且散于具体事之间的，故言道决不可遗于事，人事徇乎天理也就是道。因此，无论是经还是史也都是道事俱载，二者是没有什么尊卑差别的，也没有什么可荣可陋的必要。但是也可以看出，丰坊和沈国元的论述与薛应旂的相关论述多少有了些不同，即尽管他们仍使用的是理学语言，但又并不完全

---

① 丰坊：《世统本纪序》，见黄宗羲《明文授读》卷31,《四库全书存目丛书》，集部，第401册，济南，齐鲁书社，1994—1997。
② 沈国元：《二十一史论赞》卷首，《自序》，《四库全书存目丛书》，史部，第148册。

是从存在统一于意识的心学观点出发来探讨经与史关系的问题。至于他们在关于事与道相统一这一点上，则又仍表现出与王阳明"道即事，事即道"观点的理论联系。丰坊等人这种扬弃心学立场的对经史关系的阐释，对于史学地位的提升，应该说又有了进一步的理论上的进展。

当然，王学对经史关系说的影响，除道与事相统一，普遍内在于特殊，并表现于具体过程等理论影响外，还表现于王阳明所鼓吹的"良知"之说，对于张扬自我、蔑视权威的个人主义精神的激发。王阳明曾经对他的学生说："尔那一点良知，是尔自家底准则。尔意念着处，他是便知是，非便知非，更瞒他一些不得。"① 他认为："学贵得之心，求之于心而非也，虽其言之出于孔子，不敢以为是也，而况其未及孔子者乎！求之于心而是也，虽其言之出于庸常，不敢以为非也，而况其出于孔子者乎！"② 王阳明的这些论述，虽然仍是从其"心即理"的心学理论出发，旨在强调道德践履的主体自主性和内在之知对于行为的指导意义，但是它也确实极大地启发、鼓舞了一代学者。其中一些学者则循此更向异端发挥，以至于在对待"六经"价值的问题上，也出现了新的、否定其权威地位的认识。例如史学家王世贞就声称："吾读书万卷而未尝从'六经'入。"③ 唐顺之也说："语理而不尽于'六经'，语治而不尽'六官'。"④ 而'异端之尤'的李贽在其《童心说》中更放言："更说什么'六经'，更说什么《语》、《孟》乎？夫'六经'、《语》、《孟》，非其史官过为褒崇之词，则其臣子极为赞美之语。又不然，则其迂阔门徒、懵懂弟子，记忆师说，有头无尾，得后遗前，随其所见，笔之于书。后学不察，便谓出自圣人之口也，决定目之为经矣，孰知其大半非圣人之言乎！纵出自圣人，要亦有为而发，不过因病发药，随时处方，以救此一等懵懂弟子、迂阔门徒云耳。药医假病，方难定执，是岂可遽以为万世之至论乎？然则'六经'、《语》、《孟》，乃道

---

① 王守仁：《王阳明全集》，92页。
② 王守仁：《王阳明全集》，76页。
③ 李贽：《续藏书》，514页，北京，中华书局，1960。
④ 唐顺之：《荆川先生文集》卷10，《杂编序》，《四部丛刊》本。

学之口实，假人之渊薮也，断断乎其不可以语于童心之言明矣。"① 从史料学的角度将"六经"的灵光抹了个精光。而在这些人的身上，王学的影响是显而易见的，其中唐顺之与薛应旂同属南中王门，李贽曾拜泰州学派座主王艮之子王襞为师，亦为王门泰州学派中健者。至于王世贞虽非王门学人，但是也深受王学的影响，他曾经自道说："余十四岁从大人所得《王文成公集》读之，而昼夜不释卷，至忘寝食，其爱之出于三苏之上。稍长，读秦以下古文辞，遂于王氏无所入，不复顾其书。而王氏实不可废。"并云："和王文成公之氏致良知，与孟子之道性善，皆于动处见本体，不必究折其偏全，而沉切痛快，诵之使人跃然而自醒。"表明他对王学的一定认同。②

"六经"权威地位的否定，既是史学地位获得提高的重要前提，也是经史关系讨论取得突破性进展的前提。随着相关讨论的展开，人们对于经史关系的认识，也越来越脱开原王阳明提出问题的理学语境，逐渐转换为仅就史学本身讨论的理论问题。在当时，这样的论述可以说已有了一定的接受"市场"了。例如那部伪托王世贞编纂的《历朝纲鉴会纂》的王世贞"自序"，就曾从纯粹史料的角度论到"稽古史即经也"，即考核古史不能离开"经"，或者说"经"也就是上古的历史。该"序"还认为，由于上古的历史文献从春秋战国以来，因"日寻干戈，若存若亡，迄于秦火，遂茫不可迹"。在这种情况下，《春秋》等才作为"焰而犹存"的文献，格外值得珍重，以至"故史也而尊曰经"，即因稀少而被奉之为"经"。此外，该"序"还对王阳明"事即道，道即事"，道内在于事，事体现着道的观点作出新的阐释，认为"史不传则道没，史即传而道亦系之传"，③ 将史视为"道"得以流传的根本条件，甚至认为"史学在今日倍急于经而不可以

---

① 李贽：《李贽文集·焚书》，127页，北京，燕山出版社，1998。
② 王世贞：《读书后》卷4，《书王文成公集》一、二，北京师范大学图书馆藏清乾隆二十七年天随堂刻本。
③ 石印本《加批王凤洲袁了凡先生纲鉴合纂》卷首，上海，上海鸿宝书局，1920。按关于《历朝纲鉴会纂》之伪，参见姜公韬：《王弇州的生平与著述》，77～78页，台北，台湾大学出版社，1974。

一日而去者"而空谈经书义理之人，不过是"罔识岁时之变"的"夕死之虫"。① 这样的结果必然是又进一步提高了史之地位。

三

自明代中叶王阳明从心学理论出发，明确提出"五经亦史"以后，到了晚明，所谓"六经皆史"、"经史一也"的观点已经越来越深入人心，有关这方面的言论在当时可以说俯拾可得，如：

——所谓"前七子"之一的何景明《汉纪序》云：

夫学者谓经以载道，史以载事。故凡讨论艺文，横生事理，而莫知反说讫无条贯，安能弗畔也哉！《易》列象器，《书》陈政治，《诗》采风谣，《礼》述仪物，《春秋》纪列国时事，皆未有舍事而议于无形者也。夫形，理者，事也；宰事者，理也，故事顺则理得，事逆则理失。天下皆事也，而理征焉，是以经史者皆纪事之书也。②

——徐中行《史记百家评林序》云：

夫《易》始庖牺，《诗》逮列国，及《礼》、《乐》之治神人，何者非事，何者非言，何者非记而不谓之史？故《易》长于史，《诗》陈于史，《礼》、《乐》昭于史。老聃居柱下，夫子就繙十二经，经藏于史，尚矣！③

——闻人诠在《重刻旧唐书序》中云：

---

① 转引自陈作荣，赵毅：《王世贞与明代史学》，文载《长白论丛》，1992（2）。
② 何景明：《何大复先生集》卷34，北京师范大学图书馆藏清乾隆赐策堂刻本。
③ 徐中行：《天目先生集》卷13，《续修四库全书》，1349册，上海，上海古籍出版社，1996—2003。

书以记事,溲闻为赜,事以著代,间逸则遗,是故史氏之书与天地相为始终,"六经"相为表里。疑信并传,阙文不饰,以纪事实,以昭世代,故"六经"道明,万世宗仰,非徒文艺之夸诞而已也。①

——何良俊《四友斋丛说》卷五《史一》云:

史之与经,上古元无所分,如《尚书》之《尧典》,即陶唐氏之史;其《舜典》,即有虞氏之史也;《大禹(谟)》、《皋陶谟》、《益稷》、《禹贡》,即有夏氏之史也;《汤誓》、《伊训》、《太甲》、《说命》、《盘庚》》,即有殷氏之史也;《秦誓》、《牧誓》、《武成》、《金滕》、《洛诰》、《君牙》、《君奭》诸篇,即有周氏之史也。孔子修书,取之为经,则谓之经;及太史公作《史记》,取之为五帝三王纪,则又谓之史,何尝有定名耶!陆鲁望曰:《书》则记言之史,《春秋》则记事之史也。记言、记事,前后参差,曰经、曰史,未可定其体也。②

——李贽的《经史相为表里》云:

经史一物也。史而不经,则为秽史,何以垂戒鉴乎?经而不史,则为说白话矣,何以彰事实乎?故《春秋》一经,春秋一时之史也。《诗经》、《书经》,二帝三王以来之史也。而《易》经则又示人以经之所自出,史之所从来,为道屡迁,变易匪常,不可以一定执也。故谓"六经"皆史可也。③

——胡应麟《经籍会通》云:

---

① 转引自杨翼骧:《中国史学史编年》第三册,288页,天津,南开大学出版社,1999。
② 何良俊:《四友斋丛说》,41页,北京,中华书局,1959。
③ 《李贽文集·焚书》,258页,北京,燕山出版社,1998。

夏商以前，经即史也，《尚书》、《春秋》是已。至汉而人不任经矣，于是乎作史继之，魏、晋其业浸微而其书浸盛，史遂析而别于经，而经之名禅于佛老矣。①

——顾应祥《人代纪要自序》云：

自夫书契既立，人文日开，于是乎始有简册以纪之。唐虞有典，三代有书。以其载道而谓之经，以其纪事而谓之史，其实一也。《春秋》者，鲁国之史也，孔子取而笔削之，遂得与经并传，其余并传者多矣。

——《人代纪要》的汤明善《序》云：

史，一经也；经，一理也。吾心之中万理咸备，以心之理而观经，则理不在经而在心；以经之理而观史，则史不以迹而以理……其迹参乎史，其理准乎经，进退予夺森然……日政以代殊，理本则一。②

——许诰《通鉴前编序》云：

经以载道，史以纪事。因行事善恶以示劝戒，是史亦载道也。③

——史学家钱谦益《答杜苍略论文书》云：

---

① 胡应麟：《少室山房笔丛》卷2，《经籍会通二》，16页，上海，上海书店出版社，2001。
② 顾应祥：《人代纪要》卷首，《四库全书存目丛书》，史部，第6册，济南，齐鲁书社，1994—1997。
③ 许诰：《通鉴纲目前编》卷首，《四库全书存目丛书》，史部，第6册。

"六经"之中皆有史,不独《春秋》三传也。①
……

这些都表明,明代中叶以后,尽管所阐述问题的基点不尽是心学的立场,但是在王学以"事道统一不二"理论阐释经史关系的影响下,所谓"六经皆史"、"经史一物"、"经史一也"等"对经史关系的新的看法"②,已开始得到学术界的普遍认同。这一新的经史关系认识的史学学术意义,在于它抹去罩在"六经"上的神圣灵光的同时,提高了史学的价值和地位,强化了人们的历史意识。从学术发展的角度讲,这种经史关系观的积极意义有二:

第一,对于史学本身来说,"六经皆史"说的明确提出,在促进史学摆脱经学束缚、提高史学地位的同时,史学本身也因其学术自主地位的强调,促进了人们对史学学科的深入认识。例如晚明的史学家王世贞便是在"经史一也"观念的基础上,又进一步打破经史关系的讨论的格局,就史学之本身提出"天地间无非史而已"的命题。③ 王世贞所谓"天地间无非史而已",也就是说天地之间无一不是史的内容,从而将史学的范围扩大到无所不包的程度。这个命题实际早已超越了经史关系的讨论,而成为纯粹对史学范围的认识。事实上,作为一个优秀的史学家,王世贞对于史学本身所应有的独立价值,也是有着相当清醒认识的,他曾说:

---

① 钱谦益:《有学集》卷38,《四部丛刊》本。
② 白寿彝:《中国史学史》第一册,80页,上海,上海人民出版社,1986。
③ 关于这命题,王世贞是这样论述的:"天地间无非史而已。三皇之世,若泯若没;五帝之世,若存若亡。噫!史其可以已耶?"六经"史之言理者也;曰编年、曰本纪、曰志、曰表、曰世家、曰列传,史之正文也;曰叙、曰记、曰碑、曰碣、曰铭、曰述,史之变文也;曰训、曰诰、曰命、曰册、曰诏、曰令、曰教、曰札、曰上书、曰封事、曰疏、曰表、曰启、曰笺、曰弹事、曰奏记、曰檄、曰露布、曰移、曰驳、曰喻、曰尺牍,史之用也;曰论、曰辩、曰说、曰解、曰难、曰议,史之实也;曰赞、曰颂、曰箴、曰哀、曰诔、曰悲,史之华也。虽然,颂即四诗之一,赞、箴、铭、哀、诔皆其余音也,附之于文,吾有所未安。惟其沿也,姑从众。"见《弇州山人四部稿》卷144,《艺苑卮言》,北京师范大学图书馆藏万历五年世经堂刻本。

愚尝读文中子之书曰，史之失自迁、固始也，记繁而志寡。则有未尝不叹其言之失也。夫经有不必记，而史有不必志。孔子之作《春秋》也，而君臣父子夫妇长幼之伦著焉，中国夷狄君子小人之界判焉，盖二百四十二年而千万世揆是也。故经不敢续也，亦无所事续也。至于史则不然，一代缺而一代之迹泯如也，一郡国缺而一郡国之迹泯如也。贤者不幸而不见德，不肖者幸而不见匿。故夫三代非无史也，周衰而天子之史不在周，而寄于齐、晋之盟主。盟主衰而分寄于列国，国自为史，人自为笔。至秦务师吏斥百家，而史亦随焚矣。五帝之事，若有若无，三王之事，若存若亡，则非史之罪也，祖龙为之也。执事试操觚之士，而质之史，其论三代有不尊称《尚书》者乎？然自舜、禹、汤武及桀、纣而外，有能举少康、武丁、太康、孔甲之详以复者否？周之季有不尊称《春秋》者乎？而自桓文而上，有能举宣、平、共和之详者否？二汉而下，有不稗官《晋》，齐谐"六代"，期期《唐书》，芜《宋史》，而夷秽《辽》、《金》、《元》三氏者乎？然一展卷而千六百年之人若新，而其迹若胪列也。是史之存与不存也。①

王世贞的这一论述，表明在他的观念中已经意识到，"史"事实是具有"经"所不能替代的独立价值，是人们了解客观历史的不可或缺依据——"故经不敢续也，亦无所事续也。至于史则不然，一代缺而一代之迹泯如也，一郡国缺而一郡国之迹泯如也。"尽管"稗官《晋》，齐谐'六代'，期期《唐书》，芜《宋史》，而夷秽《辽》、《金》、《元》三氏者"，但是只因这些史的存在，人们才能"一展卷而千六百年之人若新，而其迹若胪列也"。联系王世贞"吾读书万卷而未尝从六经入"及上述"天地间无非史而已"等一系列有关论述看，这种对于史之独立价值的积极认识，显然得力于其对于经史关系的新理解。而后来黄宗羲提出的"言性命者必究于史学"等观点，事实上也是基于对史学具有独立价值的学术观念。为这

---

① 王世贞：《弇州山人四部稿》卷116，《策·湖广第三问》，北京师范大学图书馆藏万历五年世经堂刻本。

种观点注脚的是朱之瑜（号舜水）的相关论述。朱之瑜认为经史相较，是"经简而史明，经深而史实，经远而史近"，因此在他看来，"得之史而求之经，亦下学而上达耳"。这样便形成了与程朱等宋儒相反的经史关系和致知的路径。①

第二，对于经学来说，"六经皆史"说的明确提出，极大促进了明中叶以后的学者，以文献学的眼光看待传统的经书，以史学方法考证经书，促使学术研究由考经向考史的方向展开，而这正是后来清代学术的基本特点。清张之洞说："由小学入经学者，其经学可信；由经学入史学者，其史学可信。"② 而由经学入史学的首要条件，就是将经学史学化，降低经的神圣地位，摆脱以准宗教观念对待经的思想束缚，代替以史学的眼光去看待经和研究经。因此，从宋代程朱等人的"荣经陋史"，到明代中叶王阳明等人"六经皆史"说的明确提出，在某种意义上，不啻是中国古代学术发展史上的一次观念革命，它为中国古代学术在清代的进一步发展，廓清了观念认识上的障碍。

然而与王阳明等学者从以心统一世界的立场出发学所提出的"六经皆史"不同，清人更多的是从文献学的立场理解"六经皆史"的。但是从思想发展的层面看，清人对经史关系的理解，又不能不追索到明中叶以来的心学家对于经史关系的探讨，尤其是王阳明以事不离道，道在事中，道器合一，及"六经"并不代表全部之道等观点来阐释经史关系的基本思路。王阳明这一思路的影响，在清章学诚对"六经皆史"的有关论述之中，也仍然是依稀可辨。如章氏《文史通义》卷二《原道中》便云：

《易》曰："形而上者，谓之道；形而下者，谓之器。"道不离器，犹影不离形，后世服夫子之教者自"六经"，以谓"六经"载道之书也，而不知"六经"皆器也。……夫天下岂有离器言道、离形存影者

---

① 朱之瑜：《朱舜水集》，274页，北京，中华书局，1981。
② 范希曾：《书目答问补正》附录二，《姓名略序》，221页，北京，中华书局，1963。

哉？彼舍天下事物、人伦日用，而守"六籍"以言道，固不可言夫道矣。①

此外，章学诚的一些论述，如在其《与汪龙庄书》中所提出的"经之流变必入于史"②，及《文史通义·原道》所谓"事变之出于后者，六经不能言"等观点，③也显然可见上引王世贞所谓"二汉而下，有不稗官《晋》，齐谐'六代'，期期《唐书》，芜《宋史》，而夷秽辽、金、元三氏者乎？然一展卷而千六百年之人若新，而其迹若胪列也，是史之存与不存也"之观点的绰约影子。故今美籍华裔学者余英时先生所评价章学诚"六经皆史"的观点——"在消极方面是要破道在六经之说，而在积极方面则是要说明三代以下之道必当于史中求之"。④其所谓消极与积极之意，所开理论先河之功，实应归属于明人。

当然，我们说，章学诚论述的语境及随之而来的意义较之王阳明及王世贞等明人又有了新的变化，即不再是针对程朱之学离析心、理为二物，视道为超然于经验之外的绝对而发的争辩，而是针对清乾嘉学者不问政事埋首饾饤考据之学的倾向，呼唤传统即事以言理、即器以明道的经世精神，同时亦有针对"清初以来'经学即理学'的中心理论的一种反挑战"。⑤所以章学诚说："'六经'皆史也。古人不著书，古人未尝离事而言理，'六经'皆先王之政典也。""六经"皆先王经世之籍也。⑥而这则又涉及对经典文本的阐释与解读的理论问题，因篇幅的关系，则不在本文讨论的范围之列。

---

① 叶瑛：《文史通义校注》，132页。
② 章学诚：《章氏遗书》卷29，外集二《与汪龙庄简》，334页，北京，文物出版社，1985。
③ 叶瑛：《文史通义校注》，139页。
④ 余英时：《论戴震与章学诚》，54页，北京，三联书店，2000。
⑤ 余英时：《论戴震与章学诚》，50页。
⑥ 叶瑛：《文史通义校注》，1页。

从国家职能看明清官修史学

所谓国家职能,是国家发挥作用的具体表现。其大致可以分为两大类:一类是国家的社会职能;一类是国家的统治职能。一个国家如何运用它的职能,对于国家的政治具有极其重要的影响。明清皇朝是中国封建社会最后的皇朝,经过两千多年的发展,各种制度已经趋于烂熟,有关封建国家的职能也得到极大的发挥,影响所及,广被社会政治、经济、军事、法律及文化生活等方方面面。本文试从封建国家发挥其职能的视角,探讨和解释明清时期不断被加强的官修史籍的活动及其意义。

一、大规模官修史籍活动与明清国家制度建设

明清时期史学的一个显著特点,是由国家组织的大规模的修史活动频繁,编纂了大量卷帙庞大的历史著作。这种史学现象的出现,首先是与当时大举兴办水利工程、发展交通、保证社会生产等活动一样,都是体现了明清统治者在发挥国家社会职能方面的自觉。但是从国家的立场出发,所谓当时官修史籍的活动,实际应包括国家社会职能和国家统治职能两方面的意义,即其既是国家的社会职能发挥的表现,也是国家的统治职能行使的表现。其中,从国家的统治职能方面讲,明清时期大规模官修史籍活动的开展,与政府努力发挥其统治职能,以及进行新政权的制度建设有密切的关系。

与所谓"盛世修书"的基本规律相一致,明清两代的官修史籍活动,主要开展于各自最具生命活力的初期或前期。其中明代,据李晋华《明代敕撰书考》统计,在有明一代所敕撰的二百余种图籍中,成于洪武朝的有84种,成于永乐朝的有33种。二者相加达117种,超过了整个明代敕撰

图籍总数的一半以上，其中相当多的图籍是史著。① 清代大规模官修图籍的活动较之明代更为突出，但是与明代的情况相类，敕撰图籍最集中的，也是在康熙、雍正和乾隆三朝。其中不计《渊鉴类函》、《佩文韵府》、《韵府拾遗》、《子史精华》、《古今图书集成》、《四库全书》等大型类书、丛书及《朱子全书》、《性理大全》、《性理精义》等儒家类著作和《春秋传说汇纂》、《诗经传说汇纂》、《书经传说汇纂》等经部著作，清代最重要的一些官修史籍，如《续三通》、《清三通》、《清会典》、《大清一统志》、《大清律例》、《八旗通志》、《赋役全书》、《孚惠全书》、《吏部则例》、《户部则例》、《工部则例》、《礼部则例》、《物料价值则例》、《督捕则例》、《八旗则例》、《军需则例》、《中枢政考》、《学政全书》、《钦定训饬州县规条》、《户部漕运全书》、《大清通礼》、《皇朝礼仪图式》、《国子监志》、《词林典故》、《康济录》、《国朝宫史》、《皇清奏议》、《皇清开国方略》、《平定三逆方略》、《平定罗刹方略》、《亲征平定朔漠方略》、《平定金川方略》、《平定准噶尔方略》等等，无不或成书于这三朝，或肇修于这三朝。

显然，明清官修史籍主要集中于皇朝的初期、前期，除了社会政治相对稳定、社会经济相对发展，以至皇朝能够在充沛财力、人力支持的情况下，相对更加有效地发挥国家的社会职能，组织图籍编纂，促进文化建设等原因外，更为现实、更为直接的原因，是皇朝建立的初期、前期，也往往是处于百废待兴的局面，亟待建立各种制度及其相关的规章。而在古代中国，官修史籍的一项重要功能，就是为国家的治理和制度建设，提供必要的经验鉴借和法律依据，即所谓的"稽古定制"。这种功能，在唐宋以后，随着国家官僚体制的不断完善也越加地明显，到了封建制度烂熟的明清时期，表现得就更加突出。顾颉刚曾评论明代敕撰图籍至多说："凡一代创业之君，以其得之之艰，辄欲制之极密，防之极周，图子孙久长之业。此固无代不然，而明代为尤显。"② 明清大规模官修史书的发达，在一定意义上，体现的正是这种特点。这也就是说，在发挥国家统治职能方

---

① 参见李晋华《明代敕撰书考》及顾颉刚《序》，燕京大学图书馆，北京，1932。
② 顾颉刚：《明敕撰书序》，李晋华《明敕撰书考》卷首。

面，明清两朝的国家修史工作，扮演着十分重要的角色。

分析明清两皇朝初期敕令编修的史籍，可以清楚地看出，当时编修的史籍，绝大部分属于与礼和法有关、与典章制度有关的"政书"类著作。其中如清代的官修史籍可以从上面开列的书目中看出，至于明代重要的"政刑"类著作，如《大明律》、《律令直解》、《大明令》、《御制大诰》、《大诰武臣》、《御制武臣敕谕》、《臣戒录》、《志戒录》、《逆臣录》、《戒敕功臣铁榜》等；重要的"仪注"类著作，如《礼仪定式》、《稽制录》、《礼制集要》、《稽古定制》、《祭祀礼仪》、《皇明礼制》等；重要的"典制"类著作，如《为政要录》、《国朝制作》、《大明会要》等；重要的"职官"类著作，如《大明官制》、《诸司职掌》、《宪纲》等；重要的"地理"类著作，如《大明志书》、《大明清类天文分野书》；重要的"表奏"类著作，如《国初诏令》、《历代名臣奏议》，等等，也都是编纂于皇朝的初期。

从政治学的观点看，无论是法还是礼的制定、实施，都属于国家统治职能的重要构成。它们既是统治阶级意志的反映，也是维护统治秩序、调整统治阶级内部关系，以及制裁那些有碍于统治阶级统治意志有效执行的工具。从上述明清官修史籍的内容范围看，所谓"政刑"类主要是各种法典，以及带有法律规范性的史例，其编纂的旨趣，正是着眼于利用国家的社会职能，动员社会知识资源，通过法典、法令及其史例的修定，达到强化和完善相关国家统治职能以垂鉴规范后世的目的。而所谓"仪注"类著作的纂修，也同样体现了统治阶级完善国家职能的意志。至于所谓"典制"类、"职官"类著作，以及以国家行政区划为核心内容的"地理"类著作的编纂，则属于直接服务于国家各种制度的建设，其目的也同样无一例外，即都是着眼于如何建构顺畅的官僚体制，有效地发挥国家的统治职能，以保证统治阶级意志的实现。因此，明清两朝大规模的官修史籍的活动，其所纂修的史著内容侧重尽管有所不同，但是它们大都与皇朝的典章制度建设有着密切的关系。它们既是明清两朝国家职能的具体落实，也是明清两朝统治阶级自觉利用手中的权利，对国家职能的利用与发挥，是当时官方史学活动服务于政治的重要表现。

对于史学的这种功能，应该说明清皇朝统治者的认识和执行都是非常自觉的，在清代甚至形成较完善的制度。如邓之诚曾研究说："清以例治天下，一岁汇所治事为四季条例，采条例而为各部署则例。新例行，旧例即废，故则例必五年一小修，十年一大修。采则例以入《会典》，名为'会典则例'或'事例'。"① 清皇朝的统治者正是通过"则例"的定期编纂，使各级官吏了解当时的典章制度及其演变情况，达到更好地发挥实行政务职能与效率的目的。

二、大规模官修史籍活动与国家统治职能的实施

但是，就在我们看到明清两朝，通过发挥国家社会职能开展大规模官修史籍活动，对于当时文化建设与制度建设起到的积极作用的同时，我们也应看到这些大规模官修史籍的活动中，所蕴含的封建统治者的文化专制因素。事实上，作为封建专制最发展的明清两朝，也是中国历史上对史学干预最多的两个朝代，而实行严厉的文化专制乃至暴力压制政策与频繁开展大规模的修书，从某种意义上说，也是明清统治者一个政治目的下所采取的打拉结合的两种手段：既控制了思想文化，拉拢了社会知识精英，又粉饰了自己的政治统治、控制了话语的权力。而这些，从国家职能的角度讲，又正是皇朝统治职能的具体落实。

从历史上的事实看，伴随着政治、经济、军事各种统治职能的运用，统治集团为满足自己的统治欲望，巩固统治力量，也要占有思想文化的阵地。而这种对思想文化阵地的占有，实质上也是属于国家的统治职能之一。

在通过强化社会意识形态控制、实行文化专制，达到对社会思想文化的有效占有方面，明清两代统治者表现出惊人的一致性，即：第一，以行政手段强化推尊程朱理学为统治意识形态，并将之与选官制度结合；第二，大兴文字狱，压制思想自由，以封建专制的淫威胁迫知识阶层就范，

---

① 邓之诚：《中华二千年史》第5卷，新一版，531页，北京，中华书局，1983。

企图"合众途于一轨,会万理于一原","使家不异政,国不异俗",① 达到统一全国思想、净化意识形态的政治目的,体现出衰老的封建社会在发挥国家统治职能方面的政治共性。

明清两朝在史学领域,利用和发挥国家统治职能达到思想文化专制之目的方面,一般采取两种手段:一是频频制造文字狱,用高压手段直接打压;一是借修史之名,在拉拢知识界、树立有利于自己统治的思想文化体系的同时,完成对与己统治不利的历史文化的汰选。

明清两朝都是统治者发起文字狱最频繁的皇朝。其中明初,因明太祖出身微贱,又是以农民起义军起家,加之明廷刑严法峻,使得许多地主知识分子心存疑虑,不肯走出山林与明廷合作,典型者例如为了逃避朝廷应召,"广信府贵溪县儒士夏伯启叔侄二名",竟"人各截去左手大指"。② 迫于当时这种情况,以至明太祖在想方设法笼络、羁縻的同时,不得不以法令的形式强行规定:"寰中士夫不为君用,是外其教者,诛其身而没其家,不为之过。"③ 这些都使明太祖形成对儒士文臣的矛盾心理:一方面急需儒生支持自己的新皇朝;另一方面,又对儒生心怀猜忌,唯恐儒生讥刺自己,以至往往因一些文字细节上的吹毛求疵,以莫须有的罪名发起文字祸狱,诛杀掉大批儒臣文士④。洪武以后,建文朝的文化政策稍见弛缓,但是很快就因燕王朱棣的"靖难"及随之的"革除"而再度紧张。一场对建文之臣的大规模屠杀及其著述的禁毁,使得刚有所舒缓的文化氛围,又回复到压抑。此后,明代亦先后发生过焚《通纪》案、禁李贽著作案、禁毁书院案等文化压制事件。

与明代文字狱相比,清代是有过之而无不及。清皇朝文字狱之兴,起于顺治初年,发展于康熙、雍正及乾隆三朝,绵延了一百余年才逐渐有所缓和。决定清皇朝大兴文字狱、实行严苛的文化专制制度的原因,除了与

---

① 《明太宗实录》卷168,台北,"中央研究院历史语言研究所",1962。
② 杨一凡:《明大诰研究》附录,385页,南京,江苏人民出版社,1988。
③ 同上书,391页。
④ 王树民:《廿二史札记校证》卷32,"明初文字之狱"条,740～741页,北京,中华书局,1984。

明皇朝在封建政权的性质一致外，清皇朝以少数满族贵族为统治核心的政权特性，也决定了其必然对广袤国土上人口居绝大多数的汉民族和其他少数民族，实行包括文化专制在内的高压统治政策。早在顺治十六年（1659），清廷的统治者就以"畔道驳注"为口实，于当年十一月，下令将民间流传的《四书辨》、《大全辨》等书禁毁。严饬各省学臣："校士务遵经传，不得崇尚异说。"① 翌年一月，又明确饬令士子"不得妄立社名，纠众盟会"，② 严厉打压晚明以来兴起的士子论学议政的党社运动。接着清廷就于康熙初年制造了"庄廷鑨明史狱"，以浙江湖州（今浙江吴兴）富商庄廷鑨请人为朱国祯所撰《明史》续写崇祯朝事时，直录史实，称努尔哈赤为建州都督，不书清帝年号，而书隆武、永历年号事论为"大逆"之罪，将已死的庄廷鑨开棺戮尸，庄氏家属和书写序、校阅、卖书、刻字、印刷之人以及地方官吏均被治罪，处以死刑者七十余人，流放充军者达数百人。③ 此后，影响巨大的文字冤狱有康熙朝的"戴名世《南山集》狱"，雍正朝的"汪景祺《西征随笔》狱"、"吕留良狱"及"查嗣庭试题狱"，乾隆朝的"彭家屏段昌绪狱"、"《字贯》狱"、"徐述夔狱"，等等，计康、雍、乾三朝仅见于记载的文字狱就多达八十余起，其中号称文治最盛的乾隆朝的文字狱达七十四起。④ 这些延续数代，屡兴不绝的文字冤狱，给整个社会造成了相当的威慑压力，构成了几代知识阶层心理上长期挥之不去的阴影，以致数十年后，龚自珍仍然说世人"避席畏闻文字狱"。⑤

在对社会实行严厉思想控制、屡兴文字狱压制知识阶层的同时，明清两朝初期的统治者也对知识阶层极尽拉拢之能事，其中大批征召知识精英修书，是两朝统治者利用其统治职能采取的重要手段。即在利用国家统治职能正面采取行政手段推行文化专制政策外，通过国家相关职能部门组织力量大规模修史的形式，在宣扬统治意识形态和笼络羁縻社会知识阶层的

---

① 《清世祖实录》卷129，"顺治十六年冬十月"，北京，中华书局，1985。
② 《清世祖实录》卷132，"顺治十七年一月"。
③ 参见全祖望：《鲒埼亭集》卷22，《磁州牧西郭万君墓表》等，《四部丛刊》本。
④ 参见邓之诚《中华二千年史》卷五下。
⑤ 龚自珍：《龚自珍全集》，471页，上海，上海人民出版社，1975。

同时，显示自己在文化活动上的权威地位，完成对社会思想和文化的汰选和整顿，进而达到对其专制控制和粉饰社会的政治目的。

明清统治者利用国家统治职能推行这种文化政策的两面表现，在当时的以国家的名义发动的修书活动中有清楚的反映。明清皇朝大规模组织修纂各种图籍之时，也正是两朝文字冤狱发动最频繁的时候。其中明代，尤其是明初，所开展的大规模修书活动大多是在一定政治背景之下，因一定政治目的而展开的。例如《元史》就是在明皇朝虽然已取得军事、政治优势，却又未完全统一中国的背景下，明统治者欲先声夺人，攘取宣传上的主动和拉拢知识阶层而仓促下令编纂的。同样，明洪武朝编纂的《大明日历》、《资世通训》、《志戒录》、《省躬录》、《精诚录》、《相鉴》、《臣戒录》、《辨奸录》、《宗藩昭鉴录》、《武士训戒录》、《永鉴录》、《世臣总录》、《古今列女传》等史著，也都是在一定的政治背景下，为特定的政治目的而编纂的史书。① 如《大明日历》一百卷，成书于洪武七年（1374）五月，是明朝初建之时，继《元史》之后修纂的又一部重要史著。它的编纂目的，就是宣扬新政权的开拓业绩，进一步说明自己是"奉天承运"、"绍百王之正统"的政权。② 其他如《宗藩昭鉴录》成于洪武六年（1373），内容是"采摭汉、唐以来藩王善恶可为劝戒者"。书成，朱元璋亲"赐名曰《昭鉴录》，以颁赐诸王"。③ 《资世通训》编于洪武八年（1375），是朱元璋因"思以化民成俗，复古治道，乃著是书，以示训戒"而编纂的史著。其主旨是要臣僚要对君主绝对效忠，"勿欺，勿蔽"，同时亦有"申戒士庶之意"④。《臣戒录》编于洪武十三年（1380），"时胡惟庸谋叛事觉，上以朝廷用人待之本厚，而久则恃恩肆惟奸尻。然人性本善，未尝不可教戒，乃命翰林儒臣纂录历代诸侯王、宗戚、宦官之属悖逆不道者，凡二百十二人，备其行事，以类书之。既成，赐名曰《臣鉴录》，颁布中外之臣，俾

---

① 向燕南：《史学与明初政治》，《浙江学刊》，2002（2）。
② 宋濂：《大明日历序》，《宋文宪公全集》，《四部备要》，第 82 册。
③ 《明太祖实录》卷 80，"洪武六年三月"，台北，"中央研究院历史语言研究所"，1962。
④ 《明太祖实录》卷 97，"洪武八年二月"。

知所警"。①《相鉴》亦成于洪武十三年，乃因是年罢中书省，遂"命儒臣与国子生取历代相臣，贤者自萧何至文天祥八十二人，为传十六卷；不肖者自田蚡至贾似道凡二十六人，为四卷。命编修吴沉序之，太祖亦制序冠焉"。②《志戒录》颁布于洪武十九年（1386），"其书采辑秦、汉、唐宋为臣悖逆者，凡百有余事，赐群臣及教官诸生讲颂，使知所鉴戒"。③《武士训戒录》颁于洪武二十一年（1388），"以将臣于古者善恶成败之事少所通晓，特命儒臣编集申鸣、钼麑、樊哙、金日䃅、张飞、钟会、尉迟敬德、薛仁贵、王君廓、仆固怀恩、刘辟、王彦章等所为善恶为一编，释以直辞，俾莅武职者日亲讲说，使之劝戒"。④《永鉴录》、《世臣总录》成于洪武二十六年（1393），"其书辑历代宗室诸王为恶悖逆者，以类为编，直叙其事，颁赐诸王。又辑历代为臣善恶可为劝惩者，别为一书，名曰《世臣总录》，以颁示中外群臣"。⑤ 至于明成祖时代饬令编纂的几部大型图籍，如三部《大全》、《永乐大典》等，同样具有安抚受到"靖难"、"革除"大规模屠戮惊吓的儒士文臣，化解朝廷与社会知识阶层的对立矛盾，以达到天下文人"尽入吾彀中"的政治目的。

清代因具有较之明代更尖锐的民族矛盾，所以，当时由国家组织的大规模修书活动背后的政治目的更是明确。清初曾对于己不利的图籍进行严厉的查禁，同时通过大规模的修书寓禁于修。在修书的过程中，通过刻意模糊史实、故意删削窜改乃至销毁有关图籍等手段，达到瓦解抗清士人的意志，销蚀流行的经世致用思想，羁縻社会知识精英，控制思想文化的政治目的。当时纂修的《明史》、《古今图书集成》、《一统志》、《四库全书》、《续三通》等大型史书、丛书等，都或多或少具有这样的政治背景。例如在清修《四库全书》"长达十九年的禁书过程中，共禁毁书籍三千一百多

---

① 《明太祖实录》卷132，"洪武十三年六月"。
② 黄虞稷：《千顷堂书目》卷10，瞿凤起、潘景郑整理本，279页，上海，上海古籍出版社，1990。
③ 《明太祖实录》卷179，"洪武十九年冬十月"。
④ 《明太祖实录》卷194，"洪武二十一年冬十月"。
⑤ 《明太祖实录》卷230，"洪武二十六年十二月"。

种、十五万一千多部，销毁书板八万块以上。至于民间因'书禁亦严，告讦频起，士民葸慎，凡天文、地理、言兵、言数之书，有一于家，无问禁与不禁，往往拉杂摧烧之'"①，从而在倚据国家的力量获得学术建树的同时，也给文化发展带来很大的损失。又如，清皇朝统治者曾于乾隆九年（1744）、乾隆十二年（1747）、乾隆四十二年（1777）、乾隆四十四年（1779）和乾隆四十六年（1781），先后敕令编修了《八旗满族氏族通谱》、《满州祭神祭天典礼》、《满洲源流考》、《宗室王公功绩表传》等史著，则又显然是有鉴于"迨入关定鼎，或聚居辽左，或散处燕畿"，"重虑物阜且博，代序日远，族姓日繁"，藉这些史籍的编纂，以"明章统系，俾知世德之所自"，宣扬"祖宗德泽之深"，② 从而达到增强满洲贵族的自我认同，巩固以满族贵族为统治核心的政治地位的政治目的。至于明清两朝采用修书修史的手段粉饰皇朝政治、炫耀其文治武功，则也可从当时的一些修史活动中有所体会。其中除明代的《永乐大典》、清代的《古今图书集成》和《四库全书》等巨帙类书、丛书的修纂外，清代还专门建立"方略馆"，组织力量即时编纂有关"方略"，展现自己的韬略武功，其中如《皇清开国方略》、《平定三逆方略》、《平定罗刹方略》、《亲征平定朔漠方略》、《平定金川方略》、《平定准噶尔方略》、《平定两金川方略》、《廓尔喀纪略》、《巴布勒纪略》、《剿平三省邪匪方略》等，都是动辄数十数百卷的史著。

三、明清官修史籍活动与封建国家职能关系的两面性

从传统史学的形成和发展看，明清两朝史学中国家职能影响凸显，从一定意义来说，既是专制政权官僚体制不断强化的政治结果，也是中国传统史学发展的某种带有必然性的归宿。这是因为中国的传统史学很大成分是渊于早期国家体制中的史官制度，这也就必然使得中国的传统史学与国家机器之间具有天然的联系。而随着围绕着君主专制所建立的官僚体制的

---

① 黄爱平：《四库全书纂修研究》，74页，北京，中国人民大学出版社，1989。
② 吕炽等：《八旗满族氏族通谱》卷首，《序》，北京师范大学图书馆藏清乾隆九年武英殿刻本。

不断发达，在使国家机器将史学资料最大限度地有效集中的同时，也将历史的话语权愈来愈牢地垄断在自己的手中，史学也必然地构成国家机器中最强有力的意识形态工具而格外受到专制者的重视。传统史学的这种与专制主义国家职能密切结合的特点，也是它区别于西方史学以私修为主的重要方面。

然而传统史学产生的早期起，又是士阶层发挥师道制约王权的利器。士者所标榜的董狐、南史的史官精神，一直是后世史家心之向往的榜样。所谓"史权"实被士人视为"天意"之下制衡王权的主要工具。至于孔子有感"周道废衰"而以私人身份撰述的《春秋》，"是非二百四十二年之中，以为天下仪表，贬天子，退诸侯，讨大夫，以达王事"①，不仅使士人更加看重史学的政治批判意义，也使传统史学于官修史学之外形成另一条私人修史的路线，即通过"笔削国史，成不刊之书"，达到"用仲尼褒贬之心，取天下公是公非以为本"的修史旨趣。② 然而无论士大夫这种利用"官学合一"的史学制衡王权，还是完全站在国家体制之外充满政治批判意识的私人修史路线，都不能为统治者容忍。因此，从一定意义上讲，一部中国传统史学史也是一部专制政治与士大夫的政治批判此长彼消的历史。这里除了东汉以来统治者对于私人修史的直接限禁外，从史官制度发展的角度讲，史官从兼职到专领，史馆从后汉的东观到北魏、北齐的著作局，再到唐代史馆的正式建立和此后国家修史制度不断被完善的过程，实质上也呈现为君主专制权力不断被强化和史官因逐渐被纳入君主专制体制之中而权力不断被削弱的历史过程。其中最突出的表现就是帝王不得观史、史职务相对独立的传统一再被打破，故宋代的范祖禹批评唐太宗观史与宰相监修的制度道："古者官守其职，史书善恶，君相不与焉。故齐太史兄弟三人死于崔杼而卒不没其罪，此奸臣所以惧也。后世人君得以观之，而宰相监修，欲其直笔，不亦难乎！"③

---

① 司马迁：《史记》卷130，《太史公自序》，3297页，北京，中华书局，1973。
② 李翱：《李文公集》卷6，《答皇甫湜书》，《四部丛刊》本。
③ 范祖禹：《唐鉴》卷6，《太宗四》，影印文渊阁《四库全书》，第685册，上海，上海古籍出版社，1986—1990。

明清时期，中国的君主专制制度登峰造极，在官僚制度围绕着专制君主高度发达的同时，传统以儒家思想为代表的"为王者师"的师道精神的政治追求也受到最严厉的打压。影响于史学，就是将修史制度完全纳入专制国家的体制之内，控制于专制君主的股掌之中，君主不仅视观史为必然之事（明代还废黜了传统的"君举必书"的起居注制度），甚至屡屡对《实录》进行窜改。也正是出于这样的政治、文化背景，明清时的士大夫常常发出批判专制、维护史权的呼声，如明代焦竑在其《论史》中称："苏子谓，史之权与天与君并，诚重之也。"① 而与之同时的史家余继登则更进一步强调，史之意义在于"明示将来，用垂法戒"，故其"非一人之书，而天下之公也，非一时之书，而万世之公也"②。

以上这些事实说明，经过漫长政治、文化的发展，到了明清时期，传统官修史学中的积极因素与消极因素的发展均愈加地突出，二者之间呈现的高度紧张，构成了这时期史学的基本面貌。与此相应之下，我们从封建国家职能之发挥的视角，看待其重要组成之一的活动——由封建国家组织的一系列大规模修书、修史等文化活动的意义，也必须从积极与消极两个方面予以评价。

首先，从积极方面讲，在明清时期国家职能直接作用下的大规模官修史籍的活动，显然具有积极推动文化建设、史学建设的作用。这是因为，从当时的历史现实看，这种史学现象的出现，尤其是当时统治者所着意的法典、仪礼、职官等史著的编纂，既是在明清时期长期统一与稳定，社会政治、经济发展的环境下，使得封建国家的社会职能得以有效发挥的结果，也是封建国家机器及其社会职能的高度成熟，在制度建设和文化建设中的具体体现。我们说，正是由于依靠强大的国家机器对行政权力的集中行使，才能最充分地发挥国家社会职能中文化建设的职能，动员和组织起各专业的知识分子，才能最有效地发挥集体力量进行大规模的修书、修史，才能完成对中国传统文化的大规模总结。尤其是像《永乐大典》、《古

---

① 焦竑：《澹园集》卷4，《论史》，19页，北京，中华书局，1999。
② 余继登：《修史疏》，见陈子龙等编《明经世文编》卷437，4779页，北京，中华书局，1965。

今图书集成》、《四库全书》这样的巨帙著作，假若没有明清时期这样完善的国家官僚体制，仅仅凭借个人的力量是绝不能完成的。此外，像《明实录》、《清实录》以及一些"起居注"类的连续性历史记录的编纂与保存，没有相应的国家职能机构和记注制度的保证，也断不能完成。至于一些大量涉及官方档案的历史著作，如《大明一统志》、《清一统志》及《明会典》、《大清会典》、《八旗通志》等史著，以私人之力，是根本不可能有所作为的。明清官修史籍的卷帙规模超迈前朝，是与这时期国家职能的完善发展分不开的。

然而，从消极意义讲，凭借封建国家的社会职能，由国家组织的修书活动，实质又是一把双刃剑：在繁荣文化、发展学术的同时，也必然地扼杀了学术的自由发展，或抑制了文化向健康的方向发展。事实上，明清时期大规模官修史籍的突出表现，也正是封建专制制度在这时期空前强化，在文化方面的体现。明清统治者也正是通过修纂各种史籍构成皇朝统治职能的。尤其是明清两朝的统治者，往往存在寓禁书于修书的政治目的，即通过大规模的修书，达到笼络知识阶层、宣扬统治意识形态、控制思想文化、粉饰政治、为其统治歌功颂德等专制政治的目的。而随着大量因注明"钦定"、"御定"而成为无人敢指摘的、代表着最高权威的各类图籍的出现，学术界也就随之失去一块又一块争鸣的园地，从又一个方面强化了"万马齐喑"文化局面的形成。这里最典型的事例，就是所谓的明清两朝不断诏喻的禁修国史令。而明初修纂的《元史》，修史者因惧怕明太祖的淫威，竟违反以往正史的常例，一字不敢加之论赞，唯"准《春秋》及钦奉圣旨事意"。[①] 至于清朝统治者，则为隐瞒其先祖与明朝的臣属关系，不惜在修史过程中销毁、窜改历史。

综以上所论，可以看出，明清两朝利用国家职能从事大规模纂修史籍的活动，明显具有积极与消极两个方面的意义。而清醒地认识这一点，不仅有利于我们今天客观和辩证地评价、分析和总结我们传统史学的利与弊，而且也能为发展我们今天的史学提供有益的借鉴。

---

① 《元史》附《纂修元史凡例》，4676 页，北京，中华书局，1976。

明至清前期海外关系的变化与史学

注重域外史的撰述，是中国古代史学的重要传统。但是这个史学传统，到了明至清前期时，又有了新的发展，开始具有了更多的世界性意义。这是因为，明至清前期，正是世界从分散逐渐走向整体这一过程的开始时期。其时，随着地理大发现，"各个相互影响的活动范围在这个发展进程中愈来愈大，各民族的原始闭关自守状态则由于日益完善的生产方式、交往以及因此自发发展起来的各民族之间的分工而消灭得愈来愈彻底，历史也就在愈来愈大的程度上成为全世界的历史"①。对于中国来说，早在西方殖民势力东来之前，明承元朝之后，因政治势力及商贸活动的发展，已逐渐与海外建立了越来越多的联系，并反映在当时的历史撰述之中。从这以后，一直到清朝的前期，随着两个皇朝不同时期海外关系的发展变化，相关的史学现象也不断有所变化，构成不同时期有关撰述在思想旨趣、史料采择以及内容侧重等方面的不同特点。

一、"宣布纶音往夷域"

"宣布纶音往夷域"②，是明朝初年海外政策的基本特点。当时，明廷一方面在传统朝贡的模式下，以皇朝为中心构建海外政治外交、经济贸易以及文化交流关系；一方面实行严厉的海禁政策，严格限制私人海外贸易活动。从明太祖屡屡谕令"禁濒海民不得私出海"③，到明成祖明确宣布，"缘海军民人等，近年以来往往私自下番，交通外国，今后不许，所司一遵洪武事例禁治"，并"下令禁民间海船，原有海船者悉改为平头船，所在

---

① 《马克思恩格斯全集》第 3 卷，51 页，北京，人民出版社，1960。
② 冯承钧：《瀛涯胜览校注》卷首，《纪行诗》，北京，中华书局，1955。
③ 《明太祖实录》，"洪武四年十二月丙戌"，台北，"中央研究院历史语言研究所"，1962。

有司防其出入",①都是这种对内实行严格海禁政策的体现。这种貌似矛盾的海外政策,其实质正是当时强化的君主集权的政治意志在对外关系上的反映。而这种海外政策的特点,也给当时的史学打上了深深的印记。

  作为明朝海外政策第一方面的体现,明太祖朱元璋一俟登极,便"命使出疆,周于四维,历邦国",通告新皇朝的建立,同时恢复因元末战争而中断的与当时已知范围各国及地区的外交联系,重建传统的朝贡体系。史载当时"足履其境者三十六,声闻于耳者三十一,风殊俗异,大国十有八,小国百四十九"②,计东方有朝鲜、日本、琉球等国,南方有安南、占城、真腊、暹罗、满剌加、爪哇、三佛齐、浡泥、苏禄、琐里、古里等国,西方有撒马儿罕、哈烈、拂菻等国。其中除了一些中亚内陆地区外,更多的是当时所谓"东西洋"的地区或国家,呈现出明初海外关系发展的最初盛况。明初的这种"锐意通四夷","宣德化而柔远人"的对外政策,在永乐及宣德初期达到极盛。这时由郑和领导完成的"七下西洋"的世界历史空前的航海壮举,不仅将中国与海外的外交联系进一步扩展到今天的印度洋地区,而且也直接影响了当时的史学活动。当时跟随郑和下"西洋"的马欢、费信、鞏珍等,在航海归国后,分别留下了《瀛涯胜览》、《星槎胜览》及《西洋番国志》等三部记述海外国家或地区的史地著作,在留下中外交通史重要资料的同时,也揭开了明至清前期海外史地撰述的序幕。

  《瀛涯胜览》的作者马欢,字宗道。浙江会稽人。回族。他是在永乐十一年(1413),即郑和第四次"下西洋"时,"以通译番书,亦被使末",随行"下西洋"的。《瀛涯胜览》,也是这三部海外史地著作中成书最早的著作,约完成于永乐十四年(1416),即这次航海结束后的第二年。《星槎胜览》的作者费信,字公晓。江苏太仓人。原是太仓卫戍军。他是以军士的身份,于"年至二十二,永乐至宣德间,选往西洋"③,先后四次参加郑和

---

① 《明太祖实录》,"洪武三十五年七月壬午"。
② 张燮:《东西洋考》卷11,《艺文考》附洪武二十八年《谕祭暹罗国王敕》,谢方点校,216页,北京,中华书局,1981。
③ 冯承钧:《星槎胜览校注》卷首,费信《自序》,北京,中华书局,1954。

"下西洋"的航海活动。因为宣德时期只在五年（1430）至八年（1433）间进行过一次"下西洋"的活动，所以费信参加的是第四、五、六、七次"下西洋"航海。费信的著作约完成于正统元年（1436），这时距最后一次"下西洋"航海的完成已经二年了。《西洋番国志》的作者巩珍，南京人。同费信一样，巩珍也是以军士的身份参加"下西洋"远航的，但他只参加了最后一次航海活动，当时还是个十六七岁的少年。① 从《西洋番国志自序》看，该书的撰述是在宣德九年（1434）的二月，距离最后一次航行还京的时间，仅仅四个月。

从这三部海外史地著作看，虽然都是私人撰述，记述的内容详略有别，文字的表述也妍媸各异，但是所谓"宣布纶音往夷域"的共同政治使命，决定了三部史著显扬天朝国威的共同旨趣，以及字里行间透露出来的恢宏气度与自豪。例如费信《星槎胜览·自序》云：

> 夫万物无不覆载者，天地之统也；万邦无不归顺者，圣人之统也……圣人以一人之身，处乎九重之上，舆图之广，生齿之繁，亦何以见其统哉？……是以际天所覆，极地所载，莫不咸归于德化之中。普天之下，率土之滨，罔不悉归于涵养之内。洪惟我太祖高皇帝，龙飞淮甸，鼎定金陵，扫胡元之弊习，正华夏之彝伦，振纲常以布中外，敷文德以及四方。太宗文皇帝，德泽洋溢乎天下，施及蛮夷，舟车所至，人力所通，莫不尊亲。执圭捧帛而来朝，梯山航海而进贡，礼乐明备，祯祥毕集。仁宗昭皇帝，法祖宪天，行二帝三王之道。宣宗章皇帝，守成继统，体二帝三王之心，迨至皇上仁智天锡，圣道日新。任师傅者，皆伊召之德；居廊庙者，尽稷高志贤。圣圣相承，绍继大统，岂不谓天地圣人同其至焉？

---

① 巩珍《西洋番国志·自序》云："宣宗章皇帝嗣登大宝，普赉天下。乃命正使太监郑和、王景弘等兼督武臣，统率官兵数万，乘驾宝舟百艘，前往海外，开诏颁赏，遍谕诸番。时愚年甫出幼，备数部伍，拨擢从事于总制之幕。往还三年，经济大海。"明制，男十六出幼成丁，可服劳役。

一再强调"是以际天所覆,极地所载,莫不咸归于德化之中。普天之下,率土之滨,罔不悉归于涵养之内",即诸邦无不在大明的德化恩泽之下"执圭捧帛而来朝,梯山航海而进贡"。此外,又如鞏珍《西洋番国志·自序》说:"钦惟太宗文皇帝继圣守成,代天理物。声教洋溢乎四海,仁化溥洽于万方。制作谋谟,腾今迈古。永乐之初,敕遣中外重臣,循西海诸国昭示恩威,扩往圣之鸿规,著当代之盛典……宣宗章皇帝嗣登大宝,普赉天下,乃命正使太监郑和、王景弘等兼督武臣……前往海外,开诏颁赏,遍谕诸番。"① 马欢《瀛涯胜览·自序》曰:"太宗文皇帝敕命正使太监郑和统领宝船往西洋诸番开读赏赐,余以通译番书,亦被使末……于是采摭各国人物之丑美,壤俗之异同,与夫土产之别,疆域之制,编次成帙,名曰《瀛涯胜览》,俾属目者一顾之顷,诸番事实悉得其要,而尤见夫圣化所及,非前代之可比。"② 这些都体现着皇朝统治者以大中华为核心构建海外关系的政治意志,也可以说是明至清前期第一阶段有关海外史地撰述的基本特点。

二、海防·商贸·中西文化交流

随着宣德八年(1433)第七次"下西洋"航行的结束,明初以来,以"宣威柔远"为目的建立的海外关系,也随之进入它的萎缩时期,不仅"下西洋"的远航活动没有再进行,而且海外朝贡的国家也大大减少。例如,据《明孝宗实录》记载,从弘治元年(1488)到弘治六年(1493),明初所规定为15国进出口贸易港口的广东,海外朝贡的国家只有占城和暹罗各一次。③ 在这种情况下,有关海外史地的撰述,自然也不能得到大的发展。这时比较重要的有关海外史地的撰述,只有黄省曾编纂于正德十五年(1520)左右的《西洋朝贡典录》。但是这部著作,无论形式还是内容,仍基本上保持着明初海外史地著述的特征,而没有多少值得称道的新的史学特点。然而这种情况在正德以后发生了重大变化。这就是随着明社会经济的恢复发

---

① 鞏珍撰:《西洋番国志》卷首,向达校注,北京,中华书局,1961。
② 冯承钧:《瀛涯胜览校注》卷首。
③ 《明孝宗实录》,"弘治六年",台北,"中央研究院历史语言研究所",1962。

展，商品经济日益繁荣，私人的海外贸易活动也逐渐地活跃起来，调整早已不现实的朝贡海外贸易体制，开放对私人商贸之海禁的呼声逐渐高涨。而且也正是在这个时期，在明初一度被打压下去的倭患问题，又在沿海地区突出出来，并且与是否开放私人海外商贸的问题交织到了一起。与此同时，西方殖民主义势力，也开始与中国发生直接的接触，先是葡萄牙人，其后是西班牙人和荷兰人。他们在东南亚地区的殖民活动，以及对中国南部沿海地区的掠夺、侵扰，都使中国在对外问题上开始经受严峻的考验。而伴随着西方殖民主义者浸浸东来的侵略和商业活动，西方天主教会也开始了"征讨"中国的"精神战争"①。从1579年起，天主教的耶稣会士不断随西方商船到中国，展开积极的传教活动。其中以1583年意大利的利玛窦（Matteo Ricci）来华为标志，一股以西方传教士为媒介的西学，也开始传入中国，形成继汉魏时期印度佛教文化传入后，中西文化的第二次大规模交流。复杂的社会背景及海外关系，终于使得该时期有关海外史地的撰述改变了明朝初年的格局，表现出新的海外关系的特点。

首先，从政治和军事方面讲，明代中后期的整个对外关系，包括海外关系，已开始从积极开拓转向了退缩保守。反映到史学，则有关海外史地的撰述，已没有了明初的那种充满"皇华使者承天敕，宣布纶音往夷域"，"俯仰堪舆无有垠，际天极地皆王臣，圣明一统混华夏，旷古于今孰可伦"的豪迈气度②，而是在字里行间透出对于国家命运的忧患，以及经世致用的史学意识。例如蔡汝贤在他的《东夷图说·东夷图总说》中便说：

……爪哇戕我天使，佛朗机猎我华人，夷而猰矣，退之示创也。日本横于海上，其心叵测，沿边二十六郡忧殷哉！……然则所图之意何？居夷之盛衰，中国安危之系也……粤有香山濠镜。粤向为诸夷贸易之所，来则察，去则卸，无虞也。嘉靖间，海道利，其饷自浪白外洋议移入内，历年来渐成雄窟，列廛市贩，不下十余国。夷人出没无

---

① 顾裕禄：《对利玛窦传入欧洲科学的剖析》引利玛窦语，《光明日报》，1983-07-20。

② 冯承钧：《瀛涯胜览校注》卷首，《纪行诗》。

常，莫可究诘。闽粤无籍窜入其中，累然为人一大赘疣也。昔伊川被发以祭，识者忧之；五胡内讧，江郭交章欲徙，况迟速大小之说又可镜诫，有经世之责者试思之。①

从中表现出对日渐东来的殖民主义势力、倭寇不断侵扰等问题的担忧。此外，严从周撰述的《殊域周咨录》，也说他是考虑到"古之善谋人国者，莫不以鉴于成宪为急务。故魏相好观故事，苏环多识旧章，至富弼则请选官将三朝故典分门别类，编为一书，俾为模范，皆是意也，况于制御夷狄，其关系治道尤大，能不遵先王之道而可无过者否矣"，而"继志述事"，"谋保金瓯之万全"，"为天下九经中柔远人怀诸侯之模范"的旨趣，②而编纂的包括海外诸国的史地著作。这些都体现了当时史学家历史编纂的问题意识。

明代中期以来，以倭患为核心的海防问题，可以说是当时海外关系中最棘手的问题。严清在《殊域周咨录序》中说："予因论国家纤疥之恙，在东南莫狡于日本。"③表达了当时人的普遍认识。因此人们在关注海外问题时，必然会关注到所谓倭患之源，即日本国的问题。在这种背景之下，当时出现了一批有关日本国史地的历史著作。除一般海防著作，如题胡宗宪撰的《筹海图编》，涉及"王官使倭略、倭国入贡事略、倭国事略"等日本国情国史外④，还有专门记述日本的史地著作，如郭光复的《倭情考略》、李言恭、郝杰的《日本考》、郑若曾的《日本图纂》、薛俊的《日本考略》、叶向高的《日本考》、杨一清的《日本传》等。此外，综合史著中涉及日本史的还有王世贞《弇州史料》中的《倭志》、徐日久《五边典则》中的《倭国》、郑晓《四夷考》中的《日本考》、罗曰褧《咸宾录》中的《日本》、严从简《殊域周咨录》中的《日本传》等，说明当时人们在海外

---

① 蔡汝贤：《东夷图说》，《四库全书存目丛书》，史部，第255册，济南，齐鲁书社，1994—1997。
② 严从周撰：《殊域周咨录》卷首，余思黎点校，北京，中华书局，1993。
③ 同上书。
④ 《四库全书总目》卷69，《筹海图编》提要，616页，北京，中华书局，1965。

关系问题上所关注的焦点,及其对于史学撰述的重大影响。

就在倭寇对沿海地区构成军事威胁和破坏的同时,私人的海外贸易活动,也因社会经济的发展,逐渐表现出突破明初海禁政策蓬勃发展的趋向。一些沿海地区甚至出现"农贾杂半,走洋如适市,朝夕之皆海供,酬酢之皆夷产"的历史现象。① 早在弘治时期,大学士丘濬就提出取消对私人贸易的海禁、发展海外自由贸易的观点,他认为:(1)因为海外贸易可以获得重利,"利之所在,民不畏死",与其禁而无效,不如因势利导,开放海外商贸。(2)不必担心"招惹边患",因考诸前代史册,"海上诸番",除日本外,其他如暹罗、爪哇等国,"自古未有为吾边患者"。(3)国家可以征稽海外商贸税收,增加国家收入,"不扰中国之民,而得到外邦之助,是亦足国用之一端业,其视前代算间架、经总制钱之类滥取于民者,岂不犹贤乎"②。经过朝廷激烈的争论和利弊权衡,特别是在嘉靖末期,经俞大猷、戚继光等将领的努力,基本平息了困扰沿海地区多年的倭患问题的情况下,明廷的统治者,终于在隆庆元年(1567),批准了福建巡抚涂泽民的疏请,决定开放对于私人商贸的海禁,"准贩东西二洋"③。这种对外政策的变化,极大地刺激了中国海外贸易的发展,标志着"一种连接东南亚的双针路贸易网络,即所谓东西洋网络,正式开创运作"④。这一海外关系政策的转变,对于明末的社会发展,产生了深远的影响。史称:"我穆庙时除贩夷之律,于是五方之贾,熙熙水国,刳艅艎,分市东西路。其捆载珍奇,故异物不足述,而所贸金钱,岁无虑数十万。公私并赖,其殆天子之南库也。"⑤ 在这种情况下,史学也表现出了一些新特点,出现了一些具有商贾"通商指南"性质的史学作品,其中张燮的《东西洋考》就是这类史著的典型代表。

---

① 张燮:《东西洋考》卷首,萧基《小引》,谢方点校。
② 丘濬:《大学衍义补》卷25,《制国用·市籴之令》,北京师范大学藏同治十三年蘷州郭氏家塾刻本。
③ 张燮:《东西洋考》卷7,《饷税考》,谢方点校,131页。
④ [荷]包乐史撰:《巴达维亚华人与中荷贸易》,庄国土等译,14页,南宁,广西人民出版社,1997。
⑤ 张燮:《东西洋考》卷首,周起元《序》,谢方点校。

张燮字绍和，福建漳州府龙溪县人。生于明万历二年（1574），卒于崇祯十三年（1640）。张燮自21岁中举后，有感于明末政治的腐败而无心仕途，以寄情山水，"游览天下名山"为志，除与当地名士文人交往外，当世著名学者陈继儒、曹学佺、徐弘祖（霞客）、何乔远与之亦有所交往。关于《东西洋考》的撰述，王起宗的《序》、周起元的《序》以及萧基的《小引》都有详细的说明。其中王氏《序》云：

> 余备员清漳，谬司榷饷之役。盖漳，海国也。其民毕力汗邪，不足供数口。岁张舻艎，赴远夷为外市，而诸夷遂如漳窔奥间物云。同寅如城萧公署郡篆，每与余嵩目相将，图维舶政。间进商民，细询其疾苦。暇则粗及岛外事，时有新语，霏霏不绝。惜乎莫有善画者莫能图，而又窃讶诸国罗峙涨海外，大率尽此；据舶人所称引，何以从来多未通中国？乃先代贡夷由闽粤来朝者，又何以贾舶不至者多？意必传呼之讹，乃纪载阙然，良以增慨。谁为合之，又谁为分之乎？萧公谓余曰："子其图之。"已，稍稍闻前令陶君尝礼聘孝廉张绍和，载笔从事，功未及竣。时孝廉方灭景山栖，余强出之，俾竟斯局。自秋杪至冬终，凡四阅月，考既成而锲劂亦随就。①

这些序言表明，到了16世纪中叶，沿海地区私人海外商贸的发展，已使这些地区的一些官员发出"纪载阙然，良以增慨"的感慨，因而提出编纂有关海外史地著作的要求。《东西洋考》也正是这样一部应社会要求而编纂的史学著作。

《东西洋考》共12卷，根据内容分为《西洋列国考》、《东洋列国考》、《外纪考》、《饷税考》、《税珰考》、《舟师考》、《艺文考》、《逸事考》等，不仅囊括了有关漳州地区海外商贸的各个方面内容，而且还比较详细地记述了16世纪东南亚各国的历史，西方殖民主义者对于东南亚人民掠夺和奴役的历史，以及西方殖民主义者屠戮在东南亚商贸、生活的华人的历史

---

① 张燮：《东西洋考》卷首，王起宗《序》，谢方点校。

等，揭示西方殖民势力开始侵犯中国利益的事实，引起了当时有识之士的关注。因此，这部著作不仅具有重要的史料价值和史学价值，而且也具有一定的思想价值。

在当时海外关系发展的情况下，不仅出现了《东西洋考》这样的反映海外商贸的专史著作，而且一些私撰的纪传体当代史著作，如郑晓的《吾学编》等，也专门列出《四夷考》反映有关海外的史实，甚至一些沿海地区的方志，如戴璟《广东通志初稿》、黄佐《广东通志》、郭棐《广东通志》、何乔远《闽书》等，也都列有专门篇章记述有关海外关系的史实。可以说，这些都是以往史学所不曾有的、或发展极不充分的史学现象。

这时期值得提出的史学现象，还有中西文化交流对史学的影响。在明至清前期中西文化交流发展的过程中，晚明是最盛的时期。清末王韬曾叙述说："西洋葡萄牙国自明武宗正德十二年始与我国通商立埠于广东之澳门，由是欧洲各国接踵而来，不但贾舶商艘相继不绝于道，而传教之士亦复怀铅椠而至，挟其天算舆地之学，与名公巨卿相交际，争以著书立说以自鸣高。于是我中国始知地球为圆体，天算格致，于焉日起。西学之入中国，实自此始。"① 按当时传入中国的西方著作，方豪据西方文献指出，仅比利时教士金尼阁（P. Nicolas Trigault）在万历四十六年（1618）一次就携入"重复者不入，纤细者不入"的各种西籍七千余部，"这样数量的书籍，是欧洲一个巨型图书馆的规模，几乎包括了文艺复兴运动以后的神学、哲学、科学、文学艺术各学科的所有知识"。② 所以方豪感慨道："近人论中国之宗教，每盛称浮图经藏，而于基督典籍之不可多得，则深致其叹惜之意。孰知三百年前，以四五十载之短时期，入华天学图书，竟有万部之富耶！"③ 可以想见这些完全异质的、代表西方文化的图籍传入，对于当时知识界思想上的冲击之大。史称当时士大夫见其"所著书，多华人所未道，故一时好异者咸尚之"④。李贽、焦竑、徐光启、李之藻、冯应京、叶向

---

① 王韬：《泰西著述考》，淞隐庐活字本。
② 张荫麟：《明清之际西学输入中国考略》，清华学报，1924。
③ 方豪：《明季西书七千部流入中国考》，《方豪文录》，13页，北平，上智编译馆，1948。
④ 王树民：《廿二史札记校证》卷34，"天主教"条，791页。

高、王徵、韩霖、沈德符、杨廷筠、瞿式耜、虞淳熙、方以智等许多学者，其中也包括一些史学家，都与利玛窦等西方传教士有过交往，一些人甚至受洗入教，成了中国第一批天主教徒。当时发生的中西文化交流，反映在史学中最突出的影响，是利玛窦绘制的《坤舆万国全图》的刊印，使有关世界地理的知识与地图传入，从而打破了传统的地理观念，使当时的知识界第一次看到了中国以外的完整的世界。这幅地图，在晚明先后被刊印过12次之多，其中给王圻《谥法通考》作序的赵可怀，及《经世实用编》的作者冯应京等，都主持过这部地图的刊刻。而曾撰述了《续文献通考》等史著的史学家王圻，在他编纂的《三才图会》"地理"类中，不仅摹刻了利玛窦传入的"坤舆万国全图"（王圻采用的是利氏图的原称"山海舆地全图"），而且还转述利玛窦的解说曰："地与海本是圆形，而仝为一球，居天球之中，如鸡子黄在青内。有谓地为方者，乃语其定而不移之性，非语其形体也。"曰："又以地势分舆地为六大州，曰欧逻巴，曰利未亚，曰亚细亚，曰北亚墨利加，曰南亚墨利加，曰墨瓦腊泥加。"曰："欧逻巴南至地中海，北至卧兰的亚及冰海，东至大乃河墨河的湖大海，西至大西洋。利未亚南至大浪山，北至地中海，东至西江海仙劳泠祖岛，西至河摺亚诺沧……"① 此外章潢《图书编》亦有同样的说法。除利玛窦绘制的《坤舆万国全图》外，当时由西方传教士以中文撰写的史地著作，还有主要由意大利人艾儒略（Julio A. leni）编纂的《职方外纪》。这部著作成书于天启三年（1623），是第一部西方传教士用中文撰述的史地著作，全书共五卷，分五大洲叙述各国的风土、民情、气候、名胜以及哥伦布等远航新大陆事，并附有《万国全图》和各洲分图。这部著作虽然充满了西方宗教观点，但是其"语必据所涉历，或彼国旧闻征信者"②，对当时的知识界仍有很大的震动。著有《四夷考》的史学家叶向高即曾为之作序，称誉此书"皆吾中国旷古之所未闻，心思意想之所不到，夸父不能逐，章亥不能步者，可谓之块圠极观，人间世之至吊诡矣，而其言皆凿凿有据，非汪洋谬悠如道家之

---

① 王圻：《三才图会》卷5，《地理一》，影印《四库全书存目丛书》，子部，第190册。

② 谢方：《职方外纪校释》卷首，李之藻《刻职方要纪序》，7页，北京，中华书局，1996。

诸天，释氏之恒河、须弥，穷万劫无人至也"①。此外，艾儒略还用中文撰述了《西方问答》，对欧洲文化及各种制度进行了介绍。② 当然，中西文化交流也不是单向的，西方世界也正是通过这些传教士的史学撰述，获得有关中国的信息。这些史学撰述中最有影响的，就是 1615 年在德国奥格斯堡出版的《基督教远征中国史》（De christiana expeditione apud Sinas suscepta ab Societate Jesu）。它是利玛窦根据他在中国传教期间的经历与见闻记述的《札记》，经法兰西人金尼阁（Nicolas Trigault）增补而成的历史著作。

明正德以后海外政策的变化及海外关系的新特点，有力地推动了这时期海外史地研究、撰述的发展。

三、倒退的海外关系在史学中的反映

然而，晚明这种开放性的海外政策，随着清政权在全国政治统治的确立而骤然中断，取而代之的是较之明初更为全面、更为严厉的海禁政策，甚至发展为迁海政策。先后于顺治十二年（1655）、十三年（1656）、康熙四年（1665）、十一年（1672）、十四年（1675）五次颁布禁海令；于顺治十八年（1661）、康熙十一年（1672）、十七年（1678）三次发布迁海令，多次发布相关法令。"当是时，诸臣奉命迁海者，江浙稍宽，闽为严，粤尤甚……凡三迁而界始定。坠县卫城廓以数十计，居民限日迁入，逾期者以军法从事，尽燔庐舍，民间积聚器物，重不能致者，悉纵火焚之。乃著为令，凡出界者，罪至死。地方官知情者，罪如之；其失败于觉察者，坐罪有差。功令既严，奉行恐后，于是四省滨海之民，老弱转死于沟壑，少壮流离于四方者，不知几亿万人矣。"③ 清皇朝这种严厉的禁海政策，不仅使得整个海外关系大幅度后退，而且也严重影响到史学的发展，使得一度活跃的海外史地著作的撰述，陷入相对低潮。当然，在整个清前期，从皇朝官修

---

① 谢方：《职方外纪校释》卷首，叶向高《序》，13 页。
② 谢方：《职方外纪校释》，校释前言。
③ 王胜时：《漫游纪略·粤游》，清刊本。

史著来说，还有《皇清职贡图》等专门记述海外关系及民族关系的历史著作，而且作为记述胜国历史的《明史》，也对明代的海外关系作出了详细的介绍，尤其是反映西方殖民国家情况及与明朝关系的佛郎机、和兰、意大利亚诸传，反映了明皇朝时期海外关系的新格局。但是这些毕竟反映的是官方的意志。至于反映海外关系的私人撰述，近二百年来，除陈伦炯《海国闻见志》、王大海《海岛逸志》及谢清高口述杨炳南（一说吴兰修）笔受的《海录》等少数著作外，几乎就没有出现什么可以称道的著作，形成了与晚明同类史著发展的鲜明对照。

就在海外关系大规模倒退的同时，清前期的中西文化交流也因种种原因而几经周折。入清，顺治、康熙及乾隆初年，朝廷曾任用一些西方传教士担任内廷官员，在侍讲、翻译西方学术的同时，还令他们参与历法制定、地理勘测、舆图绘制等工作，一些学者亦通过与传教士的交往，了解到一些西方的天文历算等科学知识。但是总的来说，清初诸帝对于西方传教士一般只是在技术上使用，对于天主教的传播则是加以限制的。构成这种情况的原因很复杂，但是这时的西方传教士放弃了利玛窦"合儒补儒"，对中国本土文化采取宽容态度的传教路线，恢复天主教严苛的宗教排他本性，在教会内部挑起所谓"礼仪之争"事件，显然起了重要作用。当时罗马教皇甚至不顾中国的禁令，指示中国教徒不得祭天、祭祖、祭孔，并派使臣于康熙五十九年（1720）到达北京，求见康熙皇帝，要求由教皇管理在中国的传教士并按照教廷的规定来接受中国教徒。由于罗马教皇的这些活动有损于中国的主权，所以遭到了康熙皇帝的拒绝，并令大臣传谕罗马教廷的使臣曰："天主教在中国行不得，务必禁止！"此后，清廷对传教之禁，时紧时松，最终在雍正二年（1724）朝廷正式下达禁教谕令。于是晚明以来，以西方传教士为媒介的中西文化交流也开始陷入了低潮。

随着清前期中西文化交流的起伏周折，有关的史学活动，也表现出不同的学术特点。其中介绍西方史地知识方面，在康熙朝仍大致继续着晚明时期的学术格局。当时由西方传教士用中文撰述的史地著作中，以比利时人南怀仁（Ferdinand Verbiest）的《坤舆图说》和利类思（Ludovico Buglio）等撰述的《西方要纪》等最为著名。其中《坤舆图说》成书于清康熙朝，共二卷，"上卷自坤舆至人物，分十五条，皆言地之所生，下卷载海外诸国道里山川、民风物产，分为五大州，而终之以西洋七奇图说"①，被人称"为明清间世界地理书之双璧焉"②。而《西方纪要》也大致成于康熙初年，内容则"专记西洋国土、风俗、人物、土产及海程远近"等问题③。值得注意的是，这时随着西方传教活动的展开，西方传教士在介绍中国风俗文化、舆地知识的同时，对于中国历史的介绍也表现出了极高的热情。例如，1658年，司铎卫匡国（Martino Martini）曾在德国出版了十卷本的《中国史初编》（Sinicae Historicae decasprima）。在此之前的1654年，卫匡国还以拉丁语出版了一部记述满清代明的历史著作《鞑靼战争记》（De Bello Jartarico Historia）。又供职清廷的冯秉正（Joseph de Moyria Maillac），曾以六年时间将《通鉴纲目》翻译为法文，于1777—1783年在巴黎出版。巴多明（Dominique Parrenin）曾将《资治通鉴纲目前编》的一部分译为法文，于1730年在北京出版。此外，教士张诚（Jean-Francois Gerbillon）、白晋（Joachim Bouvet）等，均有介绍中国历史与现状的著作出版。④ 这种对于中国历史文化急于了解的积极态度，与当时中国士大夫以天朝自居、不屑了解西方历史的傲慢态度，形成了鲜明对照。

虽然在入清以后因对外关系的退缩，使得中西文化交流在清前期陷入低潮，几乎没有得到什么新的进展，但是晚明以来中西文化交流的成果，对于清前期的史学发展仍然存在影响，而这些影响则使得清前期的史学与晚明以来的史学形成一定的学术联系。

晚明以来展开的中西文化交流，对于清前期史学发展的影响，相对集中地表现在西方的天文、历算学对于考据之学的发展方面。承晚明徐光启、李之藻等人大力推介的成果，经明清之际的方以智、顾炎武、黄宗羲等学者的发扬，到了清前期，研究天文、历算之学俨然已成了显学，并影响到对传统学术的研究。当时的一些著名经史研究学者，如江永、戴震、钱大昕、阮元等无不精于此学。例如著名的经学大师、音韵学家江永，编著

---

① 《四库全书总目》卷71，《坤舆图说》提要，634页。
② 郑鹤声：《明季西洋学术思想之输入》，《文史杂志》，1944（7，8）。
③ 《四库全书总目》卷78，《西方要纪》提要，680页。
④ 张维华：《明清之际中西关系简史》附录，《中国文化西渐之介绍者》，徐宗泽，289～301页，济南，齐鲁书社，1987。

有《翼梅》一书阐扬历算之学。江永该书的《自序》谈道,乾隆六年(1741)八月,他将从北京南归,友人梅珏成曾经亲书一联相送。该联云:"殚精已入欧逻室,用夏还思亚圣言。"对此江永说:"此循斋先生(梅珏成号)微意,恐永主张西学太过,欲以中夏羲和之道为主也。先生之诲我者深矣,顾尝阅历代史志,深知此事之艰。四千年积智无逾郭若思,至今日而此学昌明,如日中天。重关谁为辟,鸟道谁为开,则远西诸家,其创世之劳,尤有不可忘者,或亦平心之论也。"① 透露出西学对他的影响。江永等这些乾嘉考据大家,或通过经史研究推步历理的变迁,或以历理研究的成果解决经史方面的问题,在他们的带动下,渐渐使得历算之学成为了研究经史之学的一个重要组成部分。然而晚明以来曾经活跃的中西文化交流,毕竟随着清政府严厉的海禁政策的实施,以及罗马教廷推行的严厉排他性的传教路线的影响而逐渐偃息,从而影响到中西文化交流进一步的开展,形成清前期学者们接受西方文化的局限。这种局限可从阮元编纂的《畴人传》得到令人深思的消息。编纂于嘉庆四年(1799)左右的《畴人传》,曾以四卷的篇幅为西洋的历算学家立传。这种史学现象,对于当时来说,本是一种史学进步,但可悲的是,它所记述的内容,仅仅至康熙时期的几个传教士而止,而近一个世纪的西方历算之学的发展,竟然一无反映。中外文化的闭塞,由此也可窥见一斑。事实上,大规模的中西文化交流,要迟到1840年国门被殖民者强行打开之后,在救亡图存、了解西方的动力推动下,才逐渐在新历史条件下再次展开;同时,史学中的西方文化影响也开始渐渐增大。但是,这时中国的历史及史学史则已经进入了它的近代阶段。

---

① 江永:《翼梅·自序》,丛书集成初编本,第1328册。

论明代经济史撰述的突出发展

明代士人十分重视对于经济史的研究与撰述。其时,有关经济发展的各类史著空前繁富,内容之广泛,举凡政府的财政、盐业、矿业、漕运、马政、荒政以及水利等等,大大小小一系列社会经济问题几乎都有所包括,形成中国史学史上值得注意的现象。本文试依据现代"经济"一词的范畴,对明代这种史学现象及其产生的原因、特点和意义做出具体的分析和论述。①

一、明代经济史撰述的突出发展

一般来说,传统中国史学,历来重视对社会经济的记述。早在汉代,司马迁撰述第一部纪传体史著《史记》时,便创制了《平准书》、《货殖列传》、《河渠书》等篇章,包容有关社会经济史的内容。稍后,班固撰《汉书》,继承司马迁重视社会经济发展史的传统,在《史记》有关内容的基础上,经调整而创制了《食货》、《沟洫》等志。其间虽然在《货殖传》的叙述中削弱了对私人经济活动的记述,改变了《史记》的史学精神和经济立场,却对国家经济的管理职能及制度的记述更加完备与合理。至李唐中期,曾经三任国家宰相的杜佑,以其丰富的理财治国经验,编撰了我国史学史上第一部典志体通史《通典》,首列《食货典》,明确依据国家经济中的轻重缓急地位,将当时的社会经济序列厘分了田制、版籍、赋税等10余

---

① 在中国,"经济"一词出现的很早,但是古典经济学一词的含义是"经世济俗"、"经国济民"之学,有着较之现代经济学范畴更为宽泛的意义和强烈的政治倾向,其与现代意义的经济学的范畴有联系又有区别。传统的目录著作把一般有关社会经济史的著作归纳入所谓政书或典故类,除这些著作大多是从国家管理职能及其制度的角度记述的原因外,古典经济一词的特性应是重要原因。因此,在文中我们将打破传统目录分类的界限,以现代经济或经济学的范畴分析有关材料。

个门类子目，开拓了许多新领域。以后唐、五代、宋诸"会要"以及马端临《文献通考》等著作，对于社会经济史的记述范围继续有不同程度的拓展，体现了人们对社会认识的不断深化。然而严格说来，以社会经济史为表述内容的著作在当时的史学中并没有构成普遍性的影响，其具体表现：一是迄至宋元纯以某种社会经济发展历史为内容的专史著作极少；二是没有形成涉及广泛阶层的撰述群体。除个别外，一些所谓经济史著作，仍基本是以国家修史机构作为撰述主体，至于一般官僚和普通士子很少把经济史作为自己研究撰述的对象。但是到了明代这种情况发生了重大变化，不仅有关经济专门史的研究撰述著作累累，而且撰述的主体也是开始广及社会诸多阶层，从布衣士子、地方乡绅到国家的各级官僚，都有人涉足其中。

明代有关经济史的撰述，无论是数量的丰富还是涉及方面的广泛，在中国史学史上都是空前的。根据明黄虞稷《千顷堂书目》史部"地理"、"典故"及"食货"等门类中，所著录的明人经济史撰述著作粗略统计，其大致有：

1. 会计类：有汪鲸《大明会计类要》等3种；
2. 田赋类：有娄志德《两浙赋役全书》等13种；
3. 仓储类：有刘斯洁《太仓考》等15种；
4. 漕运、漕河类：有席书《皇明漕船志》等57种；
5. 船志类：有倪谏《船政新书》等6种；
6. 水利类：有杨舫《水利书》等50种；
7. 江防、河防类：有吴时乘《江防考》等6种；
8. 闸坝类：有陆梦韩《沽头闸志》等2种；
9. 荒政类：有林希元《荒政丛言》等22种；
10. 茶马类：有胡彦《茶马类考》等4种；
11. 马政类：有杨时乔《皇明马政记》等4种；
12. 关榷类：有王宗圣《榷政记》等11种；
13. 盐政类：有朱廷立《盐政志》等30种；

14. 钱法类：有郭子章《泉史》等 4 种；
15. 矿防类：有刘畿《矿防考》等 3 种；
16. 厂库类：有何士晋《厂库须知》等 2 种；
17. 冶铁类：有傅浚《铁冶志》1 种；
18. 屯政类：有方日乾《屯田事宜》等 4 种；
19. 综合类：有余思孝《食货志选》等。

共计有 19 类约 238 种。除以上著作外，《千顷堂书目》尚著录有许多与经济史有关的著作，如一些农书、茶谱、酒谱等。此外若加上成书稍晚的《明史·艺文志》、《四库全书总目》等官私书录著录的《千顷堂书目》遗漏的有关著作，如荆之琦《北新关钞》、马麟《淮关志》等，则明代有关经济史的专门撰述，在传统书目分类的史部中已俨然蔚为大国。与以文治称盛的宋代比较更能看出这种发展。

《宋史·艺文志》著录元代以前有关经济史专著计有：

1. 会计类：有韩绛《治平会计录》等 7 种；
2. 田赋类：有盛度《庸调租赋》1 种；
3. 国计类：有李吉甫《元和国计略》等 2 种；
4. 荒政类：有刘珙《江东救荒录》等 3 种；
5. 钱法类：有杜镐《铸钱故事》等 2 种；
6. 河防类：有沈立《河防通议》等 2 种；
7. 水利类：有郏亶《吴门水利》1 种；
8. 盐政类：有高聿《盐池录》1 种；
9. 土贡类：有李清臣、张诚一《元丰土贡录》等 2 种；
10. 通商类：有赵鳃《广南市舶录》等 2 种。

此外，《宋史·艺文志》尚著录蔡确《元丰司农敕令式》等官辑国家经济法令集约五六种。这里除考虑有教育的普及和出版业的发展等文化因素外，宋、明两代有关社会经济史的专著撰述，无论是数量的丰富还是内容的广泛仍是相差很多,令人有大巫小巫之叹。

明代除各类专门著作外,还有许多综合性史著广泛涉及经济史的内容。例如:王圻《续文献通考》254卷,其中属于经济史内容的计有田赋、钱币、户口、职役、征榷、市籴、土贡、国用诸考,共占42卷。丘濬《大学衍义补》160卷,其中"治国平天下之要四"《制国用》,以20多卷的篇幅分为"总论理财之道"、"贡赋之常"、"经制之意"、"市籴之令"、"铜楮之币"、"山泽之利"、"征榷之课"、"傅算之籍"、"鬻算之失"、"漕挽之宜"、"屯营之田"等门类,分门别类地编辑历代有关经济言论和重大经济事件,并以按语的形式提出自己的见解和评论。陈仁锡《皇明世法录》92卷,专述明代典章制度。其中关于经济史类设有"裕国恤民"和"浚河利漕"两大门类,以14卷的篇幅非常详细地记述了盐法、屯政、钱钞、理财、厂库、黄册、赋役、田土、农桑、水利、南河、北河、黄河、新河、漕政等,与当时社会经济密切相关的重大问题。同类的还有冯应京《皇明经世实用编》28卷,也大量地记载了当代经济制度的沿革历史。此外,明代私修史著中采用纪传体裁者,较之宋元时期呈上升趋势,而这些纪传体史著,很多都在书志部分容纳了一定的经济史内容,如郑晓《吾学编》、尹守衡《史窃》、何乔远《名山藏》等。

以上情况说明,中国史学中对于社会经济史的研究在明代有了突出的发展,不仅参与的人数众多阶层广泛,而且门类全著作夥,已经构成明代史学发展的新特点。

二、明代经济史撰述体现的时代特征

社会经济史撰述在明代的大量出现,实质也是明代政治、经济的发展在史学方面的反映。作为已进入封建社会晚期的明代社会,一方面政治上封建专制集权登峰造极,执行国家各项职能的官僚体系及其典章制度高度完善缜细;一方面经济上农业、手工业空前发展,生产率大幅度增长,并在此基础上出现前所未有的商品交换的繁荣局面,促生出所谓资本主义生产关系的萌芽。应该说以上政治和经济这两方面因素,不仅在不同程度上引起明代士人对社会经济史研究的重视，而且也赋予了这些撰述的时代特征。

首先，明代经济史撰述的丰富，生动地体现了当时社会经济的长足发展。

试仍以《千顷堂书目》与《宋史·艺文志》比较，计其中所著录的有关经济史的部类，新增加有田赋、仓储、漕运、茶马、马政、关榷、矿防、冶铁、厂库、船政、漕河、闸堰、屯政等十几个门类。而以《千顷堂书目》著录的各类经济史专史的多寡排列，则依次为：（1）"漕河"、"漕运"类57种；（2）"水利"类50种；（3）"盐政"类30种；（4）"荒政"类22种；（5）"仓储"类15种；（6）"田赋"类13种；（7）"关榷"类11种……以下各类分别为1～6种不等。从这些经济史专著看，基本上反映了明代社会经济发展的面貌，生动地反映了当时各个经济门类在国家经济中的轻重主次地位。尤其是一些经济门类史著数量的相对集中，和一些新经济门类的出现，更是直接地反映了明代社会经济的发展。例如，随着农业生产在明代的高度发展，水利事业日益重要。当时社会上下普遍重视水利事业，形成"终明世水政屡修"的史实①。反映于史学，则是大量有关水利发展的史籍出现，如前述《千顷堂书目》著录水利类史籍多达50余种，高居各类经济史著作的前列。而王圻《续文献通考》中之所以增设"黄河"、"太湖"、"河渠"诸考，也同样是这一史实的反映。又如从《千顷堂书目》所著录的经济史学类著作统计，有关漕运类的史著有近60种之多，内容包括漕河、漕船、漕运、海运、闸坝等，十分丰富。而这恰与《宋史·艺文志》中以上内容一无著录的情况，形成鲜明对照，生动地体现了明代"军国之需尽仰给于东南"、"漕运乃国家重计"的客观事实②。此外像茶马互市的管理体制在明代开始初具规模，一改唐宋时期茶马互市以自由贸易为主的格局，国家基本控制了商旅茶马贸易，而"马政莫详于明，

---

① 《明史·河渠六》，2145页，北京，中华书局，1974。
② 张翰：《松窗梦语》卷8，《漕运纪》，158页，北京，中华书局，1985。

亦莫弊于明",① 于史学则相应出现茶马与马政类专史著作。其他像盐政、矿防、冶铁、厂库等门类的专史著作,也都是在社会经济突出发展的情况下形成的新内容。

此外,关于商人的活动,当时虽然没有出现专门的著作而涵括于其他综合性史著之中,但也应受到注意。在中国古代史学史中,自司马迁《史记》设《货殖列传》专门为富商大贾立传之后,除《汉书·货殖传》那已失去司马迁精神的记载外,其他历代官、私史著几乎没有相关记载。从史学与社会的关系看,这也正是西汉武帝以后,中国历代封建统治者厉行重农抑商政策在史学中的反映。但是到了明代,尤其是明代中叶以后,这种情况出现了变化,有关商人的记载再次出现在史著之中,其中像邓元锡《明书·货殖传》和何乔远《名山藏·货殖记》等,均以当代商人活动为内容。显然,这种史学现象与明代中叶以后商品经济的突出发展有关。尽管明代这些反映商人活动的史著,在内容和思想方面都不能与《史记·货殖列传》作同日语,但是它们毕竟是一种值得注意的新的史学现象。

除内容外,人们对经济事物认识的深化,在明代经济史撰述中也有所体现,例如水利类著作,不仅明确标明"水利"的专著大量出现,而且大多强调的是水利设施的经济价值,不再像以往那样仅侧重自然形胜的记述。这种研究视角的转换,说明由于农业经济的发展及人口大幅度的增长,水利的经济利益在社会上受到更为普遍的重视,从而促进了史家对自然与社会关系的认识。又如有关货币类的专史,此前如宋洪遵《泉志》等,其内容往往多局限于从古器物学的角度探讨历代货币形制的变化。而明人撰述的货币史专著,除货币的形制外,一些已开始从流通的角度探讨研究货币问题了,如胡我琨《钱通》,便是意欲"能神而明之,通变于未穷",考察"此中无限阴阳变幻之状,古今升沉之局",进而提出自己的货币流通理论②。其他像一些盐政类、矿防类、冶铁类等专史著作中所提出

---

① 《四库全书总目》卷82,杨时乔《马政记》提要,711页,北京,中华书局,1965。

② 胡我琨:《钱通·自序》,影印文渊阁《四库全书》,第662册,上海,上海古籍出版社,1986—1990。

的松动国家专控专卖政策,鼓励发展有利国家的私营工商经济,富国先富民等等,均是些社会经济形势发展影响下的新认识①。这些新认识虽然不系统,却有特殊的时代价值。

其次,明代经济史撰述的丰富,体现了封建国家职能及相关典章制度的发展。

从学术渊源讲,中国古代史学的发展,特别是包括经济史在内的典章制度史的发展,与专制国家职能的发展有密切的关系。一定意义上,传统史学中对于典章制度史研究撰述的早熟与发达,实质正是中国古代专制集权官僚体系的早熟与发达在史学中的体现。而从《史记》的"八书"到《汉书》的"十志",到《五代史志》,再到专以国家典章制度为内容的《通典》,也是政府职能及其相关制度自秦汉以降不断完善发展的轨迹在史学中的反映。明代,中国的封建社会进入晚期,与其高度发展的社会经济和专制制度相适应的是国家机器进一步完善。其中在经济方面,如为实行"对内进行掠夺"职能所实行的编制劳动人口、征收赋税的黄册和鱼鳞册制度,为大规模南粮北调设制的漕河管理和漕运制度,乃至各级商贸市场的管理制度和频繁的公共工程等,都表明当时国家管理职能的发展。而这些,在促进各种典章制度不断缜细的同时,也为史学包容相关内容提供了必要条件并赋予其政治特征。

明代经济史撰述的政治特征是它的国家主义倾向。这是因为,首先,它的内容如水利、漕运、赋税、屯政、盐政、马政、矿防等等,基本属于封建专制国家经济的范围;其次,它的作者,大多是国家相关职能部门的官僚,是对其所从事的经济业务历史与现实的研究总结,如《皇明马政记》的作者杨时乔曾任南京太常寺少卿,《漕运志》的作者杨宏曾任漕运总兵官,《济宁闸河类考》的作者陈梦鹤曾任工部主事,等等。这种情况,一方面使明代的经济史撰述具有很高的史料价值,一方面也使这些著作带上浓重的国本主义的色彩,即无论这些著作提出什么新的思想内容,它们

---

① 如林烃《福建运司志·序》云:"思昔虞周之世,不以卤泽之禁厉民……呜乎!国以民为本,商固四民之一也。善裕国者务阜于民。善阜民者毋尽其利,即未能若虞周之蠲诸民乎!"见《玄览堂丛书》本《福建运司志》。

所讨论的都是如何巩固封建专制国家政权，改善封建国家职能管理的问题，而不是发展商品经济和私人经营的生产或贸易等问题。因此更确切地说，明代的经济史撰述是关于国家经济史的撰述。

明代经济史撰述的上述基本政治特征，对于史学发展具有多重意义：它是消极的，因为它限制了史家的思想认识，限制了史学向更深更广的范围拓展；它又是积极的，因为它引导史家积极地思考国家的现实问题，引导史学走向经世致用之途，而经世致用思想在中国传统史学中是具有进步意义的史学思想。

明代经济史撰述中所体现的经世致用思想，由于受其自身特征和社会政治形势的影响，有两个特点应格外受到重视：一是它的时代性，一是它的批判性。

明代经济史撰述经世思想的时代性是非常鲜明的。由于具体经济事务直接关系着国步民瘼，当社会危机不断深化时，那些亲履其事的职能操作官僚就更有切肤之感。所谓"世不穷则反不亟，患不至则谋不生"①。于是一些富有现实感的官僚缙绅便纷起董理自己熟悉的经济事物及其典章制度，"为酌古道而施之于今政"②，以图有所改善。例如周梦阳《水部备考》是其任工部都水司郎中，"以工曹职掌冗杂，又前后多所更革，难于稽考，因检校案牍，以类编次"③ 而编纂的著作。罗汝芳《明通宝义》是他有感于当时钱钞通行弊端百出，值其"督屯滇省，以滇为铸钱之数，因作此书以明其利弊"而撰述的④。他们认为"惟志者，史也。所以书事而令其可稽者也。事有稽而后弊可革，弊必革而后利可兴"⑤。社会政治的危机引起了经济史撰述的繁兴。

明代经济史撰述的这种时代性，使得其讨论的内容基本上摆脱了明代

---

① 林大有：《福建运司旧志·后序》，《玄览堂丛书》本。
② 丘濬：《大学衍义补》卷首，《进〈大学衍义补〉表》，北京师范大学图书馆藏清道光十七年重刊本。
③ 《四库全书总目》卷84，《水部备考》提要，728页，北京，中华书局，1965。
④ 《四库全书总目》卷84，《明通宝义、广通宝义》提要，723页。
⑤ 童蒙正：《福建运司旧志·后序》，《玄览堂丛书》本。

中期以来泛滥的虚玄学风影响。突出者如《四库全书总目》评论姚文灏《浙西水利书》："因取宋至明初言水利者，辑为一编……其于诸家言，间有笔削弃取……详其是而略其非……盖斟酌形势颇为详审，不徒采纸上之谈云。"① 评论张国维《吴中水利书》："所记虽止明代事，然指陈详切，颇为有用之言。"②而且这些著作大多能紧紧围绕现实问题展开讨论，细者极尽委曲，无关者则大多略之。如以朱家相《增修清江漕船志》为例，该志不仅将船数、船号、岁办、工办等细务一一记述，而且凡"事有裨于漕政未既施行者"，也"间尝参以臆见，僭为叙论"。作者认为，"志以漕船为重，其清江人物、古迹、寺观之类义无附丽者"③，一概裁去不录，说明了作者撰述的目的十分明确。由于经济史的著作者大多是具体实务的操作者，所以在总结和鉴借历史时，又大多能具有不泥于历史的发展意识。例如《福建运司旧志》序的作者之一张径写道："抑闻之，稽志则征，泥志则固。盖政有损益，时有变通，爰自汉唐以来盐铁之议，代各异制，岂非补偏救弊，因时制宜，惟欲无妨于民有益于国乎？"而重修此志的林材在跋语中则称："居今之世而欲袭汉时文学之议者，非迂则愚无已！"

明中晚期，社会危机不断深化，感时伤事，回顾王朝由盛及衰的历史，对时政愈加不满，于是形成一些经济史撰述中的批判意识。尖锐者如王圻《东吴水利考·自序》批评朝廷不顾人民安危："皇朝定鼎燕云，一切供亿仰给东南，岁漕四百万石以充禄饷，而苏、松、常、镇、嘉、湖六郡弹丸之地，所给殆居其半。然一颗一粒，何者不产于地？何者不资于水？而庙堂筹画，往于修治漕河，动费百万金，而东南水利弃焉若置。即如吴淞一江之通塞，系东南水利最巨者，齿及修浚，辄以帑藏空虚为辞。若论田间水道，则益以为不入耳之谈。是经国者但知贡赋之所由入，而竟望贡赋之所由出，坐令浦港日渐湮浅，旱涝无由潴泄，遂致霖雨数日，膏腴悉成巨浸；万一经旬不雨，田畴立见龟坼。自万历戊子以来，灾侵叠奏，逋课岁积，杼轴既空，催科愈急，无惑乎人愁鬼泣，祸乱之萌将不可

---

① 《四库全书总目》卷69，《浙西水利》提要，612页。
② 《四库全书总目》卷69，《吴中水利书》提要，728页。
③ 朱家相：《增修漕船志凡例》，《玄览堂丛书》本。

胜言者！"① 杨时乔《皇明马政纪·自序》批评朝廷变卖种马的行径时则云："卖卖乃市贾逐末穷流之事，行之于官曾是可以为政乎？"这种对现实的批判意识，实质上也是明代晚期萌生的社会批判思潮在史学中的表现。这股思潮最终随着明朝的衰落而勃发，涌动于明清之际的史学之中。

三、明代经济史撰述与实学思潮

如果说上述社会经济的发展和有关国家职能的完善，为经济史的发展提供了丰富的内容和条件，那么，明代士人因这些变化而对政治与经济关系认识的深化，则是促使经济史研究撰述发展起来的思想原因。

明代，一方面作为官方学说的程朱理学始终主宰着朝廷的舆论导向；一方面，承继宋代发展而来的，以发展经济为手段达到富国强兵目的的现实主义的富国论也在朝野不断出现，并且随着经济危机的不断深化而趋强烈。早在宣德九年(1434)，刘定之就曾撰《策略》一书，列专目总结历史上各朝财政经济政策的得失，提出发展经济富国的具体策略，其中把"生民之财"发展生产力作为富国的最高层次的观点，是当时有价值的经济思想。稍后，大学士丘濬亦因宋真德秀《大学衍义》"尚遗治平二条"，"有体无用"，遂"于齐家之下，又补以治国平天下之要"，撰成《大学衍义补》160卷②。该书在讨论了"正朝廷"、"正百官"、"固邦本"，即依次君、臣、民三大问题后，首立"制国用"作为治国平天下的第四大问题，置于"明礼乐"等目之上，专门探讨国家经济问题，强调经济管理对国家治平的重要意义，提出"欲平天下先理财"的理论。丘濬这种对社会结构宏观认识的思想逻辑，正是对唐代杜佑"以食货为先"考查社会的思想传统和史学传统的继承发展。由于《大学衍义补》是明代最有影响的著作之一，所以其中提出的政治、经济等思想，在明代中后期对各阶层士人有非常广泛的影响。

明代这种强调发展社会经济对国家治平的政治意义的观念，在史学中

---

① 王圻：《东吴水利考》卷首，《自序》，国家图书馆藏明天启刻本。
② 见丘濬：《进〈大学衍义补〉表》、《大学衍义补·序》，《大学衍义补》卷首。

的最直接的体现莫过于李贽的《藏书》和陈仁锡的《皇明世法录》。其中《藏书》特设"富国名臣"类传，与"经世名臣"、"儒臣名臣"等类传并列；《世法录》则设立"经济名臣"类目专叙拯国危难和振兴经济的历史人物。李、陈二人的这种分类，在明代以前的史书中是从未有过的。这种突破前人史书体例的分类，反映了明代学者政治观念中经济意识的提高。在《藏书·富国名臣传》中，李贽曾专门论述增加财政收入和国家治平的重要意义："史迁传《货殖》，则羞贱贫；书《平准》，则厌功利。利固有国者之所讳与，然则太公之'九府'，《管子》之《轻重》非欤？"他的结论是："桑弘羊者不可少也！"① 反映了对社会的正确认识。

一般思想史研究者往往把李贽视为封建社会晚期的"异端之尤"，很少将他的思想作为当时社会普遍现象的集中体现来看待。其实从明代中期起，由于当时封建专制国家的种种弊病已相对集中地表现为财政危机，因此，当时社会上下要求整顿国家财政的呼声日渐强烈。加之当时商品经济发展，已给社会各阶层留下深刻印象，更使士人感到迂腐空泛、超功利的唯道德论无补于世，从而为当时整个社会思潮由虚致实的转变提供了外部契机，经济问题开始受到空前普遍的重视，道学家们提倡的唯道德主义的重义轻利、贬富国强兵为霸术的观点，开始受到各阶层士人的批判。宋代以来的"王霸义利之辩"的"天平"，已开始倾向了重利兴霸的一边。除李贽针对"理财为浊"的观念，明确提出"不言理财者决不能治天下"外②，稍早于他的海瑞也说过："富国强兵，陋为霸术，儒者不屑。圣人不富国强兵耶？什一而彻，田猎讲武，富国强兵，天下之于圣人莫是过也。谓圣人言义不言利，兵非得已，天下宁有这等痴圣人死圣人耶！"③ 曾任首辅的高拱亦云："问《大学》何以言生财？曰此正圣贤有用之学。夫《洪范》八政，首诸食货；《禹谟》三事，终于厚生。理财，王政之要务也。后世迂腐好名者流，不识义利，不辨公私，徒以不言利为高，乃至使人不可以为国。孰不知聚人曰财，理财曰义。又曰义者利之和，则义固未尝不

---

① 李贽：《藏书》，291页，北京，中华书局，1974。
② 李贽：《四书评》，10页，上海，上海人民出版社，1975。
③ 海瑞著：《海瑞集》，陈义钟编校，442页，北京，中华书局，1962。

利也。义利之分，惟在公私之判……"① 至张居正任首辅厉行改革，更是公开声称自己所进行的改革不外乎"富国强兵"二事。他在驳斥一些攻击他不行仁义的"帝王之道"的批评时说："后世学术不明，高谈无实，剽窃仁义，谓之'王道'，才涉富强，便云'霸术'。不知王霸义利之辨，义利之间，在心不在迹。奚必仁义之为王富强之为霸也！"② 号称"士林祭酒"的史家焦竑则借对历史上的盐铁之议的评论强调："自世猥以仁义、功利歧为二涂，不知即功利而条理之乃义也。《易》云'理财正辞，禁民为非曰义'。而岂以弃财为义哉？……籍第令画饼疗饥可济于实用，则贤良文学之谈为甚美，庸讵而必区区于此哉！"③ 而同时的学者陈第也认为："义即在利之中，道理即在货财之中"，"若以货财为利而不言，则天子不问国课，庶人不理家业，文臣不核赋税，武吏不稽兵食，如之何而可？且道理岂可空空而无所着乎？"④ 这些言论者，从首辅、诤臣到被誉为"士林祭酒"的学者，既隶属于士大夫的不同的阶层，又都是当时社会的风云人物，他们的言论在社会上的影响是可想而知的。因此可以说，在明代，尤其是明中叶以降，一种新的义利观已在社会上出现。

　　事实上，就在当时，在一般士大夫的观念中，已相当普遍地意识到"利"——经济财富的发展对于国家治平的重要意义。其结果则是使那些以往为士大夫所不屑的、所谓"钱粮衙门"等具体细微的经济管理技术性问题受到一定的重视："夫钱粮衙门，国用民生所系，盖重任也。……乃何为劣视之？"⑤ 这些认识反映于史学，便出现跳出专以政治治乱和道德褒贬为内容的情形，形成经济史研究撰述繁荣的新格局。也正是在新认识的影响下，以往为史家不屑一顾的柴米油盐等最基本的社会生活内容，开始被史家以新的

---

① 高拱：《问辩录》卷1，《〈大学〉旧本》，北京师范大学图书馆藏明万历三年刻本。

② 张居正：《张太岳集》卷31，《答福建巡抚耿楚侗谈王霸之辨》，383页，上海，上海古籍出版社，1984。

③ 焦竑：《澹园集》卷22，《〈书盐铁论〉后》，272~273页，北京，中华书局，1999。

④ 陈第：《一斋集》卷22，《松轩讲义》，国家图书馆藏清道光二十八年重刊本。

⑤ 高拱：《问辩录》卷1，《〈大学〉旧本》。

眼光看待了，并从国家政治的角度赋予了全新的意义。如朱家相《增修清江漕船志叙》云："夫《禹贡》山川也，于贡赋，则纤入丝枲，禹以之告成功；《周礼》志六典也，记考功，则木石毛革之属，周公持以归政焉。斯志也，志漕政之大也，器数昭矣，品式具矣，材用饬矣，综理周矣，防范严矣；而其细也，不遗竹头木屑。盖必如是，而后能理天下之财，能成天下之务，上以副承遣之命，下以摅驰驱之怀，抑有虑焉？"又如龚用卿《福建运司旧志·序》云："或曰盐一细务耳，而先王若是其重之欤？余曰不然也。孟子论王道，而及于鸡豚狗彘之蓄、鱼鳖材木之利，以为可以致王者，其基实本于此。则盐政也者，较之鸡豚鱼鳖之类，不为尤切乎？使其行，行之便于民，推之裕于国，是亦先王之仁政也，而可概以刀锥之末少之哉！"唐鹤徵则径在史著中称："余观经世之术繁矣，总之无过钱谷、甲兵、刑名耳！……惟有桑土之绸缪先事，必于民心之固结，钱谷则国家命脉，生民聚散实系之。"① 可见这些史家，都是在把具体而微的经济事物及其有关的制度，与所谓的王政治平联系在一起，上升到国家政治的高度予之考察研究的。这说明当时士大夫们思想观念中的一些新变化，已促使史学家将考察的目光，投向以往被摒弃于史学殿堂以外具体细微的经济事物及其有关制度，从而拓宽了史学研究的领域，丰富了史学研究的内容，形成明代史学发展的新形势。

四、结　语

从中国古代史学史的发展看，经济史撰述在明代大量出现的史学现象，也是史学本身发展的逻辑必然。史学发生、发展的漫长历史过程，也是一个与其他学科分一合一分，否定之否定辩证发展的进程。中国传统的那种囊括多种学术的百科全书式的史著，在宋代以后已渐趋式微，而与之相伴出现的则是专门史的发展。到明代不仅经济史专著，而且其他门类，包括学术思想、地理、科技、军事等门类的专史，均呈繁荣发展的态势。因此，明代经济

---

① 唐鹤徵等纂：《重修常州府志》卷3，国家图书馆藏明万历四十六年刊本缩微胶片。

史撰述的大量出现,也是史学本身发展合乎逻辑的结果。

其次,从史学的主体方面讲,明代经济史撰述的大量出现,表明史学家对社会的认识、对史学与社会的关系的认识的深化,和对史学经世致用意义的进一步自觉。如果说中唐的杜佑撰述《通典》,是突破了以往历史著作专从政治事件方面总结治乱得失的模式,使史学研究的触角,深入到国家具体的管理职能以及各种相关制度、政策的实施,那么明代经济史以及其他各类有关专史作者的史学活动,正是对杜佑史学思想的进一步发扬光大,他们研究考察的内容更广泛、更具体,与现实的关系也更紧密。随着明代中晚期各种社会危机的深化,史学,尤其是经济史研究的这些特点愈加突出,作者的经世致用目的也更加明确,最终于明清之际将古典经世史学推向高峰。考察明代史学,不难看出,有关经济史的撰述,从内容到形式,无不与明清之际的学术有着明显的继承渊源关系。明清之际的许多学者都对社会经济及经济史的研究倾注了极大的热情。例如宋应星除撰写了《天工开物》这部伟大的科技史著作外,还著有《野议》12 章,其中《民财议》等 5 章是关于经济史的内容;陈子龙在整理完徐光启的《农政全书》之后,又邀集徐孚远、宋徵璧等人,从当代官、私文献中选取"关于军国、济于实用"的材料编辑成《皇明经世文编》,其中一半以上是经济史的内容;而著名思想家、史家学顾炎武则通过研究历代史志、当朝实录、文集、邸钞中有关国计民生的赋役、屯垦、水利、漕运、马政、盐政等内容,撰成《天下郡国利病书》,其后又撰写了《田功论》、《钱法论》等一系列有关社会经济问题的史论;至于黄宗羲的史论名著《明夷待访录》,则有《田制》二篇、《财计》二篇,专门探讨社会经济问题。这些史实表明,明代学者对经济史研究、撰述方面富有价值的实践,对以后的史学发展,尤其是明清之际经世史学高潮的出现,具有直接的促进作用。

总之,明代史学中尽管没有突出的鸿篇巨制,但整体看仍然具有超越前代的方面,明代经济史研究、撰述繁盛的史学现象,正是这一认识的重要的体现。因此,从史学发展的角度考察,我们有必要重新评价明代的史学,给予它应有的地位。此外,研究明代经济史撰述,不仅有助于认识明代社会经济的发展状况,也可以为我们今天的史学发展提供一些借鉴。

从"主于道"到"主于事":
晚明经世史学的实学取向及局限

  研究晚明实学者,大都仅就单纯思想史的材料进行探讨,很少注意史学的变化。孰不知实学者,实事之学也。从学术与社会关系讲,史学正是实学的具体落实或体现。随着晚明社会危机的压迫日深,那些从事史学撰述的士人,已不再仅仅追求"立言"以求不朽的终极意义,而是开始"欲为当世借前箸筹之"①,追求史学的社会价值,并逐渐形成颇具声势的经世史学思潮。值得注意的是,与宋元以来"主于道"的经世之途不同,晚明这股经世史学思潮由于逐渐转向"主于事"、注重形下社会价值的经世之途,从而表现了鲜明的实学取向。对于晚明史学实学取向及其思想的揭示,不仅可以深化对晚明史学的认识,同时也会深化对当时涌动整个社会的实学思潮的认识。

一、晚明实学思潮并非是对心学的反动

  要论述晚明经世史学的实学取向,首先要澄清实学思潮与王阳明心学的关系,因为史学的实学取向,实际也是晚明实学思潮的重要构成。
  所谓实学思潮,是在1980年代有关明清思想和文化的讨论中所提出的广为学界接受的概念。值得注意的是,学界对于实学思潮的理解虽然一直存在着相当的分歧②,但将实学置于与王阳明心学对立的位置,认为"从思想发展的逻辑看,心学的没落是实学思潮兴起的原因;实学思潮的兴起

---

 ① 陈建:《皇明通纪》卷首,《序》,北京师范大学图书馆藏明刊本。
 ② 关于各家对实学思潮理解的主要观点和分歧,可参见台湾李宜茜女士《近十五年两岸"明清实学思潮"研究评介》一文,载《台湾师范大学历史学报》第 26 期(1998 年 6 月)。

是心学没落的归宿"则至今仍是学界普遍认同的观点。①鉴于本论题的讨论与心学和实学的密切关系,我们有必要在讨论晚明史学实学取向的问题前,阐述一下我们的观点。

晚明实学思潮真是心学的反动？鄙人认为,明中叶以后出现的实学思潮,实应从这样两个层面来理解：第一,实学本是儒学中固有的成分。传统儒学是充满现实关怀的有体有用之学,包含有"内圣"与"外王"两方面的内容,而"实学"思想属于"外王"的范畴。第二,它是在明中叶以来社会矛盾不断压迫下,"因环境之变迁与夫心理之感召"②,士大夫向"体用并重","内圣外王兼治"的思想取径回归的产物,与心学的发展没有直接关系。

事实上,明代中叶以降,受社会危机不断深化的影响,无论是崇尚程朱之学的学者,还是信奉陆王之学的学者,尽管对心性认识的取径不同,但都一定程度表现出实学的取向。因此,所谓"从思想发展的逻辑看,心学的没落是实学思潮兴起的原因；实学思潮的兴起是心学没落的归宿",将实学与心学对立的观点是不恰当的。这是因为：一方面,这是一种将丰富的古代晚期社会思想史简单谱系化的反历史做法。事实上,从宋元明的思想实际看,在程朱理学和陆王心学之间,是存有很大思想和知识空间可供士人选择的,绝不是非此即彼。另一方面,仅就心学的理论本身讲,心学不仅不与实学理论对立,而且从一定意义上,还应该是促使实学思潮发生的理论渊源之一。

关于这第二个方面,我们可以从这样两个方面展开说明：第一,由于王阳明的心学体系,为了弥合程朱理学体系中性与情、道心与人心的二元紧张,将二者合而为一,统一落实于"心"的同时,③也构成了体现理性的"道心"与体现感性的"人心"纠缠为一体的理论困境,其结果是为走向"天理即在人欲中"、"理在气中"等唯物主义色彩的命题提供了可能。

---

① 张显清：《晚明心学的没落与实学思潮的兴起》,载《明史研究论丛》第一辑,307～338页,南京,江苏人民出版社,1982。

② 梁启超：《中国近三百年学术史》,11页,北京,中国书店,1985。

③ 王守仁：《王阳明全集》,36页。

第二，在王阳明的心学体系中，"致良知"与"知行合一"是一个整体①，尽管从王阳明整个心学的思想体系看，这里的所谓"知行合一"，更多的是从意识的发生立论②，而非认识论意义的"行"。然而在阐述此命题的同时，王阳明又常常将"行"置于日常世界的具体展开间论述，认为"凡谓之行者，只是着实去做这件事"，并且一再说："凡可用功可告语者皆下学，上达只在下学里"，③"我何尝教尔离了簿书讼狱，悬空去讲学？……簿书讼狱之间，无非实学，若离了事物为学，却是著空。"④ 从逻辑的演进看，王阳明对知行合一这种表述的结果，极易将所谓的"知"导向对纯粹实用知识的追求，而与具体实践的"行"结成一体，导致原本指道德意识发生的"知行合一"，转向认识论意义的"知行合一"，由内在心性问题的探求转向外在世界的实践，形成对日常生活积极干预或参与的理论依据⑤。例如后来王艮之"圣人经世只是家常事"、"百姓日用条理处，即是圣人之条理处"，⑥ 薛应旂之"人神之妙不外于洒扫应对之间也。"⑦ 而唐顺之则更明确地提出："至于道德性命技艺之辨，古人虽以六德六艺分言，然德非虚器，其切实用处即谓之六艺。艺非粗迹，其精义致用处即谓之德。故古人终日从事于六艺之间，非特以实用之不可缺而姑从事云耳。盖即此而鼓舞凝聚其精神，坚忍操练其筋骨，沉潜缜密其心思，以类万物而通神明。故曰洒扫应对，精义入神，只是一理。艺之精处，即是心精；艺之粗处，即是心粗，非二致也。……儒者务高之论，莫不以为绝去艺事而别求之道德性命，此则艺无精义而道无实用，将有如佛老，以道德性命为上一截，色声度数为下一截者矣。"⑧ 可见这些王学学者都或多或少有一些把形

---

① 王守仁：《王阳明全集》，42、13 页。
② 同上书，96 页。
③ 同上书，13 页。
④ 同上书，95 页。
⑤ 参见李泽厚：《中国古代思想史论》之《宋明理学片论》第三节《"心"的超越与感性》，242～252 页，北京，人民出版社，1986；以及杨国荣：《心学之思——王阳明哲学的阐释》的第七章《知行合一》，193～211 页，北京，读书·生活·新知三联书店，1997。
⑥ 王艮：《王心斋全集》，5、10 页，南京，江苏教育出版社，2001。
⑦ 薛应旂：《宋元通鉴》卷首，《义例》，北京师范大学图书馆藏明天启六年刻本。
⑧ 唐顺之：《荆川先生文集》卷 5，《答俞教谕》，《四部丛刊》本。

而上的"道",与日常实务的"器"联为一体,把为学的工夫,落实在日常实践之上的倾向。尽管这些思想家的认识存在着差别,但是他们都涉及了不脱离民生日用来追求心性良知的意蕴。而这些观点也确实在客观上为人们关注日常实务,"切于人事",为史学中的实学取向提供了理论依据。因此,如果说实学思潮是对心学思潮的反动,则很难解释为什么王阳明以及后来许多王门学者,如唐顺之、薛应旂、徐阶、张居正、冯应京、方学渐等,会如此讲求实学且富有事功。

通过上述的分析,我们完全有理由说,晚明盛行的实学思潮,实是一个超越理学派别的社会思潮,是当时社会全面显现出危机的压力下,富有社会担当精神的知识界普遍欲求下的产物。至于王门中一些激进学者,因强调良知的见在性,而削弱践履工夫的意义,以致社会一些乡愿执之招摇,则是另一回事。此外,这里还应提出的是,清人对明人学风的批评,实际更多的是从经典研习与意义探求之关系层面进行的,即是站在所谓"智识主义"(Intellectualism)的立场,针对明人,尤其是对王门学人贬低"读书"于道德修持价值的"反智识主义"(Anti-intellectualism)所进行的批评。然而追求"学问"之实与追求"致用"之实,虽然有一定的联系,但是毕竟还是有所不同。这里关键是有一个以什么作为"智识"的问题。明人,尤其是明代王门左派学者,在经典研习方面,因强调"尊德性"而确实具有重"信仰"轻"知识"的"反智"取向,但是这实际上也并没有妨碍他们在经世的实践中对实学的追求。相较之下,一些清人汲汲于饾饤考据,于求知固然为实,于经世之实,则反不如明人。晚明实学这种追求现世致用,追求"举而措之天下,能润泽斯民"的形下意义的特点,在史学中表现得格外突出,而这种实学的取向,也正是晚明经世史学发展的最重要特点之一。

二、晚明经世史学撰述的实学转向

实学旨趣的指向必然是经世致用,但经世致用却不一定与实学有联系。晚明经世史学的特点,就是它的实学取向。

宋代以来，士人现实关怀的经世途径始终存在着分歧：其中，一是走"内圣"，以"内圣"控"外王"，将道德政治化的经世之途。即一方面通过"格君心之非，正心以正朝廷"，将本体化意义的道德虚构悬为"治道之本"，用之以制约君权和维系官僚体制的运转；一方面通过"明天理灭人欲"的宣扬，以准宗教性的道德理念训导士人与百姓，将社会纳入稳定的纲常秩序之中，进而达到平治天下的目的。一是走"外王"，以"外王"辅"内圣"，将道德置于政治之下考量的经世之途。即以技术性制度的操作发展事功，达到平治天下的目的。关于士人经世致用的这二种途径，晚明王学左派的健将王畿曾这样概括："儒者之学务于经世。然经世之术约有二端：有主于事者，有主于道者。主于事者以有为利，必有所待而后能寓诸庸；主于道者以无为用，无所待而无不足。"① 显然，王畿也认为儒者经世是必然的，但经世的途径则有"主于道"与"主于事"的区别。所谓"主于道者"，就是经世实践中侧重于"内圣"的途径；所谓"主于事者"，就是经世实践中侧重"外王"的途径。

关于这二条经世之途孰以为主，学者们虽然一直争议不休，但是总的来说，按照余英时的说法，是自宋王安石改革失败以后，思想界向内转向，其结果是以内圣控外王的经世之途得到更多的强调，并影响到社会的政治与学术。至于这种取向在史学中的体现，则是朱熹《通鉴纲目》的广泛流播和泛道德的史学泛滥。至于鼓吹外王经世之途的史学，则一般不再是主流。但是到了明代中叶，社会危机的显现，使得这种追求外王的经世思想逐渐被唤起。开始是琼山丘濬力倡"儒者之学，有体有用"②，而成为明代实学思潮的嚆矢。此后，在政治、军事危机对社会压力日深的情况下，强调主于事的外王经世路线逐渐受到士人的关注，同时构成经世史学

---

① 王畿：《龙溪王先生全集》卷14，《赠梅宛溪擢山东宪副序》，北京师范大学图书馆藏清光绪海昌朱氏重刻本。又，关于宋明学术思想的演进及其转向，可参见余英时《从宋明儒学的发展论清代思想史》、《清代思想史的一个新解释》等文，文载余英时著：《中国思想传统的现代诠释》，南京，江苏人民出版社，1989。

② 丘濬：《大学衍义补》卷首，《大学衍义补·序》，北京师范大学图书馆藏清道光十七年重刻本。

中的实学取向。

思想的变化直接影响人们对于知识资源的索取，因此，对于晚明实学思潮来说，作为"政学之指南"①，即政治知识主要资源的史学，也就很自然地成了士人最注的领域。于是，当初丘濬强调的"兼本末，合内外，以成夫全体之大用"的实学思想，在渐渐得到士林肯定的同时，也使士大夫注意到史学的政治实践价值，并将史学关怀的重心转向，从泛道德化的史学，转向以总结典章制度和政治鉴戒为主的史学。例如王门泰州学派健将赵贞吉曾经表示，其"拟作《二通》以括古今之书。内篇曰《经世通》，外篇曰《出世通》。内篇又分二门：曰史、曰业。史之为部四：曰统、曰传、曰制、曰志。业之为部四：曰典、曰行、曰艺、曰衔……"② 而江右王门的重镇冯应京，甚至将其编纂的历史著作，直接命名为《皇明经世实用编》，历史性地第一次将"实用"与"经世"明确联系在一起，以强调自己史学撰述的实学取向。晚明经世史学的这种转向，导致了编纂内容和编纂形式的重大变化。

晚明经世史学实学取向的一个很重要的表现，是经世文集的大量编纂。这就使我们可以这类撰述为中心，展示这时期史学的一些特点。

所谓"经世文集"，是以经世致用为目的编辑的史学著作。笼统讲应属于传统史学中"记言"一类的纂著。这类史学撰述的大量大规模编纂是在晚明。德国明代文献学研究专家傅吾康（Wolfgang Franke）曾指出："16世纪后期历史著作新趋势的一部分是个人和多人的经世文的辑录。""奏议和其他经世文的选编始于16世纪下半叶，并且是这个时期一项真正的新发明。"③ 据统计，晚明时期仅书名明确标明经济、经世、实用、适用

---

① 冯应京：《经世实用编》卷首，《实用编纂修姓氏叙由》，北京师范大学图书馆藏明万历三十二年刊本。

② 黄宗羲：《明儒学案》卷33，《赵贞吉传》，海王邨古籍丛刊，368页，北京，中国书店，1990。

③ 见《剑桥中国明代史》中译本，818～819页，北京，中国社会科学出版社，1992。

等字样的"经世文"著作多达20余种①。其中在嘉靖时期的45年间,刊刻的经世文有黄训《皇明名臣经济录》、万表《皇明经济文录》等约3种;隆庆时期的近6年间,刊刻的经世文有郑善夫《经世要谈》1种;万历时期的47年间,刊刻经世文的有黄仁溥《皇明经世要略》、冯应京《经世实用编》等约11种;天启时期的近7年间,刊刻的经世文有陈其愫《经济文辑》、张文炎《经济文钞》等约7种;崇祯时期的17年间,刊刻的有吕纯如《学古适用篇》、陈子龙等《皇明经世文编》等约2种。这种情况说明,随着晚明社会危机压迫的加深,士人对现实的关怀与对前途的焦虑也不断加深,因而作为经世知识资源的经世之文,也越来越广泛地受到了重视。

为了更好地说明经世文集的编纂与实学的关系,我们可以进一步分析它们的具体内容。

晚明的经世文编,内容一般都比较庞杂,所以传统的文献分类方法很难对其进行准确分类。其中既有纯粹的"文编",即人们讨论政治、经济、军事、文化事务的论文、奏疏等文章的分类裒辑,如黄训《皇明名臣经济录》、陈其愫《经济文辑》及陈子龙等编辑的《皇明经世文编》等。也有基本属于政书类,但是记言、记事各有侧重的经世文编著作,如冯应京《经世实用编》、冯琦《经济类编》等。更有上括帝王训令,下及名臣议论,泛揽诸子百家、农圃工艺、医卜星相、星历方技等内容的类书型经世文编著作,如陈仁锡《经世八编类纂》等;此外像探讨身心修养,总结与人接物立身处世经验的实用文编,如郑善夫《经世要谈》等;总结政治和涉世谋略的实用文编,如钱继登《经世环应编》、俞象筮《经世奇谋》、吕纯如《学古适用篇》等,也可算作一类经世文编著作。②总的来看,这些经世文编著作的内容虽然庞杂,但是其编撰却具有共同特点,就是都强调一个"用"字,即直接围绕现实实际问题,极有针对性地总结历史,探讨

---

① 参见区志坚:《从明人编著经世文编略探明代经世思想的涵义》,载《中国文化研究》,1999年春之卷。但是区志坚统计的仍有一些遗漏,事实上还要多一些。需要说明的是,晚明以前经世文的著作很少,似乎只有宋末万手机的《经济文衡》、元李士瞻《经济文集》等极少的几部著作。这类史著的大发展应是在晚明。

② 参见区志坚:《从明人编著经世文编略探明代经世思想的涵义》。

具体现实政治策略、政府管理、政府组织以及政府的经济、军事乃至日常生活等方面的问题,具有十分鲜明的实用性和对策性。例如黄训《皇明名臣经济录》53卷,分开国、保治、内阁、吏部、户部、礼部、兵部、刑部、工部、都察院、通政司、大理寺等10门,"辑集洪武至嘉靖九朝名臣经世之言"① 其缜细者如户部分图志、田土、赋役、给赐、黄册、屯田、婚姻、粮运、禄俸、盐法、茶法、课程、赈恤等达12类之多。如冯琦《经济类编》100卷,分帝王、政治、储宫、掖臣、谏诤、铨衡、财赋、礼仪、乐、文学、武功、边塞、工虞、天、地、人伦、人品、人事、道术、物、杂言等23类,"杂采秦汉以下鸿儒著作、名臣奏对,旁及诸子百家呓议眇论,有关经济者共成之,自帝王至杂言,为类二十有二,俪之凡三百余条,几三百万言。"② 如陈其愫《经济文辑》32卷,乃取明"朝诸先正文,择其有裨于实用者,汇而读之,大抵本经史而约之以时制,光明正大,博古通今,妄谓事业文章无逾此者,日久成帙,乃遂上自圣子、储宫,下至九边、四夷,其间宗藩、官制、财计、漕挽、天文、地理、礼制、乐律、兵政、刑法、河渠、工虞、海防,各以类分,总二十三卷,题《皇明经济文辑》,梓以公之有志者"。③ 如冯应京《皇明经世实用编》28卷,"首载明太祖心法祖训,以迄取士、任官、重农、经武、礼乐、射御,而终之以诸儒语录、正学考。大都禀祖训为律令,而以历朝沿革附之。"④ 而经世文编集大成之陈子龙等《皇明经世文编》,共504卷补遗4卷,以"明治乱"、"存异同"、"详军事"为原则,分时政、礼仪、宗庙、职官、国史、兵饷、马政、边防、边情、边墙、军务、海防、火器、贡市、番舶、灾荒、农事、治河、水利、海运、漕运、财政、盐法、刑法、钱法、钞法、税课、役法、科举、宗室、弹劾、谏诤等类,裒辑相关奏疏及论述。此外像辛全

---

① 《四库全书总目》卷55,黄训《名臣经济录》提要,502页,北京,中华书局,1965。
② 冯梦祯:《经济类编序》,见冯琦《经济类编》卷首,北京师范大学图书馆藏明万历三十二年吴光义等刻本。
③ 陈其愫:《皇明经济文辑·自序》,《四库全书存目丛书》,集部,第369册,济南,齐鲁书社,1994—1997。
④ 《四库全书总目》卷85,冯应京《经世实用编》提要,714页。

《经世硕画》3卷，裒辑"前代事迹议论有关治道者，分为二门，一曰'圣典采据'，皆纪明太祖至英宗朝善政；二曰'定论采据'，皆宋明诸儒之说，而以北魏至唐共四条附之"。① 吕纯如《学古适用编》91卷，"采前代至明，凡前事之可为后法者，分类编次为九十一门，亦间附以论断"，仿照当世冯应京《经世实用编》、冯琦《经济类编》及万表《经世要略》等三书之体，"而所列事迹则以适于用者为主"。② 从上列诸书的内容看，其"主于事"的实学取向是相当明显的。当然，除了题名明确标明经济、经世、实用、适用等字样的"经世文"编外，晚明更多的是一些专题类的文编著作，其中如至今还存世未佚的周堪赓《治河奏疏》、毕自严《饷抚疏草》、陈子龙《兵垣奏议》、熊廷弼《经辽疏牍》等专题文献的辑集，实际上也仍可看作是某种经世文编。

除了经世文编外，晚明时期还有其他一些体裁的史学撰述也表现出一定的实学思潮影响。例如唐顺之的《右编》以为"古今宇宙一大棋局也"，而"奏议者弈之谱也"，至于其所"纂《右编》，特以为谱之不可废"而为之的记言著作。③ 陈仁锡评纂、刊于天启的《皇明世法录》92卷，分为"维皇建极"、"悬象设教"、"法祖垂宪"、"裕国恤民"、"制兵敉法"、"浚河利漕"、"冲边严备"、"沿海设防"、"奖顺伐叛"、"崇文拔武"等10目，在详细地记载了明代典章制度沿革的同时，也大量记载了帝王谟训、臣子议论等经世文编所记述的内容。此外如朱健编纂的《古今治平略》33卷，依卷次记述了历代田赋、户役、国计、农政、屯田、水利、贮籴、漕运、钱币、盐课、杂征、赈恤、治河、官制、铨选、考课、贡举、荐辟、学校、律吕、历法、天文、地理、兵制、边兵、边防、驭夷、弭盗等典章制度的史实，意在使"学者既不苦于无征，而当官亦不踬于罔据"，认为只要了解了历代典章制度之利弊，"虽致治平亦思过半矣"。④ 显示了作者意

---

① 《四库全书总目》卷96，辛全《经世硕画》提要，818页。
② 《四库全书总目》卷132，吕纯如《学古适用篇》提要，1124页。
③ 唐顺之：《荆川先生文集》卷10，《右编序》，《四部丛刊》本。又见北京师范大学图书馆藏明万历三十三年南监刻本《荆川先生右编》卷首。
④ 朱健：《古今治平略》卷首，《序》，北京师范大学图书馆藏明崇祯刊本。

在济当世之用的编纂旨趣。

正是在这种实学意识的驱动下,传统士大夫"在官言官"的传统也开始被激活。为应对所司衙属事务、总结职能制度运行利弊而编纂的各种专门志书,开始在这时大量出现。例如有关经济类的志书,据《千顷堂书目》统计,计有19类238种之多;有关边防的志书,据王庸《明代北方边防图籍录》、《明代海防图籍录》及吴玉华《明代倭寇史籍志目》三书统计,共著录了有关南北边防图籍436种之多;[①] 此外晚明的兵书也很多,据许保林《中国兵书知见录》统计,明代兵书多达1023部,居于历代之冠,其中大部分撰述于晚明。[②] 至于像李贽在其《藏书》、《续藏书》中设立"富国名臣"、"经世名臣"、"经济名臣"等类传,邓元锡在其《明书》中设"经济名臣"类传等,亦可视为史学实学取向的表现。

可以看出,晚明经世史学的这种实学转向的结果,是以往被视为"小道"的兵、农、工等内容,开始从学术的边缘进入史家关注的视野。按照重刊《福建运司旧志》龚用卿《序》所说:"或曰盐一细务耳,而先王若是其重之欤?余曰不然也。孟子论王道,而及于鸡豚狗彘之蓄、鱼鳖材木之利,以为可以致王者,其基实本于此。则盐政也者,较之鸡豚鱼鳖之类,不为尤切乎?使其行行之便于民,推之裕于国,是亦先王之仁政也,而可概以刀锥之末少之哉!"[③] 就这样,许多形下意义的丛脞琐细的"事",逐渐取代了史学所一向高自标榜的形上意义的"道"的追求。

---

① 参见王庸:《中国地理图籍丛考》,北京,商务印书馆,1956。
② 参见许保林:《中国兵书知见录》,北京,解放军文艺出版社,1988。
③ 龚用卿:《福建运司旧志·序》,《玄览堂丛书》本《福建运司志》卷首。

三、晚明经世史学反映的实学思想

值得注意的是因晚明史学的实学取向所反映的实学思想。这些富有思想史意义的思想内容，在以往讨论明清实学思潮时，大多未能予以注意。概括地说，晚明经世史学中流露的实学思想，大致有这样几方面的特点：

第一，强调"实"是"虚"存在的基础。

这种论述最系统的当属冯应京。作为史学史上明确将"实用"与"经世"联系在一起作书名，直接表达撰述宗旨的冯应京，曾在《经世实用编·叙》中阐述说："夫古而今，今而后，绳绳不穷者世也。以天下之才，兴天下之治者，经世也。"认为所谓"世"，就是绵亘不绝的人类历史，调动天下人才治理社会，使天下达到治平，就是"经世"。冯应京认为，个人是社会的基本构成，经世如同治身，经世就要从每一个人做起。对此他论述说："人认七尺为身，不知遍世皆身。知遍世之皆身，则经世正所以修身矣。"但是由于作为个体存在的"身"，与作为社会存在的"世"是一致的，即"遍世皆身"，所以修身的根本目的，就是在现实社会中实实在在地"行"。至于"身"，冯应京则以《易》理为依，认为："身，乾体也。"即作为主体的"身"，也必然是具有"乾"之刚健和自强不息之性的实体，也必然具有"乾"之"元、亨、利、贞"所谓"四德"的属性、品质及功用。其中："体仁以长人，嘉会以合礼，利物以和义，贞固以干事。"① 而其最终则是"妙用于是乎行焉"，即依君子此"四德"法天行健自强不息，而归结于君子的实行与实事。显然，身为江右王门学者的冯应京的这些观点，与王学理论中"万物一体"以及"知行合一"的学说有密

---

① 《周易·文言》："元者，善之长也；亨者，嘉之会也；利者，义之和也；贞者，事之干也。君子，体仁足以长人，嘉会足以合礼，利物足以和义，贞固足以干事。君子，行此四德者，故曰：乾，元亨利贞。"阮元校刻：《十三经注疏》，15页，北京，中华书局，1980。

切的渊源关系①。而它的推衍，则又是循着王阳明"致良知"的原初思路，向着新的方向作出发挥，从所谓的"乾"——君子"四德"，落实于世事的践履——"行"。于是在逻辑上推衍为落实在实心、实行、实务和实用上的经世路径。因此其结论，也就是冯应京所说的："大都言为虚，动为实；心为虚，行为实。实之不存，虚将焉傅！孔无乐乎空言，孟无取乎徒善，要归于尚实而已。挽近取士以文词，任官以资格，莅政以簿书，讲学以空寂，四者皆涉于虚，然斯世泰宁无事，有为敷菑、垣墉、朴斫者存焉尔？"② 通过引申孔、孟之义，强调只有具体的物质性的"实"，才是抽象的精神性"虚"的存在基础，才是"斯世泰宁无事"的保证。也正因此，与冯应京一起编纂《经世实用编》的戴任等提出，"实不实在我，用不用在人，用而不实，君子耻之；实而不用，君子伤之。"即经世必须求实，炫华耀虚只能为君子所耻、所伤。只有具备了实学、实用、实才的人，才是真正的君子。戴任强调说："编何以实用名也，匠念宪公（冯应京）之实心也"，冯应京"与乡之士、楚之士、同狱之士"等，"切劘融会"，共同讨论，共同编纂的《经世实用编》，"岂与彼空谭清议，绚奇抉玄而不婴时任者竞浮尚哉"！绝不是无裨实政实用的空谈之作，而是充分体现实学精神的经世之作。甚至认为，"矧是编也，需圣祖心法，晰孔门正传，固史林之玄圃，而政学之指南哉。"③ 显然，这些实学思想，正是支配冯应京等编纂《经世实用编》的认识依据。

　　冯应京等史学求实的编纂旨趣，也是晚明那些意欲经世的史家从事史学撰述时的一般思路。例如《皇明世法录》的作者陈仁锡便称："夫务实

---

① 按："万物一体"是王阳明心学理论的一个重要的方面，在王氏言论中有许多这方面的论述。如云："仁者与天地万物为一体，使有一物失所，便是吾仁有未尽处。"云："夫圣人之心，以天地万物为一体，其视天下之人，无内外远近，凡有血气，皆其昆弟赤子之亲，莫不欲安全而教养之，以遂其万物一体之念。"云："盖其心学纯明，而有以全其万物一体之仁，故其精神流贯，志气通达，而无有乎人己之分、物我之间。譬之一人之身，目视、耳听、手持、足行，以济一身之用。……盖其元气充周，血脉条畅，是以痒疴呼吸，感触神应，有不言而喻之妙。"等等。分见《王阳明全集》，25、54、55页。

② 冯应京：《经世实用编》卷首，《经世实用编·叙》。

③ 冯应京：《经世实用编》卷首，《实用编纂修姓氏叙由》。

得，则不逐末以遗本，不徇古以卑今，上以佐君，下以正学，较之繁词缛采，无裨理道者，奚啻天渊矣。"故其按照丘濬《大学衍义补》的思路"著为《皇明世法录》，首辑二祖之谟烈，以为万世法，而又明礼乐以和神人，辨历象以示修省，恤民以固邦本，积储以裕国用，明罚敕法以厚俗，稽漕河、记海防以通水利，纪元辅、录名臣以彰景范，诘戎兵以严武备，考四夷以示怀柔，俱原始要终，或耳目之所亲历，或辀轩之所睹记，稍为网罗，以补丘氏之未备，要使二祖列宗之讦谟硕画，瞭若列眉"。① 这种思路表明，当时士人在社会危机压迫下，亟欲从历史中为寻求应对现实危机对策的史学诉求。

将"实"作为"虚"存在的基础，也就是把具体之"事"作为抽象之"道"存在的基础。这种带浓重实学色彩的观点，在一定意义上也是对王阳明"道即事，事即道"，"道事合一"，"道"统一于"事"的心学观点向着唯物主义方向的发挥。晚明史学家的这种实学思想，对于经世史学发展的实学取向具有重要的影响。

第二，推崇有用之才，提倡济事之作。

由于在认识上将形上之道置于形下之事的基础上强调道器合一，其结果是史家于学于文更强调实用的价值标准而睥睨文士之文，认为"学者所以为天下谋也，学而无补于天下国家，则无所事学矣"，②"学侈博洽，而谙于当世之故，其以语于识时务、达国体远矣"。③ 例如泰州学派的焦竑曾说："余惟学者患不能读书，能读书矣，乃疲精力于雕虫篆刻之间，而所当留意者，或束阁而不观，亦不善读书之过矣。夫学不知经世，非学也；经世而不知考古以合变，非经世也。"④ 因此他评价汉相桑弘羊的理财之政时说："自世猥以仁义、功利歧为二涂，不知即功利而条理之乃义

---

① 陈仁锡：《皇明世法录》，卷首，《皇明世法录·叙》，北京师范大学图书馆藏明刊本。

② 陈仁锡：《重刊大学衍义补序》，见北京师范大学图书馆藏清光绪三畏堂重刻《经济八编类纂》卷首。

③ 沈越：《皇明嘉隆两朝闻见纪》卷首，朱之蕃《刻两朝闻见录题辞》，《四库全书存目丛书》，史部，第7册。

④ 焦竑：《澹园集》卷14，《荆川先生右编序》，141页，北京，中华书局，1999。

也。……籍第令画饼疗饥可济于实用,则贤良文学之谈为甚美,庸讵而必区区于此哉!"①

陈仁锡为《皇明世法录》所作之《叙》亦称:"古之君子,出吾之精神,以与天地万物之境会而始有言。""然今雕𬭚文词,驰骋波涛而无当于治忽,不衷于理道,又或有意乎天下国家之故?"②至于《经世文编》的作者,则先是在《序》中指出:"俗儒是古而非今,文士撷华而舍实。夫抱残守缺,则训诂之文充栋不厌,寻声设色,则雕绘之作永日以思。至于时王所尚,世务所急,是非得失之际,未之用心,苟能访求其书者盖寡,宜天下才智日以绌,故曰士无实学。"③既而在《凡例》中批评道:"儒者幼而志学,长而博综,及致治施政,至或本末眩瞀,措置乖方,此盖浮文无裨实用,拟古未能通今也。"④所以《经世文编》拟定的收录人物文章进退标准,"一为实用之准"⑤。理学之文、词藻之文一律摒之不选。如王阳明等理学家,其影响虽大,但编纂者只选其关乎事功之文,而于讨论理学之文,一律不予采择,所选文章,远没有厉行改革的张居正为多,表现出编纂者的鲜明的实学取向。

除强调为文必求实用外,具有实学取向的史学家,在为学取向方面,对于空谈心性的道学家,大多持批判态度,认为"学者所以为天下国家谋也,学而无补于天下国家,则无所事学矣"。如陈仁锡的史著就尖锐指出道学家有"三弊":"其曰吾惟求之身心,而天下国家非吾责也。则是耕石田、织空机,而不知其饥与寒之且不免也。其曰吾惟求之身心,而天下国家将自理也。则是谈耕以疗人之饥,谈织以御人之寒,而不知谷与丝之犹未睹也。三代而下,天下国家岂尽不齐不治不平哉?而又指其齐、治、平者病之曰不闻道。则是食其食,衣其衣,而又追论其耕与织有未善也,皆

---

① 焦竑:《澹园集》卷22,《书盐铁论后》,272~273页。
② 见明刻本《皇明世法录》卷首。
③ 陈子龙:《明经世文编·序》,《明经世文编》卷首,北京,中华书局,1965。
④ 陈子龙等:《皇明经世文编》卷首,《凡例》。
⑤ 宋徵璧:《明经世文编·凡例》,《明经世文编》卷首。

非圣人之论也。"① 依照是否有用于世的标准，陈仁锡《重刊大学衍义合补序》比较了宋真德秀《大学衍义》和明丘濬《大学衍义补》后认为："真氏书严于格心，略于议治。而丘氏书则纪纲法度、财赋、兵戎、礼乐、刑政，靡不井然棋布，灿然星列也"。因此从"主于事"的立场看，丘氏《大学衍义补》的价值，远在真德秀著作之上。

在为文为学认同实学的基础上，持实学取向的史学家，亦将批判的矛头指向以科举为代表的选官制度。认为秦汉以后的选官制度，不仅是造成儒、吏"分镳而骛"的重要原因，也是造成士人脱离实际学风的重要原因。其积弊之深，至明代已经深刻地影响到国家机器的有效运转。这一点，朱健《古今治平略·序》论述得最深刻。该序云："故学问明而事业著，有繇然也。至秦政废弃儒学，两汉精于吏事，于是士循章句，吏谙笺奏，分镳而骛，穷年不相语情，王仲任所以有事胜忠负、节优职劣之叹也。嗣是骈藻淫于六朝，训诂讼于唐宋，取士非明经、孝廉则贤良，制举非帖经、墨义则诗韵、策括，无怪乎才者以阅历之寡，执经术以贼世，而不才者以空疏之质，腼爵位以戕躯，其无益国家均焉耳！明兴，高皇帝睿渊谟，卓越万古。初科、荐并行，文、品兼重，久渐拘于资格科举，习胜至有以单词只语搏取终身无穷富贵。而前者幸捷，后者希冀，遂庋阁经史，惟三年程墨，房牍是准是绳，比及通籍。一旦膺兵农财货之任、礼乐虞衡之务，无以异牧儿骤入大家，视其榱题藻棁、台盂杯案，惘然不识为何物。于是沿革不得不徇之前官，律算不得不假之胥吏，蒙头覆面，挨排岁月。故今世鲜通材，非独气运，亦功令使然耳！"

制度批判的目的是要促使制度改革。朱健之撰述《古今治平略》，总结历代典章制度，也就是要改变秦汉以后，尤其是唐宋实行科举以后，儒、吏"分镳而骛"所造成的种种弊端，改变"学者既苦于无征，而当官亦踬于罔据"的弊端，最终使国家走向治平。唯因如此，晚明史家对于典章制度及具体实务的历史，较之其他时代的史家倾注有更多的关注。例如唐顺之便在《江阴县新志序》中说："《禹贡》、《周职方》岂非志国邑者之

---

① 见北京师范大学图书馆藏清光绪三畏堂重刊《经济八编类纂》卷首。

所权舆也哉？然自后世观之，则见其有琐细而俚俗者矣。夫其田赋高下之异等，坟垆黎赤之异壤，九镇九泽之异名，而五戎八蛮之异服，其列而载之可也。至于筱荡箘簵、淮玭江龟、海错之纤细，则类于草木虫鱼之书；而多男少女，多女少男之纪，则近于闾井村俗之谈，古人何若是之琐琐也？盖苟有切于利器用而阜民生，辨阴阳而蕃挚息，则固不得以其秽襟而略之，而况其大且重者乎？其所载而详者固然，则其所不载者亦可知矣。后之所谓地志者，则异是矣。其叙山川也，既无关于险夷潴泄之用，而其载风俗也，亦无与于观民省方之实，至于壤则赋额民数，一切不纪，而仙佛之庐，台榭之废址，达官贵人之墟墓，词人流连光景之作，满纸而是。呜呼，此何异于家之籍专记图画狗马玩具为状缀，而租甗钱贯所以需衣食之急者，漫不足征也，其亦何取于为家也与！知家之有籍，本以治生，而非以观美；国邑之有志，本以经世，而非以博物，则得之矣。"认为史志就像家里的账簿，是稽以经国用世的依据，史学家"譬如辛苦起家之人"，必须"斥绝耳目之玩，而毕力于家人生事之间，一钱粟之盈缩，一臧获之奸良，与夫镭钥阍户之守，虽其缁铢隐赜而聪明智算举无遗者，于是一切以其精神思虑之所及而登之于籍"，务使"前人以其所用心而著之籍记，后人因其所籍记而得前人所用心而守之"，才会使"家道能常兴而不坠"。①联系到焦竑在信中对友人所说："居官以明习国朝典制为要，衙门一切条例既能洞晓，临事斟酌行之，猾胥自无所措其手矣。此外治经第一，诗文次之……"② 以及其几次主持乡试时，都是以"华实相副"作为取士的标准，并申明说："岂臣之好文与众异哉？窃念国初之人讷于口，而实则有余；近日之人辨于文，而实则不足。实有余者，难在身而利归于国；实不足者，难在国而利归于身。士至利归其身也，世何赖焉？臣诚不自揆，思与世还淳也，必自士始。"③ 说明当时强调实学的经世意识，在士林的思想中已相当普遍。这种推崇"举而措之天下，能润泽斯民"的有用之才有用之作的意识，有力地推动了晚明的史学，从强调振兴道德的经世史学转向

---

① 唐顺之：《荆川先生文集》卷10，《四部丛刊》本。
② 焦竑：《澹园集》卷13，《答乐礼部》，123页。
③ 焦竑：《澹园集》卷15，《顺天府乡试录后序》，160页。

强调实学取向的经世史学。

第三，取鉴历史，探求"治术"、"治法"。

所谓的"治术"与"治法"，就是治理国家的方法，其中既包括帝王驭臣用人之术，应对事变的经术权谋，更包括保证国家各种职能有效运作的管理技术以及相应的典章制度的完善，而后者尤其重要。

按照正统理学家的观点来讲，所谓"治术"、"治法"因归于"霸道"之属而是绝不可提倡的。但在明中期以来社会危机日深的压力下，士人对于时局的前途越来越焦虑。从王阳明之"今天下波颓风靡，为日已久，何异于病革临绝之时"，① 到陶望龄之"今天下之势，如漏舟泛江海"，② 冯梦龙之"方今时势，如御漏舟行江湖中"，③ 都流露出士人这种情绪。与此同时，一些士人亦明显感到，泛道德主义的儒家学说，以及以其为核心形成的选官知识体系，因缺乏实效性而于世无补，"一旦膺兵农财货之任、礼乐虞衡之务，无异于牧儿骤入大家，视其榱题藻棁，台盂杯案，惘然不识为何物"。而此时，早已在"废黜百家"压力下衰微的诸子之学，开始呈现复兴之势，这就使得士人得以于正宗儒学之外，获得新的思想资源，其中尤其是讲求"治术"、"治法"的管、商、申、韩之学逐渐进入士人的视野，为一些士人探讨解救时弊，提供了一些新的思路。④ 这就使此时的史学，在因经世的需求转而追求实用知识的同时，思考从新的方面汲取救世的资源，改变当时"讲求无术，经画无策，上无道揆而下无法守"的局面。⑤ 这样，在历史的研究中探求"治法"、"治术"的问题，便形成了经世史学中实学取向表现的又一景观。

总结包括治人理事之制之术的历代"治法"、"治术"，是晚明史学实学取向的一个重要表现。关于求治法治术的史学目的，在晚明许多史家的

---

① 王守仁：《王阳明全集》卷21，《答储柴墟二》，814页。
② 陶望龄：《歇庵集》卷12，《因旱修省陈言时政疏》，《续修四库全书》，1365册，上海，上海古籍出版社，1996—2003。
③ 冯梦龙：《甲申纪事》卷首，《自序》，《玄览堂丛书》本。
④ 关于晚明子学复兴的情况，参见陈宝良：《悄悄散去的幕纱：明代文化历程新说》，139~148页，西安，陕西人民出版社，1988。
⑤ 龚用卿：《福建运司旧志·序》，《玄览堂丛书》本《福建运司志》卷首。

表述中都有所剖白。例如唐顺之的《左编·自序》开篇便明确申明："《左编》者，为治法而纂也，非关于治者勿录也。"① 故焦竑称《左编》"自周秦以迨胜国，任士之所劳，谋臣之所画，凡为医国计者，班班在焉。"② 饶天民刻《经济录·叙》称："《经济录》者，录经济也。录之者，传之也。曷传乎？余闻诸夫子文武之政，布在方策。……其方策存，则其政存，不然何以传诸后而垂诸久？"③ 将体现"治法"、"治术"的"方策"提高到关系政治存亡的高度。至于钱继登，则甚至径云"经世就是要经术"。他所撰述的《经世环应编》8卷，"所采皆史籍权变之术"。④ 钱氏认为经世如弈棋："古人之成局，皆古人之灵变为之也。吾心之灵变有限，玩古人之成局而灵变生焉，余乃悟经世之学何以异此。"同时批驳所谓"经术所以经世务是强辩"的观点说："夫经术不经世务安用经术？经而非术亦不足妙圆通之应，而济世务之穷矣。"认为"今天下之窘，人应者多矣，外警内讧，兵觟财诎，忧世者方思得沉雄明决之才，镇定其危摇之局"之时，那些"心计精悍者"，驭御危局的经术方策尤其重要⑤。

  由实学而关注"治法"、"治术"，探讨权谋，其结果是使一些晚明史家对历史的认识和思考路径发生了一些新变化。例如晚明一些史学家常把社会发展比喻为变化谲诡的"棋局"，而把历史比喻为"棋谱"，强调习谱而不能泥于谱，若握经术而驭世事，典型者如唐顺之《右编·自序》云："古今宇宙一大棋局也，天时有纵逆，地理有险易，人情有爱恶，机事有利害，皆棋局中所载也。古圣人经天纬地，画野肇州，设官分职，正外位，内幽明，人鬼不相渎扰，奸良淑慝、鸟兽戎夷，各止其所，所以界棋局也。至于弈数之变，纵横翻覆，纷然不齐。虽其纷然不齐，而至于千百

---

① 唐顺之：《历代史纂左编·自序》，北京师范大学图书馆藏明嘉靖四十年刻本；又《荆川先生文集》卷10，《左编附序》，《四部丛刊》本。
② 焦竑：《澹园集》卷14，《荆川先生右编序》，141页。
③ 见陈九德见：《皇明名臣经济录》卷首，北京师范大学图书馆藏明嘉靖二十八年饶天民刻本。
④ 《四库全书总目》卷132，钱继澄《经世环应编》提要，1125页。
⑤ 钱继澄：《经世环应编》卷首，《经世环应编引》，《四库全书存目丛书》，子部，第144册。

亿局，则其变亦几乎尽，而其法亦略备矣。自三代之末至于有元，上下二千余年，所谓世事理乱，爱恶利害，情伪凶吉，成败之变，虽不可胜穷，而亦几乎尽经国之士，研精毕智，所以因势而曲为之虑者，虽不可为典要，而亦未尝无典要也。语云人情世事古犹今也，岂不然哉？奏议者弈之谱也，师心者废谱，拘方者泥谱，其失均也。"① 当然，晚明更多的史家是把经世谋国喻之为医，将历史喻之为方。例如焦竑评唐顺之《右编》云："古之善医者，于神农、黄帝之经方，秦越人之《难经》、《灵枢》、《甲乙》，葛洪、陶隐居之所缀缉，咸洞其精微。其于简策纷错，《黄》、《素》朽蠹，老师或失其读，与曲士或窜其文者，无不贯穿而辨晰之矣。又必乐义耐事，急于生人而亡虞主人之夺糈。斯能动而得意，攻邪起仆，如承蜩而掇之也。藉令不由经论而以情揆疾，曰古法新病不相能也，而第多其药以幸有功，则相率以趋于毙而已！是编自周秦以迨胜国，任士之所劳，谋臣之所画，凡为医国计者，班班在焉。"② 董应举《学古适用编序》云："观吴门司马吕公孟谐所辑《学古适用编》，博采群籍，旁及国朝近事，取其切于实用者，条分品类，斟酌而评骘之，以开人意识。譬如国医开列古方，听病者之所自取，使方与脉相适，而不至费人。"③ 但是不管以弈棋为喻，还是以医人为喻，这些史学家都认为治国经世不能没有经术方策，而历史就是"棋谱"、"医方"。而与此相应的，是对识时、知机、察几与持权等有关理论的探讨，如冯应京《经世实用编》卷1引段然论曰："机者，圣贤之所研审，而治世豪杰之所凭而依者也。人心之机间不容发，有用之揣摩者则为机智，有用之无事者则为真机。"《古今治平略》的作者朱健亦云："人人有机，事事有权。德而无机，西伯不王；圣而不权，尼山不帝。"④ 这种有关"治法"、"治术"，有关权谋的关注与探讨，显然已经溢出了儒家固有的思想传统，在某种意义上，也可说体现了中国前近代时期

---

① 《荆川先生右编》卷首，明万历三十三年南监刻本；又《荆川先生文集》卷10。
② 焦竑：《澹园集》卷14，《荆川先生右编序》，141页。
③ 吕纯如：《学古适用编》卷首，《四库全书存目丛书》，子部，第137册。
④ 朱健：《苍崖子·善学篇》，北京师范大学图书馆藏明末刊本。

所谓"启蒙"意识的影响。

总之,晚明经世史学从"实"的强调,到具体"用"的实践,无不打上实学思想的烙印。晚明经世史学思潮中的这些实学思想,对于晚明史学向更广阔的社会范围拓展具有重要意义,它的背后实质体现着晚明深刻的社会历史变化:既有社会政治、经济的发展变化,也有人们价值观念的变化;既是社会危机下人们的改革要求在史学中的体现,也是社会向前发展后对国家机器及其职能进一步制度化要求在史学中的体现。同时,从史学自身发展的角度讲,由于对具体"事"之意义的强调,无意间也使史学的地位获得了前所未有的提升,为清代章学诚从"道不离器"、"道器合一"的角度提出的"六经皆史也"的命题做出了理论和实践的铺垫。从晚明一些史家的论述看,其之所以鼓吹经史不二的用意,大有为史学,为实学寻找理论依据,说明其合理性的追求。这点在唐顺之《杂(稗)编·序》中有一定的表露。该《序》云:"《易》不云乎言,天下之至赜而不可恶也。曾子论道之所贵者三,而归笾豆于司存,以反本也,论者犹以为颇析道器而二之。庄生云:道在稊稗、在瓦砾、在尿溺,其说靡矣。儒者顾有取焉,以为可以语道器之不二也。语理而尽于《六经》,语治而尽于《六官》,蔑以加之矣。然而诸子百家之异说,农圃工贾、医卜堪舆、占气星历,方技之小道,与夫六艺之节脉碎细,皆儒者之所宜究其说而折衷之,未可以为赜而恶之也。善学者由之以多识蓄德,不善学者由之以溺心而灭质,则系乎所趋而已。史家有诸志杂编者,广诸志而为之者也,以为语理而不尽于《六经》,语治而不尽于《六官》也。"① 也正因为这一点,使这些具有实学取向的史学思想,为晚明的史学多少染上了一些思想解放的色彩。

当然,如果从规定性与限定性总是并存的辩证逻辑看,晚明经世史学这种因时局的危机压力而形成的实学取向,必然地具有其自身不可摆脱的局限性,而这种局限性的表现,就在于它把史学的目标过于明确地定位于

---

① 《新刊唐荆川先生稗编》卷首,北京师范大学图书馆藏明万历九年文霞阁刻本;又《荆川先生文集》卷10,《杂编序》。

具体的实务之用，导致史学的关注完全聚焦在形下的具体事物之上，而忽略了史学除了具体致"庶务"之用的意义外，还应该具有以对历史的道德批判达到引领历史，引领人类社会不断向善的道德之用。当然，深邃的史学还应有更高的对形上之"道"的理解与追求，真正做到"究天人之际，通古今之变"，将对历史的理解与对人类未来的瞻望密切地结合在一起的胸襟与气魄。而从这样的史学标准来看，晚明经世史学的这种实学取向，不仅构成了晚明史学整体发展的理论局限，也局限了晚明史学实践向更高的层次的发展，这也是晚明时期没有出现伟大史家史著的原因之一。而这则要到经过所谓"天崩地坼"明清之际的大变局，到了王夫之、黄宗羲、顾炎武等人那里，才绽出真正的思想和理论的光芒。因此，我们在揭示晚明经世史学的实学取向对宋元以来泛道德史学之否定价值的同时，也不能不注意到它的局限性。

晚明士人自我意识的张扬与史学评论

史学评论，在一定意义上，也是主体对于历史进行事实判断和价值判断的活动。因此，主体的自我意识的强弱，思想自由度的强弱，对于主体进行史学评论时的能动性和独立性具有重大的影响。在中国古代，长期以来，由于专制制度的广泛实行，个人的自我意识是不被提倡的，甚至是受到极端的排斥或压抑，思想往往被压抑在狭仄的维度间而得不到伸展，并影响人们对于历史的事实判断和价值判断。然而这"铁桶般的黑暗"，就在晚明时刻，因社会多种因素发展的影响，开始被稍稍打破，士人的自我意识获得空前的张扬，并影响于正宗意识形态表现最顽固的史学。在自我意识觉醒的同时，人们也开始了对正宗价值观支配下的历史定谳，表示出自己的怀疑。一时求新、求异，蔑视传统观念，大翻历史陈案，务以自己的新的价值观、历史是非观评判历史的史学评论，蔚为新的史学思潮，构成了晚明史学发展的新景观。

一、"此窍一凿，混沌遂亡"——王学的思想解放意义

一切须从王阳明心学理论的提出说起。英国哲学家罗素（Bertrand Russell）曾说："哲学家们既是果，也是因。他们是他们时代的社会环境和政治制度的结果，他们（如果幸运的话）也可能是塑造后来时代的政治制度信仰的原因。"① 晚明士人自我意识的张扬，除社会经济的发展变化的影响外，王阳明心学体系的提出与传播，作为这一社会思潮发轫的内在理路，其推动的思想意义是显而易见的。

元、明以来，统治者一直以国家的政治力量，强行推行程朱理学、以

---

① ［英］罗素著：《西方哲学史》英国版《序言》，何兆武，［英］李约瑟译，8页，北京，商务印书馆，1963。

程朱理学统一全社会的思想文化。其结果，不仅使原本富有思想活力和道德批判精神的程朱理学，沦为了僵化的国家意识形态，而且，在与国家权力结合于一体的同时，也暴露出其忽略道德践履中主体自觉的意义，因单纯强调理性本质对感性存在的压抑所构成的理论缺陷，使之沦为具有强烈排他性的国家压迫社会自由思想的文化工具，其结果是使整个社会思想的自由度，被压抑到了极狭小的空间，在表面一片高尚道德教条的说教下，社会却普遍地滑向了虚伪，士人的人格遭到扭曲，形成"世之治举业者，以《四书》为先务，视'六经'为可缓；以言《诗》者，非朱子之传义弗敢道也；以言《礼》者，非朱子之《家礼》弗敢行也；推是而言，《尚书》、《春秋》，非朱子所授，则朱子所与也；言不合朱子，率鸣鼓而攻之"①，"所谓此亦一'述朱'耳，彼亦一'述朱'耳"的思想文化局面②。

然而物极必反，早在王阳明之前，随着明代社会商品经济的高度繁荣，人身依附关系的削弱，城镇市民阶层的日益壮大等社会变化，在带来繁华多姿的社会生活的同时，也带来了张扬自我、挣脱思想桎梏的思想倾向。表现于学术思想发展，则是从吴与弼、陈献章开始，逐渐出现摆脱外在天理对个体压抑、强调主体自觉的学术趋向。③ 这种趋向至王阳明心学的提出，便完全明朗化了。王阳明心学理论的根本点，是将程朱理学逻辑中分裂的心与理合而为一，把外在的天理融入主体的意识之中，从理论上赋予"吾心"极大的能动性、自主性，使主体从外在天理的服从者，变成为了天理的拥有者，在消解原君临主体的外在思想权威的同时，也使主体的思想获得解放。由于个体的意志受到强调，个体性的"吾心"良知也就成为了选择、评判是非善恶的根本依据。按照王阳明的话就是："尔那一点良知，是尔自家底准则。尔意念着处，他是便知是，非便知非，更瞒他一些不得。尔只不要欺他，实实落落依着他做去，善便存，恶便去。他这

---

① 朱彝尊：《曝书亭集》卷35，《道传录序》，《四部丛刊》本。
② 黄宗羲：《明儒学案》卷10，《姚江学案序》，海王邨古籍丛刊，106页，北京，中国书店，1990。
③ 黄宗羲：《明儒学案》卷4，《崇仁学案叙录》云："椎轮为大辂之始，增冰为积水所成，微康斋，焉得有后时之盛？"60页。

里何等稳当快乐。此便是格物的真诀，致知的实功。"① 同时，王阳明还强调了人与人之间禀赋的差异性和"各为说"、"有异处"的合理性。他说："圣人何能拘得死格！大要出于良知同，便各为说何害？且如一园竹，只要同此枝节，便是大同。若拘定枝枝节节，都要高下大小一样，便非造化妙手矣。汝辈只要去培养那良知，良知同，更不妨有异处。"② 甚至明确提出："夫道，天下之公道也；学，天下之公学也，非朱子可得而私也，非孔子可得而私也。"③ "夫学贵得之心，求之于心而非也，虽其言之出于孔子，不敢以为是也，而况其未及孔子者乎！求之于心而是也，虽其言之出于庸常，不敢以为非也，而况其出于孔子者乎！"④ 表现出明显摆脱程朱理学束缚，发挥主体判断能力的思想倾向。此后，其左派后学更沿此路径向极端发挥，在逻辑上使作为内在的普遍之理的良知，完全还原为个体之心，致使主体的个人意志得到了进一步的强调。

当然，王阳明建立心学体系的本意，是要将外在的天理置于主体的心中，将外在强制性的道德律令，化为主体的道德自觉，以拯救"纪纲凌夷"、"病革临绝"的朱明皇朝。然而，"此窍一凿，混沌遂亡"。由于王阳明学说强调主体自我的意义，重视主体自我"灵明"的作用，主张"为学须得个头脑"，于此便为士人的个性解放大张其本。加之其左派后学的进一步鼓荡，遂对晚明社会的思想文化产生了极大的震动。对于这种王学思潮发轫的影响，晚明文学家袁宏道曾说："至近代王文成公、罗盱江辈出，始能抉古圣精髓，入孔氏堂，揭唐、虞竿，系文、武铎，以号叫一时之聋聩。"⑤ 其弟袁中道也说："自东越揭良知，以开天下学者，若披云见日

---

① 王守仁：《王阳明全集》，92页。
② 同上书，112页。
③ 同上书，78页。
④ 同上书，76页。
⑤ 袁宏道著：《袁宏道集笺校》，钱伯城笺校，1226页，上海，上海古籍出版社，1981。

矣。"① 明末史学家张岱说:"阳明先生创良知之说,为暗室一炬。"② 思想家黄宗羲说:王阳明学说出,"可谓震霆启寐,烈耀破迷,自孔、孟以来,未有若此深切著明者也。"③ 这些都说明了王阳明及其后学的学说在当时所产生的破除迷信、张扬自我的意义。影响及于学术,则是提倡创新精神和学术个性,所谓"只眼"、"独见"、"自得"等类的词语,一时充斥于当时学术批评理论的表述之中。《四库全书》馆臣称:"明代史论至多,大抵徒侈游谈,务翻旧案。"④ 其中所谓"务翻旧案",从积极意义上讲,也正是这种张扬自我、有意逆反传统定论成说的精神,在晚明史学评论中的表现。

二、"本自心师,非劳旁启"——晚明史评自我意识的张扬

晚明士人自我意识的张扬对于史学评论的影响,首先表现于对于历史是非的评判方面。在这方面,整个古代史学史上,还没有一个时代表现得比晚明时期更为突出。

历史是非的评判,实质是社会价值体系在历史认识上的体现。对于中国中古社会来说,自汉武帝"废黜百家,独尊儒术"起,儒家的价值标准便很自然地一直是衡量历史是非的正宗准则。"天不变道亦不变",一代代的历史,基本都是按照这些正统的价值标准进行裁量的。宋代以后,这种以儒家价值标准或道德纲常作为衡量历史是非唯一正宗准则的意识,又被程朱理学从本体论的高度作了论证而得到强化。因为理学化的历史评价标准及理论有利于封建国家的思想文化控制,适应近于凝固的自然经济,以及与之相适应的专制主义、宗法制度和伦常秩序,所以也格外受到统治

---

① 袁中道:《珂雪斋集》,435页,上海,上海古籍出版社,1989。
② 张岱:《石匮书》卷130,《王守仁列传·附阳明弟子列传》,《续修四库全书》,史部,第319册,上海,上海古籍出版社,1996—2003。
③ 黄宗羲:《明儒学案》卷首,《师说》,15页。
④ 《四库全书总目》卷88,《史纠》提要,755页,北京,中华书局,1965。

的青睐与推崇。从史学的发展看，对于历史是非价值评判的准则，从程朱理学的诉诸"天理之正，人心之安"，到王阳明的将之诉诸主体的"良知"及"与愚夫愚妇"之同的转变，显然为其从不可变更的原则，走向是非评判的相对化、多样化的转变，提供了认识论上的依据。尤其王学所鼓吹的"不信自家原具足，请君随事反身观"；"尔身各各自天真，不用求人更问人"①，强调主体认识的自主性、能动性，认同人人本然具足之良知，坚持以自己的理性和良知独立地判断事物的精神，以及张扬自我的"狂者胸次"，更是直接形成了促使史学家突破封建专制思想的藩篱，独立认识历史的理论渊薮与思想动力。例如，祝允明曾在自己的史评著作中指出，对于以往的一些理论问题，人们往往只是一味地顺从思想权威而不敢予以讨论，"以声与势而从焉，而强讷焉而不敢尽焉"，是害怕正统意识形态和专制政治的压力，"病声"、"病势"，"为声若势而不言"，他说："今天下学士，或抱哲姿、蓄广学，终不敢言性恶者，岂皆中诚哉？言之必获戾，以为儒家罪人，此病声也！附孟而吠荀、杨、皇甫、司马氏者遍四海，阅数百年，万万喙，吾敢以一舌抗之乎？是病势也！"② 在《罪知录自序》中，祝允明论道：

> 叙曰：允明异夫近代学士，辨之弗明辄措安之，往往视古人臧否事为应趋，背劝惩，每至朱紫易采，土炭倒衡，非尽由其不思，抑党同比周，迷弃本情，怵势以乏勇也。于是素所研揽，好恶必察，平心反复，群而不党。姣丑既辨，予夺皎然。其间，慕善若懿亲，疾奸犹至仇。烝民秉彝，回鉴即得，何必强抑皇畀，偏逐时情者哉！然以为至当无二，未决谐否，期就有道，积久弗露。今焉日月逝矣，河清几时，一日翩然取一二大者发列之，命曰《罪知》。或有往昔讥评，悬符鄙见，同心之言，其臭如兰，亦颇条撮梗系而辅之。然斯本自心师，非劳旁启，故时复尔，弗藉繁援。又如朝章风草，理绝从违，世

---

① 王守仁：《王阳明全集》，790 页。
② 祝允明：《祝子罪知录》卷 2，《四库全书存目丛书》，子部，第 83 册，济南，齐鲁书社，1994—1997。

务蒿晔，谈非容易，不忘言者，具在《通》、《杂》二篇，兹亦不及。噫嘻！是耶？非耶？我不敢知。盖宇宙茫茫，终归腐亡，聊自信以行志，无论知不知，毁誉祸福，虽然将怒骂者滔滔焉，亦听之而已矣。①

明确表示对那些"强抑皇畀，偏逐时情者"的虚伪不以为然，而自己则要"本自心师，非劳旁启"，对历史做出独立的真情评价，至于其"是耶？非耶？我不敢知。盖宇宙茫茫，终归腐亡，聊自信以行志，无论知不知，毁誉祸福，虽然将怒骂者滔滔焉，亦听之而已矣"。表现出对自我充满自信的肯定，和有意张扬自我精神的"狂者胸次"。

在晚明一些富于独立精神、张扬自我意识的史学家看来，成为真正史家的一个重要条件，就是要有自己对历史是非的独立的价值判断，认为亦步亦趋地对前人鹦鹉学舌，只能失去史学家的独立人格而不能成为真正的史家："今之践迹者，皆婴儿之类，须赖有人在前为之指引者也，非大人事也……今之所谓师弟子，皆相循而欲践彼迹者也，可不大哀乎?!"② 甚至提出的"咸以孔子之是非为是非，故未尝有是非耳!"③ 对史学家的这种要求，"异端之尤"的李贽，在《藏书·史学儒臣传》第一传《司马谈、司马迁》之后，曾有深刻的阐述。针对班氏父子说司马迁"是非颇谬于圣人"的批评，李贽论道：

李生曰：此班氏父子讥司马迁之言也。班氏以此为真足以讥迁也，当也。不知适足以彰迁之不朽而已。使迁而不残陋，不疏略，不轻信，不是非谬于圣人，何足以为迁乎？则兹史固不待作也！迁、固之愚绝，正在于此。夫所谓作者，谓其兴于有感而志不容已。或情有所激而词不可缓之谓也，若必其是非尽合于圣人，则圣人既已有是非矣，尚何待于吾也。夫按圣人以为是非，则其所言者，乃圣人之言也，非吾心之言也。言不出于吾心，词非由于不可遏，则无味矣。有

---

① 祝允明：《祝子罪知录》卷首。
② 李贽：《藏书》，521页，北京，中华书局，1959。
③ 李贽：《藏书》，1页。

言者不必有德，又何贵于言也？此迁之史所以为继《麟经》而作，后有作者，终不可追也已！《春秋》者，夫子之史也，笔则笔，削则削，初未尝案古圣人以为是非也，故虽以游、夏文学，终不能出一词以赞之。言不待赞也，而况为之传与注乎？盖夫子之心，则天下后世之人自知之矣。至其言之不可知者，初无害其为可知，又何必穿凿傅会，比拟推测，以求合于一字一句之间也。当时惟有左氏直传其事，使人详其事。览其词，高下浅深各自得之。故昔人有言，左氏本为《经》作，而《左传》实自孤行，良有见也。《史记》者，迁发愤之所为作也，其不为后世是非而作也，明矣。其为一人之独见也者，信非班氏之所能窥也与。若责以明哲保身，则死于窦宪之狱，又谁为之？其视犯颜敢诤者，又孰谓不明哲与？①

李贽的《藏书》，是中国史学史上明确在人物分类中列出"史学儒臣"类传的史学著作，其中将史学家置于词学家之后，数学家、艺学家甚至经学家的前面，反映了他对史学在整个社会文化中之地位的重视。李贽在这里提出的史学家对于历史必须要有自己独立的价值判断，要言"吾心之言"，否则"兹史固不待作也"的理论，是从反对思想文化专制的立场，对史学家的史识及史德问题的讨论，较之刘知幾的"直书"说有更深刻的思想内容。可以说李贽这些对史学家品质的论述，正是他所谓"天生一人自有一人之用，不待取给于孔子而后足"，② 张扬自我，追求独立人格的意识在史学中的具体体现。

当时很多涉及历史评论的言论或著作都或多或少表现出这种反对既定的权威是非，追求独立表述自我观点的思想倾向，例如当时的吕坤，就认为真理的认识，"人人都有分"，谁也没有权力垄断。他说：

> 道者，天下古今公共之理，人人都有分底。道不自私，圣人不私

---

① 李贽：《藏书》，692～693 页。
② 李贽：《焚书》卷1，《答耿中丞》，《李贽文集》，32 页，北京，燕山出版社，1998。

道。而儒者每私之，曰"圣人之道"。言必循经，事必稽古，曰"卫道"。嗟夫！此千古之大防也，谁敢决之？然道无津涯，非圣人之言所能限；事有时势，非圣人之制所能尽。后世苟有明者出，发圣人所未发，而默契圣人欲言之心；为圣人所未为，而吻合圣人必为之事，此固圣人之深幸，而拘儒之所大骇也。①

所以他因有感于朱熹的《通鉴纲目》"人拟之《春秋》"，"后人奉若蓍蔡，噤不敢出一语"，而实际上却是"宗孔子所讳以为书法，无乃泥其迹而失其义"，其中"有关于世教略而不书者，有关于国体可以不书者，有事系纲常不可以人废人者，有渠魁协从不可以概论决者，有罪坐所由不当理见获者，有舍其重而罪所轻者，有迁怒而加以无罪之罪者，有劫于重大之名而乏南史之直者，有大书而分书、当分书而大书者，有当附见而特书、有当特书而附见者，有好恶之过而予夺不协于中者"遂"厘之共七百七十六则"，撰成《纲目是正》一书，来"颠倒"朱熹所定的历史是非。② 此外如钟惺《史怀》"隐括正史而论断之"，"上下数百年，扫理障，决群疑，洗沉冤，诛既死，是是非非，唯唯否否，一裁之道义经权而各成其是"，③ 表述自己对历史的不同裁决。陈继儒则"因取架阁陈年公案反复观之，见其枉直乖错不可胜数，违法徇情，灭亲害义，无所不有。且夷陵荒远褊小尚如此，天下固可知也"，遂撰《读书镜》十卷以明之。④ 甚至士子吴从先等根据姚舜牧《史纲要领》改编、并托名李贽的《史纲评要》，虽然很多具体的观点与李贽相悖，但是在序言仍然借李贽的口吻表示说："人各一是非，我亦一是非。布衣可以参衮钺之权，月旦非以擅《春秋》之柄。遇恨则骂，遇嬉则笑，遇快则赏，遇奇则惊。遇愤激则按剑相从，遇节侠则欲

---

① 吕坤：《呻吟语》卷1，《谈道》，《吕坤全集》，642页，北京，中华书局，2008。
② 吕坤：《去伪斋集》卷3，《纲目是正序》，《吕坤全集》，86~87页。
③ 钟惺：《史怀》卷首，《陶圭甫题刻〈史怀〉序》，《四库全书存目丛书》，史部，第287册。
④ 陈继儒：《读书镜》卷首，《自序》，《四库全书存目丛书》，史部，第288册。

以身代。可以史臣之肺腑通之我，可以我只肝胆照史臣，纵口横笔，太史公复起不易吾言，而后读史无遗憾也……故同是不妨独非，同非不妨独是，莲华作舌，芙蓉为剑，爱则亲，疾则雠也。千秋万国，昏明之异君而忠佞之异臣，一听其笔舌以发落……卓吾乃敢取所评定者以贻史臣辱？噫，既评矣，又安得不另立议论与史埒！"① 其张扬的自我意识，自信的狂者胸襟，鲜活地跳动在这部史评著作序言的字里行间，展现着当时一些史学家，对于历史价值评判的问题上追求独立意识的精神躁动。

三、"是非无定质"与"执一便是害道"——晚明史评的理性精神

晚明史学评论中这种极力张扬自我，以致表现出强烈挣脱封建正宗藩篱的思想倾向，是与当时从否定程朱理学强调以名教纲常为基本内容的天理对社会的绝对统治的理论，走向抗议思想文化专制的社会思潮相一致的。应该指出，王阳明心学理论中对于心体"无善无恶"，的规定，在当时，也是晚明史学家在历史评论中表示"对某一神圣事物的亵渎"，对"习惯所崇奉的秩序的叛逆"的理论依据。②

王阳明晚年曾以"无善无恶心之体，有善有恶意之动，知善知恶是良知，为善去恶是格物"四句话概括他整个心学的逻辑体系。③ 在这所谓的"四句教"中，由于王阳明将心体规定为"无善无恶"，所以其逻辑的推绎必然为主体思想的发展提供了多种可能的空间。因为所谓"无善无恶"，在逻辑上就意味着可善可恶，而以这种可多向发展的品质来界定体现天理的心体，其结果则突出了主体选择的可能性和固定权威的消解。此后王阳明的高足王龙溪畿更对"无善无恶心之本"向"无"的方向发挥，形成他的"四无"说，即"若悟得心是无善无恶之心，意即是无善无恶之意，知

---

① （题）李贽著：《史纲评要》卷首，《序》，2～4 页，北京，中华书局，1974。
② 《马克思恩格斯选集》第 4 卷，237 页，北京，人民出版社，1995。
③ 王守仁：《王阳明全集》，1306～1307 页。

即是无善无恶之知，物即是无善无恶之物"。① 这种以"无"说心，反映在对是非的判断上，就是"良知无知，然后能知是非"。② 其原因是"夫未发之中，是太虚本体，随处充满，无有内外。发而中节处，即是未发之中。若有在中之中另为本体，与已发相对，则诚二本矣。良知知是知非，原是无是无非，正发真是真非之义，非以为从无是无非中来"。③ 从而从心体的"无善无恶"，走向否定既定的是非善恶，淡化乃至消解掉虚构的普遍是非标准。这种观点反映到对历史的认识中，则必然是使评判历史的价值标准导向相对化、历史化，走向否定封建权威既定的、"为习惯所崇奉的"历史是非的"叛逆"。

这一点，早在王世贞刊刻《祝子罪知录》的序文中就有所体现。该文正是从强调历史是非的相对性、历史性的前提下，婉转地对是非标准的普适性、同一性做出否定。序文中王世贞说：

> 王子曰：是非之变若棼丝。然有一人之是非，有一事之是非，有片言可折之是非，有千古不决之是非。后之君子且奈何？亦存其迹而已矣。曷为存（其迹）？（曰）有案矣，曰有断矣，则未知（其）是是而非非也。与其所以取是非者，的然而无万一讹也，信传信，疑传疑，一人不以一事蒙，一事不以一人废，开眼界于片言，窜齿余于千古，好而知其恶，恶而知其美，殆庶几焉。若曰：同不足以标胜，姑以异为奇，其不然？其不然倒道而言，君子弗言也。要使束修之儒，顾影自畏，善虽小而务聚，愿虽细而必捐，则君子表微之功于斯为大。或曰：尚父戮华士而周公咎之，颜回攫釜而孔子疑，圣哲相信之（素）目击之事而犹尔尔，又况其纷如者乎安用存？虽然天下而无是非可也。天下而有是非也者，与其过而亡，宁过而存。磨鉴考衡，拨遐剔幽，小人恐矣，君子则否。夫然则知我罪我奚恤焉？祝子所为，

---

① 王畿：《龙溪王先生全集》卷1，《天泉证道记》，北京师范大学图书馆藏光绪八年海昌朱氏重刻本。
② 王畿：《龙溪王先生全集》卷8，《良止精一之旨》。
③ 王畿：《龙溪王先生全集》卷10，《答耿中丞》。

综是非之案,断而命曰《罪知》者,意如此。①

按照王世贞的说法:(1)是非的标准是不确定的,是因人、因事、因时而变动的;(2)是非是很不容易确定的,即使周公、孔子这样的圣人对于熟人、常事都有判断错误的时候,更何况评判变幻纷纭的历史是非了;(3)既然天下不能没有是非,作为君子就要根据自己的研究,做出自己的价值判断,而不去计较他人的同意与否。②

这种强调历史是非标准的相对性、历史性的观点,后来又被李贽做了更深一层的理论发挥。在作为《藏书》全书论纲、置于全书卷首的《世纪列传总目前论》中李贽论道:

> 李氏曰:人之是非,初无定质。人之是非人也,亦无定论。无定质,则此是彼非并育而不相害;无定论,则是此非彼亦行而不相悖。

---

① 祝允明:《祝子罪知录》卷首,《王世贞序》。
② 按:王世贞的思想中肯定有王阳明的影响,他曾经自道曰:"余十四岁从大人所得《王文成公集》读之,而昼夜不释卷,至忘寝食,其爱之出于三苏之上。稍长,读秦以下古文辞,遂于王氏无所入,不复顾其书。而王氏实不可废。"并云:"王文成公之致良知,与孟子之道性善,皆于动处见本体,不必究折其偏全,而沉切痛快,诵之使人跃然而自醒。"表明他对王阳明心学的尊崇。见《弇州山人读书后》卷4,《书王文成公集》一、二文。又按:王世贞此序见于中国科学院图书馆藏万历刊本《罪知录》卷首,今齐鲁书社出版《四库存目丛书》,即以此为底本影印。但此序未见收王氏诸文集,此序文署时"万历壬申二月日",颇令人不解。因万历时期并无"壬申"年。壬申为隆庆六年。考诸《明史》穆宗、神宗二纪,穆宗是在隆庆六年五月崩于乾清宫,六月甲子,神宗继位登极,同时"以明年为万历元年,诏赦天下"。所以从常理上讲,王世贞是不可能在隆庆六年二月,穆宗尚未崩驾,更未改元的时候,题署上"万历"的年号。但是检此序文中却有"文待诏先生尝与余言,是书足千古不可淹废,余无从索阅。偶养疴弇园,友人持京兆公手笔与其长君方伯公亲副本,得遍观之"语。考钱大昕《弇州山人年谱》及王氏《弇州山人四部稿》所附《太常寺少卿敬美行状》,隆庆四年十月,王氏因母病剧,曾于大名府任,上疏乞休,并在即日南行。未至乡而讣至,遂扶服奔丧。自是时至万历元年四月除母服抵都下待职,王氏确实是在弇山园。也就是说与王氏《罪知录序》所叙的时间、地点均相吻合。《弇州山人四部稿》卷122《与石拱臣书》云:"不肖益治小衹园(即弇山园),不减白香山履道池上。他日抱瓮其间,不失作老圃;斥置金石古文近万卷,咀咏之余,不失作老蠹鱼。"是王氏这时生活的写照。故此序文的真伪,颇多蹊跷。这里引此序,其旨只在于反映晚明士大夫的一般思想。

然则今日之是非，谓予李卓吾一人之是非，可也；谓为千万世大贤大人之公是非，亦可也；谓予颠倒千万世之是非，而复非是予之所非是焉，亦可也。则予之是非，信乎其可矣。前三代，吾无论矣，后三代，汉、唐、宋是也，中间千百余年，而独无是非者，岂其人无是非哉？咸以孔子之是非为是非，故未尝有是非耳！然则予之是非人也，又安能已？夫是非之争也，如岁时然，昼夜更迭，不相一也。昨日是而今日非矣，今日非而后日又是矣，虽使孔夫子复生于今，又不知作如何非是也，而可遽以定本行赏罚哉？！①

这里，李贽首先依据王学以"无善无恶"规定心体的说法，从讨论人性问题出发，在强调了历史是非标准的相对性和历史性的同时，又进一步从人性论的高度，更明确地论证了为什么不能"以孔子之是非为是非"，为什么不能"遽以定本行赏罚"的史学理论问题。

李贽论述的所谓"人之是非，初无定质，人之是非也，亦无定论"，也就是人之心体"无善无恶"，"夫未发之中，是太虚本体，随处充满，无有内外。发而中节处，即是未发之中"，"良知知是知非，原是无是无非，正发真是真非之义，非以为从无是无非中来"的哲学翻版，亦是这种哲学认识在历史价值评判中的具体体现。因为"无"是对先验的"有"，即既定的价值标准的否定，从而使主体的选择得到解放，"然则今日之是非，谓予李卓吾一人之是非，可也；谓为千万世大贤大人之公是非，亦可也；谓予颠倒千万世之是非，而复非是予之非是焉，亦可也。则予之是非，信乎其可矣"。既定的、权威的善恶是非标准，在"无"的发展的不确定性中被消解。所以李贽明确提出"执一便是害道"，反对以既定的、唯一的价值尺度，来衡量芸芸的历史事件和人物的是非善恶。在《藏书》卷三十二《孟轲传》中，李贽同样是从人性论的高度发论道：

夫人本至活也，故其善为至善，而其德为明德也。至善者无善无

---

① 李贽：《藏书》，1页。

不善之谓也。惟无善无不善,乃为至善;惟无可无不可,始为当可耳。若执一定之说,持刊定死本,而欲印行以通天下后世,是执一也。执一便是害道!①

这样李贽便在王世贞论述的基础上,又向张扬自我、否定既定的思想权威的立场跨前了一步。

反对"执一",反对以既定的权威是非价值标准衡评历史,裁量历史人物,实际也是晚明很多史学家的共同的思想倾向。例如李贽的挚友、史学家焦竑在他的史著《焦氏笔乘续集》卷三中说:"圣贤之言,岂一端而已?学者当曲畅旁通,各极其趣,安有立定一说,而使天下强屈其见,以从一家也!"② 明末的史学家张岱的《四书遇》亦表示了同样的观点,一再强调:"盖一执,则非独未得者不能进,即已得者亦块磊不化之物矣。"③ 所以"执一便是害道",也是晚明士子张扬自我的抗议呼声。

既然认为执一就是害道,反对执一之说,那么怎样才能真正做到不执一?不执一,执什么呢?晚明学者邓以赞认为"学问须求自得",须"从身心上寻",④ 史学家焦竑说:"学道者当尽扫古人刍狗,从自己胸中辟取一片乾坤,方成真受用,何至甘心死人脚下。"⑤ 史学家张岱亦云:"凡学问最怕拘板,必有活动自得处,方能上达。"吕坤干脆直白:"我只是我!"⑥ 曰:"此心果真有不可昧之真知,不可强之定见,虽断舌可也,决不可从人然诺。"⑦ 这些就是说是非评判的标准应出自主体的判断,一切既定的尺度都是应该扫除的"刍狗"。关于这点,李贽曾撰述了《童心说》,

---

① 李贽:《藏书》,520页。
② 焦竑:《焦氏笔乘续集》卷3,《焦氏笔乘》,337页,北京,中华书局,2008。
③ 张岱:《四书遇·论语》,223页,杭州,浙江古籍出版社,1985。
④ 黄宗羲:《明儒学案》卷21,《邓以赞传》,238页。
⑤ 焦竑:《焦氏笔乘续集》卷2,《焦氏笔乘》,287页。
⑥ 吕坤:《呻吟语》卷1,《谈道》,《吕坤全集》,664页。按吕氏多处申云"我只是我",据清陆陇其《三鱼堂文集》卷4《读呻吟语疑》计,除上引外,尚有多处言及此类语。
⑦ 吕坤:《呻吟语》卷1《存心》,《吕坤全集》,616页。

作了理论性的阐述。

《童心说》在李贽的哲学中占有重要位置，一般多以它为依据讨论李贽的文学思想，其实它也是反映李贽史学思想的重要材料。在这篇论文中，李贽首先界定了什么是"童心"，认为："夫童心者，真心也。若以童心为不可，是以真心为不可也。夫童心者，绝假纯真，最初一念之本心也。"① 这里，以"真心"及"最初一念之本心"来界定童心，显然具有从孟子到王阳明所说本心或本体之知，以及王畿所说的"初心"和泰州学派主将罗汝芳所说的"赤子之心"等观点的学术联系，② 但是李贽更把"童心"作为个体存在的依据，所以李贽进一步阐述说：

> 童心者，心之初也。夫心之初曷可失也！然童心胡然而遽失也？盖方其始也，有闻见从耳目而入，而以为主于内而童心失；其长也，有道理从闻见而入，而以为主于其内而童心失……夫道理闻见，皆自多读书识义理而来也。③

这里，李贽将外在的义理与内在个体的本真相对立起来。在李贽看来，"学者既以多读书识义理"，就会"以从外入者闻见道理为之心"障住自己的童心。"障其童心"的结果是使童心丧失，而"若失却童心，便失却真心，失却真心，便失却真人"，就会"发而为言语，则言语不由衷；见而为政事，则政事无根柢；著而为文辞，则文辞不能达"。总之，李贽《童心说》的根本思想，是要通过对既定之理的拒斥来达到维护自我本真存在的目的：

> 苟童心常存，则道理不行，闻见不立，无时不文，无人不文，无一样创制体格文字而非文者。诗何必古选，文何必先秦。降而为六

---

① 李贽：《焚书》卷3，《童心说》，《李贽文集》，126页。
② 分别参见《孟子·公孙丑》、王阳明《传习录》、王畿《南游会记》及罗汝芳《近溪语录》等。
③ 李贽：《焚书》卷3，《童心说》，《李贽文集》，126页。

朝，变而为近体；又变而为传奇，变而为院本，为杂剧，为《西厢曲》，为《水浒传》，为今之举子业，皆古今至文，不可得而时势先后论也。故吾因是而感于童心者之自文也，更说什么《六经》，更说什么《语》、《孟》乎？①

联系前引李贽《焚书》卷一《答耿中丞》所谓："夫天生一人自有一人之用，不待取给孔子而后足也。若必待取足孔子，则千古以前无孔子，终不得为人乎？"以及《焚书》卷五《贾谊》所云："班氏，文儒耳，只依司马氏例以成一代之史，不宜自立论也，立论则不免搀杂别项经史闻见，反成秽物矣。"② 则其从主体存在的意义，拒斥既定的普遍之理对个体的强制压抑，或者说否定所谓的"执一"，强调个体思想自由的思想便格外清晰明确。

李贽的《童心说》不仅从维护主体存在，或自由人格意义的角度说明不可"执一"泯灭自我，还在这基础上，进一步从史料学的角度分析了不可"执一"定评万世之是非。李贽说：

> 夫《六经》、《语》、《孟》，非其史官过为褒崇之词，则其臣子极为赞美之语。又不然，则其迂阔门徒、懵懂弟子，记忆师说，有头无尾，得后遗前，随其所见，笔之于书。后学不察，便谓出自圣人之口也，决定目之为经矣，孰知其大半非圣人之言乎！纵出自圣人，要亦有为而发，不过因病发药，随时处方，以救此一等懵懂弟子、迂阔门徒云耳。药医假病，方难定执，是岂可遽以为万世之至论乎？然则《六经》、《语》、《孟》，乃道学之口实，假人之渊薮也，断断乎其不可以语于童心之言明矣。③

李贽对《六经》、《语》、《孟》等所谓圣人经典的史料学分析，不啻是

---

① 李贽：《焚书》卷3，《童心说》，《李贽文集》，127页。
② 李贽：《焚书》卷5，《读史·贾谊》，《李贽文集》，243页。
③ 李贽：《焚书》卷3，《童心说》，《李贽文集》，127页。

釜底抽薪，从根本上说明了这些经典不能执之"遽以为万世之至论"，去评判历史之是非。这也就在更深的理论层次阐明了"尚父戮华士而周公咎之，颜回攫饭而孔子疑，圣哲相信之素、目击之事而犹尔尔，又况其纷如者乎"上述王世贞等人关于历史评价不能以一衡万的论述。

　　从思想解放的意义上讲，反对思想文化上的"执一"，就是人的自我意识的觉醒，反映在史学评论上，就是要求在对待历史的认识上的一切是非善恶都要遵从理性法庭的裁决，而理性法庭的法官就是作为主体的自我。"颠倒千万世之是非"，尤其是剥去以往被统治阶级和正宗意识形态奉为圣贤偶像的神圣外衣，表达自己对那些"为习惯所崇奉的秩序的叛逆"，正是晚明史学家张扬自我、抗议思想文化专制、以"狂者胸次"的批判精神评论历史所采取的普遍方式。晚明时期这种抗议封建思想专制束缚，强调要以自己的价值观点重新评论评价历史的思想、学术倾向相当普遍，已成为值得注意的史学现象。仅从《四库全书总目》提要的评论看，除前面提及的祝允明、李贽、焦竑、吕坤等人的著作外，比较典型地表现出这种思想、学术倾向的史学著作，至少还有唐顺之《两汉解疑》、《两晋解疑》，洪垣《觉山史说》，张大龄《玄羽外编》，程至善《史砭》，宋存标《史疑》，孟叔子《史发》，熊尚文《兰曹读史》，朱正色《涉世雄谈》，王志坚《读史商语》，钟惺《史怀》及贺详《史取》等。这些著作论述的理论层次虽然有高有低，但都不同程度地表现出反对文化专制束缚，蔑视统治意识形态权威的思想和学术特征。在一些正统学者的眼里，这些著作不过是"惟好高论，动辄踳杂"，"好为异论，务与前人相右"，"妄为升降，颠倒讹误"，"悖理殊甚"，"殆与李贽之《藏书》狂诞相等"而已①，但是这正从反面反映了晚明史学评论中悖于正统意识形态的思想和学术倾向。《四库全书》馆臣詈骂明人史论"妄以臆说翻案"，然而晚明一些史家正是在"执一便是害道"的抗议中，柄持着个体本真的"童心"，"程量今古"，"颠倒千万世之是非"，通过对历史的重新评价，表达自我的价值观点，以及对思想文化专制的反抗呼声。

---

　　① 参见《四库全书总目》史评类存目诸书提要。

引领历史向善：方孝孺的正统论及其史学影响

一

方孝孺并不是以史学著称的学者，但是他富有特色的正统论，却曾对明代，尤其是对明代"土木之变"以后的史学发展，产生有较大的影响。

方孝孺（1357—1402）字希直，又字希古。人称正学先生，宁海人氏。曾两次受明太祖召见，虽因举止端整受到朱元璋"此壮士，当老其才"的赞许，却均未见用。及惠帝即位，始召为翰林侍讲，明年迁侍讲学士，逐渐受到重用，"国家大事辄咨之"，"临朝奏事，臣僚面议可否"，亦常被诏命"就扆前批答"，并被任命为《太祖实录》等书总裁，急剧升至儒者所最向往的"王者师"的地位。建文四年（1402），燕王朱棣发动"靖难"之役，惠帝殉难，朱棣登极，欲使孝孺代草登位诏书，孝孺当廷大骂，投笔于地，拒不奉旨，遂被磔于市，并夷十族，死者近千人。[①] 是年，方孝孺46岁。

方孝孺自少"常从宋濂学"，是宋濂最得意的学生，"门下知名士皆出其下，先辈胡翰、苏伯衡亦自谓弗如"，在"当时已称程朱复出"，并因其以身殉道的壮烈，而被后来士人奉为宗师。明末大儒刘宗周评论方孝孺说："学士大夫有以生民为虑，王道为心者绝少，宋没益不可问。先生禀绝世之资，慨焉以斯文自任。会文明启运，千载一时，深惟上天所以生我之意与古圣贤之所讲求，直欲排洪荒而去二帝，去杂霸而见三王。""时命不偶，遂以九死成就一个是，完天下万世之责，其扶持世教，信乎不愧千

[①] 《明史》卷141，《方孝孺传》，4017～4020页，北京，中华书局，1974。

秋正学者也。"① 清儒全祖望从学术发展的角度亦论曰："予尝谓婺中之学，至白云（许谦）而所求于道者，疑若稍浅，渐流于章句训诂，未有深造自得之语，视仁山（金履祥）远逊之，婺中学统之一变也。义乌诸公师之，遂成文章之士，则再变也。至公（宋濂）而渐流于佞佛者流，则三变也。尤幸方文正公（孝孺）为公（宋濂）高弟，一振而光于西河，几几乎可以振徽公（朱熹）之绪……"② 均极尽推崇之能事。因此，在明代前期的历史中，方孝孺是较有特色和影响的理学思想家之一。

方孝孺一生主要是在讲学、著述中度过的，为官预政的时间仅仅四年，但是由于其罹难后，殃及文字，"永乐中，藏孝孺文者罪致死"，使得其生前著述如《宋史要言》、《基命录》、《文统》、《周易枝辞》、《周礼考次目录》、《武王戒书注》等均散佚，后人裒辑遗帙结为《逊志斋集》。

在学术渊源上，方孝孺属于浙东学派的传人，因此，受从南宋以降整个浙东学风的濡染和老师宋濂思想的影响，方孝孺不仅一直"慨然以经世载物为心"，"顾末视文艺，恒以明王道、致太平为己任"③，而且还十分注重对历史的研究探讨。对此方孝孺曾将他的历史研究心得撰为史论，表述他的历史思想和史学思想。而这些史论对于后来思想学术影响最大的，则是他的正统论。④

二

方孝孺的正统论，主要包含于《释统》上、中、下三篇及《后正统

---

① 黄宗羲：《明儒学案》卷首，《师说》，海王邨古籍丛刊，13页。
② 黄宗羲原著：《宋元学案》卷82，《北山四先生学案》，全祖望补修，陈金生、梁运华点校，2801页，北京，中华书局，1986。
③ 《明史·方孝孺传》，4017页。
④ 方孝孺涉足政治不深，为官预政前后不足四年，一生大部分时间是在讲学、著述。但因罹难而祸及文字，所著文字在当时一为禁书，"藏孝孺文者罪至死"，致使其《周易枝辞》、《周礼考次目录》、《武王戒书注》、《宋史要言》、《基命录》、《文统》等著作皆散佚不传。后人拾掇残文，合编有24卷本《逊志斋集》行世。讨论方孝孺的史学思想也主要依赖这部并不完全的文献。

论》等文章中，这些也都是专门讨论史学中所谓正统论问题的理论论文。这些论文，不仅集中地体现了方孝孺的历史观和史学观，也可说是中国古代史学思想史上的重要理论文献，具有重要的史学思想价值。

所谓"正统论"，乃是中国古代政治学说中的重要论题，也是古代史学中的重要理论问题。有关此问题的提出，饶宗颐先生认为最早溯渊于《春秋》的编年纪事，主宾昈分，所以欧阳修有"正统之说始于《春秋》之作"的说法。在以后的发展中，正统论问题逐渐形成二大理论系统：一是依据战国邹衍的"五德终始"说，以金木水火土所谓"五德"的嬗递，来计年次、定正闰；一是依据《春秋公羊传》"故君子大居正"及"何言乎王正月？大一统也"等所云"居正"与"一统"的说法推衍的理论。①

我们说，在上述二大正统理论体系中，前者"统"之意义强调的是时间的赓续，而且具有目的论的色彩；后者"统"之意义强调的是空间范围内的正统地位，带有政治、文化等方面道德判断的意味。而以后随着不同时期的历史实际，正统论事实上也不断有不同的变化。到了赵宋时期，在《春秋》学的复兴、民族关系的紧张、新儒学理学的逐渐形成，以及因对前代史书编撰所涉及本朝统绪地位等问题的刺激下，正统论的争辩也越来越激烈，而且具有了新的特点。但是从当时争辩的问题焦点看，其观点的变化与政治形势的不同有密切关系。基本上讲，北宋时期，正统论的重心是在"尊王"，所以欧阳修、司马光等代表人物的正统理论倾向，是以历史发展的事实为依据，强调历史的实际结果。例如欧阳修便系统地提出"正者，所以正天下之不正也；统者，所以合天下之不一也"，②"夫居天下之正，合天下于一，斯正统矣"的理论，③而司马光则在《资治通鉴》中做出具体的实践。然而到了南宋乃至宋元之际，由于汉族政权愈加的暗弱，甚至干脆完全丧失了国土的统治权，沦为被统治的民族，加之理学的影响在社会中不断扩大，在这种情况下，正统论的核心议题再次发生演化，不仅重视尊王，还格外重视攘夷，致使原始的夷夏观发生重要转变，

---

① 参见饶宗颐：《中国史学上之正统论》，上海，远东出版社，1996。
② 欧阳修：《正统论上》，《欧阳文忠公文集·居士集》，《四部丛刊》本。
③ 欧阳修：《正统论下》，《欧阳文忠公文集·居士集》，《四部丛刊》本。

从仅仅强调文化上先进与落后的区别,转而愈加强调文化与国家的关系;不仅重视政治上的"一天下",更重视道德意义上的"得天下之正",甚至将道德意义上的"得天下之正",置于政治上的"一天下"之上。在这种情况下,虽然一些人仍从元朝的统治立场出发,鼓吹大一统即正统的观点,但是也有些人开始不满欧阳修、司马光等"凡天下混一为正统"的观点,形成正统论理论重心的重要转捩。例如南宋的朱熹就著有《资治通鉴纲目》以正司马光,突出正统论的道德意义。在此之后,宋元之际,不仅道德的意味愈加的浓重,而且攘夷的色彩也开始有所突出。当时南方有郑思肖号称:"自《春秋》后,史笔不知大伦所在,不过纪事耳。纪事而不明正理,是者非,伪者正,后世无以明其得失,诸史之通弊也。"认为"君臣华夷,古今天下之大分也",绝不可紊,要之"夷狄行中国之事曰僭,人臣篡人君之位曰逆,斯二者,天理必诛","是故得天下者,未可以言中国;得中国者,未可以言正统;得正统者,未可以言圣人。唯圣人始可以合天下、中国、正统而一之"。而至于那些"以'正而不统,统而不正'之语以论正统,及得地势之正者为正统,俱未尽善"之论①。而元代北方的杨奂,虽然在异族统治下没有突出强调攘夷的问题,但是仍对那些"既不以逆取为嫌,而又以世系土地为之"的正统观点表示不满,认为其势必会造成的"后之逆取而不惮"的混乱,认为必须以道德判断作为正统的标准,"王道之所在,正统之所在"②。说明因时代的发展,这时正统论学说所出现的新的特点。

元明时期,浙东的金华地区一直是理学发展的重镇,受理学影响,所谓"尊王攘夷"的统纪之学,在该地区也格外盛行,当地的学者也多以"尊本明统"为己任。如元明之际的胡翰《白云亭记》,便明确地自述说:"余闻之许氏(谦),乃记之曰:儒者之学,尊本明统。宋南渡以来,朱子尝以传之黄文肃公(幹),文肃传之何文定公(基),文定之后,王鲁斋

---

① 郑肖思:《古今正统大论》,《心史》,转引自饶宗颐:《中国史学上之正统论》,121~124页。
② 杨奂撰:《还山遗稿上》卷上,《正统八例总序》,影印文渊阁《四库全书》,第1198册,宋廷佐辑,上海,上海古籍出版社,1986—1990。

(柏)继之,金仁山(履祥)又继之,至先生(许谦)盖五传矣。"① 胡翰,字仲申,金华人。曾从同邑许谦学,"文章与宋濂、王袆相上下,"② 著有《正纪》、《衡运》等论文,申明其立天地人三纪、严夷夏之防的正统论。胡翰作为方孝孺的乡先贤前辈,曾极力称许过方孝孺,方孝孺亦曾从之执经问道,并极其推崇胡氏学行,认为是"上下百载,四方万里,心所敬"重的数人之一。③ 因此方孝孺的正统论与胡翰的正统说有着密切的思想和学术的联系,而与当时代表朝廷意愿的《元史》所执观点有所不同。

三

方孝孺正统论的观点是针对所谓"正统即一统"的观点所发,表现出极力突出历史道德判断意义的色彩,但又多少存在一些调和道德判断与事实判断之间矛盾的思想和学术倾向。

首先,方孝孺将得天下而统一的政权分为了几种情况:一是夏、商、周三代,其特点是"仁义而王,道德而治者";二是汉、唐、宋三朝,其特点是"智力而取,法术而守者";三是秦与隋,其特点是"强致而暴失者";四是司马氏的晋皇朝,其特点是"篡弑以得之,无术以守之,而子孙受其祸者";五是王莽的新朝,其特点是取之与晋相同,"而身为天下戮者"。对于采取不同手段统一天下,获取政权的历史情况,方孝孺提出他的诘问:

> 苟以全有天下号令行乎海内者为正统耶?则此皆其人矣。然则汤、武之与秦、隋可得而班乎?汉、唐之与王莽可得而并乎?莽之不齿乎正统久矣,以其篡也。而晋亦篡也,后之得天下而异乎晋者寡矣,而犹黜莽何也?谓其无成而受诛也。使光武不兴,而莽之子孙袭

---

① 胡翰:《胡仲子集》卷7,《白云亭记》,影印文渊阁《四库全书》,第1229册。
② 《明史·胡翰传》,7310页。
③ 方孝孺:《逊志斋集》卷20,《祭胡仲申先生》,《四部备要》,第83册,北京,中华书局,1989。

其位，则亦将与之乎？抑黜之乎？①

这里，方孝孺从正统论的讨论，引出一个非常重要而复杂的历史哲学问题：即史学应不应该主持正义而彰恶扬善？如果应该如此，那么又应以什么价值标准来衡量和评价历史？是应以得天下之胜利者的历史事实作为衡量历史正义的道德标准？抑或应以历史行为的道德事实作为衡量历史正义的价值标准？设想若"使光武不兴，而莽之子孙袭其位"，史学家是否要屈从既成的历史事实，对其篡逆的行为，"则亦将与之乎"？对此，方孝孺鲜明地提出他的观点：

昔之君子未尝黜晋也，其意以为后人行天子之礼者数百年，势固不得黜之。推斯意也，则莽苟不诛，论正统者亦将与之矣。呜呼，何其戾也！正统之说，何为而立耶？苟以其全有天下，故以是名加之，则彼固有天下矣，何不加以是名也？苟以其全有天下，故以是名加之，则彼固有天下矣，何不加以是名也？苟欲假此以寓褒贬，正大分，申君臣之义，明仁暴之别，内夏外夷，扶天理而诛人伪，则不宜无辨。而猥加之以是名，使圣智夷乎暴桀，顺人者等乎逆弑也。徼幸而得天下者，虽其势力之强，无所为而不成，然其心私计而深念，未尝不畏后世之公议。今将立天下之大法，以为万世劝戒，不能探其邪正逆顺之实以明是非，而概以正统加诸有天下之人，不亦长徼幸者之恶，而为圣君贤主之羞乎？②

显然，方孝孺认为史学家写史，不仅要直书，还必须对历史做出道德的判断，即必须超越一时的已成事实之是非，超越具体的个别时代，以一相对恒常的正义之道德标准，去裁量历史，对历史作出严正的道德评判，针砭罪恶，褒扬善行，使后来者有所遵循，引导历史向善的方向发展。假

---

① 方孝孺：《逊志斋集》卷2，《释统上》。
② 同上书。

若写史者屈从于既成的历史事实，以历史的结果作为道德评判的价值归依，"猥加之以"正义之名，"使圣智夷乎暴桀，顺人者等乎逆弑"，必然会形成"存在就是合理"，"胜者王侯败者贼"的理论偏颇，史学也必然随之失去应有的主持正义的立场，而沦落为只会随风飘摆、只知为胜利者歌功颂德、为强权势力涂脂抹粉的婢女："不亦长侥幸者之恶，而为圣君贤主之羞乎？"

也正是从史家必须对历史作出公正的道德裁决判断的史学思想出发，方孝孺依据他的道德观，对历史进行了评判，提出所谓正统一，变统三，以及虽得有天下的亦不得继统的正统说。他说：

> 尝试论之曰：天下有正统一，变统三。三代，正统也。如汉如唐如宋，虽不敢几乎三代，然其主皆有恤民之心，则亦圣人之徒也。附之以正统，亦孔子与齐桓、仁管仲之意欤。奚谓变统？取之不以正，如晋、宋、齐、梁之君，使全有天下，亦不可为正矣。守之不以仁义，戕虐乎生民，如秦与隋，使传数百年，亦不可为正矣。夷狄而僭中国、女后而据天位，治如苻坚，才如武氏，亦不可继统矣。①

方孝孺认为，所谓正统与变统"二统立，而劝戒之道明，侥幸者其所惧"，才能达到孔子作史窃义之历史价值评判的史学目的。

方孝孺还进一步解释立正统和变统的史学意义说：

> 正统之说立，而后人君之位尊；变统之名立，而后正统之说明。举有天下者，皆谓之正统，则人将以正统可以智力得，而不务修德矣，其弊至于使人骄肆而不知戒。举三代而下皆不谓之正统，则人将以正统非后世所能及，而不勉于为善矣，其弊至于使人懈怠而无所劝。其有天下同也，惟其或归诸正统，或归诸变统，而不可必得，故

---

① 方孝孺：《逊志斋集》卷2，《释统上》。

贤主有所劝，而奸雄暴君不敢萌陵上虐民之心。①

方孝孺认为，之所以标立"变统"的名目，其目的是为了突出正统，倘若凡"有天下者皆谓之正统"，不仅使世人认为"正统可以智力得而不务修德"，更重要的是使史学失去道德裁决的意义。所以方孝孺提出，历史是复杂的，"立一法而不足尽天下之情伪"，必须以"正统以处其常，而参以变统，然后其变可得而尽"，才能突出历史正统的正义之义，解决历史中不断更迭变化的政治格局与相对恒常的道德判断的矛盾冲突。

方孝孺虽然笃信程朱，但是对于朱熹"周、汉、晋、隋、唐皆全有天下矣，固不得不与之以正统"的历史观点，明确表示不以为然。他说：

> 苟如是，则仁者徒仁，暴者徒暴，以正为正，又以非正为正也而可乎？吾之说则不然。所贵乎为君者，岂谓其有天下哉？以其建道德之中，立仁义之极，操政教之原，有以过乎天下也。有以过乎天下，斯可以谓正统。不然，非所据而据之，是则变也。以变为正，奚若以变为变之美乎？②

所以方孝孺依据自己的正统、变统说，对朱熹的正统论观点进行了改造，提出："故周也、汉也、唐也、宋也，如朱子之意，则可也；晋也、秦也、隋也、女后也、夷狄也，不谓之变，何可哉！"③

应该说方孝孺所主张的所谓"正统"、"变统"说，在一定程度上是具有一些调和色彩的正统论。其在理论上的特点，是在突出历史判断道德意义的基础上，吸收两汉以"正"、"闰"之别，改造战国时的"五德终始"说的方法，设立所谓的"变统"，来安排那些事实得有一统天下的"晋也、秦也、隋也、女后也、夷狄也"等政权，从而达到既承认其统一的历史事实，又在道德上予以批判的史学目的。

---

① 方孝孺：《逊志斋集》卷2，《释统中》。
② 同上书。
③ 同上书。

按照上述方孝孺的观点，既然对历史的判断有正统、变统之别，那么什么是正统、变统的区别标准呢？方孝孺从被两宋理学家强化的儒家纲常出发，提出"有天下而不可比于正统者三：篡臣也，贼后也，夷狄也"的观点，因为"夷狄恶其乱华，篡臣贼后恶其乱伦"也①。除了儒家宣扬的这些基本纲常观念外，值得注意的是方孝孺还强调了是否顺应民心的标准。在方孝孺看来：

> 正统之君，非吾贵之；变统之君，非吾贱之也。贤者得民心，得民心，民斯尊之矣；民尊之，则天与之矣，安得不贵之乎？非其类，无其德，民必恶之。当时恶之，后世以其位而尊之，则违乎天矣，故不得不贱之也。②

显然这是具有儒家民本思想成分的历史正统观，即以其行为是否符合民众的基本要求作为衡量历史的道德之秤。得民心的政权，顺应历史发展潮流的政权就是正统，史家就应予以正统而表彰之，否则，即使占有了整个天下之土地，史家也决不能视之为正统。这也就是方孝孺所谓"盖其所可致者，势也；不可僭乎后世者，义也。势行于一时，义定于后世。义之所在，臣不敢私爱于君，子不敢私尊于父，大中至正之道，质诸天地、参诸鬼神而不忒也"的理论出发点。③ 真可谓其义也正，其辞也严，凛然正气逼人。想后来当廷怒斥朱棣篡逆的方孝孺，胸中涌动的也许正是这些浩然正气。所以饶宗颐先生赞叹方孝孺说："其所争取者，一本乎正义之真是非，而非一时相对之是非，不特不屈服于某种政治之下，且不屈服于已成历史之前，其见识伟矣，其人格夐矣。"认为此诚如清姚鼐《方正学祠重修建记》所云："贯天地而无终敝，故不得以彼之暂，夺此之常。"也正是"历史之真是非，正在其常，而非一时之是非所可夺"之意。④ 而方孝孺自

---

① 方孝孺：《逊志斋集》卷2，《后正统论》。
② 方孝孺：《逊志斋集》卷2，《释统中》。
③ 同上书。
④ 参见饶宗颐：《中国史学上之正统》，77页。

己也正是因坚持其所认同的历史之正,不屈地向权势抗争,最终牺牲了自己及家族人的宝贵生命。

又因为方孝孺除强调历史判断道德之意义外,还有调和历史事实判断和历史道德判断的思想和学术倾向,所以方孝孺虽然提出要立"辨君臣之等,严华夷之分,扶天理,遏人欲"的正统之论,要于"篡臣也,贼后也,夷狄也"均不得给予正统地位,但是方孝孺并不主张将"三者皆废之而不书",对这些历史事实不予以记载。对此方孝孺曾解释说:"吾固曰不比之于正统而已,非废之也。不废其迹而异其辞,则其为戒也深矣。"①

为了贯彻"不废其迹而异其辞",突出历史鉴戒的史学意义,方孝孺不仅在理论上对正统论进行了新的阐述,更还从历史编纂体例上作出了详细的规划。例如按照方孝孺设想的史书体例,所谓正统:其"君始立,则大书其国号、谥号、纪年之号。凡所为必书,所言必书,祀典必书,封拜必书。书后曰皇后,书太子曰皇太子……"所谓变统:"始一天下而正统绝,则书甲子而分注其下曰,是为某帝、某元年;书过国号而不书大;书帝而不书皇;书名而不著谥。其所为非大故不书,常祀不书,或书以志失礼,或志礼之所从变则书,立后不书,尊封其属不书……"此外像"天下怨而起兵、恶而起兵不曰反",像"士之仕变统者,能安中国则书,能止暴乱除民害则书,能明道术于后世则书"等等,总之,"君子之于变统,外之而不亲也,微之而不尊也,断断乎其严也,闵闵乎恐其久也,望望乎欲正统之复"的目的,就是"为天下虑",因为"使女主而乘君位,夷狄而践中国,篡弑而不亡,暴虐而继世,生民之类几何而不灭乎",百姓就要遭殃!②

正统论作为中国历史上的重要史学理论,具有积极与消极两方面的影响。从积极方面讲,它在历史上曾对促进中华民族的统一起有重要的作用;从消极方面讲,在发展中,它又存在有歧视少数民族的色彩。方孝孺对正统论所作的阐述,反映了当时理学发展后对各种意识形态的渗透,也

---

① 方孝孺:《逊志斋集》卷2,《后正统论》。
② 方孝孺:《逊志斋集》卷2,《释统下》。

反映了宋元以来民族关系发展的形势对历史观念和理论的影响等历史事实。评价这种正统论所反映的史学思想，涉及一些很复杂的史学理论的问题，包括如何理解历史与道德、如何认识历史上的民族关系等棘手的史学理论问题。但是我们必须有清醒的历史意识，即决不能从今天的政治立场出发，从我们今天的民族观、国家观和文化观的视角去套评方孝孺那个时代史学观念，而是应该将之置于当时特定的社会环境、思想环境之中，作为一种史学思想发展史的重要内容加以理解。

方孝孺的正统论，实质是在当时特定的社会环境、思想环境下出现的历史观念、史学观念。因此这种历史观念、史学观念也必然要在一定特定的社会环境、思想环境里，产生思想共鸣和理论影响。尽管当方孝孺初发此论的时候，据其《后正统论》跋曰："自予为此文，未尝出以示人，人之闻此言者，咸訾笑予以为狂，或阴诋诟之，独予师太史公与金华胡公翰而已。"① 但是以后，其影响越来越大，尤其是在"土木之变"以后，来于皇朝北方蒙古族的军事压力越来越大，构成了明朝军事、政治由盛及衰，盛衰易势的转捩，从而使明初因统治者强调承继元统而相对淡化的夷夏之辨再次突出出来，方孝孺的正统论也开始为越来越多的史家所提及。其中，不计当时的几部改编宋、元史著作，仅饶宗颐先生《中国史学上之正统论》所附录的明人正统论的材料，就有王行《纂宋系统图跋》、徐奋鹏《古今正统辨》、杨慎《广正统论》、丘濬《世史正纲序》、费訚《世史正纲后序》、章潢《论历代正统》、谢陛《正帝统》、张自勋《通鉴（纲目）续麟》及其所附刘友益《书法凡例》、严衍《资治通鉴补自序》及《凡例》等多种。而从这些文献的内容来看，其大都受有方孝孺正统论观点的影响。尤其丘濬撰述的《世史正纲》，其无论是基本观点，还是编纂体例的细则，可以说完全就是方孝孺正统论观点的具体实践。方孝孺正统论，对于史学发展的影响，于此亦可见其一斑矣。

---

① 方孝孺：《逊志斋集》卷2，《后正统论·跋》。

"技艺与德岂可分两事"：唐顺之之实学及其转向的思想史意义

一、问题的提出

明清之际的思想家、科学家方以智（1611—1671），在中国古代科技思想史中占有重要的地位。其不仅曾具体地论述知识的类型云："考测天地之家、象数律历、声音医药之说，皆质之通者也，皆物理也；专言治教，则宰理也；专言通几，则所以为物之至理也，皆以通而通其质者也。"①并认为："农书、医学、算测、工器乃是寔务，各存专家，九流各食其力……总为物理，当作格致全书。……道德、经济、文章、小学、方伎，约之为天道人事，精之止是性理、物理，而穷至于命。即器是道，乃一大物理也。"②认为"圣人通神明、类万物，藏之于《易》，呼吸图策，端几至精，历律医占，皆可引触，学者几能研极之乎？"③力推所谓"质测"、"通几"的"物理"之学的价值，而且明确提出要"征《河洛》之通符，借远西为郯子，申禹之矩积"，④像孔子问学郯子那样，吸收和借用西方的科技学术，与中国科技学术会而通之的思想。对于方以智的这些言论，一般思想史研究者，大都视之为西方学术输入的结果。

然而对此，美籍华裔学者余英时，则提出不同的看法，并就方以智"据质测而言通几"思想抒以评论云："窃谓明中晚以来，吾国思想本有舍虚就实之势。以理学言，则尊德性之境渐穷，而道问学之风转盛；以一般

---

① 方以智：《通雅》，海王邨古籍丛刊，52页，北京，中国书店，1990。
② 同上书，39页。
③ 方以智：《物理小识》卷首，《自序》，北京师范大学图书馆藏康熙三年于藻重订本刻本。
④ 方以智：《物理小识》卷1，《总论》。

儒者之治学兴趣言，则经史博雅之外，亦复多移情物理者。李时珍《本草纲目》（1578年）与宋应星《天工开物》（1634年刊）皆成于此期，殆非偶然。故密之据质测而言通几，亦自有其本土之根蘖，恐不能全由西学输入一端解之也。"①

这里，余英时氏认为，明清之际士大夫之移情"物理"之学，并不皆源于以意大利传教士利玛窦为代表的西方传教士对西方学术的传播，而是自有其本土学术发育的内在理路。按余氏此说，在一定意义上，或多少也可说是因应了美国中国史研究，从挑战/回应理论，向"中国中心论"转向之研究思潮的体现。而这种空间意义设问方式的转换，也很自然地引发我们顺从余氏预设的问题，进一步追问：何为方以智"据质测而言通几"的"本土之根蘖"？

应该说余英时氏的这种推测并非没有道理，按西学在中国的大规模传入，大致是始于明代的万历十年左右，即公元1582年左右。正是在这一年的8月7日，耶稣会传教士，意大利人利玛窦随同葡萄牙商队抵达澳门，开始踏上中国的领土，并于翌年8月，得到广州政府的牒文，准许其在肇庆筑室而居。于是"自沙勿略起，耶稣会士在中国大门外整整徘徊了三十年，直到这时，才首次获得地方政府允许他们居住中国内地的权利"。②这也就是说，西方学术及其思想的真正传入，也是在这之后，方得以展开。然而揆之历史，许多有价值的、突破性的科技成就，是在大规模西学传播之前或还未展开之时完成的。例如除余英时氏举出的李时珍《本草纲目》是于万历六年（1578）完成的；朱载堉的《律历融通》、《律学新说》（初稿名为《律学四物谱》）、《算学新说》、《律吕精义》等科技著述，亦是完成于嘉靖四十五年（1566）至万历九年（1581）之间。可见，在经过了明代前期"物理"之学发展的低谷之后，中国科技的"本土之根蘖"，已经在明代中期开始发育了。而在其间，值得提出的是唐顺之荆川先生（1507—1560）所进行的学术实践，及其提出的"技艺与德岂可分两事"

---

① ［美］余英时：《方以智晚节考》（增订版），65页，北京，三联书店，2004。
② 林金水：《利玛窦与中国》，14页，北京，中国社会科学出版社，1996。

之说的思想史意义。我们说，唐顺之的学术实践，以及他的实学思想，在这"本土之根蘖"的发育历程中，如果不能说曾起有重要的促进作用，至少也可说是当时某种思想现象的重要反映。

二、唐顺之的实学特点及其"技艺与德岂可分两事"说的提出

思想史的研究表明，从明代中后期开始，学术思想界开始出现一个值得重视的倾向，即将儒家的道德哲学与经世意识相汇合，在赋予经世致用思想形而上意义的同时，开始注意到其形而下的实践意义，表现出"体用并重"、"内圣外王兼治"的思想路径，形成涌动一时的实学思潮。无疑，尽管少有研究者从实学的角度论述，但唐顺之却实应属这股经世实学思潮的重要弄潮者之一。

唐顺之的实学及其思想之不彰，实因被其文名所累。史称唐顺之生有异禀，少即洽贯群籍。年二十三，举嘉靖八年（1529）会试第一，改庶吉士。① 嘉靖初与王慎中同为当代古文运动的代表，时有"王唐"之称。后又与归有光、王慎中三人被合称为"嘉靖三大家"。此外后人亦有把王、唐、归三人与宋濂、王守仁、方孝孺共称为"明六大家"之说。足见唐氏于明代文学史之地位的崇高。故人们所关注唐氏者，首推文学。

除文名极盛外，唐顺之亦是当时耸动社会之心学思潮的健将。关于唐氏在心学支派的授受位置，黄宗羲《明儒学案》是置之于"南中相传学案"中。其心学特点，按照黄宗羲的概括，是"得之龙溪者为多，故言于龙溪只少一拜，以天机为宗，以无欲为工"。② 也正因此，唐顺之亦受鼓吹"无善无恶"而倍受士林诟病的王畿拖累，其实学亦不能得到应有的注意。

然而唐顺之又确实颇多事功，尤其是其晚岁，于倭患日猖之时，痛愤

---

① 《明史·唐顺之传》，5422 页，北京，中华书局，1974。
② 黄宗羲：《明儒学案·襄文唐荆川先生顺之》，海王邨古籍丛刊，294 页。

时艰，不顾时人于其"轻出攀附严嵩"的非议，① 以谪居之身，起荐兵部主事，复召为职方员外郎，进郎中，董理军务，指画方略，旋又衔命视师南畿、浙江等地，与胡宗宪协谋剿倭，一改以往困怵"天风海潮之不测"，将防御重点置于沿岸岛屿及内陆的消极防御策略，躬自"督舟师邀之海外"，主动出击清剿，屡屡破敌，遂以"捍御得宜"升右佥都御史、代凤阳巡抚，因虑及正值兵事丛棘之时，虽足腹尽肿，染病"疾甚"，终"不敢辞"，而以沉疴之身坚持防务职守，最终殉职任上。②

唐顺之之所以屡建事功，其思想实根源其所倡之实学。这里，因关系到对唐顺之学术思想的认识，必须对心学与实学之关系有所辨析。

在对明代思想史的讨论中，人们往往简单地将心学与实学视为水火，认为"从思想发展的逻辑看，心学的没落是实学思潮兴起的原因；实学思潮的兴起是心学没落的归宿"。③ 然而揆之史实，心学与实学不仅不是相互对立，而且在促使学者注重具体事物方面，反而具有促进意义，甚至是实学思潮的思想渊源之一。因此所谓实学，实应是超越道学门派的学术话

---

① 对于云唐顺之攀附严嵩之说，清初万斯同修《明史》时已多有申辩，至民国唐鼎元撰《明唐荆川先生年谱》亦综合各种材料悉心辩白，其详见民国二十八年武进唐氏刻本该书卷8。而详情则亦可参见左东岭：《王学与中晚明士人心态》第三章第五节《唐顺之——从气节到中行的心学路径》，北京，人民文学出版社，2000。按在唐顺之应招出山之时，朋友便多有劝告，如李开先便致函唐顺之云："此一起官，颇纷物议，出非其时，托非其人，若能了得一两事，急急归山，心迹可少白于天下。不然，将举平日所守而尽丧之矣。"文见李开先：《荆川唐都御史传》，《李开先集》，624页，北京，中华书局，1959。而唐顺之之不顾各种非议而坚持出山，合理的解释则是其淑世之心深切，不忍百姓遭受倭寇之难。对此王畿称："荆川气魄担当大，救世心切，以身徇世，犯手做去，毁誉成败，一切置之度外，此岂世之谆谆者能窥其际耶！"

② 《明史·唐顺之传》，5424页。

③ 关于各家对实学思潮理解的主要观点及其分歧，参见台湾李宜茜女士《近十五年两岸"明清实学思潮"研究评介》一文，文载《台湾师范大学历史学报》第26期。按自20世纪80年代以来，对于明清实学思想的讨论尽管相当热烈，论著颇夥，但以鄙人之浅陋，对于唐顺之之实学思想予以讨论者，却所见几于没有。20世纪末，陈鼓应、葛荣晋等集众人之力编纂的煌煌巨著《明清实学思潮史》，在收入王艮等泰州学派学者的同时，却未给唐顺之留下一席之地；葛荣晋独自主编的三卷本《中国实学思想史》也只字未提唐顺之，这不能不说是个遗憾。

语，无论是程朱理学，还是陆王心学，都难以独立牢笼范围。①

关于心学也是实学思潮思想渊源之一的观点，我们可以从两个方面展开说明：第一，由于王阳明的心学体系旨在弥和程朱理学理论中性与情、道心与人心的二元紧张，将二者合而为一，统一落实于"心"——"所谓汝心，却是那能视听言动的，这个便是性，便是天理"。② 但与此同时，这种努力又从新的层面构成了体现理性的"道心"与体现感性的"人心"纠缠为一体的理论困境，而这种困境的结果，是为走向"天理即在人欲中"，"理在气中"的唯物主义之途提供了可能。第二，在王阳明的心学体系中，"致良知"与"知行合一"是一个整体——"知之真切笃实处，即是行；行之明觉精察处，即是知，知行工夫本不可离"。③ 即将"行"置于日常世界的具体展开之间，从而将道德性的"知"导向对纯粹实用知识的追求，将心性问题的探求转向外在世界的实践，形成形而上之"道"，落实于形而下之"器"，积极干预或参与日常生活的理论依据。而这正是实学思潮发生的思想路径。王阳明豪杰一生，事功卓著，其思想学术循于此径，唐顺之之学渊于阳明，其经世实学思想之发生，亦循之此径。故民国唐文治为《唐荆川先生年谱》序云："阳明之学在致良知，一超顿悟，先生之学则以天机为宗旨，无欲为工夫。天机即心体之流行，寂而感，感而寂静无动，有涵实于虚，故虽视龙溪犹师，与念庵为友，而绝不拾无善无恶之余沉。""先生战功学问文章大致与阳明同，而其文武兼资，更无稍或异。"④

按所谓实学既将儒家的道德哲学与现实的经世意识结合，除注意传统的君子小人的人心之辨外，尤其注意经世致用之"用"；或者说除注意道德实践外，亦注意形下之制度建设和实际事务的操作。其实这点，即使王阳明本人，也非让人抛开实务而专于玄虚中求道，如他对人说："我何尝

---

① 按葛荣晋等对实学的界说十分混乱，尤其是一会从扬朱学为实、抑王学为虚的立场讨论实学，一会将王学中的极左派，后人往往认为坏乱学风之首的王艮等纳入实学范畴，所以反不如余英时氏仅就理学的致知途径及方法上立论，厘"尊德性"与"道问学"两途为之说明，虽与程朱、陆王的分野有关，却又不沿于绝对，更反映事实。
② 王守仁：《王阳明全集》，36页，上海，上海古籍出版社，1992。
③ 王守仁：《王阳明全集》，42页。
④ 唐鼎元：《明唐荆川先生年谱》卷首，民国二十八年武进唐氏刻本。

教尔离了簿书讼狱,悬空去讲学?尔既有官司之事,便从官司的事上为学,才是真格物。"他也认为:"簿书讼狱之间,无非实学;若离了事物为学,却是著空。"① 而后来王学泰州学派的健将焦竑,亦叮咛朋友:"居官以明习国朝典章制度为要,衙门一切条例,既能洞晓,临事斟酌行之,滑胥自无所措手矣。此外治经第一,诗文次之。"② 而这点更为突出的,实应归属于王阳明与焦竑之间的唐顺之。

唐顺之的学术相当博杂,但所涉多与经世实务有关。关于唐顺之涉及的学术内容,史籍多有叙述,如其《行状》称:"公去官心未尝忘天下国家,既削籍不仕,于是一意沉酣六经、百子史氏、国朝典故、律历之书。始居义兴山中,继居陈渡庄,僻远城市,杜门扫迹,昼夜讲究,忘寝废食,于时学射学算,学天文律历,学山川地志,学兵法战阵,下至兵家小技,一一学习。"③《明史》其本传云:"顺之于学无所不窥。自天文、乐律、地理、兵法、弧矢、勾股、壬奇、禽乙,莫不究极原委。尽取古今载籍,剖裂补缀,区分部居,为《左》、《右》、《文》、《武》、《儒》、《稗》六编传于世,学者不能测其奥也。"④ 而其"公子鹤征撰《谦庵墓志铭》"亦"云:'荆川府君素抱忧世之志,自钱谷虚实、山川险隘、兵甲骁钝、人才真伪,以至弓矢戈戟、阴阳星历、韬钤禽遁诸业'。"⑤

从上述唐顺之研习的内容,可窥知唐顺之于知识追求的特点:第一,其知识构成,就当时的知识来说,几乎涵盖了所有的畴域。第二,对各种形而下的专门知识所表现出的广泛兴趣,如对枪法等"兵家小技"的操练研习,以及所撰述的"勾股测望论"、"勾股容方圆论"及"弧矢论"所谓"数论三论"等,已溢出了传统"士"所追求的"道"的内容。表明唐顺之的学术追求,已与宋明知识界主流的所谓"内圣"意识渐行渐远。第三,具有鲜明的现实性,明确标榜经世致用,如宣称其"《左编》者,为

---

① 王守仁:《王阳明全集》,95 页。
② 焦竑:《澹园集》,123 页,北京,中华书局,1999。
③ 唐鼎元:《明唐荆川先生年谱》卷 2。
④ 《明史》卷 205,《唐顺之传》,5424 页。
⑤ 唐鼎元:《明唐荆川先生年谱》卷 2。

治法而纂也"。① 申明方志的编纂原则是:"与知家之有籍,本以治生,而非以观美。国邑之有志,本一经世,而非以博物则得之矣。"② 唐顺之学术思想的这些特点,尤其是上述第一、二个特点的形成,实有赖于唐顺之"技艺与德"不可二分的思想的提出。

关于技艺与德不可二分两橛的思想,唐顺之《答俞训导书》阐述最为明畅。按此信专为回答俞某批评其"好博技艺"之病所作。对于俞氏的批评,唐顺之极力辩白道:

> 夫业无定习,而心有转移,苟真有万物一体之心,则从事于举业以进身,未尝不为义涂也。……至于道德性命技艺之辨,古人虽以六德六艺分言,然德非虚器,其切实用处即谓之艺。艺非粗迹,其精义致用处即谓之德。故古人终日从事于六艺之间,非特以实用之不可缺而姑从事云耳,盖即此而鼓舞凝聚其精神,坚忍操练其筋骨,沉潜缜密其心思,以类万物而通神明。故曰洒扫应对,精义入神,只是一理。艺之精处,即是心精;艺之粗处,即是心粗,非二致也。但古人求艺,以为聚精会神、极深研几之实;而今人于艺,则以为溺心玩物、争能好胜之具,此则古与今之不同,而非所以为艺与德之辨也。执事所举尧、舜。夫尧、舜所未闻与若罔闻云云者此道也。羲和之历象,夷夔之礼乐,皋之刑名,至于垂工和矢、伯益鸟兽,孰非道哉?然诸子为之,而尧、舜若罔闻云云者,盖君逸臣劳,道则然耳。若谓尧、舜以道自处,而以艺诿之人,何其自待者厚,而待人者薄也?皋以刑名自处,而乃为其君陈迪德之谟,夔以击石拊石自处,而教胄子以简廉直温之德性,则是以艺士自处而德望之人,又何其自责之薄,而责人之厚也。历象、礼乐,艺也。修五玉如五器,而彰施五采。在玑衡独非艺哉?则尧舜亦屑屑矣。孟子曰:尧舜之知而不徧物,急先务也。若在羲和,则历象便为先务;在夔,则在击石拊石为先务,又

---

① 唐顺之:《历代史纂左编》卷首,《自序》,北京师范大学图书馆藏明嘉靖四十年刻本。

② 唐顺之:《荆川先生文集》卷10,《江阴县新志序》,《四部丛刊》本。

安得以尧、舜之所不偏者而遂不急也！执事以好博技艺为仆之病，此则不敢不承，而至于分技艺与德为两事，则辨之亦不敢不明也。盖儒者慕古之论，莫不以为必绝去举业而后可以复古之德行道艺，此则不务变更人心，而务变更法制，将有如王介甫所谓本欲变学究为秀才，不谓变秀才为学究者矣。儒者务高之论，莫不以为绝去艺事而别求之道德性命，此则艺无精义而道无实用，将有如佛老，以道德性命为上一截，色声度数为下一截者矣。是以鄙意不敢不尽执于执事也。①

这里，历举儒家所谓圣贤艺德双修之事，在为自己"好博技艺"之学的行径辩白的同时，亦力申"德非虚器"、"技艺与德"不可分为两橛之理，指斥那些腐儒"务高之论，莫不以为绝去艺事而别求之道德性命"，其结果是"艺无精义而道无实用，将有如佛老，以道德性命为上一截，色声度数为下一截者矣"。

关于德、艺二者的关系，唐氏亦在其《稗编·自序》中，从"道器不二"的理论角度进一步阐述说：

《易》不云乎"言天下之至赜而不可恶也"？曾子论道之所贵者三，而归笾豆于司存，以反本也。论者犹以为颇析道器而二之。庄生云：道在稊稗、在瓦砾、在尿溺。其说靡矣。儒者顾有取焉，以为可以语道器之不二也。语理尽于《六经》，语治而尽于《六官》，蔑以加之矣。然而诸子百家之异说，农圃工贾、医卜堪舆、占气星历，方技之小道，与夫六艺之节脉碎细，皆儒者之所宜究其说而折衷之，未可以为赜而恶之也。善学者由之以多识蓄德，不善学者由之以溺心而灭质，则系乎所趋而已。史家有诸志杂编者，广诸志而为之者也，以为语理而不尽于《六经》，语治而不尽于《六官》也。②

---

① 唐顺之：《荆川先生文集》卷11。
② 唐顺之：《新刊唐荆州先生稗编》卷首，北京师范大学图书馆藏万历九年文霞阁刻本。

结合上引唐氏《答俞教谕》，唐顺之这里所强调的"道器不二"，以及所谓"语理而不尽于《六经》，语治而不尽于《六官》"的观点，其实质是一致的，即都是将形而下之"技艺"与形而上之"德"等量齐观。其不仅可视之为技艺之学的地位所作出的辩护，亦为可济于事的实学所作的理论说明。而这些理论说明，显然可以追溯到唐顺之的思想导师王阳明。在一定意义上是对王阳明"道即事，事即道"，"道事合一"，"道"统一于"事"的心学理论向着唯物主义方向的发挥。

此外，像《答戚南玄》云："《论语》曰：据于德游于艺。《记》曰：德成而上，艺成而下。德之与艺说作一个，不得说作两个。不得才提起处，色色总在面前，才放下处，了了更无一物，自是人心本来之妙，而不容增减也"等等，① 其核心思想，无一不是强调"技艺与德"、"道与器"不可厘而二分之旨，故此之谓唐顺之实学思想之核心，可也。

三、"技艺与德岂可分两事"说及唐顺之后来思想之转向的思想史意义

关于唐顺之经世致用思想的影响，近人柳诒徵曾申之曰："有清一代常州之学术文艺弁冕南服，即气节事功亦荦荦可指数。然余以谓明代常州之人，文殆尤跨越清世，挑余姚而开东林，轩天震地，为国脉人纪、道统之枢纽者，方山、荆川并峙。嘉隆中，荆川之学尤博，事功尤伟，当时学者莫之并。亦越数百年，伟人长德，世固不乏语其轨辙，与荆川俪敌者，犹难其选。呜呼盛矣！"② 而美国史家艾尔曼（Benjamin A. Elman），亦从明清思想学术发展的角度，力推唐顺之和薛应旂（1500—1573）不仅是"无锡县东林领袖们的导师"，而且对常州文士生活的各个方面，对明清江南士大夫经世致用思想的发展，都有深远的影响。③ 即这些论述，无不从

---

① 唐顺之：《荆川先生文集》卷5。
② 唐鼎元：《明唐荆川先生年谱》卷首，《柳诒徵序》。
③ ［美］艾尔曼（Benjamin A. Elman）：《经学、政治和宗族——中华帝国晚期常州今文学派研究》，51～57页，南京，江苏人民出版社，1998。

学术思想传承的脉络说明，作为一位学者，唐顺之与其同时的薛应旂，经其子唐鹤徵和薛应旂之孙薛敷教，而与晚明最有影响的文人社团东林党形成学术联系，此后则又借助家族血缘关系所构成的社会网络，形成地方知识传统，绵延而至清代的常州学派，形成明清经世致用的实学思潮发轫的学术渊薮之一。然而他们没有意识到唐顺之所谓"技艺与德岂可分为两事"及其作为传统科技发展"本土之根蘖"的思想史意义。

按所谓实学，正如上面所述：就是将儒家的道德哲学与现实的经世意识结合，除注意传统的君子小人的人心之辨外，更注意经世致用之"用"；或者说除注意道德实践外，亦注意制度建设和实际事务操作层面的事功实践。而作为这种实学思潮的一种表现，在当时的士林中，颇有一些人突破明廷禁止私习历算之学的禁令，开始热衷染指律历、数术诸技艺之学。① 如史称嘉靖时南京右都御史何瑭（1474—1543）精研历数、音律、医学等"物理"技艺之学，著有《阴阳律吕》、《乐律管见》、《阴阳管见》、《医学管见》等科技著述。② 其他如隆庆文渊阁大学士赵贞吉，"学博才高"，③ 曾"拟作二通，以括古今之书。内篇曰'经世通'，外篇曰'出世通'。内篇又分二门：曰史、曰业。史之为部四：曰统、曰传、曰制、曰志。业之为部四：曰典、曰行、曰艺、曰衔"④。而其中所谓"艺"者，十九涉及历算之学。因赵氏颇好此艺，经常就此道与人往复探讨，今《荆川先生文集》便有唐顺之《答万思节主事》曰："然历数自郭氏（守敬）以来，亦成三百余年绝学矣。国初搜得一《元统》，仅能于守敬下乘中下得几句注脚，监中二百余年，拱手推让以为历祖。吾向来病剧中于此术偶有一悟，

---

① 关于明初朝廷天文历算之禁，明沈德符《野获编》记载："国初学天文有厉禁，习历者遣戍，造历者殊死。"甚至规定，钦天监人员终生不得再任他职，其子孙亦不得转习他业，以接替世袭，否则亦将遣戍。厉禁的结果，不仅严重地影响了天文历算之学的发展，也造成了天文历算人才的极度匮乏，以"至孝宗，弛其禁，且命征山林隐逸能通历者以备其选，而卒无应者"。当然，这也或是此后一些士大夫开始注意天文历算之学的原因之一。

② 《明史·何瑭传》，7256～7257 页。

③ 《明史·赵贞吉传》，5125 页。

④ 黄宗羲：《明儒学案·文肃赵大洲先生贞吉》，368 页。

颇得神解，而自笑其为屠龙之技，无所用之，亦叹世无可语者。近得来书，乃知复有透晓如大洲（赵贞吉号）者在也。一快！一快！"① 而在另一封信中，唐顺之氏亦有"来书谓赵大洲主测候者，吾主布算，此说未之尽也。布算未有不始于测候，测候未有不寄之布算，而可以造历者，两者相须如足与目"之语，② 此均可视为赵贞吉精于天文历算之学的明证。这些说明，明代中期的士林，确实已出现了一股研习以天文、历算之学为代表的技艺之学的风气。

唐顺之对于"技艺"之学的研习无疑也是这股学术思潮的体现，然而较之这些具体的实践，其更有思想史意义的，是唐顺之对于"技艺"和"德"之关系的阐述。这是因为，对于作为专门知识的"技艺"来说，虽然也曾一度被涵括于孔子所谓的"六艺"之中，但是随着儒家心性之学影响的不断膨胀，所谓"技艺"之学便逐渐被鄙视为"君子不为"的形而下之"小道"，被挤压至整个"四部"知识体系中"子部"间的一隅。其结果，按照唐顺之说，遂"分技艺与德为两事"。其中"儒者务高之论，莫不以为绝去艺事，而别求之道德性命"，形成"艺无精义，而道无实用，将有如佛老，以道德性命为上一截，色声度数为下一截者"的观念和士习，导致掌握"道"的儒士，与习于技艺的方士，歧而分为二途。而这种观念及士习，于宋元理学一统意识形态之后，尤为流行。其间虽有宋代的朱熹，提出"如律历、刑法、天文、地理、军旅、官职之类，都要理会，虽未能洞究其精微，然也要识个规模大概，道理方浃洽通透"之说，③ 甚至也认为"艺亦不可不去理会，如礼、乐、射、御、书、数一件事理会不得，此心便觉滞碍，惟是一一去理会，这道理脉络方始一一流通"，④甚至说"小道不是异端，小道亦是道理，只是小。如农圃、医卜、百工之类，却有道理在。只一向上面求道理，便不通了"。⑤ 但是由于朱熹固执于形而

---

① 唐顺之：《荆川先生文集》卷7。
② 唐顺之：《荆川先生文集》卷7，《答万思节主事·二》。
③ 黎靖德：《朱子语类》，2831页，北京，中华书局，1986。
④ 同上书，866页。
⑤ 同上书，1200页。

上之"道"与形而下之"器"二元分立的基本理念，故其基本观念中，仍是把技艺性知识视之为"小道"，认为"艺却是零碎底物事"，① 是从属于所谓形而上的"大者"——纲常伦理的，所以"只一向上面求道理，便不通了"。② 因此在朱熹看来，为学仍"亦须大者先立"，然后才能"及之"那些"小者"，如是"则亦不至难晓而无不通也"。③ 相较之下，唐顺之"技艺与德不可二分"的观点，则与此显然不同。

当然，更重要也更有意义的是，唐顺之的上述所谓技艺与德不可厘而为二的实学思想，以及"语理而不尽于《六经》，语治而不尽于《六官》"的大胆论述，所孕育的对传统道、器分离，将技艺之学视为君子不为之小道观念的突破。而对道德与技艺之间关系，作出这样明确的理论性的论证及说明，在先于唐顺之的明代士人，如何瑭等，所鲜有的。此后晚明言实学者，则大多取唐顺之的这种态度，即使是学风最为后人诟病的王学泰州学派学人，如焦竑（1540—1619）在与他人信中便说："某所谓尽性至命，非舍下学而妄意上达也。"④ "自世之逐末也，君子矫以反本之论，彼以为事之鞟于理，而器之下于道也。夫当执器滞言之时，有人焉能反而求之，廓然外遣乎有物之累，而洞然内观于未形之本，其视拟议矜缀，似而非真，多言繁称、劳而迷始者，岂不远甚也哉！敝且吐弃事物，索之窈冥之乡以为道。二者之本末，则必有分矣。总之，圣人所不为也。"⑤ 而另一位泰州学派学人方学渐（1540—1615）则曰："知非可以悬空想像而致也。知通于物物事事之间，即物而格之，则致知有实功，而不沦于虚矣。"⑥ 并依此而"掊击一切空幻之说"，⑦ 认为"下字是入窍也"，只有"下到极处，故能上达"。⑧ 至于方氏之子密之以智（1611—1671），则更具体地论述知

---

① 黎靖德：《朱子语类》，868页。
② 同上书，1200页。
③ 同上书，2892页。
④ 焦竑：《澹园集》，80页。
⑤ 同上书，793页。
⑥ 方学渐：《东游纪》卷之二，北京师范大学图书馆藏桐城方氏七代遗书本。
⑦ 方学渐：《东游纪》卷首一，《方明善先生行状》。
⑧ 方学渐：《东游纪》卷之一。

识的类型云:"考测天地之家、象数律历、声音医药之说,皆质之通者也,皆物理也;专言治教,则宰理也;专言通几,则所以为物之至理也,皆以通而通其质者也。"① 并认为:"农书、医学、算测、工器乃是宴务,各存专家,九流各食其力……总为物理,当作格致全书。……道德、经济、文章、小学、方伎,约之为天道、人事,精之止是性理、物理,而穷至于命。即器是道,乃一大物理也。"② 认为"圣人通神明、类万物,藏之于《易》,呼吸图策,端几至精,历律医占,皆可引触,学者几能研极之乎"③? 从而将唐顺之的实学思想在新的高度进一步发挥。而将前述余英时氏"本土之根蘖"之说,质之唐顺之学术思想及学术实践,似均可寻觅见其间隐然一线的联系。也正是在唐顺之那里,形而下的"技艺"之意义被赋予了形而上的理论说明,使得原本在儒家意识中处于紧张的"德"与"技艺"得到缓解,甚至调和了,而这些"移情物理者"之有助于推动所谓"格致之学"发育的、带有前近代色彩的学术思想,我们认为或许应是唐顺之更深的思想史意义之所在。

然而事物的发展往往是复杂的,追索唐顺之思想史意义的思路并没有到此结束。我们说,上述唐顺之"德与技艺"不可二分的思想,虽然因缓解了儒家意识中的形上之道与形下之器间的紧张,而具有了的促进科技思想发育的思想史意义,但是此后唐顺之思想的转向,则又揭示了唐顺之在求圣问题上的思想彷徨、困惑与挣扎,以及儒家思想在走向近代之途的困境和局限。

儒家思想的根本,说到底是一门道德学问,它所要解决的是人们如何成为圣贤,如何在道德上完善自我的学问。因此宋代以后的新儒学,鼓吹"道问学",以格物致知为舟楫的程朱理学也好,鼓吹"尊德性",以致良知为津梁的陆王心学也好,其最终目的均不外于此,而唐顺之一生的最终追求,亦不外于此。然在道德上完善自己,成圣成贤,虽始终被唐顺之悬为人生鹄的,但其对于致圣之途的理解却屡屡变更,并影响到他的学术取

---

① 方以智:《通雅》,52页。
② 同上书,39页。
③ 方以智:《物理小识》卷首,《自序》。

径与人格。

关于唐顺之的学术变化轨迹,民国唐鼎元《明唐荆川先生年谱》曾这样概括:"公二十以前专精制艺之文,故负海内盛名,为场屋圭臬。三十左右为师古文辞,甲兵、钱谷、象纬、历算、击剑、挽强,无不习之。四十以后,专研理学。"① 对于唐顺之的这种思想转变,唐顺之在与友人的书信往来中也多有流露。例如其《与莫子良主事》书便云:"仆之驰骛于博杂也久矣,近稍知向里,自悟溺心灭质之为病,乃欲发愤而刊落之,然亦自悔其岁月之晚矣。"② 其他如《与薛方山郎中》、《与张西磐尚书》等,均流露这种意识。而尤以《答周约庵中丞》所剖析心迹最细,故迻录要点如下:

> 虽然自屏居以来,澄虑默观亦既久之,乃稍稍窥见古之儒者所以为学之大端。窃以其实乃在于身心性情之际,而不以事功技术揭耳目为也。故其退藏于密者甚约,其究可以穷神而立命,古固有豪杰之士而不知学者众矣,是以事功流而为权计,技术流而为小道,凝静致远,南阳其几乎?其杂于申韩,则择术之过也。淮阴烈矣,竟以矜能伐功殒其躯,以辂之才局于方技,仅与华佗、朱建平医相为伍,邓征西以所长济事,以所长殒身,与淮阴同。此数子者,不可不谓豪杰之士也,然其择术则可谓不审矣。仆功名韁锁已获斩断,至于象纬地形种种诸家之学,往时亦颇尝注心焉,今尽以懒病废,窃以为绝利于百途,固将藉此余间聚精蓄力,洞极本心,洗濯愆过,以冀收功于一原,而未知竟当何如耳?近来每观伊洛之书及六经之旨,觉有毫发悟入,则终日欣然,忘其居之陋而形之愈也。所苦习气缠绕,欲障起灭,未能痛与扫除,使之光大,然不敢不勉焉。③

唐顺之为什么在这时思想发生转变?其细腻委曲的心路虽今已茫不可知,但是有一点是可以肯定的,即他所谓传统儒者对如何致知成圣的关怀越来越强烈。其实这也是困扰唐顺之一生的问题,无论是于"甲兵、钱谷、象

---

① 唐鼎元:《明唐荆川先生年谱》卷6。
② 唐顺之:《荆川先生文集》卷7。
③ 同上书,卷5。

纬、历算、击剑、挽强，无不习之"之时，还是对朱学、王学的探讨，无不与此有关，而且心情越来越急迫。对于这种焦虑，唐顺之曾对聂豹倾吐道："仆素迂愚人耳，然不敢不谓有志于学也。自年近四十，则心益苦，盖尝参之闭门静坐之中，参之应接纷扰之中，参来参去如是者且十年，而茫乎未之有得也。虽其茫乎未之有得而隐约之间若或有一罅之见焉，则亦不敢自昧也。"① 而检之《唐荆川先生年谱》，40岁左右这段时间，也正是唐顺之与王学后劲的学人过往频频、加紧对心学的研讨与自我心性的体悟时期，其文集亦收录有多封讨论这些内容的书信，如与聂豹、罗洪先探讨归寂问题，与王畿探讨良知自然之学等。而这些朋友们亦对唐顺之提出规劝，例如对唐顺之影响最大的罗洪先，就曾告诫他说："应德（唐顺之字应德）之学不患不实，所患者恐非本心流通耳。近日与龙溪（王畿）商量何如？夫多学而识，圣门以为第二义。然博学又孔门之训也。究其所以异者，只缘多却有识之心，非一了百当，然则知识之痛，岂小小哉？子贡一生精力，自视岂与诸子等，然毕竟不可以入道，概可见矣。"② 于是，自己的人生思考与朋友的影响，唐顺之的学术最终在其晚年发生了重大的转变，关闭了王学中有可能导向唯物主义立场的路径，回到了王学追求自我完善、成德成圣的本质路线。其结果是必然抛弃其原有的"德与技艺岂可二分"的思想，抛弃他曾一度悉心研习的"甲兵、钱谷、象纬、历算、击剑、挽强"等具体的实用之学，由"外王"转向"内圣"，走上潜心研习"为己之学"的学术之路。

　　就这样，唐顺之原本有可能促成传统科技获得突破性发展的"德与技艺岂可分为二事"，以及与此联系的"道器不二"，"语理而不尽于《六经》，语治而不尽于《六官》"的思想，转过一个圜线后，又回到了儒家本来思想的原地。这种观念认识的曲折，既是唐顺之本人的悲剧，也是中国科技文化发展的悲剧。这，也许正是本文所要揭示的唐顺之的实学思想及其晚期的转向所蕴涵的更令人深思的思想史意义！

---

　　① 唐顺之：《荆川先生文集》卷6。
　　② 罗洪先：《念庵罗先生集》卷5，北京师范大学图书馆藏明嘉靖四十三年甄津刻本。

薛应旂的理学特点与史学思想

薛应旂字仲常，号方山，武进（今江苏常州）人。约生于弘治十二年（1499），卒于万历初年①。嘉靖十四年（1535）进士。先后担任过浙江慈溪县知县、江西九江府儒学教授、南京吏部考功司主事、考功司郎中、本部稽勋司郎中、江西建昌府通判、刑部陕西司员外郎、礼部祠祭司员外郎、本部精膳司郎中、浙江副使、鄜州兵备副使等职。其间曾于嘉靖二十四年（1545），在奉例考查南京五品以下官员时，因坚持原则而得罪了宰辅严嵩遭到谪贬。直至严嵩势倾，才又得辗转升迁。未几致仕还乡，著述直至终身。

薛应旂是明代著名的理学家，属王学南中学派传人。同时他也是明代重要的史学家，曾撰述有《宋元资治通鉴》157卷、《宪章录》27卷、《甲子会记》5卷、《考亭渊源录》24卷、《浙江通志》72卷、《皇明人物考》7卷、《隐逸传》2卷、《高士传》4卷、《颜子》2卷、《名公贻简》4卷等大量的史学著作。作为身兼理学家的史学家，薛应旂富有特点的理学思想对他的史学具有重要影响。

---

① 关于薛应旂的生卒年，现代的研究著作均未见言及，其中侯外庐等主编的《宋明理学史》下卷第十四章称"不详"，而台湾"国立中央图书馆"编纂的《明人传记资料索引》及麦仲贵著《明清儒学家著述生卒年表》则径付之阙如。然考诸明刊本薛应旂《宪章录》卷首陆光宅撰《刻〈宪章录〉跋》，有"今年春，宅下第归自京师，过先生居，谒焉。先生年七十有五，癃癃老矣"语。按陆光宅此跋，署时为"万历二年甲戌秋七月望"，即公元1574年。依此上溯75年，则为弘治十二年（1499）。又嘉靖刊《方山薛先生全集》卷46《林巡抚哀辞》云："隆庆己巳夏五月，巡抚都御史念堂林公卒于姑苏之台。越月既望，其治下七十老人武进薛某，以瓣香束帛焚于柩前。"从隆庆三年（己巳，1569）上溯70年，仍是弘治十二年。故此年为薛应旂的生年当为不误。至于薛应旂的卒年，则可从《宪章录》的刊刻年代考虑，该书刊刻时间是万历二年，时薛应旂年已七十有五，按常人的寿夭推测，其卒年约定在万历初年，应是合理的。

一、"所见出入朱陆之间"的理学特点

关于薛应旂的理学思想,《四库全书总目》卷一百七十七"集部"《方山文录》提要这样评论说:"其学初出于邵宝,后从泰和欧阳德。德,姚江派也。又从高陵吕柟。柟,河东派也。故所见出入朱、陆之间。然先入为主,宗良知者居多。"① 同书卷六十一《考亭渊源录》提要又说:"应旂初学于王守仁,讲陆氏之学。晚乃研穷洛闽之旨,兼取朱子。"② 此后侯外庐、邱汉生等先生,依据《四库全书总目》的前一种观点,认为薛应旂的思想"主要倾向是心学";③ 而容肇祖先生则从后一种观点出发,认为薛应旂的思想,是"调和朱熹和王守仁之间"而"倾向于朱学"④。这些观点表明学术界对薛应旂理学的一般特点和学术倾向等问题认识的歧异。

其实,关于薛应旂的思想发展及其特点,他自己在《书考亭渊源目录后》里说得十分清楚。他说:

> 《考亭渊源录》成,余既序之矣。客有览者,起而问曰:今之讲学者,所在有之,议论种种,盖云众矣。其号为知学者,则谓陆氏之学,圣门之的传也;朱氏之学,圣门之羽翼也。子是之编,乃比而同之,次象山与考亭师友之列,岂亦近世《道一编》之遗意乎?曰非也。夫道原于天而畀于人,人人有之,人人能言之,而知之者盖鲜。讲学者,将以明斯道而构诸行也。苟非深造自得者,是难与口舌争也。《道一编》者,无亦见朱、陆皆贤而理论不同,故合二氏而弥缝之,其本来面目、真切血脉,恐亦未之深究也。旂虽寡陋,自童子时即有志于学。三十年前,从事举业,出入训诂,章句分析,漫无归

---

① 《四库全书总目》,1590页,北京,中华书局,1965。
② 《四库全书总目》,550页。
③ 侯外庐等主编:《宋明理学史》下卷第十四章,358页,北京,人民出版社,1997。
④ 容肇祖:《明代思想史》,286、300~301页,上海,开明书店,1941。

着。一旦闻阳明王公之论，尽取象山之书读之，直阖本原，而工夫简易，正如解缠缚而舒手足，披云雾而睹青天，喜悦不胜，时发狂叫，遂以为道在是矣。如是者又三十年。然每一反观，居常则觉悠悠，遇事未见得力。及遍视朋侪，凡讲斯学者，率少究竟，乃复辗转与衷。年逾五十，犹未能不惑。及罢官归，则既老矣，恐终无所得而虚负此生，日以孔孟之书吩咐潜玩。赖天之灵，恍然而悟，始知朱子之言，孔子教人之法也；陆子之言，孟子教人之法也……夫先难后获，学者固不当有计功责效之心，而学问之真的，则自此可验，而吾人当知所趋向矣。先是阳明王公辑《朱子晚年定论》，似若考亭有得于象山，今观象山晚年教人读书，须反复穷究，项项分明，博学、审问、慎思、明辨、笃行，日进无已，得于考亭者，盖实多也。道本一致，学不容二，两先生实所以相成，而非所以相反也。

这是一篇反映当时思想学术界和薛氏本人思想概况的重要文献。问题是从别人对薛应旂《考亭渊源录》将朱熹、陆九渊"比而同之，次象山于考亭师友之列"的诘问谈起的。但是它也是薛应旂思想发展历程的写照。按据嘉靖刊《方山先生全集》卷四十六《告华山神文》，薛应旂"罢官归"是在嘉靖四十五年（1566），当时他是 67 岁，前溯 30 年，为嘉靖十五年（1536），距其登科仅仅一年。这样，思想按照薛应旂自己的叙述，他的思想历程大致划分三个阶段：

一是入仕之前的求学期，这时的思想基本是以程朱之学为主；二是入仕为官期，受周围学术氛围的影响，这时的思想基本是以陆王之学为主；三是致仕以后，因感于社会学风的浇漓，和纠弹王畿后王门学者对他的排斥①，经反省再次转而认同程朱之学，形成"出入朱陆之间"的思想期。

---

① 按《明儒学案》卷 25《薛应旂传》云："先生为考功时，置龙谿于察典，论者以为逢迎贵溪。其实龙谿言行不掩，先生盖借龙谿以正学术也。先生尝及南野之门，而一时诸儒不许其名王氏学者，以此节也。"可知薛应旂因得罪了王畿，而一度被排斥于王门之外。对此，薛应旂当然不能不有所感触。见黄宗羲：《明儒学案》，海王邨古籍丛刊本，289 页。

这三个阶段，事实上也是薛应旂从初闻王阳明学说所感到思想解放的喜悦，到尽弃为学工夫，"直闯本原"后仍未有所得的苦闷，再到沉潜下来读书，体会朱熹博学、审问、明辨、笃行工夫的重要而合汇程朱、陆王之学的思想历程。

薛应旂之所以能最终形成"出入朱陆之间"的理学思想特点，与他早年的学术师承有密切关系。计薛应旂的早年，先后师从过三位著名的学者。其中邵宝和吕柟是崇奉程朱之学的学者。邵宝字国贤，人称二泉先生，《明史》卷二八二本传称他"学以洛、闽为的"，是一位典型的正统程朱之学的学者。薛应旂自幼入乡校，至他28岁那年邵宝死，其间一直在从邵氏学。薛应旂《书考亭渊源目录后》所说他"自童子时即有志于学"，就是因受到邵宝的影响。吕柟字仲木，号泾野，是薛瑄的正宗传人。其学"以格物为穷理及先知而后行"，"尝斥王守仁言良知之非"①，是集"关中之学"大成的学者。在邵宝和吕柟之间，是对薛应旂思想形成具有关键意义的欧阳德。德，字崇一，号南野，是王阳明的亲传弟子，被称为"在师门最久，所得甚深，众所推服"，是王门江右学派的主要掌门。《明史》称欧阳德"学务实践，不务空虚"，②其思想特点是从肯定良知展现于具体日履过程的观点出发，强调致知过程中主体道德践履的修养工夫，反对以王畿及泰州学派所鼓吹的取消践履工夫的现成良知说。也正是欧阳德的这些思想观点，与薛应旂从邵、吕二人那里接受的程朱理论相契合，不仅构成薛应旂反对狂禅空谈，强调知识传统和道德践履的思想特点，构成他称朱熹、陆九渊"两先生实所以相成，而非所以相反"，列陆九渊兄弟三人于考亭师友渊源之中的理学史观，同时也构成他本人"出入朱陆之间"的思想特点。薛应旂的这种思想对后来东林党人的思想曾有很大的影响。③

---

① 《四库全书总目》卷93，《泾野子内篇》提要，792页。
② 《明史》卷283，《儒林二》，7277页，北京，中华书局，1974。
③ 黄宗羲：《明儒学案》卷25《薛应旂传》云："先生为考功时，置龙谿于察典……而一时诸儒不许其名王氏学者，以此节也。然东林之学顾导源此，岂可没哉！"见《明儒学案》，289页。此外，薛应旂的孙子薛敷教本身就是东林党人，而且顾宪成等东林党人亦曾从薛应旂问学。

"出入朱陆之间",在肯定"心"——主体意识对于日常实践指导意义的前提下,强调道德磨炼和务实践履,反对空谈心性的理学特点,在薛应旂的思想中是有明显反映的。他曾经论述说:

> 道德、功业相为体用。三纲五常原于天而备于人,根于心而统于性情者,其道德也,体也;举而措之天下,能润泽生民归于皇极,发挥蕴奥协于训典者,其功业也,用也。所谓体用一原也,总名之曰道也。古之圣贤,达而在上,则其道行,穷而在下,则其道明。君、相、师、儒,其究一也。世降,俗末偏蔽浅陋之徒,各执己见;依傍道德者,则鄙功业为庸俗;驰骛功业者,则斥道德为虚玄。持论相沿,而道德、功业歧而为二,甚至儒林、道学《宋史》亦分为两传矣。不知儒非道学,以何为儒?道学不谓之儒,又以何者谓之儒哉?①

认为道德与事功是相为体用,不能"歧而为二",仅仅强调一个方面。晚年的薛应旂尤其如此。他曾经撰述《尚实》一文说:"君子疾没世而名不称焉",然"非疾其无名也,疾其无实也。"② 他告诫他的学生:"'言之匪艰,行之惟艰。'古圣贤之训,其虑天下后世也,盖亦远哉!……吾愿子身体力行,不立门户,不事标榜,务从实践……而益知空言之无益,实行之当务也。"③ 在薛应旂看来,"古之学者,知即为行,事即为学;今之学者,离行言知,外事言学"。④ 并且认为,"践履上亦不一息放过,不然则荒唐无实"。⑤ 有感于王门一些后学在社会鼓荡的狂禅空谈之风,薛应旂以历史相告诫说:"党锢兴而汉社屋,玄谈盛而晋室倾,清流浊而唐祚移,学禁作而宋舟覆。其初文雅雍容,议论标致,不过起于一二人之猎胜,而

---

① 薛应旂:《宋元通鉴》卷首,《义例》,北京师范大学图书馆藏明天启六年刻本。
② 薛应旂:《方山先生文录》卷16,国家图书馆藏明嘉靖刊本。
③ 薛应旂:《方山先生文录》卷6,《答赵生》。
④ 黄宗羲:《明儒学案》卷25,《薛方山记述》,290页。
⑤ 薛应旂:《方山先生文录》卷5,《与唐荆川》。

其究乃至于恶腾沸于寰中，干戈相寻于海内，而溃败不可收拾。"① 所以当时士人评论薛应旂的学术说："方山先生薛公，多所著述，佐佑'六经'，删定诸史，品裁九流百氏，而方舆郡邑志乘，靡不各有论撰。匪以炫博务奇而矜于文学之门也，实其禀赋特异，夙以圣贤事业自期待。故其体用之学，经纬上下，贯彻古今，随在輒发，皆切于人心时事、民生物理，而不为无益之空言也。"② 这一评论可以说，基本概括了薛应旂学术思想的主要特点。

二、"经史一也"与折衷汉宋

"出入朱陆之间"，主张由博返约，而一归于实践践履，在强调"致良知"治心躬行的同时，又强调"切于人心时事、民生物理"的经世之学的理学思想特点，对于薛应旂史学思想的形成，具有重大的影响。在宋明理学家中，薛应旂属于重视史学的学者。尤其是在晚年致仕之后，薛应旂没有像大多数理学家那样倾心于讲学，而是将精力倾注在史学的撰述当中。薛应旂的史学著作，绝大部分是完成于这时期，如《宋元通鉴》刻于嘉靖四十五年（1566）67岁时，《考亭渊源录》和《高士传》刻于隆庆三年（1569）70岁时，③《宪章录》刻于万历二年（1574）75岁时等。这里除时间的充裕、阅历的积累等因素外，其理学发展的特点也是影响他积极从事史学活动的重要原因。

薛应旂的理学思想反映在他对史学的认识上，除了认为史学属于"切于人心时事、民生物理"的经世之学外，更重要的是其"经史一也"的思想。

关于"经史一也"的思想，薛应旂的《宋元通鉴》的《义例》有详细的阐述，他说：

---

① 薛应旂：《方山先生文录》卷16，《识势》。
② 向程：《方山先生摘论题辞》，见国家图书馆藏明嘉靖刊《方山薛先生全集》卷42。
③ 其中《考亭渊源录》是在宋端仪初稿的基础上重新撰写的。

> 古者左史记言，右史记事。事为《春秋》，言为《尚书》，经史一也。后世史官咸推迁、固，然一则退处士而进奸雄，一则抑忠臣而饰主阙，殆浸失古意而经史始分矣。朱晦翁谓吕东莱好读史遂粗着眼。夫东莱之造诣不敢妄议，若以经史分精粗，何乃谓精义？入神之妙，不外于洒扫应对之间也！

薛应旂这里是直接针对朱熹批评吕祖谦"好读史"，认为"经精史粗"，多读史对于人的道德修养无益的观点提出的批评。其中所谓"经史一也"的观点，包含二层意思：一是经与史的起源是同一的；二是经与史的本质意义是同一的，经史之分只是因为史的叙述中没有很好地体现"道"，而并不是经与史二者之间存在着高下的分别。

在对经史关系的认识上，二程、朱熹与王阳明之间明显对立①。这种对立，实质是与理学、心学两大学术流派对核心范畴——"理"的认识上的分歧所造成的。薛应旂在这个问题上，明显是站在王学的立场上。

从对"理"理解的角度来说，与程朱理学"性即理"，"析心与理为二"，将"理"视为抽象地超然于事物之外的观点相反，王阳明认为"心即理"②，认为"心外无物，心外无事，心外无理，心外无义，心外无善"③。即所谓的"理"，不是超验抽象地存在于具体事物之外，而是内在于作为普遍之理与个体意识相统一的，具有道德渊薮和本体意义的"心"中。从这种观念出发，自然无论是表现为普遍意义的圣人所作之"六经"，还是表现为具体过程的"史"，都是混融如一地存在于体现为良知良能的人的心中。所以"以事言谓之史，以道言谓之经。事即道，道即事。《春

---

① 关于王阳明与程朱等人在经史关系认识上的对立，钱钟书先生已有所注意，但是钱先生认为王阳明"五经亦史"的观点只是前人"言意之辨"中"言不尽意"及庄子糟粕"六经"观点的翻版而无新意，没有与其各自理学理论联系起来论述。其观点参见钱钟书：《谈艺录》（增订版），263～266页，中华书局，1984。

② 王守仁：《王阳明全集》卷1，《传习录上》，2页，上海，上海古籍出版社，1992。

③ 王守仁：《王阳明全集》卷4，《与王纯甫二》，156页。

秋》亦经，'五经'亦史。《易》史包牺氏之史，《书》是尧、舜以下史，《礼》、《乐》是三代史。其事同，其道同，安有所谓异"？① 即特殊体现着普遍，普遍内在于特殊，"五经亦史"，同具吾心。这样，由于王阳明以世界统一于意识的主观唯心主义来诠释经史关系，所以程朱理学理论中被奉为天理所在的"六经"，在王学的理论中则只是被视为一种"致良知"的工具："'六经'，吾心之记籍也。而'六经'之实则具于吾心，犹之产业库藏之实积，种种色色，具存于其家。其记籍者，特名状数目而已。"② 相对人人具足的良知来说，"六经"不过是个登记财产的账簿而已。阅读过账簿并不等于真正拥有了财产，同样，阅读过"六经"也不等于体认到了自我的良知，完成了道德修养。

应该说，上述王阳明对经史关系的论述，其主旨仍是讨论主体道德修养的途径，而不是要提高史学的地位。但是由于所谓的"经"仅仅被视为登记财产的"账簿"，而无限扩大、提升主观意识的地位，使得"六经"的权威大大被降低，从而为"史"的地位上升留出了空间。薛应旂"经史一也"的史学思想，也正是沿着王阳明的相关思路继续演绎，将王阳明的经史关系论述，从原本探讨道德修养的途径问题，转向提高史学地位的问题。

薛应旂经史观与王阳明心学的理论联系，可以从薛氏对《六经》与心的论述中体会到，他说：

> 人之言曰：圣人未生，道在天地；圣人既生，道在圣人；圣人既往，道在《六经》。是《六经》者，固圣人之道之所寓也，然其大原则出于天，而夫人之心，则固天之心也。人能会之以心，则圣人之道，即吾人之道，有不在《六经》而在我者矣。③

又说：

---

① 王守仁：《王阳明全集》卷1，《传习录上》，10页。
② 王守仁：《王阳明全集》卷7，《稽山书院尊经阁记》，255页。
③ 薛应旂：《方山先生文录》卷16，《折衷》。

人人存其本心而形气不扰，则《六经》可无作也。于是乎可以知圣人作经之意也。《易》以道化，《书》以道事，《诗》以达意，《礼》以节人，《乐》以发和，《春秋》以道义。先后圣哲，上下数千年，究其指归，无非所以维持人心于不坏也。①

从以上的引文中，可以看到薛应旂的论述所展现的经、史及心相互关系的逻辑思路是：（1）"道"是历史的产物，它在历史过程中展开，并被记载在典籍（《六经》）之中；（2）作为主体意识的人心就是天之心，就是圣人之心，"圣人之道，即吾人之道"，因此作为"圣人之道之所寓于"的《六经》，也必然存在于人的心中；（3）远在圣人制经之前，道已存在于天地，《六经》远远不能取代与天相垺的"心"体现的道的全部内容，《六经》有限，而道无限，所以"人能会之于心，则圣人之道即吾人之道，有不在《六经》而在我者矣"；（4）这"不在《六经》而在我者"，就是作为世界本体和道德本原的吾心或良知，如果"人人存其本心而形气不扰"，保持先天良知的本真，"则《六经》可无作也"，因为"先后圣哲上下数千年，究其指归，无非所以维持人心于不坏也"。这样，按照薛氏推绎的逻辑，所谓的《六经》不再是，也不可能是全部的天理所在，它与上下数千年一切维持人心不坏的说教，包括体现了良知本真的史，在意义上是完全一致的，都是使主体致良知、复本真的中介或工具，于是"经史一也"，价值等同，既没有三代所制与后世所作的高下差异，也没有经精史粗的区别，"人神之妙，不外于洒扫应对之间也"，无论"理学政治，论次旧闻，凡事关体要，言涉几微者"，只要人们能够会之于心而"自得之"，就都与圣人所制的《六经》一样，具有同等价值，于此人们也就"庶无伯恭（吕祖谦）之累也"。② 于是，理气合一，道器合一，知行合一，道亦是事，事亦是道，即"《六经》皆史"，"经史一也"。所以薛氏结论说："苏洵氏谓：

---

① 薛应旂：《方山先生文录》卷16，《原经》。
② 薛应旂：《宋元通鉴·义例》。

经以道法胜，史以事词胜。而世儒相沿，动谓经以载道，史以载事。不知经见于事，事寓乎道，经亦载事，史亦载道，要之不可以殊观也。"① 循着王阳明的心学理论及其经史观，进一步发展了苏洵等人的观点，认为史也是"道"的体现，于是史便提高到了与经相埒的地位。

需要提出的是，薛应旂演绎王阳明相关的观点，将经与史等量齐观，反对朱熹厘经史为精粗两橛的同时，也明确表示了对陆九渊思想的分歧。陆氏的观点是视"《六经》为我注脚"，完全摒弃经史的研读，只强调反求诸己之简易工夫的决定作用，割裂人在探索、认识真理过程中，主观世界与客观世界、思想认识与社会实践之间的内在联系。对此，薛应旂在《宋元通鉴·义例》中指出：

> 天下之道，固一而无二，而精粗本末则不可偏废。自夫诸朱、陆之辩兴，而左朱右陆者，但知《六经》为我注脚，而不究其义，矧于史学，又何庸心？其或折衷于二者之间，则亦谓读经足矣，史固在所后也，明道程先生亦以谢上蔡为玩物丧志。此言盖为博而寡要者发也，未必为屏经史而不读也。迩者乃或妄意神化，束书不观，事至于前，不学无术，多至谬误，而君子之经纶隳矣！君子之经史，譬诸医者之治病，经则其《素》、《难》也，史则其方书也，虽轩、歧、和、扁，亦不能外是理以生人。而业其术者，顾弃置之，纵自谓妙悟神解，其有不至于误剂杀人者几希。

旗帜鲜明地针砭当时那些以反对朱学支离为借口而走向空谈心性存养的极端，是"君子之经纶隳矣"；强调经史不能偏废，经与史都是君子经世的要器："愚之此篇，欲后人监前人之迹以为法戒，而不执至于失身败事，要亦陆宣公集古方书之意也。"②

薛应旂对于经史关系的认识，实际上是提高了史学的地位，将二者在

---

① 薛应旂：《宋元通鉴·义例》。
② 同上书。

功能上等量齐观，都是悟道致圣、经世致用的要器。其中间明显可以看到他既肯定"知即为行，事即为学"，"知行合一"，"体用不二"的王学基本理论，又反对现成良知，藐视工夫，"离行言知，外事言学"的王学左派的极端思想。

在以王阳明心学的理论诠释经史关系，提出"经史一也"的同时，薛应旂又从朱学重视知识传统、强调经典研习和文献训诂的"道问学"思想出发，对一些宋明学者轻诋重视文献考据的汉学家的行径不以为然，而表现出在对待历史文献的问题上折衷汉、宋之学的态度。他说：

> 汉之穷经者，《易》如田何以及施孟、梁丘，《书》如欧阳、大小夏侯，《诗》如申公以及辕、韩、大小毛公，《礼》如高堂生以及后仓、大小二戴，《春秋》如公羊、穀梁以及刘氏、严氏，其诸若马融、刘歆、郑玄、孔颖达诸人，转相授受，而注疏作焉。虽人未必皆贤，所言未必皆当，然于秦火之后，而非此数人，则《六经》几乎熄矣。至宋郑樵，乃谓秦火焚书而书存，汉儒穷经而经绝。信斯言也。则是汉儒之罪盖又不止于秦火也。然自今观之，汉去古未远，而圣人之遗旨犹或有得于面承口授之余。故宋儒释经遂多因之，而阙文疑义一以汉疏为正，如"九六老变"，孔颖达之说也；"三文三统"，马融之说也……其择言之广，取善之公，要在明乎经而不失圣贤之意耳，岂得尽如夹漈之论哉？盖汉儒之学长于数，若仪文节度之烦，虫鱼草木之变，皆极其详。其学也，得圣人之之博。宋儒之学长于理，若天地阴阳之奥，性命道德之微，皆究其学也，得圣人之约。合二者而虚心体认，则天机相为感触，当自默会于燕闲静一之中，超然于意言象数之表，而吾心之全体大用，可一以贯之，而不溺于先入之说，不蔽于浅陋之见矣，尚何有于众言之淆乱哉！①

在这段论述里，薛应旂对汉、唐儒家学者的文献训诂之学对儒家经典的保

---

① 薛应旂：《方山先生文录》卷16，《折衷》。

存和传播意义作出了充分的肯定，指出汉学和宋学对于儒学的发展具有不同的价值。从这番议论，我们可以体会薛应旂折衷汉、宋，调和"尊德性"与"道问学"两种修养途径的努力。这种努力不仅对于薛应旂的史学思想及实践具有相当影响，同时也表明，肯定汉学传统学术价值的倾向，尽管是在宋学如日中天的时代，也未能被完全淹没，并一直在作为学术的潜流而存在，这种存在，在一定意义上，也正是后来清学得以形成的学术和思想的前提。

三、理学化的史学鉴戒思想

薛应旂史学思想的一个重要特点，就是重视历史对于现实的鉴戒意义。他曾解释他所撰述的《宋元通鉴》说："鉴者，监也。备前代之善恶为后世之法戒，故不曰'史'而曰'鉴'者，取斯义也。"① 因此一般来说，薛应旂的史学大都是以现实为问题思考的起点和最终的归宿。例如他的两部史学代表作《宋元通鉴》和《宪章录》，一是因"视宋元世代不远，人情物态大都相类"，"固今之夏、殷也，所宜为鉴者，盖莫切于此矣"；② 一是"以成宪典章万世所当遵守，且追宗夫子宪章文、武之意，以寓'从周'之义也。"③ 当然，在薛氏看来，两部史著贯通衔接，从宋元到当代编年叙事，不仅可以为现实提供最鲜活的鉴戒，亦可在一定程度上多少抚平一下自己经世之志未酬，只能乡居著述的感伤。对此，在《宪章录》自序里，薛应旂叙述他撰述的思想动机说：

> 夫《书》鉴成宪，《诗》率旧章，岂其未训若是之拘系哉？实以隆古盛时，其君臣之交，修以图至治者，皆由此道，而事不师古者，鲜克永世也。昔仲尼适周，不获以见天子，历聘列国，干七十余君。不用，于是退老于洙泗之上。从游之士盖三千焉，皆尽一世之英贤。

---

① 薛应旂：《宋元通鉴·义例》。
② 薛应旂：《宋元通鉴序》。
③ 陆光宅：《宪章录跋》，北京师范大学图书馆藏万历二年刻本。

相与论述三才，表章六籍，以为明体之学，而起最适于用者，则因鲁史以作《春秋》，而褒贬赏罚者，无非当世之实事。于以定百王之法，于以立万世之防，皆自其宪章文武者推之也。故一则曰吾从周，二则曰吾从周，其东周之志、周公之梦，虽不获见之施行，而端倪已可概见矣。然犹自叹曰：与其托诸空言，不若见诸行事之深切著明也。其拳拳爱君体国之心，曷尝一日自己哉！旂不类，虽少知诵法孔子，而生于二千一百余年之后，固不及揖让于颜鲁闵冉之列，且不及如互乡阙党，犹得以望见门墙。然而一念天假之灵，则终不能泯没，故自鼓箧以至入仕，凡我昭代之成宪典章，或纪载于馆阁，或传报于邸舍，见辄手录，历有数年，几于充栋，妄意当可未之际，或可以参考。竟以迂愚抵牾当路，归卧穷山，而平生之欲监观，率由将斟酌以见之献纳者，遂置为虚器，恒窃悲之。迩来见《通纪》仿编年而芜鄙，《吾学编》效纪传而断落，遂不辞衰惫，尽出所录者，摘什一于千百，汇为斯编，与经世者共之。题曰《宪章录》者，窃附于从周之义也。倘假我数年，再加删润，当献之君相，值兹不讳之朝，用效涓埃之报，庶少禆法祖之一助。

同样，在《宋元通鉴》的自序中，薛应旂也谈到相同的思想动机。他说：

> 旂少览二十一史，苦其浩瀚，既取荀悦袁宏前后《汉纪》、范祖禹《唐鉴》、欧阳修《五代史》读之，各成一书，咸可法戒，然会而观之，犹若未备。及读司马光《资治通鉴》，上起战国，下终五代，先后贯穿，而一千三百六十年事迹，粲然若指掌矣。自宋以下，虽有李焘之《长编》，刘时举、陈桱之《续编》，而纪载失次，笔削未当，仍为缺典。于时不自揆量，妄意删述，以绍司马氏之事，而驰骛场屋，勉就声律，将作复止。……故旂于宋元之际，盖重有感焉，而参附辽、金以为是编。迩幸泰道，诚不能自已者矣。……旂俯思蚤岁，涉猎子史，则溺意辞章；依傍经典，则高谈性命，俱无裨实用。晚虽稍知反约，庶几会归于一，而不能附丽，未及一二见诸行事，竟罹沮

尼。旋复优游于学稼，灌园之暇，而无所用心，冉冉老矣，不忍以藐焉之身，终为天地间之赘物，以覆载生成之德。且回视宋元世代不远，人情物态大都相类。《书》曰：我不可不监于有夏，亦不可不监于有殷。宋元固今之夏、殷也，所宜为监者莫切于此矣，是用黾勉以毕初志。其于学问文章，知史事虽未可妄议，而心术则不敢不正。但一得之愚，上下于宋元四百八十二年之间，成此一百五十七卷之书，僭逾之罪，知不能免矣，倘假我数年，当再加参校，献之阙下，以舒芹曝之忱。

表白出自己急欲"备前代之善恶为后代之法戒"得撰史目的。

通过历史寻求现实政治的借鉴，是自《尚书》以来形成的中国史学传统。这是对史学功用的重要认识。但是具体到选择什么样的史实作为现实的鉴戒，则是受制于史家自身思想观念的问题。作为明代有影响的理学家，薛应旂"出入朱陆之间"的理学思想，也深深烙印在他的史学鉴戒观中，影响他对史实选择的焦点。

正如上节所论，薛应旂所谓"经见于事，事寓乎道，经亦载事，史亦载道，要之不可以殊观"的"经史一也"的观点，从本质上是将经与史均视为"所以维持人心之不坏"，发明人的本然良知，"正己以感格顽冥之人"的中介或工具，因为"正己格物之功，固圣门第一要义也，自是而齐家，而治国平天下，位天地，育万物，举不出此"[①]。所以薛应旂在他的《宋元通鉴》的自序里明确表示道：

> 故旂于是编，凡有关于身心性命之微，礼乐刑政之大，奸良邪正之辨，治乱安危之机，灾祥休咎之徵，可以为法，可以为戒者，皆直书备录，其义自见。君臣士庶，咸可鉴观，随其所居，各求尽分，匪直可以资治而已。

---

① 薛应旂：《方山先生文录》卷17，《正己格物》。

即将所谓的"身心性命之微"、"奸良邪正之辨",置于史学意义中最重要的地位,其最终目的,除为当世寻求政治资治外,更要在道德纲常上,使那些"君臣士庶"通过鉴观历史而"随其所居,各求尽分",找到自己在封建纲常中的位置。在这种史学思想的作用下,薛应旂很自然地把一些理学观念作为衡量历史的尺度。例如在《宋元通鉴》中,他便是把宋代灭亡的原因归结于小人当道、人伦夷荡,而要求以之为鉴,严君子小人之辨。他说:

> 至论其大可鉴戒者,则宋初立国,君子小人并用,而君子多至摈斥,小人多至显融。迨建中、靖康间,曾、蔡之徒,更迭为相;而南渡以后,则汪、黄、秦、汤、韩、史、贾诸人,相继擅权,内小人,外君子,遂致善类销亡。而士人无赖,陈亮所谓举国之人皆风痹不知痛痒,竟忘君父之大仇,以是辽、金虽灭,元遂起而乘之,而宋因以亡。①

这种史学思想,也许就是薛应旂所谓"所以维持人心之不坏"的史学意义和史学价值之所在。

除了强调君子小人人心之辨外,薛应旂在史著中还格外"致详于道学",认为表彰儒学之士也可以从正面垂训后世:"《资治通鉴》多致详于名臣硕辅致经国政事,而于儒学隐逸或从节略。愚于此则并著之,庶穷达出处,唯其道焉,皆可以为后训也。"② 这些也说明薛应旂史学鉴戒思想中的理学影响。按照薛应旂自己所云,即:"愚之此编,欲后人监前人之迹以为法戒,而不至于失身败事,要亦陆宣公集古方书之意也。"

四、彰往察来与"时""势"

当然,作为一位将道德哲学与经世意识结合起来的理学家,理学的理

---

① 薛应旂:《宋元通鉴·序》。
② 薛应旂:《宋元通鉴·义例》。

论思维对于薛应旂来说，并不完全是消极的，也有相当积极的影响。

首先，是因"出入朱陆之间"而形成的由博返约的致知求道的理学方法论，使薛应旂对于史学，并不仅仅停留于对史实的确定和政治、道德方面的鉴戒，还力图"洞观天人之运"，寻绎整个自然、人类的历史发展规律。

薛应旂这方面的史学思想，相对集中地体现于他的《甲子会纪》中。《甲子会纪》共5卷，其中前4卷以六十甲子纪年，上自黄帝八年，下至嘉靖四十二年，共计71甲子。每年之下略记大事，第5卷则按照宋邵雍的说法论述洪荒以来的历史，并明确说明要"虚其后以待来世"。《甲子会纪》的编撰，表明薛应旂力图突破专注于以皇朝更迭、政治嬗递为核心的史学叙述模式，把整个历史置于一个统一的时间序列予以考察的努力。按照许毂《甲子会纪序》的观点，即"今夫学者，考信六艺，博极群书，岂不诚多识君子哉？然古今变化无穷，天地循环不爽，自非察微知著，原始要终，斯亦曲士之趣耳"！研究历史而不"原始察终"找出发展规律的，只能是个浅陋的人。因此，在撰述《宋元通鉴》、《考亭渊源录》、《宪章录》等一系列史学著作之前，先行撰述《甲子会纪》，也是薛应旂要"察微知著，原始要终"，从整个人类历史的过程中把握近代和当代历史史学思想的一种体现："自今观之，世代迭运，虽远近不同，其间主德之醇疵，相道之修废，政事之得失，制度之繁简，君子小人之进退，中国夷狄之盛衰，分见于六十年者，既举目可见，即见于四千三百年之间者，亦不待遍历群史，而居然在我掌上矣。由博以归约，彰往而察来，何其简要也欤！"正如当时人对薛应旂《甲子会纪》所下的评论："薛子素有远略，第危言抗俗，直道忤时，不尽其用，每以独得之见，笔之于书，以诏后世，而此固其要者也。"①

应该说，《甲子会纪》的编纂形式与内容，尤其是其对历史运动所作的所谓"一治一乱，盖鼎革相承，剥复递禅，譬之寒暑"，以及"循环迭

---

① 许毂：《甲子会纪序》，见薛应旂：《甲子会纪》卷首，北京师范大学图书馆藏明嘉靖三十八年刻本。

运之机,起敝亨屯之妙"等循环史观的概括,总体上仍然不能摆脱《周易》等经典理论的束缚。但是,其试图从自己的知识背景出发,对于人类社会的总体历史作出理性的解释,并且努力从中抽绎出相应的规律推察未来,较之早期对历史采取天人感应的神学解释,仍是个不小的进步。

其次,是薛应旂在研究历史的基础上提出的"时"与"势"的历史思想。

薛应旂不仅为"彰往察来",把整个自然、人类社会的发展变化置于一个时间序列,对"古今变化无穷,天地循环不爽"的历史进行了考察,而且对历史的运动也作出了有益的探索。

其中,薛应旂系统地探讨了"时"的历史哲学范畴,探讨了"常"与"变"的辩证关系,在继承和发展了司马迁"承弊易变",即历史发展到一定阶段必然发生变化之历史思想的基础上,提出历史的"常道"或本质就是变的观点,明确提出"惟随时变易乃常道也"的历史思想。为了论述这一历史思想,薛应旂专门写了《达常》一文。文中薛应旂说:

> 帝王致天下之治也,唯其道焉,而其行天下之道也,唯其时焉。治匪其道,则涣而无纪;道匪其时,则泥而不通。时以从道,道以济时,夫然后顺其常而天下相安,通其变而天下不倦,而治化之成也。有莫知其然者矣。《易》曰:形而上者谓之道,形而下者谓之器,化而裁之谓之变,推而行之谓之通,举而措之天下之民,谓之事业。是事业一本于道而变通也者。夫固所以趋时也。昔者五帝之时,敦朴未散,而纯于道化。三王之时,风气渐开,而参以法制。道化无为,无为故无失,无失故无革,是以五帝相承,莫之改易也。法制有作,有作则有弊,有弊则有救,是以三王相代,有所损益也。夏尚忠,忠之弊其民野。救野莫若质,故殷尚质。质之弊其人诡,救诡莫若文,故周尚文。文之弊其人僿,救僿莫若忠。是三王之所尚不同者,非欲自异而相反也。盖扶衰救敝,各随其时也。然举其名则殊制,究其极则同归,正犹水火制之相形,共济于日用也;寒暑之相代,共成乎岁功也。故史迁谓三王之道若循环,然其亦有见哉!追汉承秦、唐承隋、

宋承五代，皆余分闰位之后，坏法乱制之余，宜若一无可因者。然易井田为阡陌，变封建为郡县，自汉以来，固因夫秦也；为明经词赋之科，改乡举里选之法，自唐以来，固因夫隋也；变什一之征为两税之限，自宋以来，固因夫五代也。是岂秦、隋、五代顾能建不易之法，而汉、唐、宋开创之君臣，反出其下而循其旧哉？盖道有升降，政由俗革，而情之所便，势之所趋，固有不可以人废者也。何也？欲废阡陌为井田，则疆界混淆而难为理矣；欲废科目为选举，则矫饰百出而难为辨矣；欲废两税为什一，则田不井授而难为赋矣。岂为尔哉？结绳，固不可行于书契之既作也；俪皮，固不可行于六礼之既修也；蒉桴，固不可行于金石之既设也；毳毛，固不可行于衣裳之既制也；污尊，固不可行于范金之既合也；席地，固不可行于几杖之既陈也。不然，则三王之世岂不欲一循五帝之轨，而周继商，商继夏，又何乐于损益为哉？此仲尼所以不欲生今反古，而孟轲氏谓今之乐犹古之乐也。汉、唐、宋之君臣，因陋就简，虽其见不至此，而其于前数者之法则，固不当谓其为五帝三王之所行者而尽复之也；亦不当谓其为秦、隋、五代之所行者而尽废之也。唯当因其所遇之时、所乘之势，据其道而斟酌之，要不失乎先王致治之初意而已！曾子固曰：古今之变不同，而俗之便习亦异。议者不原圣人制作之方，乃唯设其器，制其物，为其数，立其文。至其说之不可求，其制之不可考，或不宜于人，不合于用，则宁至于漠然而不敢为，岂其惑哉？程正叔曰：天下之理，终而复始，所以恒而不穷。恒非一定之谓也，一定则不能恒矣，惟随时变易，乃常道也。非知道者，孰能识之于乎？观于二公之言，而常道可达矣。①

应该说，这是一篇具有相当价值的历史哲学文献。文中，薛应旂首先讨论了"道"与"时"的辩证关系，并从中导出"常"与"变"的问题。他认为，"道"是致治的根本，而"道"实现的重要条件是"时"。这里薛应旂

---

① 薛应旂：《方山先生文录》卷16，《达常》。

所谓的"道",是指正确的政令、规范和法度,即《尚书·洪范》所说的"无有作好,尊王之道;无有作恶,尊王之路;无党无偏,王道平平;无反无侧,王道正直"之"道"。文中说:"帝王致天下之治也,唯其道焉,其行天下之道也,唯其时焉。治匪其道,则涣而无纪;道匪其时,则泥而不通。时以从道,道以济时,夫然后顺其常而天下相安,通其变而天下不倦,而治化之成也。"时代变了,所谓的"道"也必须随之变化。"道"是相对的,而"变"则是绝对的,是"常"。因此薛应旂强调说:"惟随时变易,乃为常道。"并从这一认识出发,进而提出"达常"的历史思想。

所谓"达常",就是依据历史的变化"应时变法"。薛应旂认为,远古的五帝时期"敦朴而纯于道化",历史发展缓慢,变化相对微小,变革的意义亦小,但是随着历史的发展,"风气渐开","法制有作",变革便成为不可避免的"常道"了。也正是因此,"盖道有升降,政由俗革,而情之所便,势之所趋,固有不可以人废者":既不能说是因"五帝三王"等圣人之世实行的政令法规就一定采用,也不能说是因秦、隋、五代等闰朝霸世制定的典章制度就尽行废止,"唯当因其所遇之时,所趁之势,据其道而斟酌之",才能"要不失乎先王致治之初意"。总之,在薛应旂看来,历史的发展,正像程颐所说:"天下之理,终而复始,所以恒而不穷。恒非一定之谓也,一定则不能恒矣,惟随时变易,乃常道也。"

在探讨"道"与"时"、"常"与"变"等历史哲学范畴及其辩证关系的基础上,薛应旂又进一步探讨了"势"的问题。他说:

> 天下之势不能以常,均则必至于偏有所重。偏有所重而不早为之所,则其势遂成而难反。故周子曰:识其重而亟反之。非灼见理道,而极深研几者,不足以与于此也。何者?势之来也,渐而莫觉,虽离朱之明,莫能见也。既而成也,大而难图,虽贲育之力,莫能支也。[1]

薛应旂这里所说的"势",在某种意义上,也是指历史变动中的一定趋向。

---

[1] 薛应旂:《方山先生文录》卷16,《识势》。

薛应旂认为，历史发展变动的过程，也是"势"的重心不断辩证运动的过程。"势"的发展，体现为一个由微而显变化过程。"势"决定着历史发展的趋向。在具体的历史运动中，"势"一旦形成，"偏有所重而不早为之所"，使事物向着一定的方向发展过去，也就不再有力量能够扭转它了。所以薛应旂提出要"识势"："故曰：'涓涓不息，将成江河，由蘖方萌，将寻斧戈。'言图当早也。又曰：'勿谓胡伤，其祸将长；勿谓胡害，其祸将大。'言反当亟也。"尤其要注意那些貌似细小的事情，如"缙绅先生、文学博士，炫奇鼓众，立异聚交，以要誉于天下，宜若于世无所损益也。然人情作伪，附丽取资，若藤萝之延施，瓜蔓之缠绵，不至于酿成大患，其势不容以自己也"。认为"此尤识势者之所当三复也"。①

需要提出的是，薛应旂在强调"时"与"势"等客观因素，在历史运动过程中意义的同时，亦强调历史主体道德贤否对历史发展的影响。如前所述其将宋朝的覆灭归结为势小人当道即势一例。而对此的系统阐述，则有《任人》一文。文中薛应旂说：

　　尧、舜之道，不以仁政不能平治天下，是法固不容于任也。然其人存则其政举，其人亡则其政熄，则是政之存亡系于人不系于政又自可见也……然而何以谓之息也，盖无其人，则具在方策者，不过为往事陈迹，固不能推而达之天下也。纵能循其途辙，而时俗异尚，风气异宜，必不能化裁推迁，以得夫立法之本意而行之无敝也。苟得其人，则虽不必事事牵合，然以是心而行是政，得其意而不拘其迹，而因革损益，天下之政灿然毕举矣。②

薛应旂这里所论述的，也是其有关"时"与"势"历史思想的延伸。文中，薛应旂在历数了王莽、苏绰，乃至"一代豪杰"王安石采用所谓周公致治之法的《周礼》反遭失败的事例后，结论说："由此观之，信乎法之

---

① 薛应旂：《方山先生文录》卷16，《识势》。
② 薛应旂：《方山先生文录》卷16，《任人》。

不足任也。任法而不任人，则虽周公之法，吾未见其不敝也，况汉之《三章》、唐之《六典》、宋之《家法》？苟非其人，曷足恃哉！此为治者之所以必先任人，而欲任人，必先择相，其诸法制之详，固所不必论也。"即法是因"时"、因"势"而不断变化的，而人之"心"则是不变的。于是，薛应旂对"时"与"势"讨论的最终落脚，又落到了王学的最高范畴——"心"——人的主观意识上："数圣人之所以致治者，非有所作为于其间也。因时升降，由俗为政，而一顺乎民之心也。文为制度，崇尚损益，其粗迹也。所以同民心而出治道者，则固有在也。""古之治天下者，必达乎斯民之心，通乎此心之理，其举措未必同也，其合于道者一也。""因天下而为天下也，天下之要不在于我而在民，不在于民而在于民之心也。心也者，天地生物之心，而古今圣愚之所同也。"[①] 从而展现出薛应旂带有浓厚的折衷程朱、陆王之学色彩的史学思想。

[①] 薛应旂：《方山先生文录》卷17，《三代直道而行》。

王圻纂著考

　　王圻字元翰，号洪洲，上海人。生于明嘉靖九年（1530），卒于万历四十三年（1615）①。嘉靖四十四年（1565）进士，曾任云南道监察御史、陕西布政史司右参议、提督湖广学佥事等官职。《明史》卷二百八十六《陆深传》下附有传。王圻一生官程多厄，却始终不忘研治于民于世有用之学，"嘘剽剥而尚探讨，薄藻绘而崇典章"②，矻矻著述。尤其致仕归农后，更专"以著书为事，年愈耄耋，犹篝灯帐中，丙夜不辍"。③ "仰屋梁著书，门溷皆安席砚"。④ 著述凡八百余卷，其中254卷的《续文献通考》，是继元人马端临《文献通考》后至近代以前，唯一一部私撰典制通史，在古代文献学史中尤具价值。然其著述虽丰，却流布有限，《四库全书总目》存目仅著录五种，诸私家书目亦各说法不一。鉴此，爰据北京图书馆藏万历刻本《王侍御类稿》及所附《墓志》等有关文献，对王圻的著述分别考述如下。

---

　　① 关于王圻的生平，一般常见文献，如《明史》、《明史稿》、《明诗综》等，均语焉不详，其生卒之年更遑道及，致使现今很多出版物，如上海辞书出版社所纂《历史大辞典·史学史》、台湾"国立"图书馆纂《明人传记资料索引》，以及时代出版社影印王圻《续文献通考》和《三才图会》的出版前言等，皆不得不付之阙如。然检之北京图书馆所藏《王侍御类稿》，末附《明故朝列大夫陕西布政使司右参议、前监察御史洪洲王公暨诰封宜人陈氏合葬墓志铭》云："万历乙卯之闰八月十有四日，致仕陕西右参议、前监察御史洪洲王公无疾卒，年八十有六矣。"又云："卒之日，距其生嘉靖庚寅正月之二十有一日，享年八十有六。"则王圻之生卒年可知也。

　　② 《王侍御类稿》卷首，附原王圻《洪洲类稿》吴国伦序，北京图书馆藏清初刊本。

　　③ 《明史》卷286，《王圻传》，北京，中华书局，1974。

　　④ 朱彝尊：《明诗综》卷44，引《小长白芦诗话》，北京师范大学图书馆藏清六峰阁刻本。

一、经部

王圻一生于经部著述无多，所知仅两部，均与礼学有关，可见其学术大致兴趣。《墓志》载，圻七岁便受戴氏礼，后又以礼业第，于礼学兴趣最浓，用功最勤，抑或其日后喜研治典制原因之一？

《礼记衷言》　十六卷。诸家书目未见著录，《墓志》等文字亦未见叙及。嘉庆《上海志》卷十八《艺文志·经部·礼类》《续定周礼全经集》下注："（王圻）又有《礼记衷言》八册。"《类稿》卷四收有《礼记衷言序》，述其辑撰原因及经过曰："余起家固专业礼第，于诸经传尤乐窥一斑也。……甲申秋，余奉新命，校衡永士，道出长沙。会臬副李冲涵公亦以《戴礼》成进士，往欲衷集解群言，发明宗旨，未有属也。间与余语，欣然当心，遂出所贮时说数十种，胪列示余。且属之芟繁证谬，成一家言，俾学者定厥向往。余因选取学官博士弟子员分卷编辑，参互考订，稿凡数易，始克成编。而课督校雠，则西蜀古见吾氏独任之。寻冲涵公以参知去蜀，余乃间为裁定，付之梓氏，用广其传。即无能追迹先哲所注训，庶或免寡要漏万哉。业是经者无事蒐罗群说，而诸家指意灼然盈目，则是书不无小补，因之名之曰《礼记衷言》云。依之可推知是书约成于万历十三年（1584）左右。

《续定周礼全经集》　《千顷堂书目》及《上海志·艺文》经部礼类均著录为十四卷。《墓志》未提及是著之名，只曰："（圻）所注《周礼》十六卷。"然按《类稿》所附《行状》说，二者应为一书。《行状》云："夫公注《周礼官》，序依注疏，章句仍本经训，释宗郑、贾，且折衷诸儒，多所发明。复撷《五官》所载有关邦土者，汇为冬官，列《考工记》于其后。六典罔缺，此经始完。"又，《千顷堂书目》原注云："因柯尚迁之书而重为更定，凡五官所载有关于工者四十有二则，撷而汇为《冬官》上卷，而《考工记》三十一条，皆造作营缮不系，仍附于《冬官》之后，列为下卷"云云。案此或为"全经"之意。是书成于王圻晚年。《类稿》卷十《与何良柱》札专言此书，称："己酉冬，乘贵门生计偕之便，托槠奉谢，兼具旧业请正。是稿分寄三舍亲，而倪舍亲以患病不前，几逸其半。兹因舍甥刘永祚以岁荐谒选，敢再具一帙上之记室，幸赐命入门下。……不肖虚度八十有五，他无足道，尚能篝灯搜阅残编。迩来妄效王次仲诸君子，辑补《周礼·司空》之阙，稍加注释，以便后学诵读。值台使者杨弱水灾之梨枣，并求正于有道。倘以顾问余间大赐斧削，则又没齿之感也。"按《墓志》载，王圻享年八十有六，此札圻自言"虚度八十有五"，又有"迩来"之语，知是书成于万历四十一、二年间。

二、史部

作为史学家，王圻于史部的著述最勤，有九种之多，计有：

《续文献通考》　《续文献通考》为王圻最重要的史著，《四库全书总目》（下简称《总目》）卷一百三十八子部类书类存目二著录，刻本为二百五十四卷。《墓志》则记为二百八十九卷，原因不详。

据该书影印本（现代出版社出版）前序言，称是书完成于万历三十年（1602）左右。按原书温纯序云："元翰故同余举进士，又同应召。余给事禁中，元翰为西台御史，日相与聚谈今昔典故。乃元翰则慨仲尼说礼，忧杞宋无征，由文献不足，以不大用于世，盖肆力搜罗且四十年，遂成此考。"考诸《类稿》，王圻由万安知县应召西台御史是在隆庆二年（1568）。《类稿》卷四《重刻诗林广记序》曰："戊辰春，余以计事觐新天子，奉玺谕令之复任。于是，辞燕山，诉汶济、清淮，经吴会、武林而之江藩……"又，同书卷一所收王圻最早疏文，为隆庆二年八月初二所上《荐举边材疏》，说明王圻应召台省是在这年的夏季前后。从隆庆二年（1568）到温纯作序的万历三十一年（1603）春，计三十四五年，其间应为王圻纂辑《续文献通考》的时间，故温序有"肆力搜罗且四十年"之说，而影印序言小误也。又，圻所撰《谥法通考》有赵可怀万历二十四年（1596）初夏序。据赵序"（圻）归田后，日杜门著述，辑有《续文献通考》凡若干卷，就其中抽谥法一种另梓"等语，说明《续文献通考》至万历二十四年（1596）已基本完成，后则只是修补耳。

又，《类稿》卷四《魏水洲先生集序》云："……往余令清江，去新建仅百里，而遥慕先生之高节清风，亦既耳而目之矣。自楚归里，以尧牧之暇，辑《道统考》一书，尝纂先生行略继国朝理学名臣后，而犹恨不获见先生著述之全"云云。考诸是书同卷亦载有《道统考总序》，文字与《续文献通考》卷一百九十八《道统考》总序同。臆《道统考》一考原为单行，以后方并入《续文献通考》中而为诸考之一。

《谥法通考》 《四库全书总目》卷八十三史部政书类存目一著录为十八卷，北京图书馆藏有万历刻本。原书题云间王圻编辑，巴郡赵可怀校正，平湖孙成泰、郢中朱一龙、龙江王应麟、西陵吴化参阅。前有万历二十四年（1596）初夏赵可怀序，可知是书约刻于此时。然《类稿》所附王圻的《墓志》、《行状》及《行实》诸文，均未提及是书。据王圻撰凡例及赵氏之序，可知是书乃从《续文献通考》未定本中抽取《谥法考》一考，仍原书之例而增明代部分剞劂独行。其凡例云："余《续文献通考》尝益谥法一目，以补马贵与之缺，例仍旧贯，未及皇朝，今据实录所书，野史所记，辑附其后，别为一种，庶不至远希上古，近遗昭代。"赵序云："云间王元翰氏辑《谥法通考》，上自君后、臣庶以下及妇寺外夷若干卷备矣。所谓古今得失之非耶。元翰于书无所不读，以台使历楚督学使。归田后，日杜门著述。辑有《续义献通考》凡若干卷，就其中抽'谥法'一种另梓云。"今取《续文献通考》核之，《谥法》一考中，明代部分宛然具在。其中《续文献通考》卷一百三十四至卷一百五十二为《谥法考》，较《谥法通考》多出一卷。比较二者，明以前部分细目基本相同，明代部分小有差异，表示如下：

	谥法通考		续文献通考·谥法考
卷15	皇明帝后谥、皇明亲王谥、皇明郡王谥	卷148	皇明帝后、列妃、太子、亲王、公主
卷16	皇明名臣谥号	卷149	皇明亲王
卷17	先圣先贤先儒谥、隐逸谥、历代私谥、皇明私谥、历代妇人谥、异代追谥	卷150	皇明名臣上

续 表

谥法通考		续文献通考·谥法考	
卷18	宦者谥、释家谥、道家谥、夷狄谥	卷151	皇明名臣下、至先圣先贤
		卷152	隐逸至夷狄

按：据此表可见今通行的《续文献通考》谥法考部分，实根据《谥法通考》再行补充修订而为。

《两浙盐志》 二十四卷，《总目》卷八十四史部政书类存目二著录为《重修两浙盐志》，云其"自序谓武陵杨鹤巡按浙江，以《盐规类略》、《酉戌沿革》、《行盐事宜》三书并旧志授圻增订"而成，内容与地方盐政时务极密，王圻"留心有用之学"的学术特点于此可见一斑。是书前有王圻万历四十二年（1614）序，推测其刊刻时间，应距此不远。

《海防志》 今未见传本。《墓志》和《行实》均记为八卷。又称《云间海防志》。《松风余韵》卷二十九引《方志·王圻传》云："（圻）所撰有《礼记衷言》、《周礼全书》、《云间海防志》，皆经世钜儒之学。"知是书为有关地方海防事宜。

案，《类稿》卷十有《与徐抚台》札，其一曰："不肖圻夙奉龙光，逮今二十有六载。……圻衰飒无聊，纂述防海遗事，汇成一编，不过消磨长日。乃海防朱二府命锓之木，以备輶轩使者便览。不肖所集者，皆三十五年前事，恐新旧条款不同，敢具一帙上之记室，乞赐删改掷下，以便遵守。更有所禀，实为桑梓计，虑虽私而亦公也。……"同卷又《与徐抚台》曰："……迩接邸报，见兵曹题请御倭二疏，虽事在浙省，而苏松两郡海防较之浙中犹为切近。往岁壬子、癸丑之变可镜也。今天运既已一周，倭奴情形复又显露，此正思患预防之秋……"云。案，壬子、癸丑之变系指嘉靖三十一年（1552）和嘉靖三十二年（1553），倭寇对江浙地区的大规模劫掠。而运过一周则为万历四十年（1612）和万历四十一年（1613）际。时倭寇再次大规模活动于闽浙沿海，朝廷亦因驻兵防备事，加淮扬等府田赋。臆《海防志》应刻于此间。结合现实进行历史研究，以济世用为治学主旨，是王圻治学的鲜明特点。

《东吴水利考》 亦称《三吴水利考》。《总目》史部地理类存目四、《千顷堂书目》史部地理类均著录为十卷、刻本亦为十卷。《墓志》及《行实》则记为十六卷。是书王圻自序题："万历岁次乙卯八月朔旦，赐进士朝列大夫陕西布政使右参议、前云南道监察御史、奉敕提督湖广学政，上海王圻撰"。案，乙卯年为万历四十三年（1615），考诸《墓志》，王圻即卒于是年的闰八月十四日，即王圻理讫是著并撰序后仅月余，便溘然而逝。其自序云："自汉迄元，英君察相何尝顷刻忘东南水利哉！皇朝定鼎燕云，一切供亿仰给东南，岁漕天下四百万石以充禄饷，而苏、松、常、镇、嘉、湖六郡，弹丸之地，所给殆居其半。然一颗一粒，何者不产于地，何者不资于水？而庙堂筹画，迂于修治漕河，动费数百万金，而东南水利弃焉若置。即如吴淞一江之通塞，系东南水利最巨者，齿及修浚，辄以帑藏空虚为辞。若论田间水道，则盖以为不入耳之谈。是经国者但知贡赋之所由入，而竟忘贡赋之所由出，坐令浦港日渐湮浅，旱涝无由潴泄，遂致霖雨数日，膏腴悉成巨浸；万一经旬不雨，田畴立见龟坼。自万历戊子以来，灾侵叠奏，逋课岁积，杼轴既空，催科愈急，无惑乎人愁鬼泣，祸乱之萌将有不可胜言者！"作为富有责任感的历史学家，王圻对于当时统治者的失望、民生国运的忧患，溢于言表。是书刻于天启间，其时王圻已死。《墓志》云："《水利考》十六卷、《明农稿》八卷藏于家。"《行实》亦曰："《明农稿》与《水利考》未梓，余皆行于世……"说明在圻生前未曾刊行。

《吴淞江议》 一卷。《千顷堂书目》史部地理类著录附于《东吴水利考》下。《墓志》和《行实》均述及此书。但刊刻年代及具体内容不详。此著或为治水之书耶？

《青浦县志》 八卷。《千顷堂书目》史部地理类著录。《类稿》卷四有《青浦县志序》，曰该志"为图、为志、为表、为传凡八卷三十二目"。又曰："是役也，提调总裁，则荣麓（卓钿）先生实司之；商榷质订，则学博锡山陈君文龙、吴陵杨君庭芳；分类雠校，则文学诸君子；而削牍抽毫，则不佞圻与一日之劳云。"序作于万历二十六年（1598）。《松风余韵》卷七《徐梦徵传》云："万历丁酉，王洪洲纂修《青浦县志》，庠士同校者十二人，梦徵其一也。"同书卷二十三何尔复传亦载："先是万历丁酉洪洲纂《青浦邑志》，尔復与同校之列。"知是志肇修于万历二十五年（1597年），逾年而就。检北京图书馆藏有万历二十六年刻残本，缺卷一至卷四。案，此志特点是特重水利。清修《青浦县志·凡例》评之曰："王公洪洲于山川之水亦只载其大者，其馀皆入水利卷中，可谓详略得宜。"

《洗冤录集览》 《墓志》记云十卷，诸家书目未见著录。案《类稿》卷四收有《洗冤录集览序》，其《序》文称："余筮仕一十六载，为邑者四，为州者二，为御史、为杲金者各一，然皆有刑章之寄焉。故尝搜辑古今图说及当代令甲，凡有裨于检勘者，次第笔之，久而成帙，因标其端曰《洗冤录集览》"云。可知是书乃王圻致仕后所为。圻任地方官多年，政绩斐然。所任清江、万安、曹县、开州、青州等地，为民称誉，立生祠祀之。其间所寄刑章，亦能干炼处之。据《墓志》载，王圻曾为"大司空朱公称为循良第一，比于西门豹之投筮"。而于此圻亦能悉心蒐辑编刊，其留心有用之学，于空谈炽盛之明代，实为可注意者。

《王氏家乘》 卷数不详。《类稿》卷三载《家乘序》，有"余今春秋八十悬弧之旦"等语，知是书著于万历三十七年（1609）。

三、子部

王圻之子部著作有特点二：一是多具实用性，如兵、医等类著述；二是多稗史野乘杂说等与史有关之著作，即多属传统的小说或类书类。计有六种。

《稗史汇编》 《总目》卷一百三十二子部杂家类存目九、《千顷堂书目》子部小说类均著录为一百七十五卷，《墓志》则云二百二十卷，原因不详。是书在王圻纂著中的地位及卷帙为仅屈于《续文献通考》者。

案明代晚期，阳明之学已趋式微，学术风气亦渐由束书不观而趋于征实，然却又存在好奇炫博的倾向。观王圻此书，亦不免沾染习气。计首卷开列引书之目达八百余种，而其《引》更自言曰："是编采取群书无虑七百馀种，而今计所录不过一百之一二"云。且书内更有大量未注明出处者错杂其间，其驳杂于此可一见。据圻《引》云："元儒仇远博采群书著为《稗史》，而陶九成氏又从而增益之作《说郛》。二先生用心良亦苦矣，然览者犹病其繁芜秽杂。故迄今三百馀年，互相抄录，未有能付梓以传示四方。余尝读而好之，至惓惓不能释手，然犹惧其终于湮没也。遂即明农之暇，重加雠校。凡繁芜之厌人耳目、诡异之荡人心者，悉皆芟去勿录；若我朝诸君子所著小史诸书，有足阐发经传、总领风教者，虽片言只语，兼收并蓄。总之为纲二十有八，列之为目三百有二十，而命之曰《稗史汇编》。"知是书乃王圻因宋元旧集，尤其是仇远之《稗史》和陶宗仪之《说郛》，而参明代著述，删改增润而成。北京图书馆藏有明刻本，前有蔡增誉万历丁未冬十月序、周孔教万历戊申序、毛一鹭万历戊申秋序。王圻《引》则署之"万历岁次丁未孟春朔日上海王圻谨识"，可推知是书完成于万历三十五年（1607）。其中蔡序云："（圻）续马贵与《文献通考》，而兹复贾余勇，白首丹铅，以就斯编。"如前考，王圻《续文献通考》编讫于万历三十年，故推知是书编纂费时约五年。

《三才图会》 一百六卷。《总目》卷一百三十八子部类书类存目二著录。约刊于万历三十七年（1609）。书前有周孔教、顾秉谦、陈继儒及圻自序。圻自序云："季儿思义亦构心往牒，广加蒐辑，图益大备。"顾秉谦序云："前三图皆御史公手裁，而后则允明氏之所续。"知全书乃圻与其子合纂，其中发凡起例及其中大部皆出圻手。《四库全书总目》等簿册皆只言圻著，未提及其子。此书圻《墓志》、《行状》及《行实》诸文字则摒而不述。案明代类书，图文并茂者首推是书，采集广博，颇益考证，且流传于域外，为西人所重。

《武学经传句解》 十卷。《千顷堂书目》及清修《上海志·艺文》子部兵家类著录。顾秉谦所撰王圻《墓志》及张恒、何尔復撰写的王圻《行状》和《行实》，均述及此书，但其刊刻时间则不详。

《黄庭内外景经洎五脏图说》 卷数及刊刻时间不详，《墓志》等文字及诸家书目亦未述及。《类稿》卷四载其序。据序云：《黄庭内外景经》"当时并行于世者有二：景内谱中景经五脏图、五脏六腑图凡三十部五十七卷。"然时已皆不得见，推于梁丘注释中"尚存，而五脏图又杂见于养生书中"。于是圻"因表而出之，以备一家之言"，"至于导引补泻诸法，固亦三十部中之一，然茹吸吐纳，易以惑人，往往害性而伤生"，则"细而未予刊入"。

除自著外，王圻还有校勘及考订前人著述之作，其刊刻行世者，子部计有以下两种：

《重修辍耕录》　又称《增图本辍耕录》，元天台陶宗仪撰。据潘承弼、顾廷龙纂《明代版本图录初编》云，原明嘉靖中玉兰草堂曾据元刻重雕，世称佳椠。万历甲辰，王圻亦取版重修，且附《刻秋江送别图》并赠诗及序，实即同一版刻焉。案《类稿》卷七载《重修辍耕录引》，未明言所采版本事。其叙刊刻经过云："……盖自元至正之丙午，迄皇明万历之甲辰，几二百五十余祀。岁月既深，木受蠹而字磨灭者，十盖八九。余因访求善本，重加考订，芟蠹而补其缺，复为全书。虽不改有所损益于其间，然使将来博雅之士便于翻阅，不可谓□□□。"又，《墓志》等文字未言及此书。

《古今考》　原书为宋魏了翁撰，元方回续。《总目》卷一百十八子部杂家类二著录，称：《古今考》一卷，《续古今考》三十七卷。王重民《中国善本书提要》考证："其合紫阳书为三十八卷者，始于元泰定间，然泰定刊本今已不见。明万历间，王圻得泰定刊本，刻之楚中。"又《类稿》卷四载《古今考序》亦明言曰："顾其书自婺传吴，自泰定以及今日，越两朝三百祀，竟莫有为广其传者，则此书不遇时好因可概见，乃予固授之梓，宁徒灾木乎哉？窃欲俾前贤著述不至与长物同朽腐"云。然《墓志》、《行实》、《行状》诸文字却将其归为王圻纂著之列，曰（圻）所辑有《古今考》二十卷云云。时人王世贞氏所谓家乘墓志多谀，不可尽信，此实可视为一证矣。然于此书价值，王重民先生亦肯定云："王氏之于是编，功不可没也。""（明刊）诸本中，以王圻校勘本最善，邵章许其为'佳'，以其从元刻本出也。"此书刊刻于万历十二年（1584），时王圻在湖广学政任上。

四、集部

王圻潜心研治典章制度，故于集部纂著不多，计有：

《洪洲类稿》（附《王侍御类稿》、《明农稿》） 《洪洲类稿》，《总目》集部别集类存目五著录为四卷。《墓志》及清修《青浦县志》亦记为四卷。何尔复撰王圻《行实》和《千顷堂书目》则注为十六卷。《总目》云："是集凡诗一卷，文三卷，乃其提学湖广时所自编。其孙谟又为重刻。""计其平日殆无时不考古研今，其于诗文殆以余事视之，故寥寥如此。"案，此《四库全书》馆臣误会。是书为圻编于湖广督学任所，书前有郭正域和吴国伦序。吴序注明作于万历十三年（1585）。而其时去圻卒岁万历四十三年（1615）仍有三十年之多，其间圻作文甚多，并曾与乡亲结成耆英等社，其唱和之作，《松风余韵》多处述及。考诸《类稿》除收有《洪洲类稿》原郭、吴二序外，还有万历四十七年（1620）秋陆应阳《序》，以及圻子思义之《引》。其中思义《引》言曰："（圻）故楚中所梓有《洪洲类稿》，先奏议，次诗若文，业已脍炙人口矣。林居廿余年，征文之客踵至。风晨月夕，又与社中诸公更相倡和，故诗若文特多。往昔，先侍御尝自裒其稿汇为帙，题曰《明农》，盖四倍于前刻云，未付杀青，属罹大故，竟为无赖者匿，不得梓。义恐久益散佚，先侍御奚囊之业遂至漫漶，因搜故箧，尚存残剩，命小史录出，锓诸梨枣，并前《类稿》共为一集，题曰《王侍御类稿》，为卷凡十有六卷，比前稿多志状、尺牍及杂著，而末复附唱和集及志状行实……"依此《引》，似可知《洪洲类稿》（四卷）及《明农稿》。（所谓"四倍于前刻"，应为十六卷）再及《王侍御类稿》（十六卷）之递嬗关系。然而，细检《类稿》所附《墓志》与《行实》说法仍不能一致。《墓志》云："（圻）所著有《青浦县志》、《海防志》各八卷，《吴淞江议》一卷，《洪洲类稿》四卷行于世。《水利考》十六卷，《明农稿》八卷藏于家。"而《行实》则云："（圻）所著有……《洪洲类稿》十六卷、《明农稿》四卷。《明农稿》与《水利考》未梓。"案其间原因关系不明，待考。

关于王圻诗文，所谓后七子之一的吴国伦评曰：其"不落筌蹄，不涉蹊径，惟意所适，一无蹈袭"。陆伯生则云："先生诗近大历贞元之际，晚年冲远，入陶韦门奥。"①

《诗林广记》 是书亦为王圻整理校勘他人著述之作。诸家书目未见著录，原作者、卷数均不详，《类稿》卷四有《重刻诗林广记序》云："戊辰春，余以计事觐见新天子，奉玺谕令之复任。……凡两越月。暇则坐风檐下，展韵林一卷而读焉。讹者订之，失次者序之，入治境而翻阅周矣。博士弟子刘君子由，多闻强记，蜚声于时，畀之重加检括。盖至是而鲁鱼亥豕可十划八九矣。刘君造而请，曰旧刻仍讹踵陋，今两经校正，庶几其为善本矣，弗寄诸木奚普其传？余因鸠工梓之而序次其始末如右云。"案，戊辰为隆庆二年（1568），时圻在万安任上，《诗林广记》可能刊于此，因未几王圻便因治绩迁云南道监察御史入京述职。

《吾从录》 刊于圻归农后，卷数不详。诸家书目未见著录，《墓志》等文字亦未述及。《类稿》卷四有《吾从录序》，摘录于下以备参考。序中云："……归农之暇，蒐检故箧，得先哲遗文二百余首，不矜于古雅，而读之有苍然之色，不蕲为隽永，而玩之有渊然之味。虽近代学士或藐之为陈编，而余独视之为商彝周鼎、太羹玄酒。既汇之以课子若孙，又授之梓以公四方，而名之曰《吾从录》。夫'吾从'者何？昔孔子斟酌三代之文，而独曰'吾从周'。至其'从周'也，又斟酌于本朝先进后进之间，而曰'如用之则吾从先进'。非以周末文胜，流于不悃不若文质得中之为愈，故不敢避野人之称而宁先进之从。今余之刻是编，夫亦窃比于孔子'从先进'之遗意。此《吾从》之所由名也。"

《古今诗话》 卷数不详，诸家书目及《墓志》等均未见著录。据《类稿》卷四载《古今诗话序》，此书辑于万历十四年（1586）王圻致仕之后。序中云："……余自楚归农，镃基之暇，蒐集累朝著述，为之删繁就简，凡有关世道之升降，诗教之针砭者，别成一帙，名曰《古今诗话》，即黄万顷所著《笔苑》遗意也。编摩既就，因付之剞劂氏，以贻同志明窗之下……"

---

① 引文转录自朱彝尊：《明诗综》。

《精选绳尺论》 卷数不详，《墓志》等均未述及。据《类稿》卷四所载《精选绳尺论序》推知，是书应刻于隆庆初年万安任上。序云："丙寅叨令清江，适吴内文宗岩泉徐老先生，以名御史督学江藩，士经一校第，文辄入彀，然犹谓论之稍外于绳尺也。命余选是编，以督所进诸生。余乃乘案牍之暇，与学博吴君坤、唐君宠，选其文之易于模效，格之近于时制者若干篇，谋广其传，事未竟而改置万安之报至矣。既又携之行笥，以属司教沈君鳌、蒋君闻礼、熊君濂重加校正，遂命诸梓……"案，丙寅为嘉靖四十五年（1566），时圻刚以进士释褐清江，越一年移知万安，而进擢御史，则如前考，为隆庆二年（1568）夏秋之际，推之是书刊刻年代可知也。

20世纪二三十年代中国新社会科学运动与史学发展的新境界

中国近现代意义的新史学,自20世纪初发轫,至1930年代中期不长的时间内,先后经历了二次突破性的发展:一次是伴随着五四新文化运动,在所谓国学问题的论辩中展开;一次是在1920年代末1930年代初,在中国社会史等问题的讨论中拉开帷幕。其中前者使中国的学者"渐能脱除清代经师之旧染,有以合于今日史学之真谛",[①] 促进了西方科学的实证史学与中国乾嘉学术传统的结合,奠定了新史学的基本格局;后者则发展成为一场新的社会科学运动,促进了社会科学理论对史学的渗入,特别是扩大了历史唯物主义在中国历史学界的影响,在给历史学者带来新的观察社会和解释历史的历史观和方法论的同时,也使中国史学的发展进入了一个新的学术境界。本文之旨趣,则是就1920年代末至1930年代中期形成的新社会科学运动及其特点,以及其与中国史学发展之关系,从史学普遍发展的特征,而非仅就几个常提及的马克思主义史家为中心作些分析,就教于方家。

一、新社会科学运动的兴起

1936年,郭湛波在其《近五十年中国思想史》中,将迄止至当时的五十年来的中国思想发展划分为三个阶段:自1894年"甲午之役"至1911年民国成立为第一阶段;自1911年武昌起义至1928年"北伐成功"为第

[①] 陈寅恪:《陈垣元西域人华化考序》,《金明馆丛稿二编》,239页,上海,上海古籍出版社,1980。

二阶段；自1928年"'北伐成功'至今日止"为第三阶段。① 这种思想进程的划分，基本上是符合历史事实的。其中，我们所说的新社会科学运动，正是在这思想历程的第三阶段逐渐兴起，并构成这时期思想文化发展之重要内容的。这场以探求、译介西方社会科学理论，尤其是马克思主义社会科学理论为重心的文化运动之所以兴起，与这时期中国国内政治时局的发展关系十分密切。在一定意义也可说，新社会科学运动兴起，是中国各个政党、各个政治派别，以及那些面对当时"风云突变"的政治局势茫然不知所之的知识分子，对于国家前途及命运努力思考，积极寻求答案之热忱驱动下的文化产物。

从中国国内政治时局的发展讲，1927年，当正以破竹之势迅猛发展的国民革命，骤然因蒋介石为代表的国民党极右分子幡然撅起叛旗而夭折，一度显现革命曙光的中国，再次陷入了新的黑暗。其时，旧军阀的势力依然盘踞于全国的许多地方，以国共合作为象征的革命阵营却令人痛心地分裂，"全国都热烈地期望着一种统一的革命势力来完成这民族解放的伟大事业"的美好愿望，被残酷的政治现实粉碎。② 而在国民党在南京建立国民政府的同时，共产党也在自己的根据地建立起苏维埃政权，两大政治阵营尖锐对立的局面至此形成。接下来又是1929年爆发的蒋桂战争，和1930年爆发的中国近代史上规模最大的中原大战等连年不断的新的军阀混战。也就是在这时期，从1927—1935年农村又连年发生酷烈的自然灾害，尤其是1931年长江发生的大水灾，更是殃及十六个省区，受灾民众多达五千余万，因灾而死者达百余万；而此刻开始于1929年的世界资本主义经济危机也逐渐殃及中国。由于各帝国主义国家为摆脱自己的经济危机，竞相扩张在华的经济势力，一方面向中国倾销"过剩"产品，一方面扩大对中

---

① 郭湛波：《近五十年中国思想史》（修订版），195～196页，北平，人文书店，1936。按该书1935年由北平大北书局初版时称《近三十年中国思想史》，翌年再版时因冯友兰是正面改为今名。

② 郑伯奇：《二十年代的一面——郭沫若先生与前期创造社》，原载1942年3、4、5、6月及1934年重庆《文坛》半月刊第1、2、3、4、5期及第2卷第1期。收入饶鸿兢等编：《创造社资料》，762页，福州，福建人民出版社，1985。

国的资本输出，加强对中国经济命脉的控制。其结果，是使 1925 年五卅运动爆发以后刚刚有所发展的中国民族资本遭到严重挫折。与此同时，以 1931 年爆发的"九一八"事变为标志，日本帝国主义者开始了对中国的公然侵略。可以说，这阶段一系列接踵而来、连绵不断的天灾人祸，真可谓"洒向人间都是怨"！在这种政治、经济局势下，此情此景很自然地将"中国向何处去"的问题，摆到了全中国人民的面前。

面对这"自一个可怖的事实的礁石，打转了这不可一世的理想的潮头"，所"卷起了失望与怀疑的旋涡"，不仅共产党人、中间政治派别的人在诘问、在思考，国民党人也同样在诘问："我们的动向是错误了吗？"①同样在思考："革命的基础是全民还是农工和小市民？革命的对象是帝国主义和封建势力，还是几个列强和几个军阀？"而当"这些重要的问题都引起了疑难和论争"的时刻，不同政治派别的人们，也都不约而同地把问题的解决，转向了对中国社会的分析，认为："要扫除论争上的疑难，必须把中国社会加以解剖；而解剖中国社会，又必须把中国社会史作一决算。"② 于是中国共产党、国民党，和国共两党内因不同政见而分裂出来的不同派别，如托陈取消派、第三党、改组派等，以及其他中间政治派别，如人权派、乡村建设派等等政治派别或不同政见的同情者，纷纷走上理论论坛，从各种角度，以各自认同的理论反思历史，审视现实，为探索中国的未来出路进行激烈的理论交锋，一再在思想理论界展开论战和讨论。③ 近现代史上的一些重大问题的论战，诸如中国社会性质与革命性质论战、中国社会史论战、中国农村社会性质论战、全盘西化与中国本位文化的争论以及中国现代化问题的讨论等等，大约都是开展于这个时期，充分表现了当时知识分子对于国家前途的忧患意识与政治关怀。

---

① 王礼锡：《中国社会史论战序言》，《读书杂志》，1931（4，5）。
② 陶希圣：《中国社会之史的分析·绪论》，1 页，上海，新生命书局，1929。
③ 这里需要说明的是，面对当时中国政治局面的各政党，无论是国民党还是共产党，其内部都因国家前途及解决问题途径的认识不同而存在众多的思想派别，这种情景，一方面造成了当时思想界的复杂性，一方面也提示我们，不能用今天国共政治立场划分当时的意识形态为截然对立的两大思想派别，并以此简单化、意识形态化的形式来分析当时的思想状况。

在当时特定的社会环境下，这些有关中国国家前途问题的探索，几乎都与中国的政治现实密切相关。有的争论，甚至本身就是现实斗争的直接表现或延伸。例如当时争论最激烈的中国社会性质问题，据参加论战的陶希圣回忆说："当时中共干部派主张中国社会是半封建资本主义社会，为其在长江流域制造农民暴动，实行土地革命之理论根据……希圣则指出中国封建制度已衰，封建势力犹存，而归本于三民主义国民革命"云，① 充分说明了当时思想论战与现实政治的纠葛。而这些问题的探讨，又极大激发了人们对于各种社会及政治理论的探求热情。论战的各方纷纷引经据典，个个矛击盾挡，于是各种社会及政治的理论也随着人们的引证阐释而在社会流播。同时，为方便发表社会及政治言论，不同的政治派别，亦创办了各自的喉舌刊物，其中仅1928年在上海创刊的刊物，就有《生路》月刊、《文化批判》月刊、《新生命》月刊、《再造》旬刊、《现代中国》半月刊、《革命评论》周刊、《双十月刊》、《思想月刊》、《日出旬刊》等等。这些理论刊物大多声称自己负有介绍、宣传社会科学理论的任务，如：

——《日出旬刊》第1期《校后补记》称："本刊以启蒙的目的，就想做几件小事情：1. 介绍一点系统的浅近的政治，经济，社会的理论。2. 对现在的社会科学出版物（如杂志，书籍）作点批评的工夫——这说不定也会旁及于其他书籍（如文学一类）。3. 零琐的，但是重要的国际事件，也按期介绍。"②

——《思想》月刊第1期《编辑后记》称："我们以为在现今的时代，无论那个国家，那样社会，如它要想存续发展下去，第一的前提条件是在于确信及拥护科学的真理！""《思想》这诚是一个微小企图，站在这样的立场和这样的精神之上，想把纯正的，科学的思想，在合理的形式之下，介绍给青年们；并以这样的态度和科学的方法去研究及解剖中国底过去的及现存的社会现象，指出一个正确的答案给青年们做参考。""本志在末尾

---

① 陶希圣：《八十自述》，15页，台北，台湾食货月刊社，1979。
② 《日出旬刊》，1928年11月5日第1期《校后补记》。见饶鸿兢等编：《创造社资料》，552页，福州，福建人民出版社，1985。

开辟'新术语'一栏,专解释科学上——社会科学上——种种术语;为初学者读各种书籍作一个预备的阶梯,希望不要忽过。"①

——《新兴文化》创刊号《编辑后记》称:"现在,再来说一说它担负的任务。它将站在一个视角,唯一正确的科学的视角来介绍学说思想,批评过去现在的俗恶的破廉耻的理论,并分析解剖国内及国际所生起的一切重要的事件来给它一个正确的解答。"②

……

这类刊物的大量出现,无疑加速了不同社会科学理论在社会上的传播和影响。新的社会科学运动,正是在这不同思想的交锋中逐渐拉开了帷幕。按照时人所说,"简言之:一九二七年的大革命给予一般民众许多教训,前进的智识分子便露了一个对过去革命检讨的企图。不过要达到这层目的,却非先有一个基本理论的建立不可。这样一来,便产生了一个文化运动……"。③

除了对于中国前途命运的关注外,值得提出的是国共分裂之后,原国共合作时多少有些一致的理论,因政治基础的瓦解而不再被强调了。在这种情况下,为了政治斗争的需要,一方面国民党人急于建立本党的理论体系,以划清与共产党在思想战线上的界线,达到从组织到思想,彻底肃清共产党在社会及国民党内部之影响的政治意愿,从而促使该党的理论家纷纷操觚染翰,著书立说。例如国民党的理论家童行白便称:"自发现共产党破坏国民革命的阴谋以后,遂有清党护党之举,因清党而注意理论的分析,因护党而从事主义的阐扬;如胡汉民同志的连环性,周佛海同志的体系说等,均为名贵之作。"④ 张太风则在稍后明确地总结:"在本党出师北伐前后,军事势力达到长江流域之时,反对三民主义的人,直指三民主义

---

① 《思想》月刊,1928 年 8 月 15 日第 1 期《编辑后记》。见饶鸿兢等编:《创造社资料》,550~551 页。

② 《新兴文化》,1929 年 8 月月刊创刊号《编辑后记》。见饶鸿兢等编:《创造社资料》,554 页。

③ 王独清:《创造社与中国文化过程》,原载上海《文艺新闻》周刊,1931 年 5 月 25 日第 11 期,见饶鸿兢等编:《创造社资料》,685 页。

④ 童行白:《唯物史观与民生史观析论》,29 页,上海,上海南华图书局,1929。

没有哲学根据，意图贬低其价值，正是今日局蹐一隅，大唱马列主义中国化者流所提出，这种谬论至今犹存，这是革命理论斗争的开始，也是三民主义理论发展的开始，在不断的斗争中建立起三民主义的理论体系。"① 另一方面，从共产党方面讲，为了抵制国民党及其他思想派别的攻击和围剿，也开始组织起一些文化力量，反驳和批判种种与己不利的思想理论及言论，在正面宣传马克思主义的同时，阐述自己的思想路线和行动主张。活跃于斯时的思想理论界的所谓"中国社会科学家联盟"，就是共产党组织并领导的外围群众文化团体。"社联"的这种政治属性和成立目的，在它的成立宣言中表达得相当清楚。《宣言》称："一般从事运动的社会科学家，早就感觉到有统一战线，在马克思主义旗帜下扩大运动，对假马克思主义者，施之以无情的袭击之必要。目前中国革命高潮的兴起，工人斗争的激进和政治化，土地革命的深入，苏维埃区红军的扩大促进了统一战线的成功，加紧社会科学运动是必要的。"② 国共双方的积极介入，一方面使得社会科学运动的论战显得更为激烈，一方面也使得这时期的理论交锋，较之以往的论战染有更浓重的意识形态色彩，即使是有关社会科学理论译介的选择与阐释也不能例外。

当时的情况表明，对于国家前途充满苦闷彷徨的国人，似乎已失去了吟风诵月的闲情逸致，而是把关注的目光移向对社会问题的思考与讨论。当时国人的这种心态，在文化出版物中被充分地表现出来，其结果就是文艺类书籍的出版势头骤减，社会科学类著作大增。这时，就连一直以浪漫主义为旗帜的左翼新文学社团创造社，在1927年以后，它的出版部也将出版的重心，转移到了社会科学类的图书方面，集中组织出版了如"社会科学丛书"、"江南文库"、"科学丛书"、"新智丛书"等一批社会科学书籍。③ 而关于1929年出版界的情况，《新思潮》第2、3期合刊中，一篇署名"君

---

① 张太风：《三民主义哲学》，18页，重庆，新潮出版社，1943。

② 子西：《中国社会科学家联盟成立》，《巴尔底山》，1930年5月21日第1卷第5号。

③ 这种转变可参见饶鸿兢等编：《创造社资料》五，《丛书与刊物》，439~457页。

素"的文章这样写道:"一九二九年这一年的出版界,可以说是一个关于社会科学的出版物风行一时的年头。关于文艺方面的出版物虽然不能说是已经衰歇,但总没有像关于社会科学的那样来的蓬蓬勃勃的。这一年,单只社会科学丛书之刊行或计划,据我所知道的已经有了现代的社会科学丛书,南强的新社会科学丛书,北新的近代社会科学名著译丛,黎明的社会科学大纲,南华的苏俄研究小丛书……等等。"除此之外"其他以单行本的形式出版的"社会科学著作,据作者统计,更是多达160多种之多,充分体现了当时社会民众关注的焦点。① 对于这种社会现象,1929年1月8日的《申报·余话栏》甚至有人这样评述说:"这一年来,社会科学的书籍,趁着新文艺没落的运命,走了红运,于是大时髦,但是社会科学书籍时髦到现在已经成了瘟疫了。"② 然而也正是在社会各界这种普遍的关注下,"中国新兴社会科学运动的发展",成为了"文化运动上的伟大势力"。③

1920年代末兴起的新社会科学运动,虽然因1937年抗日战争的全面爆发,中日民族矛盾迅速上升为主要矛盾而衰歇,但是这场运动对于现代文化发展的影响仍是非常值得注意。

二、新社会科学运动的学术特点

1920年代末至1930年代中兴起的新社会科学运动,可以说是继五四新文化运动之后又一次介绍和传播西方文化的高潮。但是与五四新文化运动有所不同,这次兴起的新社会科学运动,所介绍和传播的西方文化,主要集中于政治学说、经济学说、社会学说以及历史学说等学术理论方面,尤其是辩证唯物主义与历史唯物主义,在这时期受到突出地介绍和广泛地

---

① 君素:《一九二九年中国关于社会科学的翻译界》,《新思潮》,1929第2、3期合刊。
② 转引自君素:《一九二九年中国关于社会科学的翻译界》。
③ 子西:《中国社会科学家联盟成立》,《巴尔底山》,1930年5月21日第1卷第5号。

传播。

关于新社会科学运动的这些学术特点，可从上面提到的《新思潮》第2、3期合刊所载署名君素的《一九二九年中国关于社会科学的翻译界》一文所列的出版书目看出。试迻录该书目如下：

书　名	著　者	译　者	书　局
社会科学概论	杉山荣	李达、钱铁如	昆仑
观念形态论	青野季吉	若俊	南强
辩证法的逻辑	狄芝根	柯柏尔	南强
新唯物论的认识论	狄慈根	杨东莼	昆仑
康德的辩证法	戴溥林	程始仁	亚东
费尔巴哈论	恩格斯	彭嘉生	南强
宗教哲学社会主义	恩格斯	林超真	沪滨
哲学的唯物论	阿德拉斯基	高唯均	沪滨
辩证法的唯物论		李铁声	江南
现代世界观	A. Thalheimar	李达	昆仑
旧唯物论底克服	佐野学	林伯修	江南
辩证法唯物论	狄芝根	柯柏年	联合
辩证法的唯物观	狄慈根	杨东莼、张乐原	昆仑
新社会之哲学的基础	K. kosch	彭嘉生	南强
无神论	佐野学	林伯修	江南
唯物史观与社会学	布哈林	许楚生	北新
史的一元论	蒲列哈诺夫	吴念慈	南强
社会学底批判	亚克色利罗德	吴念慈	南强
唯物的社会学	赖也夫斯基	陆一远	新宇宙
社会进化之铁则	萨可夫斯基	高希圣	平凡
社会形式发展史		陆一远	江南
社会进化论	巴恩斯	王斐孙	新生命
犯罪社会学		郑瑒	北新

续表

书 名	著 者	译 者	书 局
经济学入门	伍尔模	龚彬	北新
经济学大纲	河上肇	陈豹隐	乐群
马克思主义经济学	河上肇		启智
社会主义经济学	河上肇	邓毅	光华
资本论入门	河上肇	刘垫	晨曦
学生的马克思	拉皮多斯	吴曲林	联合
政治经济学	阿斯托罗、维将诺夫	陆一远	江南
工资价格及利润	马克思	朱应祺、朱应会	泰东
工资劳动与资本	马克思	朱应祺、朱应会	泰东
哲学底贫困	马克思	杜友君	水沫
资本论概要	W. H. Emmett	汤澄波	远东
资本论解说	博洽德	李云	昆仑
经济学概论	英国平民联盟编	丁振一	南强
经济科学大纲	波格达诺夫	施存统	大江
辩证法与资本制度	山川均	施复亮	新生命
资本主义批判	山川均	高希圣	平凡
新演绎学派经济学	荒木光太郎	刘奕	联合
世界经济论	高山洋吉	高希圣	平凡
人口问题批评	河上肇	丁振一	南强
1928年世界经济与经济政策	伐尔茄	李一氓	水沫
资本的集中	Colman	曾预生	远东
产业革命	毕尔德	王雪华	亚东
世界大战后的资本集中	鲁宾斯泰	李华	南强
社会农业	恰耶诺夫	王冰若	亚东
各国地价制度		邓绍先	华通
唯物史观经济史(上中下)	山川均、石滨知行、河野密	熊得山、施复亮、钱铁如	昆仑
社会经济发展史	W. Reimes	王冰若	亚东

续表

书 名	著 者	译 者	书 局
中世欧洲经济史	泷本诚一	徐天一	民智
唯物史观的经济史	住谷悦治	熊得山	昆仑
社会主义经济学	住谷悦治	甯敦五	昆仑
马克思经济学说的发展	河西太一郎、猪俣津南雄、向坂逸郎	萨孟武、樊仲云、陶希圣	新生命
农业理论的发展	河西太一郎	黄枯桐	乐群
经济学史	小川市太郎	李祚辉	太平洋
经济思想史	出井盛之	刘家鋆	联合
经济思想十二讲	安倍浩	李大年	启智
经济学上的主要学说(上)		邓绍先	华通
经济学方法论	凯尼斯	柯柏年	南强
新经济学方法论	宽恩	彭桂秋	南强
现代欧洲经济问题	P. Price	刘穆、曾豫生	远东
国际统计		陈直夫	新宇宙
国家与革命	V. I. Ulianoff		中外研究学会
家族私有财产及国家之起源	恩格斯	李膺扬	新生命
国家论	奥本海马尔	陶希圣	新生命
世界政治概论	吉贲士	钟建闳	启智
欧洲无产党研究		施复亮	新生命
世界各国左倾政党	籐井悌	温盛光	乐群
美国政党斗争史	贡尔德	白明	远东
民族的特征与政治的国际化	皮霭尔	叶秋原	联合
[欧]洲政治思想史	F. I. C. Heanshow	陈康时	远东
现代政治思潮	贾德	方文	联合
欧洲政[治]学说史	Dunning	谢文伟	中央政治学校
欧洲政治史	今井登志喜	高希圣	太平洋
政治哲学		郑肖厓	华通

续表

书 名	著 者	译 者	书 局
社会主义及其运动史	Laidler	杨代复	中央政治学校
英国社会主义史	乔治般生	汤浩	民智
科学的社会主义之梗概		画室	泰东
社会主义思想之史的解说	久保田明光	丘哲	启智
基督教社会主义		李搏	
科学的社会主义	波多野鼎	高希圣	平凡
社会主义论理学	考茨基	叶星	平凡
社会主义概论	Cohen	华汉光	远东
欧战后社会主义的新发展	Shadwell	胡庆育	远东
近代社会思想史要	平林初之辅	施复亮、钟复光	大江
社会主义与进化论	堺利彦	张定夫	昆仑
社会思想界说	山内房吉	熊得山	昆仑
马克思昂格斯	李阿萨诺夫	李一氓	江南
革命与考茨基	V. I. lianoff		中外研究会
两个策略	V. I. lianoff		中外研究会
农民与革命	V. I. lianoff	石英	沪滨
社会革命论	考茨基	萨孟武	新生命
中国革命	施高塔倪林	王志文	远东
农业革命化运动			启智
东西学者之中国革命论	樊仲云		新生命
俄国革命史	史列泼柯夫	潘文鸿	中外研究会
西洋史要		王纯一	南强
西方革命史	金梁尔、材利果仁	高峰	新宇宙
俄国革命史			泰东
法国革命史	威廉布洛斯	孙望涛	亚东
德意志革命史	马泽	李华	春潮
近代西洋文化革命史	哈模、多玛士	余慕陶	联合
俄国社会运动史	近藤荣藏	黄芝葳	江南

续 表

书　名	著　者	译　者	书　局
日本社会运动史	冈阳之助	冯叔中	联合
世界社会史纲	普莱勃拉仁斯基	王伯平、徐难先	平凡
美国社会史	A. H. Simons	汤澄波	远东
古代社会	莫尔甘	杨东蓴	昆仑
世界社会史	上田茂树	施复亮	昆仑
资本主义最后阶段·帝国主义论	伊里几	刘埜平	启智
近代帝国主义概论		梁止戈	江南
帝国主义与石油问题	阿讷托	温湘平	启智
帝国主义没落期经济	伐尔加	宁敦五	昆仑
煤油帝国主义	斐西尔	闻杰钟	明日
中国领土内帝国主义者资本战	长野朗	方文	联合
帝国主义之政治解剖	皮霭尔	叶秋原	联合
资本主义与战争			启智
帝国主义与文化	乌尔佛	李之鸥	新生命
帝国主义侵略中国的财团	南满洲铁道设编	萧百新	太平洋
帝国主义者在太平洋上之争霸		陈宗熙	华通
美国与满洲问题		王光祈	中华
西原借款真相	胜田主计	龚德柏	太平洋
英国帝国主义的前途	托罗茨基	张太白	春潮
苏俄宪法与妇女	大竹博夫	陆宗赘	平凡
俄国革命与妇女	山川均	高希圣	平凡
苏俄的消费组合	蒲蒲夫	丁华明	明日
苏俄劳动组合		熊之孚	泰东
苏俄劳动保障	G. Price	刘曼	华通
苏联制经济组织		张民养	泰东
苏俄研究小丛书			南华

续表

书　名	著　者	译　者	书　局
苏俄的活教育	Wm. I. Goode	王西徵	
苏俄十年来之外交	西那特	胡庆育	新生命
苏俄政治之现况		胡庆育	太平洋
妇女问题与妇女运动	山川菊荣	李达	远东
妇女问题		高希圣、郭真	太平洋
妇女问题的本质	堺利彦	吕一鸣	北新
中国农民问题与农民运动		王仲鸣	平凡
动荡中的新俄农村	欣都士	李伟森	北新
日本的农业金融机关	牧野辉智	黄枯桐	商务
饥荒的中国	马罗立	吴鹏飞	民智
农村调查		黄枯桐	商务
新社会政策	永井亨	无闷	太平洋
英国住宅政策		刘光华	华通
生活费指数之编制法	国际劳工局	丁同力	商务
工业劳资纠纷统计编辑法	国际劳工局	莫若强	商务
劳资对立的必然性	河上肇	汪伯玉	北新
近代文化的基础	H. C. Thomas、H. A. Hamm	彭芮生	启智
福特产业哲学		龙守成	
棒喝主义		龙守成	
法西斯蒂的世界观	巴翁兹	刘麟生	真善美
自由主义		罗超彦	
金圆外交	尼埃林、福礼门	张伯箴、丘瑞曲	水沫
慕沙里尼治下的意大利		唐城	中央政治学校
最近十年的欧洲		胡庆育	太平洋

关于这个书目，这位署名"君素"的作者总结说："这一年关于社会科学的出版的，有几点值得注意的。第一，是新兴的社会科学抬头。这是新兴阶级的抬头的必然的反应。新兴的社会科学在这一年里，可以说已经

确确实实地树立了它的存在权了。第二，是关于经济学的书籍特占多数。第三，是关于方法论——尤其是唯物辩证法这一类书籍的流行。这就意味着中国的读书界已经有更进一步去研究社会科学的需要之表示。第四，是关于苏联的研究的书籍和关于帝国主义的书籍，占了不少的数目。第五，是关于历史方面——如经济史，革命史，及经济学史社会思想史等等——也占了相当的数目。从这一点，可以看到中国的幼稚的思想界已经有渐渐走上系统研究的道路之倾向了。最后一点，就是这翻译之中，未免有些粗制滥造的缺点。但是这是社会科学运动之初期必有的现象，只要社会科学的运动向前进展，关于这类书籍的批评建立起来，这种缺点，是会逐渐消灭的。"① 这位自署"君素"的作者概括的当时出版物的这些特点，集中地反映了知识界在这时期特定的政治局面下所关注的问题焦点，以及新社会科学运动发展的学术特点。

新社会科学运动在理论上的取向，明显表现出与前一阶段不同，按照两个文化发展阶段过来人齐思和的概括：其中"从五四到北伐，在时间上，虽然只有七八年，但是中国的学术思想，又走到第一个解放时期。这两个时期的中心思想是绝对不同的。五四的中心思想是自由主义，是知识分子对于传统束缚的解放运动。北伐后的中心思想是社会主义，是唯物史观的观点对于中国过去的文化加以清算。"② 有人甚至认为，1920年代末的新社会科学运动是对前一阶段的主流学术思想的批判否定。例如同样是当时文化发展见证人的潘广铭和伍启元，在1933年8月回顾新文化运动以来至1930年代中国学术思想的发展历程时，就认为新文化运动以来，学者"所持的武器，最重要者有两种：一是杜威以及他的信徒们从资本主义的美国带来的实验主义；另外一种是唯物史观，发生于介绍马克斯思想到中国来之后"。③ 其中1920年代末以后，以胡适为代表的"杜威以及他的信徒们从资本主义的美国带来的实验主义"，在社会上已不再是有影响的社

---

① 君素：《一九二九年中国关于社会科学的翻译界》。
② 齐思和：《近百年来中国史学的发展》，《燕京社会科学》，1949（10）。
③ 潘广铭：《中国新文化运动概观序》，伍启元《中国新文化运动概观》，上海，现代书局，1934。

会主流思想理论了，"这个时代的特征，以马克斯体系的辩证唯物论为主要思潮，来反对第二个段落的思想学说，如叶青的《胡适批判》、《张东荪批判》，李季的评《胡适中国哲学史大纲》，郭沫若的《中国古代社会研究》，都是这时代下的产物。"① 其所谓"杜威的实验论理学，和罗素的数学逻辑虽曾盛行一时；现在却失掉了权威，继之而起的新思想方法，就算辩证法了"的现实②。新学术思潮，既有时代政治的影响，也与世界学术发展的最新动态息息相关。

关于这场新兴的社会科学运动的学术特点，世界学术发展趋向的影响绝不能小觑。诚如当时的伍启元对世纪初以来发生的新文化运动进行的总结："近世科学的发达和资本主义的进展把整个地球打成一片；无论愿意与否，现在中国已是世界的一部，已不能再享受闭关自守的桃花源生活了。世界已是整个的世界，中国社会一切的转移，也只是受世界巨潮底动向所激荡。因之，现代中国学术思想的推移，也不过是跟着世界学术思潮的蜕变而转捩吧。"③ 应该说这些当时人的感受，也是当时文化发展的具体实情。

1920年代到1930年代，借助马克思预见资本主义内在矛盾必然导致全面社会危机的理论被第一次世界大战的爆发所证实，以及苏俄苏维埃事业之胜利发展的双重影响，马克思主义理论在各种社会科学中的影响迅速扩大。其中就当时国际史学发展的情况来看，杰弗里·巴勒克拉夫指出："1917年以前，马克思主义对于从事实际研究工作的历史学家的思想影响很小。"④ 然而到了"1930年以后，马克思主义的影响广泛扩展，即使那些否定马克思主义历史解释的历史学家们，也不得不用马克思主义的观点来重新考虑自己的观点。"⑤ 而对于中国来说，"适值此时期，整个世界在

---

① 郭湛波：《近五十年中国思想史》，195~196页，北平，人文书店，1936。
② 同上书，259页。
③ 伍启元：《中国新文化运动概观》，2页。
④ [英]杰弗里·巴勒克拉夫著：《当代史学主要趋势》，杨豫译，6~10页，上海，上海译文出版社，1987。
⑤ [英]杰弗里·巴勒克拉夫著：《当代史学主要趋势》，杨豫译，32页。

新民主的浪潮里，亦正进行着，新旧历史的转换，西方的更新的民族社会意思，适应中国革命浪潮的高涨，而深刻的渗透入中国，从而新兴科学社会观和历史观，继承'五四'为启蒙的求'真'精神，伸入于中国学术运动的各部门。"① 也正是在这时期，大约1920年代末，一批留学青年的逐渐回到祖国，尤其是一批接受到马克思主义教育的留苏青年，和一批受到以河上肇为代表的日本马克思主义理论熏陶的留日青年的归国，对于上述新社会科学运动的发展方向及其学术特点产生了相当大的影响。例如在留日学生方面，郭沫若曾回忆说："而（成）仿吾在日本方面，却又和另外一批朋友，订了一个新的计划，便是要把创造社作为明朗的思想战的基地，要尽力从事于辩证唯物论和历史唯物论的推阐工作。这一批朋友便是李初梨、彭康、朱镜我、冯乃超、李铁声。他们是少壮派，气锐非常，革命情绪火热地高涨，就为了推行这一计划，大都临到大学快毕业了，把毕业试验抛弃，陆续先仿吾而回到上海。"② 此外，像1921年以来一直在日本追随着名河上肇研究政治经济学的青年学者王学文，也是在1927年国共分裂以后回到国内，在上海的一些高校讲授政治经济学和经济思想史等课程。这些"新锐的斗士"回国后，便"以清醒的唯物辩证论的意识，划出了一个'文化批判'的时期"，③ 以《文化批判》、《流沙》、《思想》、《日出旬刊》、《新兴文化》、《新思潮》等刊物为阵地，展开社会文化批判和社会科学理论的宣传。后来这些人大多成为中共领导的中国社会科学家联盟的成员，对于新文化运动的理论左翼趋向起有很大的导向作用。同样，也是由于这些人员的参与，在推动新社会科学运动广泛展开的同时，也把苏共和共产国际内部，以及日本学术思想界对于中国社会及社会史问题的理论分歧带到了国内，使得中国社会及社会史问题的争论更加地复杂和激烈。

这里需要说明的是，作为马克思主义理论体系重要内容的辩证唯物主

---

① 张绍良：《近三十年中国史学的发展》，《力行月刊》，1943年4月第7卷第4期。
② 郭沫若：《沫若文集》第八册，289页，北京，人民文学出版社，1958。
③ 郭沫若：《创造社的自我批判》，见黄人影编：《创造社论》，77页，上海，光华书局，1932。

义和历史唯物主义，虽然早在 1920 年代初期就在社会中广泛传播，并取得了极高的思想理论地位。但是那时的讨论，大多还局限在一般性的宣传和一些与实际政治相距较远的问题，如人生观等问题的讨论中。此后虽然也不断有一些社会发展史和所谓社会学的论著出现，介绍、宣扬辩证历史唯物主义，如蔡和森的《社会进化史》、张伯简的《社会进化简史》、李达的《现代社会学》等，但并没有在社会中形成广泛影响。① 然而到了 1920 年代末，因对政治时局及国家前途命运的普遍关怀，辩证唯物主义与历史唯物主义作为一种解释社会发展的思想理论和方法论，逐渐被广泛引入于各种论战之中。论战的各方也无不纷纷祭起辩证唯物主义和历史唯物主义的大纛，阐释自己的观点、攻击其他的思想派别，引起了社会各界广泛的关注。以致在这时期，辩证唯物主义和历史唯物主义几乎就成了社会科学的同义词，成为解释政治和社会发展问题的有效的理论工具。关于当时辩证唯物论和唯物史观流行的情况，谭辅之在陈立夫主编的《文化建设》月刊上发表《最近的中国哲学界》说："1928 年到 1932 年短短的时期中，除了普罗文学的口号而外，便是唯物辩证法和唯物史观的介绍。这是新输液的黄金时代。在这时，一个教员或一个大学生书架上没有几本马克思的书总是要被人瞧不起的。"② 而从这个时代走过来的何兹全先生也回忆说："20 世纪 20 年代末 30 年代初，在学术界、思想界、史学界，我的感觉都是在马克思主义、唯物史观独步天下的时代。上海的新书店，如雨后春笋，出现很多，都是出版马克思主义、唯物史观的书。旧的老牌书店，如商务、如中华，都一时黯然无色。老的学术界、思想界、史学界有影响的学者，如胡适等，一时都只能退避三舍。"③ 形象地说明了当时新社会科学运动影响下学术思想的主要趋向。

---

① 这些书出版时间依序为 1924 年上海民智书局出版；1926 年国光书店再版；1926 年湖南现代丛书社出版。
② 谭辅之：《最近的中国哲学界》，《文化建设》，1935 年第 3 卷第 6 期。
③ 何兹全：《我所认识到的唯物史观和中国社会史研究的关系》，《史学论衡》下编，280 页，北京，北京师范大学出版社，2002。

三、新社会科学运动影响下的史学发展新境界

1920年代末兴起的新社会科学运动,从学术发展的角度讲,其影响最巨大、最直接者莫过于史学。这时期,"中国历史研究之极其被学术界重视,决不是毫无理由的"。① 对此,许多当事者都有所意识。例如开中国以历史唯物主义理论及方法研究中国历史风气之先的郭沫若,在其《中国古代社会研究》的序言中便宣称:"对于未来社会的待望也正好决定我们未来的去向。"② 总结1943年以前近三十年中国史学发展的张绍良也说:"北伐革命,是中国历史上一件划时代的事体,其意义不特重大,其内容亦且繁复,正因为如斯,所以在革命进行的过程中,发生过许多交错难解的问题。困难之所在,逼迫着当事者难于历史的深究。"其中"革命势力的反封建是一致的。但对于新中国的未来的希望和憧憬,则是歧异的。中国究竟走向那里去?并不完全决定于革命者的主观意志,和主观力量,而要依据于历史的客观事实。因此,了解中国历史的发展,把握中国历史的动向,成了革命者之当前的急务。北洋军阀倒台后,军事一时休止,在革命的新中国建设的迈进中,中国历史的研究,刹时间成了学术界的风尚。"③

时代知识界所表现出的对于历史的普遍关注,如前所述,体现了人们对现实政治和国家前途命运关怀与思虑,但是从史学发展的角度讲,它在使史学与政治紧密交织在一起的同时,也促进了中国史学本身的进步,在促使中国近现代史学的发展进入到较之前一阶段更高的新的学术境界的同时,也造就了一个中国史学研究的新的黄金时代。

概括说来,1920年代末至1930年代的新社会科学运动所促成的中国史学发展新境界,包括直接和间接两个方面的意义:

从对史学直接促进的意义讲,最重要的是在史学理论和方法论方面,不仅前一阶段以胡适等为代表的实证主义的史学观点和方法得到超越,而

---

① 张绍良:《近三十年中国史学的发展》。
② 郭沫若:《郭沫若全集》历史编第一卷,6页,北京,人民出版社,1982。
③ 张绍良:《近三十年中国史学的发展》。

且简单的历史进化理论也得到超越。人们不再满足于对个别历史事实和历史文献的饾饤考证，而开始重视对于历史的理论思考和整体诠释。其中尤其是历史唯物主义，经过新社会科学运动的大量译介和中国社会史问题论战的持续展开，在社会中获得空前的传播，在作为社会科学最有力的科学理论而被普遍认同的同时，也在史学研究中被广泛汲取，形成许多史学家历史解释的理论框架。使得这个原本因政治理论问题而被提出的理论，渐渐脱离开政治语境而走向学术化，作为一种具有解释力度的社会科学理论融进了具体的学术研究之中。一时间，"社会形态"、"经济结构"、"阶级关系"、"生产关系"、"商品经济"等马克思主义理论体系学说中的基本语汇，成为了史学界耳熟能详的解释术语。历史唯物主义的这种影响，可以从疑古派主帅顾颉刚1933年2月为《古史辨》第四册撰述的《序言》看出消息。在这篇序言中，顾颉刚坦率地承认，古史的辨伪只能算是破坏伪史的"下学"，至于构建新的历史体系，则不能不依赖于"上学"的唯物史观。①

除了上述事实，以及人们在论述1930年代史学发展时常常提及的郭沫若、吕振羽等马克思主义史学家卓越的史学实践外，这几年中，还有一个小小的具体事件值得放在当时史学发展的大背景下提出。这就是1931年北京大学史学系发生的要求学校罢免系主任朱希祖，改革课程设置的学潮。这次学潮，校方与学生从是年初一直僵持至6月，最后由校史学会议决出甲、乙、丙、丁四项议案向"蒋校长（梦麟）交涉"。其中在"添聘教员"一项中，学生提出请马克思主义经济学家、史学家和社会学家，当时任中央研究院社会科学研究所副所长的"本系前教授陈翰笙先生回校"；聘请以唯物史观探讨中国社会史，并在中国社会史论战中打响"论战第一炮"的"陶希圣先生来校讲课"。在"下学期增加功课"一项中，学生要求开设："一中国社会史。二唯物史观研究。三历史哲学。四中国文化史。五

---

① 详见顾颉刚：《古史辨》第四册《序》，北平，北京朴社，1933。

西洋文化史。六考古学。"① 从这些史学系学生所提出的要求可以看出,历史唯物主义对于社会的影响,以及学生们对于当时唯考据是瞻的"学院派"之大本营,北京大学史学系教学体系的不满,渴望以新的史学理论和方法,尤其是历史唯物主义来革新史学的热望。

也正是在1931年的夏季,因不满蒋介石右倾立场而"颇有讽刺及批评现实政教之长篇与短文","言论种种非法及违纪之处"遭到检举和著作查禁的陶希圣,② 应北京大学和北京师范大学之聘,北上两校,讲授中国政治思想史和中国社会史。曾在新社会科学运动中弄潮的陶希圣执教北大一事,从当时史学发展的格局看,颇有一点史学意义。其时,"海派"与"京派"两种不同的治史风格,已俨然畛分畦划。尽管这时中国的史学界诸流竞起,但是以学术文化的中心北平而言,所谓"以科学方法整理国故"的新考据学仍然居于主流地位。当时持中科院史语所、北大、清华、辅仁、燕大等学术重镇牛耳的教授,要么是所谓科学实证加乾嘉考据研究范式的史家,要么是以传统旧学为主的史家。这些史家虽然对中国近现代史学的发展做出了巨大的贡献,但是从研究范式上看,其共同的特点:一是强调史料的发掘与考据对于史学的意义,"非考据不足以言学术",③ 而对于社会历史过程的解释理论,则一般并不予以过多的注意;二是在研究的内容上,或囿于中国传统学术思路及西方实证史学研究取向影响,或囿于唯心主义的历史解释理论影响,大都更关注政治史、文化史或学术史,

---

① 参见《北平晨报》1931年6月《北大史学系要求聘教授该系一年级之议案》和《北平晨报》1931年6月23日《北大史学会挽留邓之诚》二则消息,收《北京大学史料》第2卷,1726~1727页,北京大学出版社。所谓陶希圣打响中国社会史"论战第一炮"的说法,见齐思和:《近百年来中国史学的发展》,文载《燕京社会科学》,1949(10)。

② 陶希圣:《潮流与点滴》,122页,台北,台北传记文学出版社,1979。

③ 《读书杂志》,1933年4月10日第2卷第7号。

而"不重视社会经济的作用，较少探索这方面的问题"，① 至于所谓"中国社会是什么社会"的大的理论问题，更是"一个京朝派文学和史学的名家不愿出口甚至不愿入耳的问题"。② 因此从某种学术层面上讲，陶希圣从中国社会史论战的中心上海，来到所谓"学院派"重镇的北京大学讲学，就具有了一点打破旧学术格局的意义，也就难怪北大史学系的学生会对其表示欢迎，力主校方聘请他到系里讲学了。事实上，陶希圣的执教，也确实多少打破了一点北平史学界的旧格局。例如杨联陞就曾回忆说，当他在清华经济系读书时，陶希圣在清华兼课，他在选修陈寅恪的隋唐史课的同时，还选修了"陶希圣先生'中国社会史'"课，上课亦在三院，亦每得晋谒于同一之教员休息室。陶师与《食货》诸君，对联陞皆有影响，经济史之转向，实发于此"。③ 此外，全汉昇也回忆说："我在 1931 年进入国立北京大学攻读史学系，在师长的指导和勉励之下，确立了我的治学方向和治学态度。当时，政治系教授陶希圣先生讲授'中国社会经济史'，我对这门课极感兴趣。陶先生不但使我了解经济史对于解释人类历史演进的重要性，而且使我感到眼前呈现一片新境界，亟待开发，于是决心研究中国经济史。""1934 年我写成《中国行会制度史》，希圣师阅稿后即推荐发表，于时希圣师创办《食货》半月刊，目的是促进国人对社会经济史的研究，我也写了几篇论文，在这个刊物上发表。"④ 当时受到陶希圣影响并在后来史学研究中做出成绩的还有鞠清远、连士升、武仙卿、沈巨尘、何兹全等

---

① 田余庆：《魏晋南北朝史研究的后顾与前瞻》，《秦汉魏晋史探微》，中华书局 1993 年版。按田先生这里所说的是陈寅恪，其实陈寅恪对于社会经济的作用不是没有认识，但是，由于理论认识的问题，陈寅恪更主要的是把经济制度隶属于文化的范畴认识的，而不是从历史唯物主义观点出发来认识的。如其著名的《王观堂先生挽词并序》便云："夫纲纪本立像抽象之物，然不能不有所依托，以为具体表现之用；其所依托以表现者，实为有形之社会制度，而经济制度尤其最要者。故所依托者不变易，则依托者亦因以保存。"

② 陶希圣：《潮流与点滴》，129 页。

③ 杨联陞：《打像为誓小考》，载《纪念陈寅恪先生诞辰百年论文集》，282 页注 1，北京，北京大学出版社，1989。

④ 黎志刚、林燊禄：《学人专访：全汉昇院士》，《汉学研究通讯》，1986 年第 5 卷第 1 期，第 13 页。

所谓"食货派"的学人,反映了陶希圣执教北平各大学后,对于北平史学格局的影响。

此外在这期间,史学发展所表现的新气象,有几种史学专门刊物的出现,是以往近现代中国史学史的研究者没有充分注意到的。这些史学专门刊物包括:(1)1932年11月创刊的,由北平社会调查所(中央研究院社会科学研究所的前身)的陶孟和、汤象龙主编的《中国近代经济史研究集刊》半年刊;(2)1933年1月创刊的,由国立中山大学史学研究会编辑的《现代史学》季刊;(3)也是在1933年1月创刊的,由北平历史科学研究会主持的《历史科学》月刊;(4)1934年12月创刊的由北京大学教授陶希圣主持的社会史专攻刊物《食货》半月刊。从这些史学刊物创办的宗旨看,大多主张站在历史唯物主义的立场上,研究历史科学,呼吁对历史进行科学的研究,表现出要求汲取社会科学理论改进史学研究的呼声,从而看出与1920年代末以来新社会科学运动之间密切的学术联系,其中:

——《中国近代经济史研究集刊》,自第五卷第一期开始,进一步扩大研究范围,改名为《中国社会经济史研究集刊》,是我国第一份以经济史命名的专门学术刊物,它的《发刊词》是这样说的:"……要认识现在的人类生活的任何方面我们便不得不追溯到他的历史,因此有的人便说社会科学的大部分都是历史的说法,社会科学的大部分都是历史的说法固然未免过于夸大,但是社会科学的研究的确离不开历史,却是不容否认的,而且从各种社会科学发展以来,向来所公认的历史范围逐渐扩大,包括人类生活的各方面而形成所谓文化史或社会史,或分演成为个别的社会制度史,也是人所共见的事实。近年来关于社会各方面的历史的新题目日见增多,家庭,经济,风俗,技术,信仰都辟出专门的特殊的历史的研究,其中以经济方面的历史更显出长足的发展,在以先历史的范围仅限政治史的时候,英国的有名的历史家Freemen说过,'历史是过去的政治。'在我们认识经济在人类生活上的支配力并且现代经济生活占据个人,民族,国际的重要地位的时候,我们便不得不说历史的大部分应为经济史的领域。"①

---

① 《中国近代经济史研究集刊》,1932年11月第1卷第1期。

——《历史科学》是北平历史科学研究会的会刊,其《创刊之辞》称:"本刊纯系公开的研究历史的刊物,站在新兴科学底立场,以客观的切实的精神,作深入的研究。我们无所企求,但愿始终拥护真理,掀起一个科学的历史研究的运动。""我们虽也站在历史的唯物主义方面,但是我们要由历史发展的本身作深入的探究而以为历史之判断。我们虽也留心史料的时代价值,但我们要以新的科学来阐明历史充实历史,而我们更要努力于历史之传授——历史教育之研究,以作历史大众化之准备。"①

——《现代史学》的发刊词《本刊宣言》,是由从日本研究历史哲学归国的朱谦之撰写,这篇洋洋洒洒的万言论文,明确地宣称:"我们宣言愿以本刊为转形期历史学的先驱,对于一切现代史学既要广包并容,对于过去史学也不惜取批判的态度。"并详细地阐述了其创刊《现代史学》的学术使命,其中"第一使命",是在历史哲学方面,因历史已"进入最近之生命时期","真的历史不可不经过今我思想的活动"故"毅然决然舍弃了过去历史的残骸,而从事现代性的历史之把握",以"建设有生命的历史";"第二使命",是因"从史学方法论上格外认识了现代史学方法之重要性",兼采"社会科学所共同采用的""历史进化的方法",和"历史科学所特别采用以建设历史的""历史构成的方法"二种研究方法,"在建立下史料之确实的基础上","为人类历史建立下进化的根本法则";"第三使命",是因"从史学的历史上看出研究现代史学与社会史的重要性",而"注重现代史与社会史等研究"。②

——《食货》半月刊在封面明确标明"中国社会史专攻刊物",而在创刊号《编辑的话》中,主编陶希圣称其办刊的宗旨曰:"这个半月刊出版的意思,在集合正在研究中国经济社会史尤其是正在搜集这种史料的人,把他们的心得、见解、方法,以及随手所得的问题、材料,披露出来。大家可以互相指点,切实讨论,并且进一步可以分工进行。"③ 所以翦伯赞称:"陶希圣主编的'食货',对于中国历史的改造,也抱着一个热烈

---

① 《历史科学》,1933年1月第1卷第1期。
② 《现代史学》,1933年1月第1卷第1期。
③ 陶希圣:《食货》半月刊,1934年12月第1卷第1期《编辑的话》。

的宏愿。"①

　　上述几个史学专门刊物的运命虽然蹇顺不一，但是仅从这些史学专门刊物出版的办刊宗旨就可以看出，经过1920年代末以来兴起的新社会科学运动的洗礼，到了1930年代初期，中国的史学发展确实进入了一种新的境界，史学界开始了新一轮史学理论和方法论的探讨，在提倡历史研究现代性的同时，更开始了一些新的史学探索与实践。例如《历史科学》第2期《告读者诸君》说："我们始终抱定决心向真理的途中而探险，就是遇着了任何险恶和艰险，也是不怕的；只要能够逼近真理，相信是绝不会孤独的。为着我们要对历史的作深入研钻，必需把握着更正确的历史方法，更具体的阐明历史的内容。在这一年，我们想打定科学的历史理论，所以决计出下列专号：1. 科学的历史理论的专号；2. 历史与各种科学的关系的专号；3. 世界史学界鸟瞰专号；4. 现代中国各派历史方法论批判专号……"② 对于这点，表现更突出的是《现代史学》，不仅一创刊便设置了"史学理论"专栏，而且刊出了一系列有价值的讨论文章，如第1卷第1期的《现代史学之意义》（吴康）、《什么是历史方法》（朱谦之），第2卷第3期的《历史科学论》（朱谦之）、《普通逻辑与历史逻辑》（黎东方），第2卷第4期的《历史论理学》（朱谦之）、《建立史学为独立的法则的科学新议》（陈啸江）、《对于历史方法一点小小的贡献》（石衡）等等；此外《食货》半月刊也设有或"理论与方法"，或"方法与技术"，或"方法论"、"方法的讨论"等专栏，译介和讨论史学理论和方法论的问题，而这种史学现象是在以往的史学刊物，如《国学季刊》、《清华学报》、《燕京学报》、《历史语言研究所集刊》等，所没有的现象。总之，1927年以后到1930年代中，是一个史学理论和方法论受到越来越多重视的时期，据中国社会科学院历史研究所资料室与北京大学历史系合编的《中国史学论文索引》第一编所收录的论文统计，从1900—1937年，各期刊共发表有关历史科学一般论著方面的论文81篇，其中28篇论文发表于1927年以前，而1927年到1937

---

① 翦伯赞：《历史哲学教程》，194页，石家庄，河北教育出版社，2000。
② 《历史科学》，1933年3月第1卷第2期封二，《告读者诸君》。

年的十年之间，则发表相关的论文达 53 篇。同样，在这 37 年之间，共发表有关历史研究法的论文 30 篇左右，1927 年以前发表相关论文 8 篇，1927—1937 年间，发表相关论文 22 篇。另外，从著作出版的情况看，也呈现这样的趋向，如从 20 世纪初到 1937 年以前，约出版了"史学概论"方面的著作 12 部，其中有 9 部是出版于 1927—1937 年的十年之间。而这些新的史学理论与方法论，主要就是在新社会科学运动中得到广泛传播的历史唯物主义。也正是在历史唯物主义理论的影响下，史学界也开始了新的史学探索与实践，逐渐从注重政治史转向"注重现代史与社会史等研究"。[①] 至此，"社会史"的观念开始正式引入历史研究的范畴，史学界开始更加强调社会宏观的发展，更加注意社会经济和政治发展的内在联系，社会经济史的研究开始在史学界逐渐兴盛了起来。

"中国经济史本是未开的生地。'斩之蓬藋荆棘'，是件最苦最难收效的事情。"[②] 然而在新社会科学运动的影响下，1930 年代有关中国经济史的研究却获得了极其突出的发展。这些发展首先体现在史学观念上。在 1930 年代之前，一些中国社会经济史的教学和研究，一般来讲，基本上是由社会学院系或社会科学研究所等教学和研究机构承担，例如陶希圣属于北大法学院政治学系的教授，汤象龙、陶孟和、梁方仲等是中央研究院社会科学研究所的研究人员等，而有关中国社会经济史的研究论文，也多是以社会学的专门刊物为园地。但是到了 1930 年代，这种情况发生了很大的变化。从刊物方面讲，不计《食货》半月刊、《中国社会经济史研究集刊》等研究中国社会经济史的专门刊物，其他如《现代史学》，不仅在创刊伊始便设立了"社会史研究"专栏（从第 2 期开始更明确地改为"经济·社会史"），而且在《本刊宣言》指出：所谓"文化史，则其本身更可细分为两大系列而发展：第一，知识生活方面，从宗教史之研究进至哲学史研究，又从哲学史之研究进至科学史的研究；第二即社会生活方面，则从军事史（政治史）之研究进至宪政史（法律史）之研究，又从宪政史之研究

---

① 《现代史学》，1933 年 1 月第 1 卷第 1 期。
② 陶希圣，武仙卿：《南北朝经济史·序》，2 页，上海，商务印书馆，1937。

进至最近代之社会史经济史的研究。"指出："固然史学界的前辈仍在拥护 Dryser，Stubbs 等所学旧式的历史，而较年青的青年，却已倾全力于经济史，尤其社会史之研究"，而且还将整个第 3 期设计为"经济史专号"，认为"经济史是研究社会史的基础，要清算中国社会史，非先立好中国经济史的根基补课，所以这已成为刻不容缓的工作了。"①

随着史学研究的观念发生变化，史学研究的内容也开始逐渐向社会史，尤其是社会经济史方面拓展，同样据中国社会科学院历史研究所资料室于北京大学历史系合编的《中国史学论文索引》第一编统计，从 20 世纪初到 1937 年左右，全国各报刊共发表有关中国清季以前的社会经济史论文约 715 篇，其中绝大部分是发表于 1927 年以后，其中例如"历代经济类"共著录论文 103 篇，只有吴贯因《中国经济进化史论》1 篇，是发表于 1915 年《大中华》第 1 卷 4~5 期中，其余 102 篇均发表于 1929 年以后；"经济思想史类"共著录论文 55 篇，仅有 7 篇发表于 1927 年以前；"矿产与冶金·古代金属手工业类"共著录论文 32 篇，仅 7 篇发表于 1927 年以前；"土地制度·一般论著"共著录论文 79 篇，全部发表于 1927 年以后；"井田、均田制度类"共著录论文 48 篇，仅 4 篇发表于 1927 年以前……从当时这些论文所涉及的范围看，其内容已相当的广泛，大致囊括了中国历代经济综述，以及阶级关系、财政赋役、寺院经济、农业、手工业、矿冶业、商业、都市、市场、货币、经济思想、生产资料、家庭、人口和社会生活等各个方面的社会经济史的内容。其中许多方面的内容在当时明显具有开拓性，不仅在此之前几乎没人涉足，甚至对于今天的研究仍然有所启发，大大拓展了近现代以来中国史学研究领域，对当时的史学研究，起到了很大的推进作用。

与中国社会史研究论文的发表逐渐增多的同时，中国社会史专著的出版也逐渐增多，仅陶希圣组织的中国社会史丛书，就包括了《两宋田赋制度》、《中国中古田赋制度》、《唐宋官私工业》、《中国行会制度史》、《中国古代社会》、《西汉社会经济研究》等多种。而北京的历史科学研究会也提

---

① 《现代史学》，第 1 卷第 1 期，《编后余墨》。

出了刊印社会史丛书的《计划大纲》。其《计划大纲》称:"丛书之撰述须站在客观的立场,以新兴科学之方法分析人类社会文化演进之过程,并阐明各民族在一定经济基础与其上层组织相互之作用及其影响并比较其同异,而指出中华民族之现状及其前途。"而该刊拟订出版关于中国历史的著作,包括这样六种:"a. 中国农业发达史;b. 近代中国工业发达史;c. 中国商业资本之史的研究;d. 中国历代发明史要(或中华民族对于世界人类之贡献);e. 历史教育研究;f. 中国古代社会史论丛。"[1] 表现出当时史学界在新社会科学运动影响下所设想的研究框架。此外,从当时发表的有关社会史的文章或著作看,很多能够应用各种社会科学的知识,借助新社会科学运动介绍进来的政治学、经济学、社会学等社会科学理论,开拓出一片新的史学研究天地,而与此时的世界史学发展趋向遥相呼应。[2] 例如,吴晗撰写于1930年的处女作《西汉经济状况》,便依据经济学、社会学等社会科学理论探讨汉代的困商政策云:"据经济学原理,资本集中则小企业不振。据社会学原理,大城市集中则乡村衰落。"[3]

如果说上述各方面的内容属于新社会科学运动对史学发展的直接促进的结果,那么,对于新社会科学运动中中国社会史问题论战所暴露出来的学术问题的反省和检讨,则是推动1930年代前期史学突出发展的间接动力。

进入1930年代以后的几年,1927年国共合作分裂所造成的"风云突变",随着蒋介石独裁政治的既成事实形成,尽管共产党革命的星星之火仍在井冈山等地区燃烧,但是对于绝大多数的民众来说,其最初对政治时

---

[1] 《历史科学研究会刊印丛书计划大纲》,《历史科学》,1933年第1卷第5期封底。

[2] 1930年代的世界史学也在逐渐发生变化,19世纪末以来居史学主流的语言实证主义史学已趋式微,社会科学开始向史学渗透,马克思主义史学逐渐流行。对此可参见杰弗里·巴勒克拉夫(Geoffrey Barraclough)著:《当代史学主要趋势》第一章《处于变动世界中的历史学:从十九世纪末到第二次世界大战》,杨豫译,上海,上海译文出版社,1987。

[3] 吴晗:《西汉经济状况》,《吴晗文集》第1卷,10页,北京,北京出版社,1988。

局的惊愕和对国家前途走向的茫然，已逐渐在岁月的流逝中减弱。与此同时，一开始带有鲜明政治色彩的，激昂的中国社会性质和中国社会史等问题的论战，也随着各方论辩的深入而逐渐将问题的思考引向纯粹的学术："这些社会史的战士，不但是史料的搜集不够，而且对社会科学的素养也不够。"翦伯赞后来如是说。① 于是，问题论战的本身和对论战的反省，开始使一些学者沉潜下来，展开对社会科学理论进一步研究和对具体历史问题的学术考量。于是，在新社会科学运动不断深入的同时，史学研究也进入了它的新境界。例如中国社会性质和社会史问题论战的主将陶希圣，就是在这时期，以这种心态开始潜心研究经济学、政治学和史学的。② 陶希圣不仅在这时阅读了"马克斯与列宁的著作与论文，从英文及日文译本上，下了工夫。同时对于批评马克斯主义的论著，也选读不少。"③ 还翻译出版了奥本海（Franz Oppenheimer）的《国家论》、《马克思经济学说的发展》、《各国经济史》（后两书与萨孟武、樊仲云合译）等著作，撰写了《辩士与游侠》、《两汉经济史》等史学著作。

关于一些史学家此时的学术思路和心曲，可以从陶希圣1932年8月发表于《读书杂志》上的一篇短文《中国社会形式发达过程的新估定》中得以反映。文中，陶希圣袒露说："我还有两个希望，敢在这儿提出：一，唯物史观固然和经验一元论不同，但决不抹杀历史的事实。我希望论中国社会史的人不要为公式而牺牲材料。二，论战已有四年之久，现在应当是逐时代详加考察的时期。我希望有志于此者多多从事于详细的研究。我四年来犯了冒失的毛病，现已自悔。但我四年前冒失下手发表论文，是因为那是很少人注意这种研究。现在见解已多，如再以冒失的精神多提意见，反把理论战线混乱。我希望短篇论文减少，多来几部大书，把唯物史观的中国史在学术界打一个强固的根基。我自己决没有丝毫的自负，说自己业有如何的成绩。我希望自己能够继续研究，把四年来的见地一起清

---

① 翦伯赞：《历史哲学教程》，54页。
② 有关这时期陶希圣的政治态度，可参见翁贺凯：《1927—1934陶希圣之史学研究与革命论——兼论其与国民党改组派之关系》，《二十一世纪》网络版第5期。
③ 陶希圣：《潮流与点滴》，111页。

算。我希望大家于'破'中来'立'。只有'立'才可以把战线以外的多元论或虚无论者打翻。"① 也正是为了达到广泛收集材料以展开具体社会经济问题研究,最终解决中国社会史发展认识的目的,在此之后,于1933年春夏之际,陶希圣在北大讲授中国社会史的同时,开始在法学院着手筹建了中国经济史研究室,并组织出版"中国社会史丛书"。在丛书的《刊行缘起》中,陶希圣再一次指出:"史学不能制造历史。反之,历史的研究产生史学。"认为:"也许中国社会的发达与欧洲有同样的过程。也许两者截然不似。但是,要断定中国社会的发达过程,当从中国社会历史的及现存的各种材料下手。如果把史料抛开,即使把欧洲人的史学争一个流水落花,于中国史毫没用处。"因此陶希圣剖露心迹,"发下一个小小的誓愿",把当时"学者不独把欧洲的史学当做中国史的自身,并且把中国古代学者的史学当做古代史的自身"的"悲惨笑话","转换为真实的功夫",即第一"宁可用十倍的劳力在中国史料里找出一点一滴的木材,不愿用半分的工夫去翻译欧洲史学家的半句来,在沙上建立堂皇的楼阁";第二"多做中国社会史的工夫,少立关于中国社会史的空论";第三"多找具体的现象,少谈抽象的名词"。② 而陶希圣创办《食货》半月刊的初衷,也是基于对社会史论战的反省。1934年,陶希圣在《食货》创刊号的《编辑的话》中说:"中国社会史的理论争斗,总算热闹过了。但是如不经一番史料的搜求,特殊问题的提出和解决,局部历史的大翻修,大改造,那进一步的理论争斗,断断是不能出现的。"③

与陶希圣的史学反省精神相一致,《历史科学》的创办也存在对前一阶段史学发展的反省。对此,该《创刊之辞》说:"自民国诞生到现在为止,这短短的二十余个年,国内学者对于历史的研钻,似乎呈现出异常的勃兴,然而,这现象要加以仔细的分析与研究,只有给我们以'不景气'三字的回答。"而不景气的原因,作者认为,一是"许多的人还未认清历

---

① 该文又收入《中国社会史论战》第三辑。
② 《中国社会史丛书》第1种,刘道元著,陶希圣校:《两宋田赋史》附录,上海,新生命书局,1933。
③ 《食货》半月刊(影印本),第1卷,29页,上海,上海书店,1982。

史是什么,把古书当作是历史,寻章摘句的埋头作考证,结果,离开了历史的本身是十万八千里";一是"另有一种人,把历史当作是他们玄想的注脚,拾来一些江湖卖艺的通行语,也拿来比喻中国历史的发展过程,在他未尝不以他是俏皮巧妙,其实正表示他粗卑浅薄与理论的贫弱",这种"以自由意志来高谈历史,是有产者灵魂的跳舞";一是"一些从来未摸着历史之门的,而偏要赶时髦的作家,把活的历史填塞在死的公式中,在他们那种机械的脑袋里,凡是马克思恩格斯的文献中有着的历史发展阶段的名词,中国便就有了。所以各人都努力向这里照,找着一个时髦的名词便划分一下历史发展的阶段,然而,他们这种猜谜似的论战虽是(杀)〔煞〕有介事的,可是,这样瞎猫拖死老鼠的乱撞,便由于缺乏高深的研究"。这些尖刻的语言,反映了当时一些史学家对于史学现状的不满:即对当时仍占据史学主流的沉湎于文献实证考据的不满,也对社会史论战所暴露的空洞的公式化的史学论述的不满。而这些不满,恰恰成为了推动史学向前探索,向新的、更高的学术境界迈进的间接动力。

拓荒与奠基:陶希圣创办
《食货》的史学意义

在 20 世纪新史学的发展历程中,1934 年年底由陶希圣主持创刊的《食货》半月刊,对于中国社会史和经济史的研究,应具有奠基与开拓的意义。然而由于陶希圣富有争议的政治生涯,以 1949 年为分水岭,对于《食货》半月刊,却形成截然不同的评价。① 对于大陆来说,直至 1980 年代,尽管随着思想的解放,一批自由知识分子史学家开始先后进入了人们客观评价的学术视野,但陶希圣的史学仍为人们所讳言,而其主持创办的《食货》,则被认为是与当时马克思主义史学相对抗的产物,是国民党当局对革命文化围剿的组成部分。② 进入 1990 年代的最后几年,对《食货》以及围绕它形成的"食货派",开始出现了一些积极的论述。③ 然而从已有的几篇文章看,其表述大多仍是"犹抱琵琶半遮面",尽量避开涉及对陶希圣学术功绩直接评价的文字,将《食货》、食货派与陶希圣分开来论述。鉴此,本文将本着客观求真的史学精神,将《食货》及陶希圣的贡献结合

---

① 对于陶希圣史学的评价,1949 年以前,人们大多持肯定的态度,如顾颉刚认为,在当时的历史学者中,"研究社会经济史最早的大师,是郭沫若和陶希圣先生,事实上也只有他们两位最有成绩",而其中"陶希圣先生对于中国社会有极深刻地认识,他的学问很是广博,它应用各种社会科学和政治经济学的指示,来研究中国社会,所以成就很大"。(《当代中国史学》,南京胜利出版公司,1947)郭湛波的《近五十年中国思想史》也认为:"中国近日用新的科学方法——唯物史观,来研究中国社会史,成绩最著,影响最大,就算陶希圣先生了","陶氏在近五十年中国思想史之贡献,就在他用唯物史观的方法来研究'中国社会史'影响颇大。"(北平中国书店,1935)直至 1949 年 10 月,齐思和《近百年来中国史学的发展》一文仍认为,陶希圣"所主编的《食货半月刊》更是一个最著名的社会经济史杂志"。(《燕京社会科学》,1949 年第 10 期)此后,陶希圣的史学成就或不被人提及,有的只是反面形象。

② 刘茂林:《〈食货〉之今昔》,参见《中国史研究动态》,1980(4)。

③ 代表性的有陈峰:《〈食货〉新探》,《史学理论研究》,2001(3);李根蟠:《二十世纪的中国古代经济史研究》,《历史研究》,1999(3);李源涛:《20 世纪 30 年代的食货派与中国社会史研究》,《河北学刊》,2001(5)等。

讨论，以展现近现代史学的部分真实历程。

一、陶希圣与《食货》半月刊的创办

1934年12月1日，经顾颉刚提议，在陶希圣的努力下，以北京大学法学院的名义创办的《食货》半月刊由上海新生命书局发行。① 刊物原名《史心》，后受正史中"食货志"的启发，取名《食货》。于是，一个"中国社会史专攻"的，并在1949年之前被史学界誉为"是一个最著名的社会经济史杂志"的学术期刊，便在近现代史学史上诞生了。

《食货》的创办与发行，应是陶希圣对20世纪二三十年代的"社会史论战"的学术反思的产物，同时也与陶希圣本人在这时期的个人境遇有密切关系。

陶希圣（1899—1988），原名汇曾，希圣乃其别号。湖北黄冈人。现代史中有名的政学双栖的风云人物。② 事实上，陶希圣既是社会史论战的始作俑者，也是因社会史论战而"暴得大名"的学者。③ 从1928年8月至12月，政治上倾向于国民党改组派的陶希圣，在《新生命》月刊上发表了《从中国社会史上观察中国国民党》、《中国社会到底是什么社会》等一系列关于中国社会性质和社会史方面的论文，并于这年的年底由上海的新生命书局结集为《中国社会之史的分析》一书出版。继此之后，陶希圣又撰述了《中国封建社会史》一书，由上海南强书局出版。然而当这些著作热

---

① 陶希圣在《食货》第1卷第2期《搜读地方志的提议》一文中说："本刊第一个热烈的发起人是顾颉刚先生。'食货'这个名称便是他提出的。他认为社会的基础和历史的动力是经济，他又曾提出一个名称叫做'史心'。后来'食货'便被采用了。"《食货》影印本，上海，上海书店，1982。

② 陶希圣曾担任过汪伪政府国防委员会委员和国民参政会成员，后因对汪精卫和平运动失望，幡然悔悟，迷途知返，于1940年与高宗武秘密逃离上海，在香港公开揭露汪日秘约，酿成轰动中外的所谓"高陶事件"。此后长期担任蒋介石的侍从秘书，并为其起草《中国之命运》；1949年去台后，历任国民党中央中常委、中评委等要职。

③ 时已有所谓陶希圣打响中国社会史"论战第一炮"的说法，详见齐思和：《近百年来中国史学的发展》，载《燕京社会科学》，1949（10）。

销于世,在社会上产生很大影响,并引起中国社会史问题论战的同时,①也暴露出与其他论战文章同样的学术缺陷,即对中国客观历史的具体研究不够,存有明显的"用社会历史方法解释三民主义和国民革命"的痕迹,②和空洞的教条主义局限。对此,稍后的陶希圣也有所意识,因此当论战逐渐白热化的时候,陶希圣本人发表的文章并不多,在《读书杂志》编辑的四辑、百多万言的论战专号中,仅仅发表了《中国社会形式过程发达的新估定》和《汉儒的僵尸出祟》两篇短文。在修正地阐述自己观点的同时,也对论战中普遍存在的不重材料分析的公式主义提出了一些批评,体现了陶希圣这时思想转向的迹象。而恰在此时,政局的变动以及陶希圣本人的政治境况,为他提供了以学者的身份,从学术角度考量中国社会形态发展问题的条件,也为《食货》的创办提供了条件。

1927年"分共"后的国民党,虽然很快就形成了"宁汉合流"的局面,但是国民党内部的派系斗争始终激烈,其中陶希圣所属的汪精卫系的"改组派",因反对以蒋介石为代表的极右政治,在政治上明显处于劣势,其中一些反蒋活动甚至遭到镇压。当时的政治情势也影响到了陶希圣。其时,陶希圣应商务印书馆之约撰述的《五权宪法》一书,在"送到南京(国民党)中央宣传部时,竟被批驳,不许出版",与此同时,上海市国民党部也向当时的中央党部检举陶希圣,"颇有讽刺及批评现实政教之长篇与短文"的"言论种种非法及违纪之处"。③ 在这种情况下,政治场上的失意,迫使原本满怀用世之政治情结的陶希圣不得不改变人生之路,开始把主要精力转向了讲学与著述,先后辗转于复旦大学、劳动大学、暨南大学、中国公学及上海法学院等学校讲授中国历史,同时开始潜心研究经济学、政治学和史学④。学术著述方面,这时陶希圣除翻译出版了奥本海

---

① 其中仅《中国社会之史的分析》在出版后的三年间就重印了八版,先后印刷达数万余册。

② 陶希圣:《潮流与点滴》,122页。

③ 同上书,112页。

④ 有关这时期陶希圣的政治态度,可参见翁贺凯:《1927—1934陶希圣之史学研究与革命论——兼论其与国民党改组派之关系》,《二十一世纪》网络版第5期。

(Franz Oppenheimer) 的《国家论》、《马克思经济学说的发展》、《各国经济史》等著作外，还撰写了《辩士与游侠》、《两汉经济史》等史学著作。

1931年上半年，当时的学术中心北平发生的一个事件，使得陶希圣的生涯再次发生变动。从1930年年底开始，北京大学史学系发生了要求学校罢免系主任朱希祖，改革课程设置的罢课学潮。这次学潮，校方与学生一直僵持到6月，最后由校史学会议决出甲、乙、丙、丁四项议案，作为复课条件向"蒋校长（梦麟）交涉"。其中包括聘请陈翰笙、陶希圣担任教授，以及开设"一中国社会史、二唯物史观研究、三历史哲学、四中国文化史、五西洋文化史、六考古学"等课程。① 于是在这年的夏季，陶希圣开始应北京大学之聘，从当时革命理论论战中心的上海转入学术文化中心的北平，讲授中国社会史和中国政治思想史等课程。应该说，正是此后的几年所置身的学术环境，以及所从事的学术工作，使得陶希圣在研究方面基本完成了从"革命家的历史"到"历史学家的历史"的转向，潜下心来"从事于详细的研究"，清算自己在论战"四年来"所犯的"冒失的毛病"，开始更多地从学术角度考量中国社会史的问题。

关于陶希圣此时的学术思路和心曲，其于北上一年之后，曾在1932年8月发表于《读书杂志》上的一篇短文《中国社会形式发达过程的新估定》中袒露说："我还有两个希望，敢在这儿提出：一，唯物史观固然和经验一元论不同，但决不抹杀历史的事实。我希望论中国社会史的人不要为公式而牺牲材料。二，论战已有四年之久，现在应当是逐时代详加考察的时期。我希望有志于此者多多从事于详细的研究。我四年来犯了冒失的毛病，现已自悔。但我四年前冒失下手发表论文，是因为那是很少人注意这种研究。现在见解已多，如再以冒失的精神多提意见，反把理论战线混乱。我希望短篇论文减少，多来几部大书，把唯物史观的中国史在学术界打一个强固的根基。我自己决没有丝毫的自负，说自己业有如何的成绩。

---

① 参见《北平晨报》1931年1月14日《北大史学系风潮似了未了》、1931年6月21日《北大史学系要求聘教授该系一年级之议案》以及1931年6月23日《北大史学会挽留邓之诚》等几则消息，收《北京大学史料》第2卷，1725～1727页，北京，北京大学出版社。

我希望自己能够继续研究，把四年来的见地一起清算。我希望大家于'破'中来'立'。只有'立'才可以把战线以外的多元论或虚无论者打翻。"① 陶希圣的这番表白，也可谓是他两年后创办《食货》半月刊，组织力量专攻中国社会史经济史研究的先声。

为了达到通过材料收集和展开具体社会经济问题研究，最终解决中国社会史发展认识的目的，在此之后，于1933年春夏之际，陶希圣在北大讲授中国社会史的同时，开始在法学院着手筹建了中国经济史研究室，并组织出版"中国社会史丛书"。在丛书的《刊行缘起》中，陶希圣再一次指出，"史学不能制造历史。反之，历史的研究产生史学"。他认为，"也许中国社会的发达与欧洲有同样的过程，也许两者截然不似。但是，要断定中国社会的发达过程，当从中国社会历史的及现存的各种材料下手。如果把史料抛开，即使把欧洲人的史学争一个流水落花，于中国史毫没用处"。因此，陶希圣剖露心迹，"发下一个小小的誓愿"，要把当时"学者不独把欧洲的史学当做中国史的自身，并且把中国古代学者的史学当做古代史的自身"的"悲惨笑话"，"转换为真实的功夫"，即第一，"宁可用十倍的劳力在中国史料里找出一点一滴的木材，不愿用半分的工夫去翻译欧洲史学家的半句来，在沙上建立堂皇的楼阁"；第二，"多做中国社会史的工夫，少立关于中国社会史的空论"；第三，"多找具体的现象，少谈抽象的名词"。② 反映了陶希圣学术转向的心路。

拿上述陶希圣在1932—1933年所发表的言论，与《食货》创刊号中陶希圣《编辑的话》所谓"中国社会史的理论争斗，总算热闹过了。但是如不经一番史料的搜求，特殊问题的提出和解决，局部历史的大翻修，大改造，那进一步的理论争斗，断断是不能出现的"陈述相比较，③ 其中间的思想过程及联系是很清晰的。所以翦伯赞的《历史哲学教程》称："陶希

---

① 该文又收入《中国社会史论战》第三辑。
② 陶希圣：《附言》，刘道元《两宋田赋史》，卷首，上海，新生命书局，1933。
③ 陶希圣：《食货》半月刊第1卷《编辑的话》，29页，上海，上海书店影印本，1982。

圣主编的'食货',对于中国历史的改造,也抱着一个热烈的宏愿。"① 而总结新史学发展史的齐思和则说,陶希圣"对于西洋封建制度并未给一个彻底的解说,因之对于中国封建制度的解说也稍失之于空泛笼统。到了后来,陶先生大概感觉这问题太广大,应从专题研究入手。又作了《西汉经济史》、《辩士与游侠》等书,而他所主编的《食货半月刊》更是一个最著名的社会经济史杂志"。②

学术的发展与陶希圣本人政治失意后的学术境遇相汇,于是催生了《食货》半月刊的创办。

二、拓荒与奠基——陶希圣创办《食货》的史学意义

与今天学术界所认为的,作为与国家层面相对应的社会史范畴不尽相同,1930年代学术观念中的社会史,更多的是指社会经济史。陶希圣曾在《南北朝经济史》的《自序》中说:"中国经济史本是一块未开的生地。'斩之蓬藿荆棘',是件最苦最难收效的事。"③ 而《食货》的创刊,之于中国社会史,尤其是社会经济史研究的意义,也正在于它的拓荒与奠基。当然,对于陶希圣来说,其创办《食货》半月刊的初衷,本是想通过具体的中国社会史的研究,解决中国社会史论战未能解决的对中国社会认识的问题。但是,由于当时中国史学发展的实际情况,无意间却使他借助《食货》这个学术平台给当时的中国史研究开拓了一片新境地,构成使中国史学"预流"于世界新史学之潮的意义,这确实也是陶希圣所始料未及的。

应该说早在19世纪末20世纪初,西方史学已经开始了与社会科学结盟的趋势,史学中社会史、经济史的研究逐渐出现活跃的迹象。而"1917年以后,马克思主义成为历史思想中的重要成分,政治史的重要地位开始动摇",与此同时,通过考虑"经济力量的冲突",以"经济体系形态的模

---

① 翦伯赞:《历史哲学教程》,194页。
② 齐思和:《近百年来中国史学的发展》,燕京社会科学,1949(10)。
③ 见陶希圣,武仙卿著:《南北朝经济史》,上海,商务印书馆,1937。

式"来"理解历史进程"的研究,渐渐成了史学发展的新潮流。①

西方史学的这些变化,也影响了中国新史学的发展。明显的例子如1920年朱希祖执掌北京大学史学系时,就是受德国 Lamprecht《近代历史学》和美国鲁宾逊(James Harvey Robinson)《新史学》的影响,而极力强调"研究历史,应当以社会科学为基本科学"②的观点,并在这种观点指导下对史学系的课程进行了改革,"本科第一二年级,先把社会科学学习,做一种基础,——如政治学、经济学、法律学、社会学等——再辅之以生物学、人类学及人种学、古物学等"。③ 与此同时,又建议何炳松,将其原作教材讲授的鲁宾逊《新史学》译为中文,于次年出版。至于介绍马克思主义史学理论方面,这时则有李大钊先后发表的一系列相关论文,以及在北京一些高等学校中开设的"唯物史观"、"史学思想史"等课程,初步把历史唯物主义引入了中国的史学课堂。

然而对于当时的中国史学来说,这些强调以社会科学方法研究历史的新史学,一直到1930年代实际仍仅仅停留在理论层面。对于具体学术实践来说,则所谓"以科学方法整理国故"新考据学,依然是当时史学界的主流。这时执中科院史语所、北大、清华、辅仁、燕大等学术重镇牛耳的教授,大多是这类风格的学者。而受这些主流学者影响,各校的研究生也多作着类似的研究课题。④ 这一点,只要翻翻《历史语言研究所集刊》、《国学季刊》、《清华学报》、《辅仁学志》及《燕京学报》等主流刊物,就十分清楚。这些史家虽然对中国近现代史学的发展作出了巨大的贡献,但是从研究范式上看,其共同的特点,一是强调史料的发掘与考据对于史学的意

---

① [英]杰弗里·巴勒克拉夫(Geoffrey Barraclough)著:《当代史学主要趋势》,杨豫译,12页,上海,上海译文出版社,1987。

② 在罗香林回忆朱希祖的文章中亦提到朱氏曾有"历史为社会科学之一,欲治史学,必先通政治、经济、法律社会诸学"说法。详见《朱逖先先生行述》,载《文史杂志》,1945年5月第11、12期合刊。

③ 何炳松:《何炳松文集》第3卷,3页,北京,商务印书馆,1996。

④ 参见《清华汉学研究》第2辑所载《清华国学研究院述略》(304~305页,清华大学出版社,1997),及当时出版的《国学论丛》第一卷第一号刊登的首届"毕业生成绩一览表"和《基督教大学与国学研究》(131页,福建教育出版社,1998)一书所列硕士论文题目表。

义，而对社会历史过程的解释，则一般并不予以过多地注意；二是在研究的内容上，或囿于中国传统学术思路及西方实证史学研究取向影响，或囿于19世纪以来西方主流历史解释理论影响，大都更关注政治史、文化史或学术史，而"不重视社会经济的作用，较少探索这方面的问题"，① 至于所谓"中国社会是什么社会"的大的理论问题，更是"一个京朝派文学和史学的名家不愿出口甚至不愿入耳的问题"。② 这样便形成了1930年代初期以前中国史学界观念认识与具体研究实践的差距或矛盾：一方面在观念上承认史学研究的范围应该包括社会史经济史等丰富的社会内容，一方面则在具体的研究实践方面并不予之注意。

试仍以朱希祖为例。从以上叙述可以得知，朱希祖在观念上似已接受了西方新的史学理论，而且在1922年《北京大学史学会成立报告》中，也再一次声称"历史科学是以社会科学为基础的"，然而一落实于史学会的具体研究范围及内容时，却依然不能脱出旧日的窠臼。③ 按照蔡元培同时在《史学会成立会的演说》，则依然是"我国自有《尚书》以来，数千年的历史是连续不断，历史的品类是很多的，真伪难明的地方也是不少"；"现在吾们要想补这种缺点，最要是发掘地中所埋没的史料，考察地质上的事实，拿来证明过去历史的真伪和补充历史的不足"等旧话。④ 此外，像1925年制定的清华《研究院章程》、1928年成立的中央研究院历史语言

---

① 参见田余庆：《魏晋南北朝史研究的后顾与前瞻》，载《秦汉魏晋史探微》，北京，中华书局，1993。按田先生这里所说的是陈寅恪，其实陈寅恪对于社会经济的作用不是没有认识，但是，由于理论认识的问题，陈寅恪更主要是把经济制度隶属于文化的范畴认识的，而不是从历史唯物主义观点出发来认识的。如其著名的《王观堂先生挽词并序》便云："夫纲纪本立像抽象之物，然不能不有所依托，以为具体表现之用；其所依托以表现者，实为有形之社会制度，而经济制度尤其最要者。故所依托者不变易，则依托者亦因以保存。"

② 陶希圣：《潮流与点滴》，129页。

③ 参见朱希祖1922年11月23日《北京大学史学会成立报告》，载北京大学日刊第11153号。该材料又收入北京大学校史研究室编：《北京大学史料》第2卷，1728页，北京，北京大学出版社，1993。

④ 北京大学校史研究室：《北京大学史料》第2卷，1729页。

研究所《研究旨趣》等，所制订的研究计划，也大都表现出类似的学术倾向。①

然而新的史学理论在史学中的影响也一直在潜然发酵，并在学术实践方面酝酿着对旧格局的突破。这中间，所谓"三大论战"的促进作用尤其巨大。1927年大革命失败后，虽然马克思主义在政治意识形态层面开始遭到攻击和禁止，但是历史唯物主义在学术层面并未受到影响，反而因社会性质及社会史论战而影响日益扩大，并作为研究和解释中国历史的重要理论体系，逐渐受到了学术界的关注。尤其是被称为"1930年我国史学界最重要的两种出版品之一"的郭沫若《中国古代社会研究》，②"将地上的古代文献资料和地下的甲骨、金文资料"熔冶于一炉"，"创造出一个唯物史观的中国古代文化体系"，③ 在初步建立中国社会发展史体系，使"中国社会史的研究""真正的走上了学术的路上"的同时，④ 也使以新理论研究中国社会史的范式受到学术界的关注。这样，在政治局势逐渐平静的情况下，最初因大革命失败后对中国前途及其革命道路的思考而引发的中国社会性质、中国社会史等问题的激烈争论，逐渐转向冷静的学术探讨的同时，也使摆脱空洞教条主义弊病，以具体的史学实践开拓中国社会史、经济史的新领域的史学要求，越发地突出出来。

然而史学发展的这些要求，在旧的主流学术刊物主宰史学园地的情况下，实际是很难得到满足的。在这种情况下，创办新的史学刊物，作为容纳社会史、经济史内容，培植新史学的园地，在一定意义上也就成了史学是否能得到成长的重要因素。⑤ 也正是有鉴于此，这时一些有意容纳这些

---

① 参见《清华大学史料选编》一，375页，北京，清华大学出版社，1991，以及《中央研究院历史语言研究所集刊》3～10页，1928年第1卷第1期。

② 素痴（张荫麟）：《评郭沫若中国古代社会研究》，《大公报·文学副刊》，1932年1月4日第208期。

③ 董作宾：《中国古代文化的认识》，《大陆杂志》，1960年第3卷第12期。

④ 齐思和：《近百年来中国史学的发展》，《燕京社会科学》，1949（10）。

⑤ 当时不多的一些中国社会经济史的研究论文，多是以社会学刊物为园地，如北平社会调查所的《社会科学杂志》、北京大学的《社会科学季刊》、中山大学的《社会科学论丛》、中央大学的《社会科学丛刊》、武汉大学的《社会科学季刊》等等。

新内容的史学刊物开始创刊。例如 1932 年 11 月北平社会调查所主编的《中国近代经济史研究集刊》创刊,① 并宣称:"在以先历史的范围仅限政治史的时候,英国的有名的历史家 Freemen 说过,'历史是过去的政治。'在我们认识经济在人类生活上的支配力并且现代经济生活占据个人,民族,国际的重要地位的时候,我们便不得不说历史的大部分应为经济史的领域。"② 此外,1933 年 1 月由北平历史科学研究会主持创刊的《历史科学》月刊,也提出要"站在历史唯物主义方面","由历史发展的本身作深入的探究",在"留心史料的时代价值"的同时,"站在新兴科学底立场","以新的科学来阐明历史充实历史"。③ 至于所谓"新兴科学底立场"是什么,与《历史科学》同年同月在广州创刊的《现代史学》,则明确指出是"注重现代史与社会史等研究"。其《创刊之辞》云:"固然史学界的前辈仍在拥护 Dryser,Stubbs 等所学旧式的历史,而较年青的青年,却已倾全力于经济史,尤其社会史之研究",④ 而"经济史是研究社会史的基础,要清算中国社会史,非先立好中国经济史的根基补课,所以这已成为刻不容缓的工作了"。⑤

这些史学专门刊物的创办及其所提出的办刊宗旨表明,为满足新的,着重从整个社会史,尤其是社会经济史的角度阐释历史发展的要求,在《食货》创刊之前,史学界已经在构筑和经营这种学术园地了。而事实《食货》也是因应这种史学要求所创刊的"社会史专攻"刊物。但是从后来史学发展的情况看,上述这些刊物,第一,没有如《食货》那样明确地打出"中国社会史专攻"的大纛;第二,没有如《食货》那样从理论到方法对社会经济史研究的问题进行广泛的译介和讨论;第三,没有如《食货》那样在中国社会史、经济史的研究实践中涉及如此漫长的历史时段和

---

① 北平社会调查所即中央研究院社会科学研究所的前身。《中国近代经济史研究集刊》自第 5 卷第 1 期起改称《中国社会经济史研究集刊》。
② 北平社会科学调查所:《发刊词》,《中国近代经济史研究集刊》,1932 年第 1 卷第 1 期。
③ 北平历史科学研究会:《创刊之辞》,《历史科学》,1933 年第 1 卷第 1 期。
④ 中山大学史学研究会:《本刊宣言》,《现代史学》,1933 年第 1 卷第 1 期。
⑤ 中山大学史学研究会:《编后余墨》,《现代史学》,1933 年第 1 卷第 1 期。

如此广泛的社会范围；第四，没有像《食货》那样发行周期如此密集，聚集了如此众多的研究者。因此，这些刊物也理所当然地没有像《食货》那样，在当时的史学界造成深远的学术影响。①

为了促进社会史经济史研究的发展，陶希圣通过《食货》做出了大量的努力。除了亲自主持刊物的日常编辑，在经济上为维持刊物每月将自己的兼课钟点费100元补助办刊之费外，②陶希圣还以《食货》为平台，凝聚、组织起一批热衷开展中国社会史、经济史的学者和青年学生，希望能够通过集体协作等一些有效的组织方法，来推进中国社会史和经济史的研究。为此，他不仅以《食货》的名义组织了"食货学会"，在每期的《食货》刊出《食货学会会约》，征集那些"志愿或正在研究中国经济社会史的师友"，定期进行社会史的理论学习和问题讨论，还通过《食货》进行了十分切实的学术组织工作，例如有目的地组织理论及方法论的讨论、有目的地组织力量译介一些国外的研究著作、组织编制有关社会史经济史论文的索引等等，相当有力地促进了相关的学术研究。从几年刊物的内容看，基本是朝着当初创办刊物时所制定的，"集合正在研究中国经济社会史，尤其是在搜集这种史料的人，把他们的新的见解、方法，以及随手所得的问题、材料，披露出来。大家可以互相指点，切实讨论，并且进一步可以分工进行"的目标方向努力的。③

由于陶希圣的努力及《食货》的影响，使得"考据派中的许多青年史学人才都被吸引到这条新路上来了"。④后来一些卓有成绩的社会史、经济史研究的学者，如鞠清远、杨联陞、全汉昇、何兹全等，大多是在陶希圣的鼓励、推荐，通过《食货》而走向学术道路，并且循着《食货》注重社会经济发展的研究路数走向成功的。例如全汉昇回忆说："我在1931年进

---

① 按：《中国社会经济史研究集刊》为半年刊，《历史科学》仅发行了二期，《现代史学》坚持时间虽较长，但内容不是"社会史专攻"刊物，故这些刊物远不能与《食货》相比。
② 陶希圣：《潮流与点滴》，130页。
③ 《编辑的话》，载《食货》第1卷，29页。
④ 杨联陞：《打像为誓小考》，《纪念陈寅恪先生诞辰百年论文集》，282页注1，北京，北京大学出版社，1989。

入国立北京大学攻读史学系,在师长的指导和勉励之下,确立了我的治学方向和治学态度。当时,政治系教授陶希圣先生讲授'中国社会经济史',我对这门课极感兴趣。陶先生不但使我了解经济史对于解释人类历史演进的重要性,而且使我感到眼前呈现一片新境界,亟待开发,于是决心研究中国经济史。""1934年我写成《中国行会制度史》,希圣师阅稿后即推荐发表,于时希圣师创办《食货》半月刊,目的是促进国人对社会经济史的研究,我也写了几篇论文,在这个刊物上发表。"[①] 活跃于斯时的,以研究社会经济史著称的所谓"食货派",正是以陶希圣所主持的《食货》为基本阵地而形成的重要史学流派。

据统计,从1934年12月创刊,到1937年7月停刊的两年半中,《食货》前后共出版了61期,吸引了全国各地150多位学者,发表了大小论文300余篇。其中内容,除了少数外国社会经济史理论的翻译和作为社会史讨论之余绪的中国社会形态讨论外,绝大多数是具体研究社会史及经济史的文章,其中最多的是有关社会身份、人口、家族、土地制度和田赋租税等方面的研究,其次是关于农业、货币、市场、都市、贸易、寺院经济等内容,此外还包括一些关于妇女、婚姻等社会史方面的内容。从这些刊载文章的内容看,大致可以说从两个方面具有突破或填补了学术空白:一是在所研究的时间范围方面,不再像社会史论战时那样,主要集中于上古时期,而是涵盖了整个从上古到明清的整个古代。其中秦汉以后至明清,尤其是以往研究中涉及不多的时期。一是在所研究的内容方面,开拓出了许多当时正统史学家所不曾涉及的新领域、新问题,例如有关人的社会身份问题,便发表有吴景超之研究西汉奴隶(第2卷第6期),陶希圣之研究西汉的客(第5卷第1期),杨一清之研究部曲(第1卷第3期)、唐代贱民(第1卷第4期),鞠清远之研究中古的门生故吏(第2卷第12期)、元代官匠户(第1卷第9期),以及何兹全研究的三国国家领民(第1卷第11期)、中古大族寺院领户(第3卷第4期),武仙卿的南北朝色役(第5卷

---

① 黎志刚,林桑禄:《学人专访:全汉昇院士》,《汉学研究通讯》,13页,1986年第5卷第1期。

第8、10期)等论文。此外像何兹全对魏晋庄园经济的讨论、全汉昇对宋代都市夜生活的论述,陶希圣有关"社会组织如家族婚姻等项研究"等,①也是从全新的社会史的视角下提出的新问题。②

显然,当时的《食货》,实际已俨然成为中国社会史、经济史研究的重要阵地,以及联系中国社会史、经济史研究力量的重要纽带,学术影响也迅速扩大。据《食货》第3卷第1期记载,当初《食货》"顶先每期只印两千份,打算发出一千五,留五百预备作合订本,供给将来的需要。创刊号发出后一星期,发行人被迫再版一千。到了第一卷五六期,发行人便每期印四千,发出三千三,赠阅'食货'会员两百,留下五百份作合订本"。③ 一份学术刊物,在短短的一年的时间,就形成这样的发行量,在1930年代不能不说是相当可观的了。大夏大学的梁园东,曾致信陶希圣说:"《食货》在大夏为最风行之读物,大夏出有《历史社会论文索引》,对《食货》论文几无篇不索,可见同学等之爱好。"④ 晚年的钱穆亦回忆说:"时(顾)颉刚在燕大办一《禹贡》,陶希圣在北大办一《食货》,两杂志皆风行一时。"⑤

关于民国时期对新史学的发展起有关键性作用的学术期刊,美国密西根大学历史系的张春树认为是1926年6月开始发行的论文集型的学刊《古史辨》、1927年11月开始刊印的《国立第一中山大学语言历史学研究所周刊》、1928年10月刊行的《中央研究院历史语言研究所集刊》、1934年3月发行的《禹贡》半月刊和1934年12月创始刊的《食货》半月刊。对于这几个学刊的史学贡献,张春树概括了四个方面:"(1)扩大国史研究之领域与资料之范围;(2)开拓历史解释之架构与范畴;(3)加深史学分析之角度与幅度;(4)养成众多之具高度史才、史学、史识并多具科学分析

---

① 《编辑的话》,载《食货》第1卷,557页。
② 参见杜正胜:《中国社会史研究的探索——特从理论、方法与资料、课题论》,载《第三届史学史国际讨论会论文集》,30~34页,台中,青峰出版社,1991。
③ 《编辑的话》,第3卷,38页。
④ 梁园东:《中国经济史研究方法诸问题》,载《食货》第2卷,56页。
⑤ 钱穆:《八十忆双亲·师友杂忆》,170页,北京,三联书店,1998。

方法之青年史学家。总其成果，便是引导中国之史学研究进入以境域，为近代中国史学标界立基。"① 而从中国近现代史学的发展情况看，陶希圣创办《食货》，标榜"中国社会史专攻"为办刊方向的史学史意义，也正在于这样几点。

三、会通史料与理论——《食货》成功的重要原因

《食货》之所以在当时的史学界获得重大的成功，并在中国近现代史学的发展中确立自己的学术地位，是与其重视史料的搜集而又不忽略理论探讨的办刊宗旨及其具体实践分不开的。

通过前面的论述我们可以得知，迄止1930年代初，中国的史学界，新的历史解释理论与方法和具体研究实践，一直没有得到很好的结合而处于分离状态。随着中国社会史论战的展开，中国史学的格局也俨然分割，"实验主义不尊重确定的理论或思想，公式主义不尊重事实或材料"，② 即一边是祭着历史唯物主义公式，抽象论述中国社会发展性质的"海派"；一边是恪守"史料即史学"宗旨，结合西方实证与"乾嘉"传统，以史料考据为主要研究手段的，作为学术主流的"京派"。陶希圣从上海到北平，似乎已象征了其会通"海派"和"京派"治学路数的意义，而《食货》的创办，则使这种会通的意义得到了具体的落实。

当中国社会史问题论战正酣之时，包括陶希圣在内的一些人，已经逐渐意识到中国古代社会内部，特别是经济层面的复杂性，实非简单化的概念所能概括，于是穷研史料，加强专题研究的学术要求便凸显出来。但是在重视史料整理的基础上，史料与史学究竟应是怎样的关系？怎样结合社会经济史的研究发掘相关史料？怎样处理社会经济史料与理论阐释的关系？仍是需要努力实践与探讨的问题。对此，陶希圣通过《食货》所做出的一些理论探讨和学术实践，应该说是起有积极促进作用的。

---

① 张春树：《民国史学与新宋学——纪念邓恭三先生并重温其史学》，《国学研究》第6卷，8页，北京，北京大学出版社，1999。
② 《编辑的话》，《食货》第1卷，360页。

首先是强调史料的意义方面。针对社会史论战所表现的空洞的教条主义弊端，陶希圣在《食货》中一再强调史料的搜集和整理对于史学研究的重要意义。在创刊号的《编辑的话》中，陶希圣明确指出："这个半月刊出版的意思，在集合正在研究中国经济社会史尤其是在搜集这种史料的人，把他们的心得、见解、方法，以及随手所得的问题、材料批露出来。大家可以互相指正，切实讨论。"因为在陶希圣看来，"史学虽不是史料的单纯的排列，史学却离不开史料"。而"中国社会史的理论争斗，总算热闹过了。但是如不经一番史料的搜求，特殊问题的提出和解决，局部历史的大翻修、大改造，那进一步的理论争斗，断断是不能出现的"。① 此后，在后来几期的《食货》中，陶希圣仍一直强调："《食货》所自定的任务，是重在搜求史料。我们所以这样做，是由鉴于今后如果还是空谈方法，使方法论仍旧杜留在观念的王国里，方法一定没有进步的可能。"②

也正是在这种史学思想指导下，陶希圣不仅在《食货》的办刊过程中反复强调材料搜集之于史学研究的重要意义，还不时地在《食货》刊载一些史料的整理成果。例如1936年8月发行的《食货》第4卷第5期便是"唐户籍簿丛辑"专辑，其将陶希圣领导的北京大学法学院"中国经济史研究室"在"搜集唐代经济史料的时候，把中日文书籍杂志里辑录的敦煌户籍收罗在一起"的资料发表。在该《丛辑》的《小序》中，陶希圣在提出"户籍丁籍是多方面重要的经济史料"的同时，又具体地指出："要研究唐代均田制度，单看均田令是不行的"，因为"第一，政府对于每一丁应授的面积是怎样计算的？第二，应授的田是不是全授了？第三，所授的田是零碎还是整块的土地？第四，受田的人自己买来的田，怎么登记？第五，园宅地授予的情形怎样？第六，丁口登记及田地呈报的情形怎样？第七，口分与永业的比例在实际是怎样？这些只有查看户籍，才可以明白。"③

对于各种史料的相对价值，陶希圣倾向于首先掌握"二十四史"等最

---

① 《编辑的话》，《食货》第1卷，29页。
② 同上书，164页。
③ 陶希圣：《唐户籍簿丛辑专辑小序》，《食货》第4卷，193页。

基本的史料,在认真研读"二十四史"相关材料的基础上,再去尽可能广泛地搜集其他有关的社会史、经济史史料,尤其是地方志中的社会史和经济史的史料。例如在《食货》第1卷第2期"编辑的话"中,陶希圣特别地讲到,"我们要读的两种基本书,一是廿四史,二是地方志"。并且指出:"如果有人想得到一点中国社会通史的知识,最好还是参加那读廿四史的工作。"① 陶希圣在《食货》中发表的许多"读史随笔",如《王安石以前田赋不均及田赋改革》、《十六七世纪间中国的采金潮》、《元代江南的大地主》、《元代西域及犹太人的高利贷与头口搜索》、《金代猛安谋克的土地问题》、《五代的都市与商业》、《五代的庄田》、《十一世纪至十四世纪的各种婚姻制度》等等,都是通过阅读正史,钩稽相关材料撰写的论文。②

除正史外,陶希圣赞同史料要广泛扩充,其中最为所重的是地方志,认为它是"我们要读的两种基本书"之一。为此,陶希圣在《食货》撰文,号召"发起详读地方志"的活动,提议在阅读过二十四史等基本史著"在把社会的历史过程稍有头绪(也只能够稍有头绪)以后,便下功夫从地方志里搜求经济的社会的材料"。关于整理地方志对于研究中国社会经济史的意义,陶希圣举例说:"如果把罗马城、雅典城、加答基城这些都市撇开,你怎样想象得出欧洲的古代社会?如果你把威尼斯、几诺瓦、汉沙同盟的几个城撇开了,你就不能谈后期的欧洲中古史了。反过来看,这几年来,大家正在撇开了广州、泉州、明州、扬州、苏州、杭州,高谈宋、元、明的社会。大家正在撇开内蒙的盐场牧场谈契丹;正在撇开有名的寺庙历史谈封建时期。大家都是这样的远离现实,驾雾腾云,也难怪一

---

① 《编辑的话》,《食货》第1卷,76页。
② 按罗志田曾对"北伐前后史学研究取向中'史料的广泛扩充'与'不看二十四史'并存这一诡论性现象",撰文进行过详细地探讨,并指出至陈寅恪"隋唐两论"出版,始"提示着当年在史料尽量扩充的同时,似已出现逐渐向常见史料回归的现象"。(见罗志田:《史料的尽量扩充与不看二十四史——民国新史学的一个诡论现象》,载《历史研究》,2000年第4期)所谓"隋唐两论",即陈氏的两部史论《隋唐制度渊源略论稿》和《唐代政治史述论稿》,其中前者出版于1940年,后者出版于1941年,而陶希圣提出要读二十四史、治史要以二十四史为基础的时间是在1934年12月,即早于罗志田所说的"逐渐向常见史料回归"现象的出现达六七年之久。

封建制度便从古到今，一资本主义便从今到古了。我们固然要把理论应用到材料上去，可惜材料是架空的。在数学上，零加零仍旧等于零；在这里，空加空不仍然是一个空？"①

以上的论述表明陶希圣是十分看重史料之于史学研究的重要意义，然而如果仅此而已，那么《食货》是不会在当时考据学派居主流的史学界独树一帜，吸引影响很多青年学者的。真正使《食货》在社会获得影响的，主要还是刊物所反映的主编陶希圣对历史资料搜集和理论阐述两者之间的会通意识，以及在这种会通意识指导下的研究实践。

关于史料与理论和方法的关系，陶希圣在《食货》中是这样分析的，他说："史学虽不是史料的单纯的排列，史学却离不开史料……方法虽不是单纯把材料排列，方法却不能离开史料独立的发挥功用。有些史料，非预有正确的理论和方法，不能认识，不能评定，不能活用；也有些理论和方法，非先得到充分的史料，不能证实，不能精致，甚至不能产生……我并不反对有个结论在心里，再去找印证。我不过觉得这是一个危险的方法。……那末，心里一点什么也没有，我们去就史料论史料，好吗？这也是不成的。我先问一句，那自称没有成见的史学家，真的没有成见吗？没有的事。他已有很强的成见。他的成见是他自己不承认或不知道的。没有成见，不能拒绝别人的成见。便令没有任何的一件在心里，你去哪儿找哪个材料？"②

在陶希圣看来，方法就好比设计的图案画，材料就好比是成型的房子，其中"做房子必须要图案画，但图案画并不就是房子"。所以陶希圣指出："方法是史学所必须，方法不就是历史。观念中的方法，必须从历史现象里再产生出来，才是正确的方法。""专去搜集史料的工作，容易引人到实证主义那里去，必须严守历史科学的理论和方法。"③ 对于陶希圣的这种观点，吕振羽特写信表示赞许说："我认为您把方法论的探讨与史料

---

① 《编辑的话》，《食货》第1卷，70页。
② 同上书，29页。
③ 同上书，201页。

的搜集作为均等的重要的意见，是完全正确而必要的。"① 可以说，陶希圣在《食货》中始终在强调理论方法的重要性。其中在王瑛《研究中国经济史之方法的商榷》后面的按语中，陶希圣就又一次强调："我的意思是这样：没有方法的劳作，和没有劳作的方法，一样是无用的。没有方法的劳作，所得到的只是史料的排列。没有劳作的方法，只是哲学或公式罢了。我很愿意有人时时提醒大家'严守方法'。不过我不愿意大家只以方法自足。方法也须从观念里面走到历史现象里去，把历史的合法则性指出来，才算得是真确的方法。"②

在强调理论方法的重要意义的同时，陶希圣并不主张把理论方法神圣化，以至于以理论阐释代替具体的历史研究。他认为，理论方法只能指导我们研究历史，但并不能代替历史研究本身，因为"世间还没有人创一个神妙的方法，使我们一朝得到这个方法之后，万年万事皆通。因为人不是神，所以任何伟大的理论家，只能指示我们一个观察事物的眼光，解释事物的见地，批评事物的立场。任何伟大的理论家不能如《创始记》所说的那样，替我们创造历史的事实"，即"理论和方法只能使我们用来研究历史，并不能代替历史的本身"。③ 更何况时代在发展，人们的认识也在发展，因此历史材料也需要不断的以新的时代的眼光，以新的理论和方法予以新的解释，因为"历史家并不把全部社会现象都写下留给我们。他用他的哲学剪裁史实，用他的社会描摹前代，缀成他的著作"，"我们的眼光所要发见的史实，是与他的哲学所存留的史实不一样的"。所以，"我们必须本于我们的眼光去重新的发见"，重新地解释。④

从上述论述可以看出，当时的陶希圣，对于史料和理论方法的关系已看得相当透彻，也相当辩证。在分析与批判的历史哲学以及哲学诠释学发展的今天，人们对于历史认识中主、客体互动的关系，对于历史认识主体"先见"（prejudice）存在的必要性、合理性，以及对这些"先见"限度的

---

① 《编辑的话》，《食货》第1卷，329页。
② 同上书，164页。
③ 同上书，505页。
④ 《编辑的话》，《食货》第3卷，41页。

把握等认识问题的理论探讨,已经有了很大的进展。而以这些新的理论反观陶希圣对于史料与理论方法之关系的相关论述,尽管他在很大程度上仍然属于非理论自觉的粗糙的论述,但是就其在《食货》中发表的这种论述来说,在当时中国的史学界仍然应说是具有理论贡献的。

　　与陶希圣会通史料发掘与理论阐释的史学认识有关,《食货》在刊登大量资料性研究的同时,十分重视刊登有关理论和方法的讨论文章,先后刊载了讨论经济史研究理论方法的文章29篇,有关社会形态理论和欧洲社会经济发展的文章30篇,合计59篇,占文章总数的1/5以上。除此之外,《食货》还选译了不少西方和日本的经济史名著,甚至出版"经济史理论与方法专号"。其选译的标准,"是要那名著的全部或一部,里面所叙述或讨论的具体现象（制度或思想或政策等）,是研究中国经济社会史的必须的比较或指示"。其目的除了推广新的研究理论及方法之外,还试图让人们通过对中外历史的比较对照,发现中国社会历史发展的特点与规律。因为他认为:"要想对中国经济社会史精深研究,必须就外国的经济社会史得到精确的知识。在比较参佐之下,中国经济社会的现象的意义、特征及各种现象的相互关系,历史发达的必然法则,才能看得出来。"为了达到这个目的,陶希圣拟定了这样几个认为重要方面的内容在《食货》上发表:"(a)欧洲资本主义初发生发达时的各种现象,例如手工作坊、定货制度、账簿组织等。(b)欧洲及日本等处的封建制度。(c)封建制度初生时的现象。(d)中古欧洲的东部,与商业经济同时存在的封建制度。(e)教会及寺庙财产制。(f)本主义以前的帝国与资本主义发达时的殖民地侵略。(g)殖民地经济经济组织的特征。(h)半原始种族的经济社会组织。"① 由于实际条件的限制,陶希圣所拟定的内容并没能得到完全的贯彻,但是从后来《食货》刊发的译介文章看,基本是按照这种思路工作的。

　　对于因探讨中国社会史问题而步入史学研究的陶希圣,发掘史料也罢,探讨理论和方法也罢,其创办《食货》的最根本的目的,应该说仍是要解决中国社会发展形态的问题,这或者也可说是陶希圣始终不能释怀的

---

① 《编辑的话》,《食货》第1卷,203页。

学术情结，也是当时社会各界密切关注的重大理论问题。

虽然早在创办《食货》半月刊之前，陶希圣就注意到社会历史发展特殊性的问题，曾经指出："虽然我们能够把社会形式分做宗法社会封建社会资本主义社会，但是世界上从来没有纯粹的属于某种社会型的社会，而毫没有驳杂的成分在于其中。"① 但是中国的社会形态在漫长的历史进程中，究竟具体展现的是怎样的形态面貌？究竟走过的是怎样的历史历程？激烈的中国社会史大论战没能得出统一的结论，当时陶希圣本人也没有足以说服他人的论述。于是这种对社会发展形态大问题的思考，也就自然地被带入了《食货》之中。然而此时陶希圣对于这个问题的探讨，已是经过了对社会史论战的反省，开始努力取径于会通理论与史料，汲取西方研究的理论和方法，探讨中国社会自身特点的研究理路。

如前所述，《食货》的创办缘起，就是要通过对中国社会史料的详尽搜集和具体的专题研究，求得对中国历史的社会发展形态问题的合理解释。为了展开这方面问题的讨论，《食货》在第 2 卷第 9 期和第 11 期连出了两期"中国社会形式发展史专号"，到了 1937 年 2 月出版的第 5 卷第 3 期，又出了一期"中国社会形式发展史专号"来探讨中国历史社会形态的问题。而在 1935 年 7 月发行"专号"之前，为了能有效地展开中国社会史问题的讨论，陶希圣还代表"食货学会"，在《食货》第 2 卷第 3 期的卷首，郑重地发表了一篇关于"中国社会形式发展史特辑"的征文启事，呼吁社会和学术界重视关注这个对于中国社会现实与历史认识有重大关系的史学问题的解决。此外，在陶希圣所拟定的《经济史名著选译计划》中，也表现出其亟欲解决如何认识中国社会发展形态问题的欲望。在该计划书中，陶希圣指出："计划的实现，受我们的需要的指导，又受我们能力的限制。"其中，"在需要一点上，我们选译外国经济社会史名著时，并不是因为那是名著，便拿来译。我们选译的标准，是那名著的全部或一部，里面所叙述或讨论的具体现象（制度或思想或政治等），是研究中国经济社会史必需的比较或指示。中国经济社会史上有许多的筋节，如果不能明白

---

① 陶希圣：《中国社会之史的分析》，11 页，沈阳，辽宁教育出版社，1998。

了解，全部经济社会的发展过程便无从了解。例如东汉时期土地兼并的事实，本身是什么情形，而它对于魏晋以后的贵族庄田以及寺庙庄田有怎样的关系。又如五代以后，苦恼政府的货币问题以及政府与学界对于货币政策的思想，究竟是什么样的东西。这样的问题，只有把外国史上类似的现象来比较一下，才能在黑暗里得到一线的光明的指示。还有外国经济史上的现象本身，需要具体的分析研究，例如通常人以古代罗马为奴隶社会，但是罗马当时也有广大的农村。通常人总把罗马的奴隶几倍于市民来说明他所以是奴隶社会，但罗马也有广大的自由农民，数量不能几倍于奴隶。① 究竟罗马的乡村对社会的影响怎样，奴隶是否比自由农民也多到几倍，这些问题，倒需要考究一个从头到底。不然，我们对中国社会史又少了一段有价值的比较资料了。我们选译，要有这样的标准：为了解析中国经济社会史最重要的关键，选译外国名著里社会经济过程可以拿来比较的类似的段落的研究。"② 因此，从推进对中国社会形态研究的角度来说，陶希圣创办的《食货》同样也是功不可没。而其价值，也同样表现在史料研究与理论、方法间之会通的努力。

四、余 论

1937年7月，抗日战争爆发，国家形势陡然严峻，中国史学史上第一个"中国社会史专攻"的史学刊物《食货》，在发行完它的第6卷第1期之后，不得不结束了它的历史使命，而它的主编陶希圣，也从此随之结束了他在北平长达6年的平静的书斋生活，结束了他的学术活动的高峰时期，再次把自己抛入激荡诡谲的政治旋涡之中，并且再也没能出来。但是仅就《食货》的社会影响看，作为中国史学史上第一个研究社会经济史的专门刊物，陶希圣的努力还是相当成功的。1943年，张绍良在《近三十年中国史学之发展》一文中，则将1934年定为"探讨时期"。文章对于这时期的

---

① 按：此处原文如此，但似有讹误。
② 陶希圣：《经济史名著选译计划》，《食货》第2卷，44页。

史学是这样总结的:"一阵热烈论战之后,并没有使问题得到完满的结论,于是大家感觉疲乏!中国史的研究乃转变了一个风气,许多人以为在有限的材料中,作诡辩的论争,是不能解决问题的。广泛的历史材料,不如经一番系统的整理和下一番钩沉功夫,中国历史的来踪去向,是无法解答的。以往对于史料的整理,太缺少功夫了!如何钩沉旧史籍取得新材料,以充实研究的内容,是论战过后史学界的新风气,《食货半月刊》的问世,可代表这一风气的开端,此后无论杂志报纸,大学历史系以及专门研究机关,多在这方面用功夫了。直待抗战发生,这一收集史料的工作,虽失之零碎,但其有形无形中裨益于中国史的整理,是不待言的。"① 而当时总结新史学发展的顾颉刚也说:"中国社会经济史的研究,现尚在草创时期,最近的趋势,似乎已经渐渐脱离宣传革命的窠臼,而走上了研究学术的大路;在这点上,陶希圣先生的功绩,实在不可埋没。"② 这是时人对于《食货》在当时史学发展中地位的评估,虽然在1949年以后受政治影响,这些评价不再被人们所提及,但是近60年过后,当年意识形态斗争的激情已在时光中逐渐消磨,我们再沉下心来回眸近现代史学走过的历程之时,应该说,这个结论依然是可以成立的,而作为在一定程度上具有中国社会经济史研究拓荒和奠基意义的《食货》,以及其主办人陶希圣的史学贡献,自然也是不应受到后来政治因素的影响而漠视不提的了。

---

① 张绍良:《近三十年中国史学的发展——为纪念中国史学会成立而作》,《力行月刊》1943年7月第4期。按此处引文"不如经一番……"疑原文有误,按表述的句义,似应为"如不经一番……"。

② 顾颉刚:《当代中国史学》,105页,南京,胜利出版公司,1947。

试析陈寅恪晚年"著书唯剩颂红妆"之因[①]

一、问题的提出

陈寅恪作为一代史学大师,涉猎的学术领域广博,举凡宗教、史学、语言学、人类学、校勘学、文学等均在其涉猎之内,尤以佛教经典研究、中亚古代碑志及古语言研究、魏晋南北朝史和隋唐史研究著称于世。陈寅恪一生钟爱中古史研究,用他自己的话说:"寅恪生平为不古不今之学。"[②] 他的主要论著,如《隋唐制度渊源略论稿》、《唐代政治史述论稿》、《元白诗笺证稿》等也大致集中在魏晋南北朝隋唐时期。他在中古史领域驾轻就熟,颇有所得,然而在1949—1969年他生命的最后二十年里,他却用了11年时间来撰写《论再生缘》、《柳如是别传》这两部明清之际人物的专著。这两部书共90万字,几乎是陈寅恪一生著述的一半,耗去了他晚年大部分精力和心血。他曾在一首诗里提及晚年的著述情况:"五羊重见九回肠,虽住罗浮别有乡。留命任教加白眼,著书唯剩颂红妆。钟君点鬼行将及,汤子抛人转更忙。为口东坡还自笑,老来事业未荒唐。"[③] 其中关于"颂红妆",陈氏自注曰:"近八年来草论再生缘及钱柳姻缘释证等文凡数十万言。"

陈寅恪对中国历史文献非常熟悉,尽管明清两朝历史非他研治范围,但《论再生缘》与《柳如是别传》还是体现了他深刻的考据功力与对历史宏观把握的气度,深刻阐释了他所一向主张的历史文化观。尽管这两部专著是很成功的,但相对于陈的博大精深的知识系统,相对于陈"承续先哲

[①] 此文系与我的硕士研究生杨树坤合作完成。
[②] 陈寅恪:《金明馆丛稿二编》,252页。
[③] 陈寅恪:《寒柳堂集》,46页,上海,上海古籍出版社,1980。

将坠之业"、"开拓学术之区宇"、"可以转移一时之风气，而示来者以轨则"的人生最高理想，① 相对于中国学界一直期待他能写出通论性的中国通史或中国文化史的切望，这两本书实在承担不了如许的重担与使命。陈寅恪是有能力写出开创性煌煌巨著的，但他在最后二十年的大部分时间里却"著书唯剩颂红妆"，这是什么原因呢？这两部书缘何有如此大的魅力吸引一代大师的执著眷顾乃至耗尽他最后的心血呢？这是文化界长期以来十分关注的话题。陆键东的《陈寅恪的最后二十年》认为《论再生缘》与《柳如是别传》是陈晚年悲凉情怀的合适载体，个人气质与遭遇左右了其晚年研究的选题。姜伯勤的《陈寅恪先生与心史研究》提出陈在40年代末世界水平的学术研究基础上没有中断，保持独立性，向前迈进，从偏重文化制度史转向以研究社会风习和时代情感为重点，从而与国际史学界对心态史、心智史、妇女史的关注同步进行。美籍学者汪荣祖的《史家陈寅恪传》，则以为陈寅恪心折于柳如是的才华、思想与刚毅勇猛的性格，赞赏陈端生的文词优美，同情其身世，遂"颂红妆"。但以上《陈寅恪的最后二十年》与《史家陈寅恪传》两书并未对此展开专题探讨。姜的解说也还是偏于对陈氏的研究方法层面予以说明。本文拟在以上诸家研究的基础上，试对陈晚年"著书唯剩颂红妆"的原因及其背后隐含的深刻意蕴，作深入一步的探考诠释。

二、阐发独立之精神、自由之思想

陈寅恪出身于一个崇尚气节，有深厚的传统文化修养的名门世家，自幼便打下了深厚旧学基础。而其年长后在欧美各国的多年游学，不仅使他视野开阔，学贯东西，更重要的是使他能够超越当时一般人关于中西文化的简单认识，从更高的层次洞悉和把握中西文化的各自价值，既不像一般旧儒那样抱残守缺，对西学也不盲目崇拜，而是相对理性地看待中西文化。当然，作为一位深谙中国传统文化的爱国学者，陈寅恪最眷恋、最理

---

① 陈寅恪：《金明馆丛稿二编》，219页。

解的依旧是中国文化，穷其一生，无不在以近代的理性精神，探索和阐释传统文化，乃至其生命的深处，无不氤氲弥漫着传统文化的意绪与精神。在陈寅恪看来，"华夏民族之文化，历数千载之演进，造极于赵宋之世。后渐衰微，终必复振"。① 他毕生崇尚气节，贬斥义利，推扬宋贤，以士的精神自持。学术活动中，也始终洋溢着"表彰我民族独立之精神，自由之思想"的生命热情，并以弘扬民族优秀文化，期待"终必复振"为宗旨，为了这个目标，他坚持着文人的操守，百折不挠，始终不渝，在以维系民族文化命脉为己任的同时，亦汲取西方启蒙时期以来知识分子所高扬的学术独立的自由精神，倡言"士之读书治学，盖将以脱心志于俗谛之桎梏，真理因得以发扬。思想而不自由，毋宁死耳。斯古今仁圣所同殉之精义，夫岂庸鄙之敢望"。他本人也如他在为王国维所撰碑文中所颂扬的"先生之著述，或有时而不章。先生之学说或有时而可商。唯此独立之精神，自由之思想，历千万祀，与天壤而同久，共三光而永光"。② 用生命呵护心灵中这片学术的净土，维护学术的尊严。

　　陈寅恪之所以如此看重文化的独立、自由，是与他对中国传统文化在近代经历的哀痛之感有关。陆键东指出："他不幸生于一个剧烈动荡的时代，承前，他无法不感受近代中国屡遭外侮，有清中兴一带已成残迹的哀感；继后，他更亲身感受社会纷乱变异下'文化'与'社会风习'的分崩离析。故此，他眼中的历史，充斥着兴亡盛衰的痛感；他视觉中的文化，紧紧扣着关系于民族盛衰学术兴废这一主旨。"③ 新中国建立后，传统文化也是命运多舛，先是研制传统文化必须套上马列理论，为政治现实服务，而不注重自身的价值，史学一度曾发展为影射史学。1951年5月，中共中央召开全国宣传工作，就强调："用马列主义的观点和方法去教育全国人民，而不是用其他任何观点和方法；要运用各种办法和克服各种困难，做到'在全国范围和全体规模上'宣传马列主义。"50年代初学马列的热潮声势浩大，人人言必称马列，写文章生吞活剥地引用马列原文。学术界传

---

① 陈寅恪：《金明馆丛稿二编》，245页。
② 同上书，218页。
③ 陆键东：《陈寅恪的最后二十年》，515页，北京，三联书店，1995。

统的研究方法、学术思想，乃至思维方式往往被作为资产阶级唯心主义而遭批判。以马列理论来统领约束各学科，合理论者保留，不符者则删去，这恰如给"士之读书治学"加上"俗谛之桎梏"，而使一向格外看重传统士大夫情怀，以及西方近代知识分子所强调的独立精神和自由思想的陈寅恪难以接受。他在中国科学院邀其担任历史研究所二所所长时，提出非常不合时宜的条件"允许研究所不宗奉马列主义，并不学习政治"，并在《对科学院的答复》一文中提到"必须脱掉'俗谛之桎梏'，真理才能发挥，没有自由思想，没有独立精神，即不能发扬真理，即不能研究学术"。

尽管陈的上述态度表现得有些激烈，思想看似保守，但从根本上讲，陈所反对、排斥的应该不会是马克思主义本身。早在德留学期间陈就阅读过《资本论》的原文，在当时的中国人中是较早接触经典原著的。陈一生淡泊政治，应不会反对某种政治信仰。他反对的只是对自由思想、独立精神进行禁锢的做法。换言之，他反对的是那些假借马克思主义之名，歪曲马克思主义原意，背离唯物主义本身，推行极"左"路线，生搬硬套马克思著作语句，并以此强制对知识分子思想进行所谓改造的做法。而这些做法今天看来显然也是不利于学术发展的。"学术者，乃天下之公器也。"没有怀疑精神，没有独立思考，也就没有了学术的生命和发展。马克思主义再好，这种强制性的做法，也是违背追求真理、追求独立思考的学术品格和文化发展基本规律的表现。陈寅恪毕生的理想就是阐扬自己钟爱的中华文化，使之能够跻于世界民族文化之林，然而现实的文化氛围却又显然不利于他对学术问题的探讨。于是，在对民族文化发展前途忧心忡忡的同时，陈寅恪不免也哀叹自己的"生不逢时"，不能实现自己学术报国的理想，进而造成对当时文化政策乃至新社会的一些误解。从这样的视角来看他用11年的时间埋首"颂红妆"自然也就不太奇怪了，因为陈端生、柳如是的身上都体现了独立之精神、自由之思想，或许陈寅恪称颂的是这种精神与思想？

让我们来看一下他在《论再生缘》一书中的评议："年来读史，于知人论事之旨稍有所得，遂取《再生缘》之书，与陈端生个人身世之可考见者相参会，钩索乾隆朝史实之沉隐，玩味《再生缘》文词之优美，然后恍然知《再生缘》实弹词体中空前之作，而陈端生亦当日无数女性中思想最超越之人也。""则知端生心中于吾国当日奉为金科玉律之君父夫三纲，皆欲籍此等描写以摧破之也。端生此等自由及自尊即独立之思想，在当日及其后百余年间，俱足惊世骇俗，自为一般人所非议""六朝及天水一代思想最为自由，故文章亦臻上乘，其骈俪之文遂亦无敌于数千年之间矣。若就六朝长篇骈俪之文言之，当以庾子山《哀江南赋》为第一。若就赵宋四六之文言之，当以汪彦章代皇太后告天下手书为第一。""庾汪两文之词藻固甚优美，其不可及之处，实在家国兴亡哀痛之情感，于一篇之中，能融化贯彻，而其所以能运用此情感，融化贯通无所阻滞者，又系乎思想之自由灵活。故此等之文，必思想自由灵活之人始得为之。""《再生缘》一书，在弹词体中，所以独胜者，实由于端生之自由活泼思想，能运用其对偶韵律之词语，有以致之也。故无自由之思想，则无优美之文学，举此一例，可概其余。"① 文中对陈端生的"自由、自尊、活泼、独立"思想大为赞赏，也大加赞美，称其为"当日无数女性中思想最超越之人也"。或许，陈寅恪这里把自己的理想、主张与现实的慨叹，都一一倾注到了陈端生这个古代弱女子的身上。显然，陈寅恪这里写作《论再生缘》的意义，早已超出了其所谓"稍稍考证其本末"的最初目的。

与《论再生缘》相同，陈寅恪对柳如是的赞扬也同样体现了"独立之精神，自由之思想"。在《柳如是别传》中他写到"虽然，披寻钱柳之篇什于残阙毁禁之余，往往窥见其孤怀遗恨，有可以令人感泣不能自已者焉。夫三户亡秦之志，九章哀郢之辞，即发自当日之士大夫，犹应珍惜引申，以表彰我民族独立之精神、自由之思想。何况出于婉娈倚门之少妇，绸缪鼓瑟之小妇，而又为当时迂腐者所深诋，后世轻薄者所厚诬之人哉！"② 对有着独立不移精神而又命运多蹇的柳如是深表同情与赞赏。他还指出："清初淄川蒲留仙聊斋志异所记诸狐女，大都妍质清言，风流放诞，盖留仙以齐鲁之文士，不满其社会环境之限制，遂发遐思，聊托灵怪以写

---

① 分见陈寅恪：《寒柳堂集》，56、57、59、65、66页。
② 陈寅恪：《柳如是别传》上册，4页，上海，上海古籍出版社，1980。

其理想中之女性耳。实则自明季胜流观之,此辈狐女,乃真实之人。"把柳如是视为四百年来现实生活中的理想人物。陈寅恪晚年将其文稿命名为《寒柳堂集》及《金明馆丛稿》,与他对柳如是的《金明池·咏寒柳》的赞赏有关。柳如是《咏寒柳》词曰:"有怅寒潮,无情残照,正是萧萧南浦。更吹起,霜条孤影,还记得,旧时飞絮。况晚来,烟浪斜阳,见行客,特地瘦腰如舞。总一种凄凉,十分憔悴,尚有燕台佳句。春日酿成秋日雨。念畴昔风流,暗伤如许。纵饶有,绕堤画舸,冷落尽,水云犹故。忆从前,一点东风,几隔着重帘,眉儿愁苦。待约个梅魂,黄昏月淡,与伊深怜低语。"正如姜伯勤所评述的那样:"寅恪先生激赏这首《咏寒柳》词,激赏其'春日酿成秋日雨'的悲剧意识,激赏其'念畴昔风流''一点东风,几隔着重帘'的思想超越境界,激赏'待约个梅魂'所象征的对思想自由和民族独立精神的执着追求。"[1] 从以上分析不难看出,陈寅恪是借红妆来抒发自己的主张,还学术以独立,还思想以自由。其实,他的好友吴宓早已指出"寅恪之研究'红妆'之身世与著作,盖藉此查出当时政治(夷夏)、道德(气节)之真实情况,盖有深素存焉,绝非清闲、风流之行事……"陈寅恪自己也说:"噫!吾人今日追思崔(莺莺)张(生)柳(柳如是)陈(子龙)悲欢离合之往事,益信社会制度与个人情感之冲突,诚如卢梭、王国维之所言者矣。"[2] 抒独立精神、自由思想的慨叹应是陈"颂红妆"的主要原因。

三、移情以忘现实之痛苦

陈寅恪的《论再生缘》与《柳如是别传》里较多地体现了文的倾向,更重心理的揭示和情感的抒发,与他一贯严谨的文史论文风格多有不同。这两部专著他都写得酣畅淋漓,字里行间洋溢着同情与感怀生命的浩叹。这似乎超出了历史学家的理性把握,却又是情理之中的人的真性情的袒

---

[1] 姜伯勤:《陈寅恪先生与心史研究》,《陈寅恪印象》,310页,上海,学林出版社,1997。
[2] 陈寅恪:《柳如是别传》下册,121页。

露。陈寅恪晚年在《寒柳堂集》中记道:"衰年病目,废书不观,唯听读小说消日,偶至《再生缘》一书,深有感于其作者之身世,遂稍稍考证其本末,草成此文。承平豢养,无所用心,忖文章之得失,兴窈窕之哀思,聊做无益之事,以遣有涯之生云耳。"① 这或许也是陈寅恪"颂红妆"的另一原因吧。

陈寅恪晚年的情绪偏于抑郁、愁闷、感怀和哀伤。这一方面因为他的学术思想与当时的主流理论和史学不合拍,与时代新潮不符,不被人所理解,而备感精神上的孤寂;另一方面他晚年盲目膑足的现实,在给他的生活和学术活动带来诸多不便的同时,也给他的心灵蒙上不小的阴影。其内心的苦闷,设身处地,是可以感觉的。"文章存亡关兴废,怀古伤今涕泗连。"这充满自伤之情的诗句,正是不得一展学术抱负的陈寅恪的内心写照。身心的痛楚时时啃咬着他的内心,拨动他富于诗人气质的敏感的心弦。也正因此,陈寅恪亟需在精神世界里寻找到安慰,以忘记现实的身和心的痛苦,所以,"移情"应该也是陈写《论再生缘》、《柳如是别传》两书的原因与动力。

下面我们想循着历史的脉络,再详细分析一下陈寅恪心路的形成。陈寅恪祖父陈宝箴曾任湖南巡抚,主张变法行新政。后因戊戌变法失败被革职而益切忧时爱国,常常深夜孤灯与其子相对唏嘘,不能自已。陈寅恪父陈三立,号散原,清末四公子之一,被公推为一代诗宗,有《散原精舍诗》流于世。日本人攻陷北平时,绝食绝药而死。兄陈师曾(衡恪)为民初大画家,声名甚高,染疾英年早逝。祖父的壮志难酬,父亲的含悲而逝,兄长的命蹇早殇,加之其幼时所目睹的梦一般消逝的世家繁华,这些无不使他对生命的感悟中蒙上一层哀怛之情,使他的心灵越愈地敏感纤细。加上世家相传的艺文精神、洞悉中西的学识,以及传统士大夫和近代西方知识分子鼓吹的自由精神相糅而成的志节,则使他的气质中自有一份孤傲与清高。这性格,这气质,使他在面对铺天盖地而来的政治热潮、面对传统学术已成敝屣的现实时,不得不常常为一种不被世人所理解的苦闷

---

① 陈寅恪:《寒柳堂集》,1页。

所笼罩。陈寅恪有心坚守着传统文化与精神学问，但在当时极"左"的情况下，又有谁能理解他呢？不仅不理解，还要作为资产阶级唯心史观的代表加以批判。"吁嗟默默兮，孰知吾之廉贞？"陈寅恪的内心为其困惑所煎熬。

对于那些从旧时代走过的学者，无不经历过新中国成立后一系列运动的批判与冲刷：从1954年批判俞平伯红学思想及胡适派资产阶级唯心体系，到1957年反右和"兴无灭资"，其间亦加上整改、"双反运动"、"红专大辩论"、"厚今薄古"运动、"双改"等等一系列的运动。1958年，陈寅恪被推到了政治斗争的前沿，批判他的大字报来势之凶猛，用词之激烈，甚至有"拳打老顽固，脚踢假权威"、"烈火烧朽骨，神医割毒瘤"的话语，陈寅恪的学术被称为"资产阶级伪科学"。呵护文化的苦心不被理解，凝聚心血的学术被批得一钱不值，这对陈寅恪是一个多么大的精神刺激！陈寅恪对现实绝望了，他停止了授课，埋首于著述。新中国成立后，尽管中央与地方一直对陈寅恪的生活很照顾，但他治史的方法与思想却被抛弃，被归为资产阶级唯心史观。照顾对于陈寅恪来讲，在某种意义上，可能不过是像古董一样被供奉着。因为对于陈来说，自由、开放的学术探讨更重要，而物质的照顾并不能换来他心灵的安恬。于是孤寂也就成了他晚年咏叹的主调，"一生负气成今日，四海无人对夕阳"[①] 正是他孤寂苦闷心情的写照。心灵之苦与失明、膑足所带给来的身之苦交织，于是，一方面充溢的学识和当时安定的生活环境时时使陈寅恪亟欲展现自己的学术抱负，一方面不自由的思想文化氛围以及感到来日无多的不安，形成陈的思想在灵与肉间的痛苦挣扎：自负天命所归守护文化却又天妒其才，活着已变成一种灵与肉的煎熬。这时的陈寅恪无论在身还是在心，都在顽强地与命运抗争。然而苦涩的生命终需有几许光明的寄托，于是"颂红妆"便成了陈寅恪用以忘却现实身与心之痛苦，寄予其人生的慨叹。

陈寅恪的这些心灵的颤动，我们可以在他那些"颂红妆"的作品中得到感受。其中如撰写《论再生缘》的过程中，其生命情感的喷发，一泻千

[①] 陈寅恪：《寒柳堂集》，18页。

里，完全经历着似作家创作般的体验过程，似乎要把激情、慨叹一股脑地全倾注在陈端生身上。他表示道："吾国昔时惑于女子无才便是德之谬说。虽士大夫之家亦不多教女子以古字。"然"端生能于此环境中展露才华，固属不易，然其不平之气亦不可免。寅恪自谓最能同情其身世与才华，故欲考见其憔悴忧伤而湮没之事迹"。① 陈寅恪似乎是在陈端生的身上看到了自己的影子，在论述《论再生缘》的过程中，陈寅恪更是进入一种酣畅淋漓物我两忘的状态，时时表现出对生命愉悦的快感，越写越投入，越写越忘情，似乎也浑然忘却了现实中的种种身与心的痛苦。

《柳如是别传》更承载了陈寅恪晚年无比感伤的历史情感与生命追求。陈寅恪非常钟爱这个性格奇异、人格闪耀着光芒的女子，"故于柳氏洗冤外，更加以表彰。除释证事迹外，更刻画柳氏可敬可爱的性格，谓其儒士更兼侠女，谓其为罕见之独立女子，以至于认为柳如是乃小说中理想人物的化身"。② 陈寅恪倾尽心血再现柳如是的一颦一笑、一刚一柔的风姿绰约，曾于其《戏题余秋室绘河东君初访半野堂小影》一诗中表露："弓鞵逢掖访江潭，奇服何妨戏作男。咏柳风物人第一，画眉时候月初三。东山小草今休比，南国名花老再探。好影育长终脉脉，兴亡遗恨向谁谈。"③ 陈寅恪对柳如是从生命过程到情感气质有一种深深的认同，从而使他的历史研究成了某种文学性的重塑生命的倾注。晚年的陈寅恪已完全沉浸在"发皇心曲，代下注脚"的精神世界里了。确如汪荣祖为陈寅恪作传所说："三百年后寅恪不禁移情而眷恋之也。心理学家有以美丽幻境来否定现实之说。寅恪晚景身残目盲，现实之痛苦达于极点，若能飘飘然于三百年前情侣幻境，自可聊慰眼前之苦境。""若然，则寅恪移情之享受或亦是其孜孜不倦撰写此书之一动力欤？"④ 陈寅恪的内心深处有着构建历史巨厦的渴望，他的愿望是能写出恢宏的中国通史或中国文化史，但在晚年那样的文化氛围下，又兼双目失明，他也只能用心灵去感悟历史了。

---

① 汪容祖：《史家陈寅恪传》，188 页，江西，百花洲文艺出版社，1992。
② 同上书，195 页。
③ 陈寅恪：《寒柳堂集》，43 页。
④ 汪容祖：《史家陈寅恪传》，192、193 页。

当然，导致陈寅恪晚年"著书唯剩颂红妆"的原因还有其他。例如陈寅恪写《柳如是别传》，也有探讨明清兴亡历史教训、抒其兴亡之感的学术诉求。从陈寅恪所持的文化史观出发，陈的兴亡感主要源于他对文化兴亡的考量，即中国历史的特点是王朝更迭频繁，每次王朝更迭都伴以社会动乱，也给文化带来劫难，而文化寄托之文人又必然要首当其冲，尤其是这时文人的心灵，大多要在历史的剧变中遭到其他时刻所没有的拷问及权衡利害的煎熬，于是文人的持己处事，便关系了历史的荣辱。明亡清兴号称天崩地坼，文人们的道德气节也受到了深刻的考验，感慨万千，便成了驱使陈寅恪撰写发明清文人心灵历史之覆的《柳如是别传》的冲动。此外，陈寅恪晚年"颂红妆"，在一定程度上也有自验其学术深浅原委。对此陈寅恪君子自道云："重读钱（谦益）集，不仅籍以温旧梦，寄遐思，亦欲自验所学之深浅。"① 其中其"颂红妆"的代表作《柳如是别传》卷帙浩繁，考证繁琐，可以说是集陈一生"笔法"之大成，陈确欲藉此书自验学术之深浅并以此作为治史方法垂范后世。但是这些说到底，依然是与上述陈寅恪晚年的境况及其心路轨迹密切相关。

　　综上所述，阐发独立之精神，自由之思想，移情忘现实之痛苦，抒兴亡之感和自验学术深浅，我认为这些应该是陈寅恪晚年"著书唯剩颂红妆"的主要原因。事实上陈寅恪的晚年，在自己心灵和身体均处于极度痛楚的情况下，倾注全部才华和精力为陈、柳二位身柔心刚的女子作传张目，或许是那个时代使他得以保持学术激情、延续学术生命、弘扬自己价值的无奈地追求。如果说陈寅恪没能在自己更加专长的领域内留下煌煌巨著是个无法弥补的遗憾的话，那么《论再生缘》、《柳如是别传》的传世，毕竟多少是为学术界做出的一些补偿。

---

　　① 陈寅恪：《柳如是别传》上册，3页。

道与势：传统史权与君权的紧张

一、早期史官的文化形态与史权观念的发生

与西方古典史学相比，中国古代史学观念似乎更强调史的终极价值的裁判权力[1]。明代著名史学家焦竑，曾有《论史》一文曰："史之职重矣！不得其人不可以语史，得其人不专其任不可以语史。故修史而不得其人如兵无将，何以禀令？得人而不专其任如将中制，何以成功？苏子谓：史之权与天、与君并，诚重之也！"[2] 这里焦竑所引述的"苏子谓"云云，虽浅陋如我，至今尚没能检索到其具体出处，但是其仍可说明，在中国古代，于一般士人的心目中，存有一"史权"的观念。并且认为，这种史的权威，是与主宰万物的"天"，以及统御国家的"君"相埒并列的神圣与高尚。同时，这种对"与天、与君并"之史的权威的强调，除了构成中国古代史家自律的责任意识外，也透露出在那个时代，"史权"与"君权"之间，存在着某种紧张。或可说，这种紧张，实质也是所谓"道"——道义、道德，与"势"——盛力、威权之间的紧张。

中国传统社会中史权与君权存在着的紧张，实因其传统文化所赋予"史"的核心价值而彰显。古典意义的"史"，经历过一个从史官到史家到历史撰述，这样一个衍变过程。一般来说，"史"较少指在时空中不断展开的客观过程。中国古典意义的"史"的核心价值为何？我们或可从前人对"史"字的训释中得出一些消息。

按《说文解字》云："史，记事者也，从又持中，中，正也。"这说

---

[1] 近人柳诒徵研究中国史学，亦有"史权"之说，称："吾国史家，艳称南、董。秉笔直书，史之权威莫尚焉。"详见《国史要义》"史权第二"，27~51页，上海，华东师范大学出版社，2000。

[2] 焦竑：《澹园集》卷4，《论史》，19页，北京，中华书局，1999。

明，在许慎看来，"史"的内涵，除了作为"记事者"外，亦负有"持中正"的职业品质。这种解释应是已知的对于"史"字最早的训释，也是影响最大的训释。后世学者，除极少数学者持有异议外，基本是以许慎此训为准。对于这种情况，我们可以根据民国丁福保纂辑的《说文解字诂林》作出判断。其中如南唐徐锴于《说文繁传》训"史"云："臣锴曰：记事当主于中正也，会意。"如清段玉裁《说文解字注》引《礼记·玉藻》阐发许慎"史，记事者也"曰："动则左史书之，言则右史书之。不云记言者，以记事包之也。"又释许慎"从又持中；中，正也"句云："君举必书，良史书法不隐。"此外像清王筠《说文句读》、清桂馥之《说文解字义证》等皆持此说，清饶炯《说文解字部首订》则更详绎之曰："史者记事之官，《礼记》云：言则左史书之，行则右史书之是也。从又持中者，犹云持正也。盖史之所记，如其事而实书之，不参己见，亦无偏倚，故从又持中，为人记事之称。因其记事无虚伪，遂名其所记之书为史，亦名其所记之实亦为史。"① 直至清季民初，金文、甲骨文等文字资料陆续出土，吴大澂、王国维等以之证诸许氏《说文》，才开始有了更多的其他新解。这里，我们不管许氏《说文》对于"史"的解释与"史"的最初本义是否相符，但是从思想史的角度看，许氏《说文》以及后世学者对于"史"的训释，却足以表明东汉许慎以后两千余年来，人们对于"史"或史家的观念，始终具有所谓"中正"的正面价值。这里所谓"中正"，除了指记述上的不偏倚的客观态度外，还隐含着对事实予以道义裁判的意义。这也就是说，由"史"所谓的"持中"，又必然会进一步逻辑地推出其持"道"的价值意义。

如果说"史"所获得的"中正"之义，有可能为后起之义，那么"史"所具有的权威性及道义判断性的"持中"之象征，却可从发生的层面获得支持。

文献记载及相关研究表明，"史"是殷周时代的重要职官系统，仅就

---

① 以上诸引文皆见丁福保：《说文解字诂林》三下，《史部·史》，3497～3498页，北京，中华书局，1988。

迄今所发现的周代铜器铭文看,有关史官的铭文,就有多达60余条。如果包括诸侯之史、内史及其他诸史官的50多条材料,史官铭文材料的总数,则多达110余条。① 我们认为这些上古史官存在的文化形态,对于后来史学传统的形成,具有直接的影响。

历史文献告诉我们,上古史官存在的文化形态,是经过巫祝与史合一向逐渐分离的历史过程。《文史通义》卷6《外篇一》云:"古治详天道而简于人事,后世详人事而简于天道,时势使然,圣人有所不能强也。上古云鸟纪官,命以天时,唐、虞始命以人事,《尧典》详命羲、和,《周官》保章,仅隶春官之中秩,此可推其详略之概矣。……后世惟以颁历授时为政典,而占时卜日为司天之官守焉;所谓天道远而人事迩,时势之不得不然。是以后代史家,惟司马犹掌天官,而班氏以下,不言天事也。"② 这是讲从上古史者详于天道,后世史者详于人事而简于天道,是历史发展的不得不然之势所致应是历史的事实。《国语·楚语下》记载了这样一个故事:一天,楚昭王问观射父:"《周书》所谓重、黎实使天地不通者,何也?若无然,民将能登天乎?"楚昭王在这儿问了两个问题,一是说重、黎分司天地,是不是使天地绝而不通的原因?二是说如果没有重、黎分司天地,百姓是否也能交通天地,通天降神?对于楚昭王的提问,观射父很肯定地给了个否定的回答。他认为,上古之时,民与神是不相杂糅的,其间交通,依赖于那些所谓"民之精爽不携贰而又能齐肃衷证,其智能上下比义,其圣能光远宣朗,其明能光照之"的人。这些人,"在男曰觋,在女曰巫"。此后,按照观射父的说法,这些觋、巫逐渐发展而为司掌祭鬼神、祀祖先之礼的"祝"和"宗",并由此派生出"天地神民类物之官",即管理土地民人的所谓"五官",于是二者"各司其序,不相乱也",形成"民、神异业,敬而不渎",司天与司地,或行政管理与宗教文化管理两个系统分置并行的制度格局。再后,"及少暤氏之衰也,九黎乱德",百姓"家为巫史,无有要质",又形成"民神杂糅"的局面;再后,"颛顼受之,

---

① 张亚初,刘雨:《西周金文官制研究》,26页,北京,中华书局,1986。
② 叶瑛:《文史通义校注》,573页。

乃命南正重司天以属神，命火正黎司地以属民，使复旧常，无相侵渎，是谓绝地天通"；再后，"三苗复九黎之德"，造成又一次民神不分局面的反复；再后，"尧复育重、黎之后，不忘旧者，使复典之，以传于夏、商"，直至"（周）宣王时，失其官守，而为司马氏"。①

《国语·楚语下》中的这个故事，实际向我们讲述了上古职官的起源，尤其是史官起源及其逐渐演化的问题。联系《史记·太史公自序》所叙司马氏谱系，其内容刚好吻合。按《史记·太史公自序》云："昔在颛顼，命南正重以司天，北正黎以司地。唐、虞之际，绍重、黎之后，使复典之，至于夏、商，故重、黎氏世序天地。其在周，程伯休甫其后也。当周宣王时，失其守而为司马氏。司马氏世典周史。惠、襄之间，司马氏去周适晋。"此后，其裔一分为三，"或在卫，或在赵，或在秦"。其中在秦的一支，大约是在公元前620年，即所谓"晋中军随会奔秦"之时来到秦国少梁的，便是后来大史学家司马迁所从来的司马氏支裔。这样，一条从史官到史家的演化线索，便清晰地呈现在我们的面前。其中，在史官的起源方面，它指明了史官与上古时期作为交通神、人的巫、觋有密切的渊源关系，《礼记·曲礼》云："天子建天官，先六大，曰大宰、大宗、大史、大祝、大士、大卜。"在某种意义上也印证了这种情况。在史官的逐渐演化方面，它一方面从中分离派生出行政管理的职能；一方面虽几度兴衰，但仍相沿至于周代，至周宣王时失其官守，成为司马氏，而与西汉大史学家司马迁所叙的家谱衔接，构成传统史学学术传统形成的渊薮。

我们说，上古时期，从觋、巫到祝、宗再到史官这样一条演化途径，以及其在当时的文化形态，对于我们今天理解传统史学特点及史家品格的构成，具有十分重要的意义。

对于史官的学术传统，李零认为，后世史官记录史事能够不怕杀头，秉笔直书，以公正客观为"史德"，原因就在他们于殷周职官形成时，史官作为专司文化之职，不再直接参加行政管理，是"旁观者"。② 于此我们

---

① 见李零：《西周金文中的职官系统》，载《尽心集》，203 页，北京，中国社会科学出版社，1996。

② 李零：《中国方术考》（修订本），14 页，北京，东方出版社，2000。

是否还可以认为，惟史官专司其职，故不敢渎其职、失其职。而其职者何？曰君举必书。此上古史官世守之法，失此便失其位，其族亦失其地位，故不敢稍事怠慢，虽死亦赴。当然，除去这点之外，更重要的是史官作为原沟通天人的巫、祝，其身份性质的本身，以及"精爽不携贰"，而"又能齐肃衷正，其智能上下比义，其圣能光远宣朗，其明能光照之，其聪能月彻之"的品质，所构成的后世史官——史臣，作为"道"之代言人，视史之权为天道之下制衡王权的利器，不畏强权，"书法不隐"，独立于，甚至尊于政治权力——"势"的价值判断文化传统及心理。后世史家所共赞誉的榜样——"在齐太史简"、"在晋董狐笔"之流，也可说是这种史官精神的体现。

二、"官师合一"格局的变动与士大夫持史弘道之意识

"史"因其产生之特性而形成的独立于政治权力之外的批判性的品格，应该说是构成史权意识的重要原因。然而，在中国早期文明时期，所谓史权并未与政治权力发生冲突。其中原因很多，但是当时"史"的神学意义远远大于"史"之人文意义的史实，则不能不说是有重大影响的史实。此外，此时的王权亦没有极度的膨胀，或者按照儒家的说法，此刻还处于"官师政教合一"时代，道统与政统尚处于统一形态，所以道与势的紧张也没有展开。这一点，从后世儒家学者排列的道统的序列也可以得到印证。按照唐韩愈及后来宋儒排列的道统，周公之前的尧舜禹汤文武，无一不是王者，即在承负道统的同时，还兼为政统的承担者。而自周公至孔子之后，则再也没有拥有王者身份的道统传人了。故清章学诚《原道》说："韩退之曰：'由周公而上，上而为君，故其事行；由周公而下，下而为臣，故其说长。'夫说长者，道之所由明，而说长者，亦即道之所由晦也。"[①]

---

① 《文史通义校注》卷2，《内篇二·原道中》，131页。

上古所谓"治教无二，官师合一"的格局，① 是在西周后期开始发生的巨变。对此，美籍华裔学者余英时曾引述韦伯（Max Weber）和美国当代社会学家帕森斯（Talcott Parsons）"哲学突破"的观点，论证了此时中国发生的王官之学向诸子百家之学的社会变动，以及随之兴起的"以道自任"的士阶层，所构成的整个中国古典时代"道"与"势"之间的紧张。② 余英时氏的有关论述，有助于我们进一步理解去史权与君权之间的紧张。

余英时认为，"自'道术将为天下裂'以后，古代礼乐传统辗转流散于士阶层之手，于是知识分子主观方面的构成条件便具备了"。而"中国知识分子从最初出现在历史舞台那一刹那起便与所谓'道'分不开，尽管'道'在各家思想中具有不同的含义。'哲学突破'以前，士固定在封建关系之中而各有职事，他们并没有一个更高的精神凭藉可恃以批评政治社会、抗礼王侯。但'突破'以后，士已发展了这种精神凭藉，即所谓'道。'"余英时氏还举例说，孔子就曾"毫不迟疑地指出'士'是'道'的承担者"，而后之孟子则"正式提出了'道'与'势'（即政统）的关系问题，而且很明显地是把'道'放在'势'之上"。③

余英时氏所说的这些社会变化，以及士之所具有的品格及特点，在史学上亦有鲜明的体现。孔子曾一再称誉不畏权势、"书法不隐"的董狐为"古之良史"，④ 对此我们或可作两层意义的解说：一是董狐的事迹是古史官普遍精神的体现；一是孔子对这种不畏权势、"书法不隐"的史官精神的着意表彰，以彰显或强调士所握有的"史权"对于政治权力具有道义的优先性。至于孔子本人，也正是将这种史权意识，与士之以道自任的精神相合，一同注入于史学之中，在有感于"周道废衰"之时，奋起以私人身份撰述《春秋》，以史行素王之权，"是非二百四十二年之中，以为天下仪

---

① 叶瑛：《文史通义校注》卷2，《内篇二·原道中》，131页。
② 参见余英时：《士与中国文化》，1~112页，上海，上海人民出版社，1987。
③ 同上书，97~98、100页。
④ 见《左传》"宣公二年"。杜预：《春秋左传集解》，541页，上海，上海人民出版社，1977。

表，贬天子，退诸侯，讨大夫，以达王事"。① 对于孔子撰述《春秋》的这一旨趣，孟子也说："世衰道微，邪说暴行有作，臣弑其君者有之子弑其父者有之，孔子惧，作《春秋》。《春秋》，天子之事也。是故孔子曰：知我者，其惟《春秋》乎！罪我者其惟《春秋》乎！"② 而司马迁则引壶遂说曰："孔子之时，上无明君，下不得任用，故作《春秋》，垂空文以断礼义，当一王之法。"③ 孔子作《春秋》这种以史为法、发挥史之政治批判意义，"贬天子，退诸侯，讨大夫，以达王事"之史学思想的提出与实践，可以说是把"史"之制衡政治权力的政治批判价值，发挥得淋漓尽致。由于孔子在中国文化发展中的崇高地位，因此他的史学实践，对于后世史权意识的发展，其垂范意义既深且远。

当然，孔子作《春秋》的史学意义是多重的，其中除了使士人看重史学的政治批判意义，使史权高于政治威权的思想深入士人之心，而且也使史学于官修体制之外，另开辟一条私人修史的途径，形成"礼失求诸野"，即士人在不能实现自己为王者师之理想的时候，还可以通过"笔削国史，成不刊之书"，行传统史官之实，达到"用仲尼褒贬之心，取天下公是公非以为本"的政治批判旨趣，实现其制约君权、以舆论迫使君主改善社会条件的政治目的。④ 史称：唐朱敬则"迁正谏大夫，兼修国史。乃请高史官选，以求名才。侍中韦安石尝阅其稿史，叹曰：'董狐何以加！世人不知史官权重宰相，宰相但能制生人，史官兼制生死，古之圣君贤臣所以畏惧者也。'"⑤ 在这种情况下，"史"也就很自然地被古代士人视为持以弘道的重要依托。

---

① 《史记》卷130，《太史公自序》，3297页，北京，中华书局，1959。
② 《孟子·滕文公下》，清阮元校刻《十三经注疏》，2714页，北京，中华书局，1980。
③ 《史记》卷130，《太史公自序》，3299页。
④ 李翱：《李文公集》卷6，《答皇甫湜书》，《四部丛刊》本。
⑤ 《新唐书》卷115，《朱敬则传》，4220页，北京，中华书局，1975。

三、道与势——史权与君权的紧张

然而，随着春秋战国时代诸雄争霸的结束和君主专制体制的建立，无论是在国家的体制之内的士大夫利用所控制的史权制衡王权，还是完全站在国家体制之外，以私人修史的形式进行"贬"、"退"、"讨"，都越来越不能为统治者所容忍。就在"为王者师"的儒家师道精神的政治追求受到越来越严厉打压的同时，其史权的意识也随之受到摧残。

史称："司马迁记事，不虚美，不隐恶。刘向、扬雄服其善叙事，有良史之才，谓之实录。汉武帝闻其述史记，取孝景及己本纪览之，于是大怒，削而投之。于今此两纪有录无书。"① 这是历史上专制君权与史权之间展现的最初的紧张。此后，班固于明、章朝又几乎因为"私改作国史"肇祸，这也表明，东汉时期国家体制之外的私修史学，已经受到了政治权力的打压。东汉以降，史祸屡屡发生，例如汉献帝初平三年（192）王允以"不使谤书流天下"为名而诛蔡邕；② 三国吴凤皇二年（273），吴王孙皓因韦昭坚持以其父孙"和不登帝位，宜名为传"，不可入"本纪"，③ 遂寻隙"诛曜（昭），徙其家零陵"；④ 梁吴均撰《齐春秋》，因触犯梁武帝，以致"敕付省焚之，坐免职。"⑤ 当时最为惨烈的史祸，则属北魏的崔浩之祸。"诏诛清河崔氏与浩同宗者无远近，及浩姻家范阳卢氏、太原郭氏、河东柳氏，并夷其族，余皆止诛其身"，牵连死者几达数千人之多。⑥ 而至隋代统一君主集权政权重新建立，隋文帝遂径直下诏，明令："人间有撰集国史、臧否人物者，皆令禁绝。"⑦ 表明君主专制集权重新确立之后，对于史

---

① 《三国志》卷13，《王肃传》，418页，北京，中华书局，1959。
② 《后汉书》卷六十下，《蔡邕传》，2006页，北京，中华书局，1964。
③ 浦起龙：《史通通释》卷2，《本纪》弘嗣《吴史》注，40页，北京，上海古籍出版社，1978。
④ 《三国志》卷65，《韦曜（昭）传》，1464页。
⑤ 《梁书》卷49，《吴均传》，699页，北京，中华书局，1973。
⑥ 《资治通鉴》卷125，《宋纪七》，3943页，北京，中华书局，1956。
⑦ 《隋书》卷2，《高祖纪下》，38页，北京，中华书局，1973。

权控制的决心。在这种"韦昭丈正于吴朝，崔浩犯讳于魏国，或身膏斧钺，取笑当时，或书填坑窖，无闻后代"的情况下，① 人们不觉发出"夫为史者，不有人祸，则有天刑，岂可不畏惧而轻为之也"，② 以及"夫世事如此，而责史臣不能申其强项之风，厉其匪躬之节，盖亦难矣"的感叹。③ 当然，我们还可说这些也间接反映出史权的信念，以及在其作用下的"秉笔直书"意识对史家影响的存在。

从一定意义上讲，一部中国传统史学史，也是一部专制政治与"史权"此长彼消的历史。这里，除了东汉以来统治者对于私人修史的直接限禁外，从史官制度发展的角度讲，史官从兼职到专领，史馆从后汉的东观到北魏、北齐的著作局，再到唐代史馆的正式建立和监修制度的实施，以及此后国家修史制度不断被完善的过程，实质上也是君主专制权利不断被强化，和史官逐渐被纳入君主专制体制之中而权利不断被削弱的历史过程。从某些方面讲，国家史馆建立的意义，也可以唐太宗一句"天下英雄入吾彀中矣"概括之。④ 其中最说明问题的是帝王不得观史、史职相对独立的传统一再被打破，故宋代的范祖禹在批评唐太宗观史与宰相监修的制度时，多少有些无奈地说："古者官守其职，史书善恶，君相不与焉。故齐太史兄弟三人死于崔杼而卒不没其罪，此奸臣所以惧也。后世人君得以观之，而宰相监修，欲其直笔，不亦难乎！"⑤ 而早在史馆及其相应的首长监修制度建立不久，史学理论家刘知幾就对这种束缚修史的制度进行了尖锐的抨击。

宋代文人地位虽较之他朝为高，史学号称发达，朝廷也以"崇文"相标榜，但是，对起居注、时政记进御审阅检查制度的建立，也大约肇始于

---

① 《史通通释》卷7，《直书》，193页。
② 《朱文公校昌黎先生文集·外集》卷2，《答刘秀才论史书》，《四部丛刊》本。
③ 《史通通释》卷7，《直书》，193页。
④ 王定保：《唐摭言》卷1，《述进士·上》载："（唐太宗）尝私幸端门，见新进士缀行而出，喜曰：'天下英雄入吾彀中矣！'"3页，上海，上海古典文学出版社，1957。
⑤ 范祖禹：《唐鉴》卷6，文渊阁《四库全书》，第685册，上海，上海古籍出版社，1986—1990。

此。而对于实录，统治者亦往往命取之"入禁中，亲笔削之"，删除、修改于己不利的记述。① 至明清时期，中国的君主专制制度登峰造极，在官僚制度围绕着专制君主高度发达的同时，影响于史学，就是将修史制度完全纳入专制国家的体制之内，控制于专制君主的股掌之中。此时的君主，不仅视观起居注为平常之事（明代还废黜了传统的"君举必书"的起居注制度），对实录进行一些窜改也是相当平常的事。例如史学家沈德符就曾批评说："本朝无国史，以列帝实录为史，已属纰漏。乃《太祖录》凡经三修，当时开国功臣，壮猷伟略，稍不为靖难归伏诸公所喜者，俱被划削。建文一朝四年，荡灭无遗，后人搜括捃拾，百千之一二耳。景帝事虽附《英宗录》中，其政令尚可考见，但曲笔为多。至于兴献帝以藩邸追崇，亦修实录，何为者哉！"② 此外，对于一些官修史籍来说，其历史的评论权力也遭到剥夺。其中最突出的例子，是明初修纂的《元史》。在明太祖专制威权的压力下，竟违反"历代史书，纪、志、表传之末各有论赞之辞"的成例，不作任何评述，而是唯"准《春秋》及钦奉圣旨事意"，反映了当时史官的心理压力和一些难言的苦衷。③ 也正是出于这样的政治、文化背景，史权问题也开始又被士大夫突出地提了出来，发出批判君主专制、维护史权的呼声，如前所引焦竑之"苏子谓，史之权与天与君并，诚重之也"的论述，而与之同时的史家余继登，则在其《修史疏》中，更直接向当朝统治者强调：史之意义在于"明示将来，用垂法戒"，故其"非一人之书，而天下之公也，非一时之书，而万世之公也"，所以"是非虚

---

① 晁公武《郡斋读书志》卷6，"《太祖实录》五十卷"条解题："淳化中，王禹偁作《箧中记》叙云：'太祖神圣文武，旷世无伦，自受命之后，功德日新，皆禹偁所闻见，今为史臣，多有忌讳而不书。又上近取实录入禁中，亲笔削之。禹偁恐岁月寖久，遗落不传，因编次十余事。'"（孙猛校证本，226页，上海，上海古籍出版社，1990。）又李心传：《建炎以来系年要录》卷111，"高宗绍兴七年六月丙申"记载，是年再次重修《神宗实录》时，宋高宗曾"御笔史馆：重修《神宗皇帝实录》尚有详略失中，去取未当，恐不可垂信传后。宜令本馆更加研考，逐项贴说进入，以俟亲览。"（1084页，北京，中华书局，1956）这些都说明宋代统治者对实录写作的干预。

② 沈德符：《万历野获编》卷2，"《实录》难据"条，61页，北京，中华书局，1959。

③ 《元史》附宋濂《纂修元史凡例》，4676页，北京，中华书局，1976。

实之间，子不得私诸其父，臣不得私诸其君，而后可以言公也"。① 再有是涂乔迁为涂山《明政统宗》所作之《叙》称："盖闻宇中有大权二：人主之权黜陟乎天下，史职之权是非乎天下。然黜陟仅及于一世，而是非则及于万世。"曰："大都史之为职，贵公而明，直而断，实而审，总之奉无私而归诸天。若孙盛作《晋春秋》，质以大司马之威而不变；吴兢撰《唐史》，勒以宰相之私而不毁；褚遂良之是非必纪，魏谟之善恶必录，虽以天子临之而不失其职，是谓得之至论，寓目而当心者。"② 这也就是说，史的权力是超乎于政治威权之上的"公"权力，是道义的最终判断，任何人，包括位极人臣的君主，都无权以一己之私利进行干涉。

应该说，传统社会所展现的史权与君权的紧张，除了当时社会知识界历史积淀下的对史的神圣观念，认为"史"扮演着价值最终裁判与社会批判的角色，而与专制威权意志发生冲突外，实质还凝聚着古代中国知识分子——"士"之"为王者师"的所谓"师道"政治理想，即除了希冀通过对历史"贬天子，退诸侯，讨大夫"的价值判断"以达王事"，实现其政治理想外，还希冀在君主的威权之上，悬置一道义的权威，用以抑制君主专制权力的无限膨胀，以至于胡作非为。这种"以史制君"的意识，在某种意义上也可说是传统"以天制君"思想之人文意义的延伸。而且事实上，这种"以史制君"的意识，在两汉以降"天人感应"思想衰退以后，在士大夫的心目中，也确实被视为制衡专制君主权力的更主要的利器。当然，我们还应看到，这种史权意识的宣扬，也有助于史家形成其史学实践的自律意识。例如《北周书》卷三八《柳虬传》记载："虬以史官密书善恶，未足惩劝。乃上疏曰：'古者人君立史官，非但记事而已，盖所以为监诫也。动则左史书之，言则右史书之，彰善瘅恶，以树风声。故南史抗节，表崔杼之罪；董狐书法，明赵盾之愆。是知直笔于朝，其来久矣。而汉魏已还，密为记注，徒闻后世，无益当时，非所谓将顺其美，匡救其恶

---

① 余继登：《修史疏》，陈子龙等编：《明经世文编》卷437，4779页，北京，中华书局，1965。

② 见《新刻明政统宗》卷首，《四库禁毁书丛刊》，史部，第2册，北京出版社，2000。

者也。且著述之人，密书其事，纵能直笔，人莫之知。何止物生横议，亦自异端互起。故班固致受金之名，陈寿有求米之论。着汉魏者，非一氏；造晋史者，至数家。后代纷纭，莫知准的。伏惟陛下则天稽古，劳心庶政。开诽谤之路，纳忠谠之言。诸史官记事者，请皆当朝显言其状，然后付之史阁。庶令是非明着，得失无隐。使闻善者日修，有过者知惧。敢以愚管，轻冒上闻。乞以瞽言，访之众议。'"① 而中国史学理论的第一部专著《史通》，亦是将"彰善贬恶，不避强御"作为史学家的最高境界，可见所谓"古者人君立史官，非但记事而已，盖所以为监诫也"；所谓"彰善瘅恶，以树风声"等无不是针对专制君主"将顺其美，匡救其恶者也"。② 即"史之为务，申以劝诫，树之风声，其有贼臣逆子，淫君乱主，苟直书其事，不掩其瑕，则秽迹彰于一朝，恶名被于千载"。③ 显然，传统史学的这种观念和理念，必然要与政治威权发生冲突，因此审视历史，除了"王与马共天下"，士（族）与皇权共治的东晋特殊历史时期，史权曾一度对于皇权、对桓温等政治威权有过一定抑制作用外，其他时期，尽管有无数以"史道"自任的士人留下许多抗议的论述，"凡居其位思直其道，苟直虽死不可回也"，但是于具体的实践上，则鲜有史权抗衡君权成功的事例。④ 也就是说，在漫长的历史时期，"史权"与君权始终呈现着某种不可调和的紧张。

然而对于"史权"与君权虽然始终紧张，但终未能破裂，君主帝王们大多仍然积极地支持史学的活动。尽管这些支持是有条件的。这种事实，诚如余英时所分析："春秋战国之际，以'道'自任的知识分子出现以后，首先便面临着如何对待政治权威的问题。这个问题牵涉到两个方面：从各

---

① 《周书》卷38，《柳虬传》，680~681页，北京，中华书局，1971。

② 按这里所蕴涵的古代史学的"实录"思想，参见台湾佛光大学历史学研究所教授李纪祥：《中国史学传统中的"实录"意涵及其现代意义》，文载《北京师范大学学报》（社会科学版），2004（5）。

③ 《史通通释》卷7，《直书》，192页。

④ 关于这时期的士人利用史权制衡王权的情况，参见台湾中正大学教授雷家骥：《中古史学观念史》，第七章第四节《批判制裁下的东晋史学》及第八章《"以史制君"与反制：及其对南北朝官修制度的影响》，台北，台湾学生书局，1980。

国君主一方面说，他们在'礼坏乐崩'的局面之下需要有一套渊源于礼乐传统的意识形态来加强权力的合法基础。从知识分子一方面说，道统与政统已分，而他们是道的承担者，因此握有比政治领袖更高的权威——道的权威。"但是"道统与政统有相互依存的一面，也有紧张和冲突的一面。"①其中对于专制君主来说，攘夺、控制历史的话语权，既是获得政统和法统合法性的重要工具，是获得意识形态支持的重要知识资源，也是保证自己"留名青史"的重要途径。

这里，"史"之为统治者获取意识形态支持的知识资源和舆论资源的事实不难理解。这也是每一个新皇朝建立伊始都要修前代之史，并在不涉及自己形象的前提下尽可能保证直书实录的重要原因。但是，对于所谓"留名青史"的观念，仍有必要作出一番解说。

如果说因可获得意识形态和知识资源的支持是统治者对史的利用，那么，"留名青史"渴望，则因史所具有的终极意义的价值，构成了对统治者自以为是的傲慢的有效制约。按不同于希伯来文化，将不朽的追求置于超验的彼岸，对于富有历史理性的中国人来说，生命的不朽是在历史中实现的，人的价值也在历史中克服时间的有限而获得超越。这样，"史"也就在终极意义上获得了裁判的权力。孔子说："君子疾没世而名不称焉。"②屈原的《离骚》讲："老冉冉其将至兮，恐修名之不立。"③司马迁在《报任安书》中云："立名者，行之极也。"④宋欧阳修更是不无感慨地说："生而为英，死而为灵。其同乎万物生死而复归于无物者，暂聚之形；不与万物共尽而卓然其不朽者，后世之名。此自古圣贤，莫不皆然，而著在简册者，昭如日星。"⑤这些发自肺腑的感言，生动地诠释了包括专制君主在内的中国人的这种历史信仰或价值观。自己将在历史中留下什么形象？后人将怎样看待、评价自己的功业？于是，在终极意义上，对所谓"青史留

---

① 余英时：《士与中国文化》，99～100 页。
② 《论语·卫灵公》，阮元：《十三经注疏》，2518 页，北京，中华书局，1980。
③ 引《文选》卷 32，《骚上》，457 页，北京，中华书局，1977。
④ 见《文选》卷 41，《书上》，576 页。
⑤ 欧阳修：《欧阳文忠公文集·居士集》卷 50，《四部丛刊》本。

名"而获得不朽的关注,使得一时的威权也不得不屈服于执有"万世之是非"的"史权"。桓温尝"抚枕起曰:'既不能流芳后世,不足复遗臭万载邪!'"① 是基于这种认识,诸帝欲观起居、实录,亦同样包含有对自己留诸历史之形象的关怀。这也可以说是"史权"意识最终仍能在漫长的古典时代得以存在的价值层面的原因。

---

① 《晋书》卷98,《桓温传》,2576页,北京,中华书局,1974。

早期史官的制度形态与中国历史编纂致用传统的生成

一

从文化的发展和衍化看,早期文明的起步,总是对后来的发展起有极大的规定性,不仅规定着该文明后来文化发展的基本方向,也规定着该文明之文化的特点。当然,其中也必然地包括着该文明的历史观念,以及在这些历史观念指导下形成的史学观念、史学表现形态等等史学的学术特点。

这点,现代解释哲学家伽达默尔,在评论乃师海德格尔时曾阐述开端的思想史意义说:"接近开端,总意味着在回归过去之途中保持不同的、开放的可能性。谁完全位于开端,谁就必须选择其道路,并且当他返回到开端时,他将置身于开端之中,以至于他从起点出发,也有可能走不同的路——比如东方思想已经走上了不同的道路。也许,在东方,此类事的发生很少是出于自由的选择,就好像西方的(思维)道路之方向是发端于这样一种自由的选择一样。"① 这里伽达默尔的观点虽然明显带有西方人的文化傲慢与偏见,但是他所谓思想开端的选择决定后来思想发展道路的观点,还是不无道理。而这一点,是可以在世界中最具史学传统的两大文明——以古希腊史学为代表的西方文明和中华文明——的史学发展中得到印证的。其中最明显的例子,莫过于中华文明早期史官制度及其文化形态,对于中国古典历史编纂学中致用传统形成所构成的积极影响。

一般来说,人们在比较中西史学在对待史学之用的不同态度时,更多

---

① 《伽达默尔全集》第2卷,363页,转引自严平:《走向解释学的真理——伽达默尔哲学述评》,9页,北京,东方出版社,1998。

是从中西古典时期不同的史学观念方面进行分析。认为以古希腊为代表的西方古典文明，受"实质主义"（substantialism）知识论的影响，认为具有普遍性的实质是不变的，因此以变化为其特质的历史，既不如诗歌，更不如哲学那样，具有给人们提供普遍性判断的价值。也就是说，历史并不能构成一种"知识"（episteme），只能是一种介于有知与无知之间的"意见"（doxa）。而"意见"是不具备指导人们普遍性的实践活动的价值，即现实世界致用的价值。① 而与之相反，经验主义占上风的中华文明，对于感性的、经验性的认识则持肯定态度。认为普遍性内在于特殊性，并在特殊事物的发展中得到呈现。其意义就是说，变化之中存在或体现着不变性的常理。惟因如此，不断变动的历史，对于人们的认识活动不仅具有直接的指导价值，而且因为历史经验所具有的具体的感性，对于人们的实践活动的指导意义反而更大、更鲜活、更具体，从而也更有致用的价值。

当然，人们对于中西史学特质的认识，以及由此导引出的不同的史学致用观的不同认识，是具有相当说服力的，但是我们这里要补充论证的是，中西两大史学传统在致用问题上所存在的认识上的差异，除了历史认识观念的差异外，从发生学的角度分析，还有着制度文明方面的不同。当思想构成对制度文明的影响时，制度文明也影响着思想。制度形态与思想之间，是存在着一定的辩证互动关系的。这里我们所要指出的是，中国历史编纂学之致用传统的形成，与中华早期文明中的史官制度及其形态，有着相当密切的关系。

尽管从中西史学的形成历程的演变来看，二者在最初的萌芽时期，都存在过口口相传的传说阶段，但是与直接"在诗歌和雄辩术双重启发下发展起来的""古希腊的历史写作"不同②，在国家制度上早熟的东方国家——既包括所谓的近东地区的古代埃及、巴比伦、亚述、腓尼基和伊朗，也包括所谓远东的中国③，很早就由职司国家宗教、文化职能的祭司、

---

① 参见科林伍德：《历史的观念》中译本，48、27页，北京，中国社会科学出版社，1986。
② J. W. 汤普森：《历史著作史》中译本，27页，北京，商务印书馆，1992。
③ 这里所谓的"东方"的地理概念，其实无不是西方中心主义的产物。

巫祝等，负责国家的年代记、王室的纪念性文献等历史内容的书写，并将这些历史性文献的书写与国家的其他一些政治、经济、法律及军事等文献作为国家的档案予以保存，即将历史的记录和国家档案的保存纳入于早期的国家职能之中。而这在中国就是早期的史官。

这一早期文明的特点，对于文明的发育具有双重意义：第一，有力地推进了官僚体制（bureaucracy）的生成与发展。因为，按照官僚制学说理论的奠定人马克斯·韦伯的说法，严格遵循法律法规和充分利用文书档案，是官僚体制构成的重要的基础条件。正是文书和法律的充分利用，才使得确定的官员执法领域处于条文，也就是法律和行政法规的支配之下，进而使得官僚体制这种组织得以高效率地运转起来。① 第二，这种文明特点，将历史的记注和包括文书档案在内的历史文献的保存，直接纳入于国家的管理职能之内，并使这一职能制度化，在养成高度历史意识的同时，也直接促成了后来不断得到强化的官修史学的传统，而且构成了传统历史编纂学致用传统的制度及思想的重要源泉之一。

二

分析中国早期文明的这一特点的第二方面意义，对于我们理解传统历史编纂学致用传统有着重要意义。

关于第一点，即中国早期的史官及其制度对其后来的官僚政治制度的意义，阎步克《史官主书主法之责与官僚政治之演生》一文②，曾有过详细的探讨，并引述美国学者顾立雅就书面文件的使用对西周行政的评论说："它具有另一个特点，令其稳定性达到了很高的水平：习惯于使用和保存书面记录。"他认为，与古希腊、古罗马等西方文明相比，"在其他任何地方，都没有如此之多的关注，被投注于保存和细致研究档案材料之

---

① 关于中国早期史官制度与古代官僚制度的孕育、演生，参见阎步克：《史官主书主法之责与官僚政治之演生》，载北京大学传统文化研究中心编：《国学研究》第 4 卷，北京，北京大学出版社，1997。

② 文载北京大学传统文化研究中心编：《国学研究》第 4 卷。

上"。这种意识甚至影响到语言：有时难以分辨"典"这个词，指的是典籍本身，还是通行的规则；它有时还用如动词，意为"典掌"。① 说明这一史实所间接反映出典籍文献的保存及其制度化对于早期政治体制运行的重要意义。当然，阎步克所论述的问题不是我们这篇文章要讨论的问题。我们的讨论事实上是要在阎步克先生提出问题的基础上，将问题进一步引向阎先生弃而不采的"史学史的视角"，讨论这种对于中国传统史学观念与史学编纂实践当中极具影响的致用传统的问题讨论。

几乎所有的中国史学史著作，在谈及中国史学的发生时，都或多或少论到早期的史官制度与史学的关系。例如中国近现代意义的最早的史学史著作——金毓黻的《中国史学史》，其《导言》即云："史字之义，本为记事，初以名掌书之职，继以被载笔之编，于是史官史籍生焉。"而本着这种认识，金先生的著作首章首先论述的就是"古代史官概述"，称："史学寓乎史籍，史籍撰自史家。语其发生之序，则史家最先，史籍次之，史学居末。而吾国最古之史家，即为史官。盖史籍掌于史官，亦惟史官乃能通乎史学，故考古代之史学，应自史官始。"② 但是迄今还没有人将这种早期国家的政治制度，与后来生成的历史编纂学当中的致用传统相结合而加以认识的论述。

按从发生学的角度看，史学的出现，虽然肯定要晚于夹杂着神话的部族事迹传说——准口述史学的出现，但是在中国，或包括所谓"近东"地区，如果不早于准史学——准历史性的文本编纂出现的话，起码也应该是与史官同时出现的历史事实。

关于"史"字，无论是在商代卜辞之中，还是在周代的卜辞之中③，都能经常看到，表明"史职"的出现相当的早，而且到了商周时期，已经发展成了国家重要的职官系统。仅就迄今所发现的周代铜器铭文看，有关

---

① H. G. Creel: *The Origins of Statecraft in China*, The University of Chicago, Landon, 1970, pp. 123~129. 转引自阎步克：《史官主书主法之责与官僚政治之演生》。
② 金毓黻：《中国史学史》，5、7页，石家庄，河北教育出版社，2000。
③ 见周原考古工作队：《陕西岐山凤雏村发现周初甲骨文》，载《文物》，1979（10）。

史官的铭文，就有多达60余条。如果包括诸侯之史、内史及其他诸史官的50多条材料，史官铭文材料的总数，则多达110余条。① 按古者"史"、"事"、"使"（或"吏"）本一字，意义相同相通。这是否从语源上透露出史官在其早期应与具体的国家行政职事有所联系，可能还要进一步的探讨，但一些学者，如内藤湖南释"史"字含武事之义，陈梦家认为"史"像持兵器捕兽之状，胡厚宣提出"殷代史为武官说"，等等，② 也确实是从多方面来论证"史"与具体之"事"的关系。这样我们是否可以给史官勾画出这样一条：从职掌各种具体军政职事的史官，到主书记事"作册"之史官的演变轨迹？尽管这肯定是一条漫长的发展道路，而且推论中间存在许多缺环，但也不是完全没有道理。

也许是在商代的晚期，随着国家形态的不断进化，政治体制逐渐复杂，一些史官亦开始成为专门司掌"作册"的职责了。到了周代，从现存及出土的文献上来看，史官司掌历史记述、文件起草，以及文献档案保管等职务的形态，已基本明朗了起来。因此，李零曾推论，后世史官记录史事能够不怕杀头，秉笔直书，以公正客观为"史德"，原因就在他们于殷周职官形成时，史官已是专门司掌记注的职官，不再直接参加行政管理，成为事件发生的"旁观者"了。③

我们说，尽管周代晚期史官已衍生为专门司掌记注文书、记述历史的职官，但是有两点仍是十分值得注意的，这就是：第一，毕竟史官是从职掌各种军政事务的政治形态中逐渐演化、剥离出来的职官；第二，尽管从具体的军政职掌中剥离，但在实际行政运作中，史官又并不是完全彻底地与王朝的军政事务相脱离，只不过从具体的事务操作，转向以政治、法律文书的起草，政治、宗教事件的记录和文书档案的保管等形式，从事着国家的军政和宗教事务。应该说，正是上述两点，使得史官自身生成了一种文化意义上传统，即始终保持着与国家军政、宗教事务的天然联系，始终

---

① 张亚初，刘雨：《西周金文官制研究》，26页。
② 胡厚宣：《殷代的史为武官说》，《全国商史学术讨论会论文集》，《殷都学刊增刊》，胡厚宣主编，1985年。内藤湖南及陈梦家说见胡文所引。
③ 李零：《中国方术考》（修订本），14页，北京，东方出版社，2000。

关涉着国家事务。史官的这种因制度而生成的文化印记，同样在作为史官后裔的中国史学之父——司马迁的身上得到充分的体现，最终生成中国古典史家关注国家事务、强调致用的历史编纂传统。

三

与尽管"在希腊时代以前几千年""就已经有了一种几乎达到编年史水平的文字记载"，但"似乎从未迈出""迈向真正历史写作的决定性的一步"的上古近东文明不同，① 中国上古文明的史官传统幸运地因为有了司马迁，将这种传统绵延传承了下来，影响着后世一代代史家的历史编纂。②

按《史记·太史公自序》云："昔在颛顼，命南正重以司天，北正黎以司地。唐、虞之际，绍重、黎之后，使复典之，至于夏、商，故重、黎氏世序天地。其在周，程伯休甫其后也。当周宣王时，失其守而为司马氏。司马氏世典周史。惠、襄之间，司马氏去周适晋。"此后，其裔一分为三，"或在卫，或在赵，或在秦"。其中在秦的一支，大约是在公元前620年，即所谓"晋中军随会奔秦"之时来到秦国少梁的，便是后来大史学家司马迁所从来的司马氏支裔。显然，从司马迁的自述中，我们可以清晰地看到一条从史官到史家的演化线索。而史官的文化品质和文化传统，也伴随着血缘的承继，"流淌"到了司马迁的"血液"之中。或用现代存在主义及解释学的术语来说，在司马迁撰述《史记》之前，作为不在场的存在——历史中生成的史官文化品质，已经构成了司马迁历史编纂观念的前理解（fore-understanding），规定着他对历史的理解和思考。

按《大戴礼记》说："德法者，御民之衔也。吏者，辔也。刑者，策

---

① J. W. 汤普森：《历史著作史》中译本，27页。
② 其实孟子所称"'春秋'天子之事也"（《孟子·滕文公下》），若不从一般所认为的社会批判的立场，换一个视角来理解，似乎也可认为既然"作史"本是国家史官的职掌，内容也是关乎国家事务的记述，那么，把作"春秋"称作"天子之事"，是国家"掌官书以赞治"的史官撰述，（《周礼·天官·宰夫》），显然也是自然之事了。

也。天子御者，内史太史左右手也。"① 所以柳诒徵所谓"古之有史，非欲其著书也，倚以行政也"的说法，② 可谓言中早期建立史官制度的初衷。而其所谓"史官掌全国乃至累世相传之政书，故后世之史，皆述一代全国之政事"的推论，亦可为本文所要阐述的史官制度形态直接影响后世历史编纂，使之生成经世致用之传统的重要意义的论点作一注脚。

事实上，只有当我们理解了上古史官与国家政治制度之间的天然联系，以及其在制度上的生成演化，理解了在史官在制度的生成演化中逐渐形成的政治文化品质，我们也就不难理解为什么司马迁编纂《史记》，除纪、传、表之外，还撰述了"八书"来记述制度的发展；也就不难理解中国的典章制度史编纂如此早于西方世界，以及为什么中国古代的史学家总是从国家的立场探讨诸如管理职能、统治职能及其相关制度的问题，并以此旨趣进行历史的编纂。这种突出国家政治致用目的的历史编纂传统，正是早期史官制度形态在后世文化观念的遗留。从这个视角来看清代章学诚《文史通义》力倡古之经世致用之学，称："六经皆史，古人不著书，古人未尝离事而言理，六经皆先王之政典也。"③ 实际也是从上古史官的制度形态所构成的文化品格，来强调历史编纂本应具有的致用精神。

---

① 见《大戴礼记·盛德第六十六》，《四部丛刊》本。
② 柳诒徵：《国史要义》，9页，上海，华东师范大学出版社，2000。
③ 叶瑛：《文史通义校注》，1页。

从"是/应该"问题看传统史学理论中的现代因素

一、"是/应该"问题在西方哲学中的提出

"是"与"应该"之分的问题（is/ought gap），亦称"'事实'与'价值'"之分问题，或"休谟的法则"问题，是西方哲学对事实陈述和价值判断进行逻辑区分时提出的命题。在西方主流哲学中，"是"（is）与"应该"（ought）虽然都是对事实判断问题，却常常被认为是两种不同的活动而分属于两个不同的范畴。其中前者讨论的是事实是否是"真"，是对事实存在的描述性陈述，它陈述描述世界"是"怎样的，属于认识论的范畴；后者讨论的是事实是否为"善"，是对事实的价值判断，它规定世界"应该"是怎样的，属于道德论的范畴。追源溯本，"是/应该"（is/ought）的问题，虽然从古希腊时期的苏格拉底提出"德性就是知识"的命题时就已蕴涵了争论的因子，但是真正就"是"里能否推导出"应该"，明确作为一个问题提出来讨论，则是18世纪英国著名的哲学家、史学家休谟（David Hume，1711—1776）。

作为经验论哲学家和怀疑论者，休谟在他的名著《人性论》第三卷《道德学》第一章之第一节《道德的区别不是从理性得来的》的附论中指出，在他遇到的每一个道德体系中，他"大吃一惊地发现"，他"所遇到的不再是命题中通常的'是'与'不是'等连系词，而是没有一个命题不是由一个'应该'或一个'不应该'联系起来的"。换句话说，即从事实陈述的语句，突然转换为价值评判的语句。[①] 而这，按照休谟的话，都是

---

① ［英］休谟（David Hume.）著：《人性论》，关文运译，509～510页，北京，商务印书馆，1991。

在"不知不觉"中发生的。然而究竟"是"中能否推导出"应该"?休谟并没有给出明确的回答,但是根据休谟所坚持的"道德的区分不是来自于理性",反对将关于道德的价值问题与关于事实的真理问题混为一谈的观点来看,对于这个问题,休谟是持否定态度的。

面对休谟的思考,德国的康德(Immanuel Kant,1724—1804)肯定了他对"是"与"应该"的划界,认同其"是"中是不能推导出"应该"的观点。但是康德对于休谟所认为的与道德关涉的"应该"领域是非理性的观点,则表示出了不同的意见,认为理论理性与实践理性虽然有所区分,但是从根本上来说,二者不仅仍然具有同一性,而且因理论理性的有限性,实践理性明显具有对理论理性的优先性。此后,围绕着"是/应该"问题,西方哲学界曾展开过相当热烈的讨论。其中一部分学者认为,事实陈述是客观的,而价值或道德判断是主观的,二者是有区别的两种判断,即事实陈述描述世界"是"怎样的,价值判断规定世界"应该"是怎样的;"是"是与价值无关的,"应该"是评价性的或规范性的,而描述与评价分属于两种不同的活动。因此,人们不能从非道德判断中推演出道德判断。也就是说从"是"中不能推出"应该",因为在事实与价值之间没有逻辑的桥梁。而另一部分学者则反对这种观点,认为价值判断是可以与事实判断合而为一的。由于"是/应该"问题的辨析,在西方哲学认识论中所占据的重要地位,所以,相关问题的争论一直延续到20世纪中期仍有所继续。

二、"是/应该"问题在西方史学理论中呈显的紧张与现代学者弥合的努力

"是/应该"之分的问题,虽然是西方主流哲学在探讨对事实陈述和价值判断如何进行逻辑区分时提出的命题,但是,由于在西方史学在现代以前始终难以摆脱事实判断和价值判断,即史学求真、求善之紧张的梦魇,所以"是/应该"问题,也必然在史学理论的讨论中有所呈显,其中诸如所谓史学是科学还是艺术?史学之鹄是否仅仅在于求真?史学是否有必要

将价值判断逐出自己关注的视域？等等这些问题，其深层大多可以捕捉到"是/应该"问题的踪迹。而究其根本，则是西方主流哲学坚持主体与客体、理性与非理性、人与自然等范畴间截然二分、相互外在对立的形而上学传统，对于西方思想理论形成的深刻影响。

对于西方的主流思想传统来说，其"哲学的起点是理性。理性有一内在的逻辑辩证性，这就是主体自我与客观世界的分离"。而在这种"对主体和客体分辨界定之后，就尽量使主体不参与客观世界，而以知识作为媒介来把握客观世界，并通过对客观世界的把握，来作为实现自由的基础"。① 这种思维方式在西方启蒙运动以后，由于理性主义的极度膨胀和科学实证主义一路凯歌地发展，更获得了前所未有的影响。其结果是在追求"把知识体系作为模型，反过来再说明主观自我"的同时，"主观自我也就成了客观对象"，以致完全弱化了人的自由意志的意义②。

这种主客之间二元对立的思维，体现在历史认识中，就是假定历史是一个先验存在的客观实体，而与之对立存在的则是一个同样先验存在的、具有自我意识的理性主体，二者相互外在。至于历史认识的建立，则是通过这个理性主体的摹写、复制和反映，再现那个外在于主体自身的历史实在。显然，西方有关历史客观性理论的核心观念，也是其主客体二元对立的形而上学传统在历史认识上的延伸。在这种历史认识观念的支配下，史学的求真性质被极力地凸现出来，其结果是对历史叙述中的主体存在视而不见，认为存在着是一种独立于历史认识者之外的、与价值判断无关的绝对客观的历史知识的硬核，而历史学家则只要以自然科学的精神与方法，就可以寻找出、甚至复原出历史的真实；只要通过大量经验材料的搜集，就可以从中发现类似于科学定律的、放之四海皆准的历史因果规律。于是，史学家在将历史的主体放逐出史学的同时，也以追求客观之真为理由，把是否"应该"的价值判断断然摒除于历史的叙述之外，漠然地审视和"如实地说明历史"（兰克 Ranke Leopold von 语），于是，历史学家也

---

① ［美］成中英：《论中西哲学精神》，11~12页，北京，东方出版社，1991。
② 同上书，12页。

因之心安理得地卸下了本应担在自己肩头的道德重负。

然而基于主客二分形而上学观念的认识论，在历史这种特殊的人文学科中必然会遭到难以解脱的困境。以提出"是/应该"问题的休谟为例，尽管休谟认为"是"与"应该"是有区别的两种判断，前者依赖于理性思辨，后者则属于实践科学，但是他的这种观点，在他自己的史学实践中并没有得到完全的贯彻。在他的史学名著《从恺撒入侵到1688年革命的英国史》中，仍可以明显地看出他的政治立场和道德立场。在这里，截然划分"是"与"应该"，划分事实判断与价值判断的理论，在具体的史学实践中遇到了难于克服的尴尬。

应该说西方主流哲学这种主客体分离对立的二元论，是导致所谓"是/应该"问题困境的症结点。而有关"是/应该"问题的根本解决，则最终有赖于20世纪兴起的现象学运动和解释哲学的兴起。由于现象学哲学从"自我/世界"关系、人是世界中人的认识论出发，提出"回到事物（现象）本身"（go back to things themselves）的口号，跳出主客体二元对立的传统形而上学的模式，并在存在问题的讨论中引入时间因素，在揭示了认识的本质特征，说明了主、客体相互融通，事实判断与价值判断交互渗透问题的同时，也否定了历史客观性所要求的那个先验的、连续的、理性的，且与客体完全对立的主体之存在的可能，从而为缓解因主客体的张力而引发的"是/应该"问题在史学中的紧张，奠定了认识论的基础。

受到现象学运动的启发，西方历史认识论的讨论获得了突破性的进展。其中，英国历史哲学家沃尔什（Willian H. Walsh，1913—1989），在他的《历史哲学·导论》当中就指出："历史思维终究有着一种（不同于科学思维中所能发现的）主观成分在起作用，这一因素就限制了历史学家所能希望获得的客观性，或者是改变了它的性质。"[①] 这是因为，历史学家在叙述历史时，是根本无法摆脱某种前提预设的，"历史学家是各以其自己的哲学观念在看待过去的，这对他们解说历史的方式有着一种决定性的

---

① ［英］沃尔什（Walsh, W. H.）著：《历史哲学·导论》（*Philosophy of History—an Introduction*），何兆武，张文杰译，99 页，南宁，广西师范大学出版社，2001。

作用。"① 所以，对于"历史学中对于内在重要性的判断的出现和操作"，在沃尔什"看来是难以否定的"。至于一般历史学家之所以难以理解这一点，沃尔什认为有两个原因：一是历史学家"对历史研究的细节的关注，使得他们把注意力集中在对事实的确定上"；一是"历史学家未能认识到价值判断在历史学中的作用，因为他们太把自己的价值判断当作是理所当然的了"，以至于"人们对于研究历史还有任何其他前提这一可能性，根本就不予考虑"②。沃尔什论述的关键，是指出了在历史学的实践当中所存在的主体性，使得史学的价值判断与史学的求真目的紧密地联系到一起，并藉此给历史学抹上一笔主观性的重彩。

于此同时，解释哲学同样在现象学的影响下，从解释哲学的立场阐述了历史知识具有的主客体交融的特殊性。其中解释哲学的大师伽达默尔说："所谓的认识主体具有客体的存在方式，因此主体和客体都属于同一种历史的运动。虽然当客体相对于思维体（res cogitans）是绝对的他者，即广袤体（res extensa）时，主体—客体的对立具有它的恰当性，但历史知识却不能用这种客体和客体性的概念适当地作出描述。……也就是说，要以适合于主体的历史存在方式认识所谓的主体。"③

沃尔什之后，随着分析的历史哲学的不断展开，西方历史理论界对于历史认识的分析也日趋深入。其中如当代荷兰史学理论家弗兰克·安克斯密特（Frank Ankersmit）就曾在沃尔什观点的基础上，坚定地为"历史主观性而辩"，通过分析历史叙事活动中事实与价值的关系，指出"历史著述中真实性和价值是多么紧密地联系在一起"，并且从美学的立场，提出与所谓"相片理论"相对应的"历史表现"理论。他认为，历史叙述为我们呈现的是"一种事实与价值的混合状态"，因此"企图将二者完全分开不现实，因为没有哪位历史学家能够彻底从一种环境中脱离出来而赞成另一种。认为这样一种一清二白的分离是或应是可能的这样一种信念，只有

---

① 沃尔什著：《历史哲学·导论》，何兆武，张文杰译，107页。
② 同上书，192～193页。
③ [德] 伽达默尔（Gdamer, H. G.）著：《真理与方法》（*Wahrheit und Methode*），洪汉鼎译，410～411页，上海，上海译文出版社，2004。

在我们运用后休谟和后康德的方式，深信事实与价值逻辑上是截然不同时，才具有其唯一的基础，但是，它在历史著述（或因此而在一般的人类生活）的实际情形中，基础是断然不存在的。"他指出，对于那些强调"是/应该"，即事实性判断与价值性判断之间存在着无可争议之区别的人来说，其"潜在冲突必然是，一旦他开始思考历史著述，就会出现明显的令他苦恼的情况"，于是"历史逐渐被看成了事实与价值之间永无休止的战争最适宜的战场"。①

然而，值得注意的是，在西方历史哲学声讨客观主义历史认识论的同时，一些人在历史认识的问题上又中断了历史事实认识中主客体之间的张力，走向了相对主义的极端，完全否定了一个客观有效的过去的存在，同时也否定了对真实判断之可能性的存在，在继宣布"上帝死了"之后，又极端地宣称"人也死亡"，而仅仅把一切历史的存在归结为话语间或文本间的存在，于是"是"与"应该"的问题也不再存在，或不再成为问题，于是历史的认识中也没有了求真求善问题的困扰，一切争论也就都在相对主义中相互扯平或两败俱伤，不再构成困扰历史认识的问题。至此，史学家追求绝对历史事实之"真"或追求历史叙事之"善"的"高尚的梦"均遭到了粉碎，于是，西方历史认识的讨论又面临到了新的尴尬或理论困境。

三、"合于理"与"本于情"的辩证统一——中国传统史学理论中的现代因素

与西方史学认识理论在"是"与"应该"问题上所呈现的尖锐紧张不同，以儒家文化为主导的中国传统思想，因始终是经验主义居于主导，故而，一方面始终将思想关注的重心置于生活的世界，而非认知性抽象理论的构建；一方面始终以"自我/世界"，即世界是人的世界，人是世界中的

---

① ［荷］弗兰克·安克斯密特（Franklin R. Ankersmit）著：《为历史主观性而辩》（按：原文名：*In Praise of Subjectivity*），陈新译，《学术研究》，2003（3，4）。

人的在世结构，思考人与世界万物的关系①。按照明代大儒王阳明的说法，即"天地万物原本是一体，其发窍之最精处是人心一点灵明"②，"我的灵明便是天地鬼神的主宰。……天地鬼神万物离却我的灵明，便没有天地鬼神万物了。我的灵明离却天地鬼神万物，亦没有我的灵明"③。

应该说，传统中国的这种以人为核心的、主客体互涵互融的认识观念，虽然在一定程度上削弱了自然科学思想发育的基础，但是，对于包括历史学在内的人文学科，却先天地占有认识论上的优越性。因为主客体的相互内在、互涵互融，消解了人在认识与判断中"是"与"应该"的紧张，或事实判断与价值判断之间非此即彼的冲突。

关于"是/应该"问题在传统中国观念上所展现的非紧张状态，可以从"是"字字义的训释得到语言学的支持。对于"是"，按汉许慎《说文解字》训释是："是，直也，从日，正。昰，籀文是，从古文正。"清段玉裁《说文解字注》注释说："以日为正则曰是，从日；正，会意，天下之物莫正于日也。"④ 又关于"日"，《说文解字》的训释是："日，实也，太阳之精不亏，从口，一，象形。"又《唐开元占经·日占义》引《春秋元命包》称："日之为言实也，节也，含一。"⑤ 因此在古代，"是"字在某种意义上又通"寔"——"实"的异体字。于此，《正字通·宀部》曰："实，通作寔。"《字汇·宀部》曰："实，是也。"清俞樾《诸子平议》解释汉扬雄《法言·问明》"不聪，实无耳也；不明，实无目也"句云："樾谨按两'实'字皆当为'是'。不聪是无耳也，不明是无目也。'是'通作'寔'，故《尔雅·释诂》曰：'寔，是也'。'寔'通作'实'。"⑥ 通过对

---

① 关于这种"人/世界"在世结构的特征，张世英先生归结为内在性、非对象性和人与万物相通相融三点。详见张世英著：《哲学导论》，4～5页，北京，北京大学出版社，2002。而主客体二分，或"主体/客体"的在世结构的特征为：外在性、人类中心论、认识桥梁型。见《哲学导论》，3页。

② 《王阳明全集》，107页，上海，上海古籍出版社，1992。

③ 同上书，124页。

④ 段玉裁：《说文解字注》，69页，上海，上海古籍出版社，1981。

⑤ 《开元占经》卷5，影印文渊阁《四库全书》，第807册，上海，上海古籍出版社，1986—1990。

⑥ 俞樾：《诸子平议》，687页，北京，中华书局，1954。

"是"之语源语义的考察,可以看到"是"字本身就包括了对知识的正确性和道德善恶的价值性这双层的意义判断。这也就是说,"求是"作为一种认识活动,除了以事实描述世界"是"怎样之外,同时也包括价值判断规定世界"应该"是怎样的这样两个层面。而这一点,显然是与西方语言中的"is"仅仅表述事实判断义项有所不同①。而这种语义的不同的背后,则是深刻的观念的不同。

由于在"自我/世界"的在世结构中,主客体是互涵融通的,描述活动和评价活动是作为一个统一的过程通过认识主体来完成的,所以对事实的认识本身就是一个参与性的、有倾向的意向性活动,于是在认知的整个实践活动中,自然也就不再需要在事实与价值之间建立什么逻辑桥梁了。这一点,应该说相当接近于现代西方发展起来的现象学哲学的理论。当然,中国古典哲学在对认识实践中主体介入的不可避免性有所认识的同时,为了保证认识不被认知主体的情绪产生的错觉所左右,也对认知主体提出了限定性的要求,这就是儒家所一再强调的"诚"。"诚"者,《说文》释之曰:"信也,从言,成声。"而"诚"亦有真实之义。《增韵·清韵》曰:"诚,无伪也,真也,实也。"②故于史学有"信史"之谓。"信史"即真实的历史。《说文》解"信"曰:"信,诚也,从人言。"段玉裁《说文解字注》曰:"人言则无不信者,故从人言。"又《说文》段注解古文"信"(伩)字,称:"言必由衷之意。"③从这些"信"字的语义训释可以看出,传统中国史学所追求的"信史",与西方史学所追求的客观性的绝对之"真"(truth)的不同。即"信史"实现的条件,主要表现为,或依赖于主体的"言之由衷"。故《中庸》有"诚者,天之道也;诚之者,人之道也"之说④。这或也是中国传统史学理论一再强调史学家的品质,强

---

① 关于"is",可参见尼古拉斯·布宁,余纪元编著:《西方哲学英汉对照辞典》,524页,北京,人民出版社,2001。
② 毛晃,毛居正:《增修互注礼部韵略》卷2,影印文渊阁《四库全书》,237册。
③ 段玉裁:《说文解字注》,92页。按此处有关"信"字的训释,蒙安徽社会科学院陈立柱研究员提示,在此特表感谢。
④ 《中庸》第二十章,《四书五经·中庸章句集注》本,民国二十五年(1936)版,10页,上海,世界书局。

调史学家的"心术",强调史学家的"公心"与"史德"的重要原因。

此外,"诚"除了与"信"字互训,在一定概念上相通外,"诚"的概念在儒家经典中,亦与"明"概念相互发明。《中庸》云:"自诚明,谓之性,自明诚,谓之教。诚则明矣,明则诚矣。"① 而这也是一个反映古代中国"自我/世界"在世结构下的思维取向。即在不强调主客二分的同时,亦不将理性与非理性置于对立,于是就形成了与西方主流哲学那种既把"情"排除在理性之外,又把"知"排除在情感之外而孤立存在的理性之不同的理性,即所谓"情意之知"的理性。这种体现"情"的"知"或"智",也就是儒家所说的、与"诚"相互发明的"明",也就是中国传统观念中理性的基本特征。

海德格尔曾说:"语言是存在的家园。"语言不仅表达思想,更是思想的本身。语言的有限性,使它在构成我们生存的方式的同时,也使它成为追索民族思想的指纹。鉴于语言之于思想的意义,以上的这些繁琐的文字训诂,便不是毫无意义的说明,而是我们揭示中国传统运思路径与特征的有效途径。我们认为,这种字义训释所透露出来的,既强调合情,也强调合理;既追求"是",也追求"应该",情与理相统一的观念,所呈现的"一种事实与价值的混合状态"② 的"明",也就是传统中国史学家观念中历史理性的基本特征。

对于传统中国的史学家来说,史学所呈现的主客体之间互涵交融的关系,往往被认为是很自然的事。即史学家对于历史的认识,是一种参与式的"理解",而非镜像式的"反映"。这种对历史的参与性的理解,其效果是史学的主体,始终是内在地呈显在历史的构成之中,并由此使得事实判断与价值判断,在历史的构成中呈显出不可分离的统一性,而不呈显西方历史认识中的那种紧张。这从孔子作《春秋》"常事不书"等一系列"书

---

① 《中庸》第二十一章,《四书五经·中庸章句集注》本,11页。
② 前引[荷]弗兰克·安克斯密特著:《为历史主观性而辩》,陈新译。

法"原则的提出①,到"其事则齐桓晋文,其文则史,其义则丘窃取之矣"的自白②,都体现了史学这种主体参与性的特点,即史家主体对于历史事实的目的性选择与价值性的评判,均属于史学的有机构成。史学家对于历史的事实判断和历史的价值判断,在历史的叙述之中的统合,既被认为是合情的,也被认为是合理的。而在这种史学认识下的历史世界中,史家自我与历史、古与今、人的自我与外在世界,自然也就不是相互自外的,而是相互关切的、融而为一的有机整体,一个更为真实的经验的历史。我们认为,无论是司马迁的"通古今之变",还是王夫之的"通古今而计之",都可以从这个意义上得到理解。事实上,孔子作《春秋》,在继承周史官"史例"传统基础上,精心设计的"书法",就是既要保证"齐桓晋文"之历史事实的可信,又要表达出自己对于历史的价值判断——"义",二者相互统一的一种有效的表述方法,或化解史学中求真、求善之紧张的一种努力。

中国古典时代一般思维和认识的特点,除了直接支配着史学家的史学实践外,也在史学家的史学理论中有清晰的表述。当时学者所谓"寂然凝虑,思接千载,悄然动容,视通千里"的说法③,生动地说明了客观的历史,是怎样经过主体的思虑,突破时空距离而呈现于当下的情景的。这说明,中国古典时代的史学家对历史中主客的关系是有所意识的。这也就是说,在中国古典史学家看来,不可能存在那种丝毫不经过主观、真正客观呈现出来的历史。

对于历史的特点,约写作于公元496—497年间的史学理论论文《文心雕龙·史传篇》,是最早做出系统理论论述的专文。在这篇论文中,作者刘勰在提出"居今识古,其载籍乎",即历史认识依赖于叙事文本的同时,

---

① 《春秋》所谓"常事不书"的原则,在解释它的所谓"《春秋》三传"——《公羊传》、《谷梁传》和《左氏传》中,常常被论及,并对"不书"的原因或意义予以阐发。

② 引文见《孟子·离娄下》,阮元:《十三经注疏》,2728页,北京,中华书局,1980。

③ 杨明照:《文心雕龙校注》,195页,北京,中华书局,1961。

亦强调"析理居正，唯素心乎"，指出历史中不可避免地存在客观事实与主体表述的张力，二者不可分离地共存于历史之中，即客观历史事实依赖于主体的表述，但表述的主体的"素心"又直接影响史学的求真或历史真实的表述。关于这一点，刘勰在文中又具体论述说：

> 若乃尊贤隐讳，固尼父之圣旨，盖纤瑕不能玷瑾瑜也；奸慝惩戒，实良史之直笔，农夫见莠，其必锄也；若斯之科，亦万代一准焉。至于寻繁领杂之术，务信弃奇之要，明白头讫之序，品酌事例之条，晓其大纲，则众理可贯。然史之为任，乃弥纶一代，负海内之责，而赢是非之尤。秉笔荷担，莫此之劳。迁、固通矣，而历诋后世。若任情失正，文其殆哉！①

按照刘勰此处的说法，史学中确实存在着"求信"与"求善"的张力，但是这"求信"、"求善"又是统一的，即"求善"是以事实之可"信"为基础的"求善"，"求信"则是以达到道德之"善"为目的的"求善"。但事实性的陈述或知识性的"是"与道德价值判断性的"应该"必须保持一定张力，因为"史之为任，乃弥纶一代，负海内之责，而赢是非之尤"，所以"若任情失正，文其殆哉"！

刘勰以后，唐代的刘知幾（661—721）、元代的揭傒斯（1274—1344）、明代的胡应麟（1551—1602）等，又分别著书撰文，对相关的论点做出发挥，其中揭傒斯的"心术"说、胡应麟的"公心"说，都是在肯定史学主体性的基础上，讨论如何保持主体性在史学认识中存在之度的问题。但是，从理论的发展看，对于这个问题，清代的史学理论家章学诚（1738—1801），阐述得最为精当。

作为浙东学派的学者，章学诚深受明代思想家王阳明心学理论的浸润、熏染。而王学理论最突出的特点，是充分肯定主体意识在认识活动中的作用。《王阳明全集·传习录》中，他的学生记述了这样一个故事曰：

---

① 杨明照：《文心雕龙校注》，111页。

"先生游南镇，一友指岩中花树问曰：'天下无心外之物，如此花树，在深山中自开自落，于我心亦何相关？'先生曰：'你未看此花时，此花与汝心同归于寂。你来看此花时，则此花颜色一时明白起来。便知此花不在你心外。'"① 显然，王阳明是想通过这个岩中花树的例子说明，无论是事实的呈现，还是价值的呈现，都是主体意识的意向行为所构成。或者说，任何判断行为，无论是事实判断，还是价值判断，都是通过某种类型的先验主体显现出来的活动。这样，在人的认识中，认识的主体性便将"是"与"应该"、事实与价值统一了起来，也就自然没有了事实判断与价值判断的截然分界或紧张。

事实上，章学诚也正是沿着王学的这种思路思考史学中主体与客体的关系问题的。对此，章学诚在其代表作《文史通义·史德篇》中有相当集中的阐述。文中，章学诚论述说：

> 夫史所载者事也，事必藉文而传，故良史莫不工文，而不知文又患于为事役也。盖事不能无得失是非，一有得失是非，则出入予夺相奋摩矣。奋摩不已，而气积焉。事不能无盛衰消息，一有盛衰消息，则往复凭吊生流连矣。流连不已，而情深焉。凡文不足以动人，所以动人者，气也。凡文不足以入人，所以入人者，情也。气积而文昌，情深而文挚；气昌而情挚，天下之至文也。然而其中有天有人，不可不辨也。气得阳刚，而情合阴柔。人丽阴阳之间，不能离焉者也。气合于理，天也；气能违理以自用，人也。情本于性，天也；情能汩性以自恣，人也。史之义出于天，而史之文，不能不藉人力以成之。②

这里，章学诚显然对史学中主体与客体的关系有所认识，并且清楚地认识到，在历史的撰述中，其事实判断与价值判断是不可能截然分开的。按照前引弗兰克·安克斯密特（Frank Ankersmit）的说法，历史叙述为我

---

① 《王阳明全集》，107～108 页。
② 叶瑛：《文史通义校注》，220 页。

们呈现的是"一种事实与价值的混合状态"。这是因为作为客观的历史——"事",不得不依赖主体的文字表述。这样,"事藉文而传",而"文为事所役",其中"史之义出于天,而史之文,不能不藉人力以成之",即客观的历史不得不依赖主观的表述,或追求历史的客观,不得不通过历史的主观来完成。这虽然是一个悖论,但对于不在场的历史事实也是一种无奈。于是,在这种情况下,作为史学来说,"其中有天有人",有客观也有主观,有事实判断也有价值判断,便"不可不辨也"。

然而,对于客观见之于主观的史学,虽然有客观有主观,有关于"是"的事实判断,也有关于"应该"的价值判断,而且"不可不辨也",但是事实上这二方面又不能截然划开。因为章学诚认为:"气得阳刚,而情合阴柔。人丽阴阳之间,不能离焉者也。"即作为历史主体的人,是不能没有"气"和"情"的,而这作为人所必须有的"气"与"情",也必然烙印于表述的历史文本之中。按照章学诚的话说,即"气合于理,天也;气能违理以自用,人也。情本于性,天也;情能汨性以自恣,人也。史之义出于天,而史之文,不能不藉人力以成之"。这也就是说,作为历史的本体是客观的,但是作为表述这客观历史本体的史学作品,则是作为有血有肉、有情有感、有善恶是非的主体所作为。因此史学本身就是主、客体交融作用下的产物,也正因为如此,史学中的事实判断和价值判断便是不能须臾或离的了,即对历史之"是"的事实判断,与对历史之"应该"的价值判断,在人们的历史认识或陈述中是密切结合在一起的,在历史认识形成的过程中,也必然是不可分割的。

文中,章学诚对于史学的论述并没有到此结束。因为在揭示出具有自由意志的主体之于客观历史认识的不可分离的事实后,人们很自然会想到,这种对历史主体之"气"之"情"的强调,是否会导致历史认识的相对主义?人们是否还能达到历史认识的"真"呢?对此,章学诚又在对史学中主体自由意识认识的基础上,进一步提出了史学中主体意志存在的界限问题,即如何把握史学中主体意志的"度"的问题。章学诚认为,虽然作为有情有感,有是非善恶的主体,对于客观历史,史学家虽然必然会有感而叙,有感而评,其作品会免不了"气昌而情挚"。但是只要我们所发之气,能够"合于理",我们所生的情,能够"本于性",那么"尽其天而不益以人,虽未能至,苟允知之,亦足以称著述者之心术矣"。① 换句话说,就是气和情虽然是主观的,但是假使我们心中所生之气是合于理,所发之情本于性,保持史学中事实判断与价值判断之间的张力,那么也就不至于以私害公,以求善而埋没历史之真了。但是其间"微茫杪忽之际,有以独断于一心",即仍需要史学主体的把握,而这也正是章学诚之所以强调"史德"的原因之所在,也是前面儒家学者所追求的"诚"或"明"的境界。

从章学诚的论述可以看出,史学在构成中所展现的张力,以及在其主、客体的张力之间"气"与"情"的张力与统一,而这张力也就是"合于理"的事实判断,以及"本于情"的价值判断之间的互动。显然,在章学诚的史学观念中,"合于理"的事实判断及"本于情"的价值判断二者都是历史认识的有机构成。也就是说,由于历史认识的形成,本身就是主观与客观交互作用的结果,因而"是"与"应该"的判断,作为都是史学主体之意识的表现,也就很自然地统一在整个史学的叙述之中。而这个认识,对于深受实质主义思维定势影响的西方史学,则直到经过现象学运动的洗礼之后,才逐渐有了更清楚的认识。由此可以看出,中国传统史学理论,在历史的认识论方面,已具有了某些现代史学认识论中的因素,这或可以认为,中国的传统史学理论在某些方面存在有对西方前现代史学理论的价值优越性?

---

① 叶瑛:《文史通义校注》,220页。

后现代理论视域下的
问题意识与史学史的重写

一

  我们说，尽管后现代主义基于一种文化批判立场，对现行的一切抱着一种全面、彻底的怀疑和批判的态度，尤其是彻底否定历史的客观性，对通行的历史学及其观念所进行的全面"颠覆"，而使历史的认识染上了浓重的相对主义色彩，但是无论如何，我们也不能无视或绕过这些理论对于历史的文本重构——历史编纂中所进行的意识形态的涂抹和叙事中的想象、修辞等等问题一针见血的抨击。

  就历史哲学的意义讲，后现代思潮对历史学的冲击，既有非西方国家崛起后世界格局的变动，以及随之出现的对西方中心的质疑等外在原因，也有人们对历史认识论不断追问的内在理路的必然。后现代理论的提出，实际上也是继19世纪末以来，分析与批判的历史哲学提出的"历史认识何以可能"、"历史知识是怎样建立的"以及历史认识之特点等历史认识问题的追问之后，进一步对历史学家工作的性质及其局限等问题的继续追问或延伸。而在这不断追问的过程中，因分析哲学、现象哲学、存在哲学、诠释哲学、语言哲学，以及种种现代哲学思潮，作为分析工具的不断加入，使得历史认识及其本质等问题的剖析，获得了不断的深入。

  后现代主义不仅试图重新考虑人们对于历史演变的认识和解释，而且值得注意的是，它更想让人们从一个新的角度来理解对历史的认识，历史知识的形成，以及历史学家的工作性质和局限等等问题。应该说，后现代这一理论指向的提出，最具启示意义的，也许应属以研究历史的文本重构或历史编纂，探讨历史认识及其演进为核心内容的史学史学科了。因此，从学科发展的角度讲，获得机遇最大的也理应是史学史。这是因为，全部的后现代理论所质疑的历史客观性的指向，从根本上说并不是时间中不断展开的历史，而是同样属于历史的历史文本重构。后现代主义者，无不将历史的文本重构当中主体的存在及影响，视为攻击传统历史可观性之观念的致命软肋和解构的隼接点，认为所谓作为"类"概念而提出的抽象的、价值中立的、站在历史之外的"它者"，在历史的文本重构中是根本不存在的。"你站在桥上看风景/看风景人在楼上看你/明月装饰了你的窗子/你装饰了别人的梦。"卞之琳这首名曰《断章》的小诗，也可说是以隐喻的形式，道出了历史的文本重构中，主/客体的交融性和诠释的历史性。因此，从史学史的学科意义讲，后现代理论这种对历史构成中主体意义的强调，对历史叙事性、文本性的强调，除了使史学史研究在整个历史学中的重要性得以凸显外①，更重要的是它提出了史学史研究的新的问题意识，开拓了新的史学史研究的运思路径，也扩大了史学史研究的骋思空间。

事实上，尽管后现代思潮引发的思想和学术震荡已渐行平复，但是后现代学者提出的一些问题及相关概念，在经过人们理性的咀嚼后，已经渐渐被吸收到一些问题的讨论之中，只是国内的一些史学史研究者还未能预此学术之流，分出一部分心来，认真思考一下这些问题的之所以提出，以及这些问题的学术价值而已。

二

虽然，后现代作为一种文化思潮，并没有严格系统的理论，甚至不同的学者之间还存在很大的理论冲突，但是在对"大叙述"的思维方式提出挑战，批判以西方价值为核心的所谓理性的普遍性，强调事物的复杂性、多样性、相对性和无结构性，注重为现代主义排斥在外的"它者"（the Other）的地位，等等，则在理论上基本表现出一致的立场。而由此带出

---

① 后现代理论对历史认识及其文本性的分析，使得历史研究者对文本文献真实的相对性有了更清醒的认识，即历史研究者面对历史文献等以往的历史撰述钩稽自己论证的材料时，首先要对文本进行的史学史追问：文献的作者说了什么？有意不去说什么？为什么？

的一些理论问题，也恰是我们史学史研究者获得新的问题意识和学术灵感的地方。

后现代理论引出的问题意识，就中国史学史的研究来说，至少可以包括两个方面的省思与检讨：一是对近代以来新史学发生、发展的历史的省思与检讨；一是中国几千年以来固有的史学传统的省思与检讨。

论及近代以来新史学，其不断深入的近代化，无疑要归功于西方近现代学科理论的传入。但是，后现代理论则使我们清醒地意识到这新史学建立的另一面，即当近代我们张开双臂拥抱西方历史学的学科理论时，事实上我们也在相当程度上接受了西方＝现代化的价值观，并从西方学术预设的立场出发，仰视着体现"理性"的西方世界，然后按照西方世界的"理性"观念，把自己的历史和史学纳入于西方的历史时间之中，同时也作为衡量尺度，重新建构中国的历史文本。这也就是说，后现代所针砭现代史学的种种弊病，随着中国近代史学转型的完成，也为近代的中国史学接受了。当然，在新史学的历程中，我们亦曾以"革命"的意识形态，虚构了自己的种种"大叙述"；而与此同时，与我们对立的"反革命阵营"的史学家，也虚构了他们话语体系的"大叙述"。于是，当我们站在后现代的立场，无论是讨论西方"理性"对于中国新史学的影响，还是揭示意识形态支配下种种大叙述的虚构，以及对不同话语体系之不同历史叙述的比较，也就自然形成了我们进行近现代史学史研究的有意义的课题。

当然，除了中国近现代史学外，按照后现代的理论，同样需要质疑的，还有近代史学转型之后，我们按照近代学科模式所建立的史学史学科本身。

据后现代思潮的重要代表，法兰西哲人米歇尔·福柯，曾在他的《词与物》法文版前言中自称，他写这部著作的灵感，是出自于阅读一部阿根廷短篇小说所引述的中国古代类书中的动物分类。他说，当时他在感受到"另一思想体系的奇异魅力"的同时，亦想到了现代西方"思想的界限"，并引发了他这样的反思和诘问：现代西方人又是如何整理各种现象的？现代西方人的思维方式会是一成不变的吗？

这里，福柯提出的不同知识类型及其背后不同思维系统之间不可通约性的问题，是否也启示我们有必要反思一下自己史学史研究的境况——以一种预设的西方/现代知识学科体系，是否真的能准确地说明中国的传统史学？以这种预设的知识体系，在解释中国传统史学时，是否也面临着知识或思想界限的窘态？

说起来现代意义的中国史学史学科的提出，实际属于20世纪初的事。其时，无论是率先将中国史学史课程搬上大学讲堂的朱希祖，还是明确提出建立中国史学史学科的梁启超，虽然都谈到中国史学的发达，但是，其所谓的"中国史学"，实质都已脱离了传统"经史子集"知识体系，而于不自觉之中，转入了西方/现代的学科体系思维模式，切割自己的传统史学，置入到新的学科容器之中。其结果是，此刻的这个"史"已不再是那个"史"，即已从"经史子集"学术结构中之"史"，转入到"文史哲"学科结构中的"史"。而从那以后直至今日，尤其是在史学理论与史学史作为历史学的二级学科之一后，对于中国古代史学史的研究，其实始终是在这种西方/现代学科话语权威的统治之下，以西方的史学范畴，进行着传统史学的研究。对此，我们研究传统史学的学者，难道不应该反思一下这个西方学科思维之履，是否真的符合传统史学之足？我们是否应该突破西方强势话语预设于我们思维中的学科畴域，或各成边界的学科容器，将传统史学置于它所应在的知识体系和思维系统之中展开探讨呢？

这个"史"既然不是那个"史"，这个"史"也就必然有它与那个"史"的不同；然而，既然都称为"史"，那么这个"史"与那个"史"又必然有它们之间的同。作为强调事物的复杂性、多样性和相对性，注重对"它者"进行研究的后现代的学说，所给我们的启示和问题意识也正在于它促使我们在比较的视域中重新认识传统史学，其中包括它与西方史学的异与同。

与后现代一再批判的西方现代"科学"史学的最大的不同，就是中国传统史学中从未呈显出主/客体、理性/非理性之间的尖锐对立或紧张。在中国传统"天人合一"或"自我-世界"思维模式的主导下①，史学中呈现的是一种主客体的互涵互融。即史学家之于历史，是一种参与式的"理解"，而非镜像式的"反映"。其中历史主体的参与，包括主体的事实判断与价值判断，都是历史的文本重构中内在的、不可分割的因素，与客体呈现着不可分离的统一性。这从孔子作《春秋》"常事不书"等一系列"书法"原则的提出②，到"其事则齐桓晋文，其文则史，其义则丘窃取之"的自白③，无不体现出对历史的这种主体参与性的追求。由于史学主体的存在，本身就是史学的有机构成，既合于情，也合于理。于是在这样的历史世界中，史家的自我与历史、古与今、人的自我与外在世界，便不是一个相互自外的，而是相互关切的、融而为一的有机整体，一个更为真实的经验的历史世界。事实上，孔子作《春秋》，在继承周史官"史例"传统基础上，精心设计的"属辞比事"的"书法"，就是既要保证"齐桓晋文"之历史事实的可信，又要表达出自己对于历史的价值判断——"义"，二者相互统一的一种有效的表述方法，或化解历史的文本重构中主体/客体、求真/求善之紧张的一种努力。而传统对史学"寓论断于叙事"的肯定，事实上也是对历史文本所具有的解释性性质的肯定。对于传统史学来说，其最高的追求是"信史"。按《说文》称："信，诚也，从人言。"即《说文》段注所说的"言必由衷之意"④。可见传统中国史学所追求的"信史"，与西方实质主义（substantialism）所追求的绝对客观之"真"（truth），是有所不同的。因为"信史"实现的条件，主要表现于或依赖于主体的"言之由衷"。故《中庸》有"诚者，天之道也；诚之者，人之道也"之说⑤。

---

① 关于这种"人—世界"在世结构的特征，张世英先生归结为内在性、非对象性和人与万物相通相融三点。详见张世英著：《哲学导论》，4~5页，北京，北京大学出版社，2002。

② 《春秋》所谓"常事不书"的原则，在解释它的所谓"三传"——《公羊传》、《谷梁传》和《左氏传》中，常常被论及，并对"不书"的原因或意义予以阐发。

③ 引文见《孟子·离娄下》，阮元：《十三经注疏》，2728页，北京，中华书局，1980。

④ 段玉裁：《说文解字注》三篇上，《言部》，92页。

⑤ 《中庸》第二十章，《四书五经·中庸章句集注》本，民国二十五年（1936）版，10页，上海，世界书局。按"诚"与"信"在文字上是互训的。

这也就是中国传统史学理论一再强调史学家的品质，强调史学家的"心术"，强调史学家的"公心"与"史德"的根本原因。而对这些传统历史认识论之优长的发现，正是我们从后现代对现代追求的"科学"史学的抨击中获得的灵感。

此外，从后现代的理论视域理解中国传统历史编纂学，就会发现，远较西方丰富的历史文本形态或体裁，正是中国古代史家力图克服历史事实的无限性与文本表述的有限性之间尖锐紧张的努力。传统史学正是通过多种文本编纂形态，或多种文本形态的统合，以及"信以传信，疑以传疑"的史学精神等①，构成对历史的非单一声音的多重叙述。而这也正是后现代多元性、复杂性，以及历史认识的"主体间性"（intersubjectivity）的理论追求。至于传统史学对于历史文本修辞的艺术追求和历史解释的价值诉求，以及子贡所谓"纣之不善，不如是之甚也，是以君子恶居下流，天下之恶皆归焉"之说②，明代王世贞有关"国史、野史、家史"不同历史叙述话语体系的分析等等③，则更是大有后现代历史认识的深度。

如果说以上均体现了后现代理论视域下中国传统史学对西方近现代"科学"史学之异，或认识价值上的优长，那么，作为中西史学之"同"的表现，或后现代主义者竭力抨击的西方现代史学的种种弊端，则同样可在后现代理论视域的观照下凸显出来。

例如后现代曾尖锐地质疑近现代理性和科学语境下的"元叙述"（meta-narrative）和"大叙述"（grand narrative）。按所谓"元叙述"，就是为思想与体制提供合法化根据的基础主义叙事，它同时也是某种"大叙事"。其特点是将知识合法化，使之变成一种价值度量的尺度，变成一种政治力量。当然，后现代这些批评不能离开对西方启蒙运动以后"理性"和"科学"对意识形态的绝对统治，但是我们也未尝不可循此省思一下我们传统的史学。事实上，在我们的传统史学中，同样存在某种"隐蔽的句

---

① 《春秋穀梁传·桓公五年》，阮元：《十三经注疏》，2374页。
② 《论语·子张第十九》，阮元：《十三经注疏》影印本，2532页。
③ 参见向燕南著：《中国史学思想通史·明代卷》，275～282页，合肥，黄山书社，2002。

式结构",而它的"句式"就是遵循着儒家政治伦理——所谓"礼"的"语法"规则编织的历史事实——从事实的选择,到酷吏、循吏、忠臣、奸臣乃至烈女的分类,以及"自从盘古开天地,三皇五帝到如今"的历史叙述等等,无不浸润着儒家特有的价值判断和伦理建构。与后现代主义者所抨击的现代史学相类,传统史学在组织文本的同时,也同样组织了它的历史知识和观念,并将之转化为"权力",规训着几千年的社会和历史。而那个时代主要正史所谓"以古鉴今"的堂皇叙述,谁又能说它没有隐含着前朝必然灭亡和自己政权"奉天承命"之合法性的潜台词呢?至于传统史学中所谓的"正史"之称,以及"正史"对"野史"的天然优越,则本身就意味着权力的压抑,意味着"大叙述"对"边缘"或"它者"叙事的压抑。

当然,除了以上问题,后现代思潮提出的诸如叙述文本的分析、读者对于文本的影响、理性的相对性和历史性理论分析等等,同样开拓我们新的史学史研究的问题意识和研究途径,而其结果则是推动我们不断开辟史学史的新的诠释途径。

三

应该说,新问题意识的提出和新诠释途径的开辟,也就意味着史学史的重写。

"重写"本身就是一个后现代主义惯用的思路,按照后现代思潮的弄潮者之一利奥塔的话说,"'重'的使用意味着回到起始点,回到按说是摆脱了任何偏见的开端,因为人们以为,偏见完全来源于判断的累积和传统,这些判断以前没有经过重新考虑就被认为是正确"。① 当然这是利奥塔为规避将现代性与后现代性问题陷落到形而上学时间框架中所采用的针对"现代性"的提法。但是其对"重写"意义内涵的阐释,依然能够使我们的思想得到启示,即它可以让我们否弃原有的理性偏见下的历史叙事,在

---

① 利奥塔:《后现代性与公正游戏》,155页,上海,上海人民出版社,1997。

新的理论视域的观照之下，重新展开对历史的书写或叙述，使我们能够再回到起始点，从当下的立场出发，以新的思路或方式重新进入历史，在当下的境况中重新体验历史，解读历史中的历史文本。历史是向前运动的，但历史意识只能从当下的自身开始，这也就意味着"历史必然是由当下活着的每一代人去不断地重新回忆，思考和重新研究"。从这层意义上来讲，史学史的重写既是历史的，也应是现实的。

事实上，从改革开放以来，人们就已经不断地提出重写文学史、重写哲学史等重写学科史的问题。而中国史学史从20世纪初作为一个学科提出之后，就不断地为人们所重写——从最初的目录解题式的史学史，到学术史中不断展开的史学史，再到揭示中国史学发展中唯物、唯心两条路线斗争规律，并在斗争中不断进步、线性发展的史学史。因此，从后现代理论视域的问题意识出发，重新建立中国史学史的书写，我们认为应该是一个有价值的尝试，至少不能说是一种坏的尝试。

为史学求善而辩

史学应不应该追求善？这是一个颇具争议的问题。自19世纪30年代德国史学家兰克为抗议把历史当作说教，强调史学家的任务只在于"如实地说明历史"之后，那些以史学研究为业者，似乎也理直气壮地释去了负在肩上的道德重负，撅着"科学"的旗号，埋首于各类文献材料中，冷漠地找寻杳然消逝于过去时空的历史真实。所谓"与其誉尧而毁桀也，不如掩其聪明而反修其道也"。① 而其道者何？客观求真也。云既不彰善，亦不瘅恶，唯"如实地说明历史"而已。19世纪末以来，这种片面强调"如实地说明历史"的实证主义，虽然因分析哲学的兴起而遭到置疑，但是也只是从认识论的角度，揭示史学认识中的主观因素，说明历史客观的相对性，至于史学的求善意识，或史学的道德诉求与评判，依然为一些史家所诟病。

反观中国，由于儒家文化的熏染，史学长期以来一直把"彰善瘅恶，树之风声"悬为鹄的。在传统史学家看来，"齐桓晋文"的历史陈迹虽不能复现，但是史家仍有必要通过对历史事实的取舍和价值判断"窃取其义"，展现"人能弘道"的主体自觉精神和道德力量，影响现实政治和社会习俗，引领历史不断地向善的方向发展。然而这种强调史学求善的价值诉求，在近现代也开始遭到了打着科学旗帜的新史学的最猛烈的抨击。而受"文化大革命"影射史学的拖累，这种史学求善的诉求，也愈加的声名狼藉，以致时至今日，人们依然讳言史学的求善，而以一句"为学术而学术"的托词，将自己与社会划然分开。

然而史学家真的能自外于对历史是非善恶吗？20世纪第二次世界大战的残酷事实已经使史学家反思。英国史学家伯林（Berlin，Isaiah）就说，所谓仅仅"如实地说明历史"，不做主观之评价，乃是一个"混淆人文科

---

① 《淮南鸿烈解》卷9，《主术训》，《四部丛刊》本。

学与自然科学的目的和方法的谬误"。虽然难免"恶非其恶",难以做到完全的客观,但是有良知的史学家决不应对历史上的善恶视而不见。①

我们说史学固然是求真的科学,但是史学存在的灵魂则是在于它的求善。如果说,求真表现为人的历史理性的话,那么,求善则表现为人的道德理性。对于那些以史学为业者来讲,"准确只是责任,但绝不是美德"②。而"人类的心智追求准确性,心灵却在找寻意义。"③ 史学在求真之外,必然要有意义的追求,人类存在的终极意义就是史学家的最高追求。对于史学来讲,求真与求善犹如其向前进步的两轮,缺一不可。如果说求真是史学家的学术责任,那么求善则是史学家的社会责任。现代历史认识论的分析表明,历史是在主体与客体交互作用的过程中生成的,其中客观的具体的历史过程,必然随着时间的流逝而一去不再,而凝结主体思想认识的历史作品(history-as-account)则长存于世,不断积淀而形成人类的历史记忆,生成人类的思想文化传统。由此看来,"历史的制造者"——史学工作者的工作直接关系到社会意识的生成,其肩负的责任岂不大哉?!因此,史学家有责任,也有义务,通过自己的工作引领历史不断进步。没有求善意识的求真,将使史学家的工作失去方向,而且也不可能达到真正意义的真;当然,与此相应的是,没以真为基础的求善,也不会寻到真正意义的善,而只能是虚假的或歪曲的善。从这意义上讲,史学工作者必须保持求真、求善二者的张力,保持二者在史学中的辩证统一,才能获得史学的真谛。清代史学家章学诚说得好:"气得阳刚,而情合阴柔。人丽阴阳之间,不能离焉者也。"即作为历史主体的人,是不能没有气和情的。其中"气合于理,天也;气能违理以自用,人也。情本于性,天也;情能汨性以自恣,人也。史之义出于天,而史之文,不能不藉人力以成之"。而人

---

① [英]柏林(Berlin, Sir Isaiah):《四论自由》(*Four Essays on Liberty*) p 91, London:Oxford University Press, 2002.

② [英]爱德华·霍列特·卡尔(Edward Hallett Carr):《历史是什么》(*What is History?*)吴柱存译,5页,北京,商务印书馆,1981。

③ [美]乔伊斯·阿普尔比(Appleby, J.)等:《历史的真相》(*Telling the Truth About History.*)刘北城译,245页,北京,中央编译出版社,1999。

是有是非善恶之人，对于客观历史，史学家必然是有感而叙，有感而评，其作品虽不免"气昌而情挚"。但是只要我们所发之气，能够"合于理"，我们所生的情，能够"本于性"，那么"尽其天而不益以人，虽未能至，苟允知之，亦足以称著述者之心术矣"。① 换句话说，就是气和情虽然是主观的，但是假使我们心中所生之气是合于理，所发之情本于性，保持求真与求善间的张力，那么也就不至于以私害公、以求善而埋没历史之真了。

"公心"者，既是求历史事实之真之心也，也是求历史正义之善之心也。人类的历史应是不断弃恶扬善、不断进步、不断自我完善的历史，而从全人类历史发展的高度，超越一时的和个别集团利益的立场出发，通过富有价值批判意识的历史作品彰善瘅恶，制止不道德的行为，发扬道德行为，建立积极健康的、公正美好的文化传统和社会风尚，引领人类自我不断完善，显然应是史学工作者不可推卸的社会责任和义务，而且也只有这样，史学工作者才能使自己的工作获得灵魂。《周易·大有·象》云："君子以遏恶扬善，顺天休命。"② 从这个意义层面上讲，我们为史学之求善而辩！

---

① 叶瑛：《文史通义校注》，220页。
② 阮元：《十三经注疏》，30页，北京，中华书局，1980。

史学：后现代主义思潮之后的思考

后现代主义对于历史学来说，绝非仅仅是个匆匆过客，而是留下了许多学术上的思考。

所谓后现代主义所竭力标榜的"后"，并不仅仅是时间的前后之后，实乃蕴含着某种超越的追求，即通过批判而超越西方启蒙运动以来以"理性"、"科学"为核心观念形成的"现代性"。而按照黑格尔的辩证逻辑，事物的发展，总是以否定的形式开辟着自己的道路。一部思想史，实质也是自我追问和自我扬弃的历史。所以，后现代主义对所谓现代性的超越或否定，亦可视为现代性得以进步的前提。具体于历史学，或亦可以视之为获得新进步的可能。因此，面对后现代主义的闯入，历史学界有必要在维护学科尊严的同时，同情地理解并研究后现代主义所提出的问题，将其引入我们的视域，使学科获得升华。

后现代实际是一个相当庞杂的思想文化思潮。这里，撇开西方文化衰落等历史因素，仅就认识的逻辑看，后现代主义史学理论的提出，实可视为 19 世纪末以来，历史理论的探讨合乎逻辑的展开，即继分析的历史哲学之后，再次接受以语言的立场反省人与世界关系的哲学转向理论，形成继对历史本体的追问之后、对历史认识的追问之后，再次形成的对历史表现的哲学语言学追问，并在这样一个追问的逻辑长链中，获得对历史文学性的重新发现。

从对历史的一连串的追问看，后现代主义一些史学理论的提出，显然有其内在的逻辑必然。然而我们也看到，也正是在这些理论的探讨之中，历史学所体现的精神，也在对现代主义所极度强调的"理性"与"科学性"的批判中，转向了对感性和艺术性的完全诉求，在将历史与文学间画上等号的同时，也背离了"克莱奥"集科学与艺术于一身的基本精神，剪断了历史学本应呈现的科学与艺术、理性与感性的张力，为其彻底地走向怀疑主义、相对主义，乃至虚无主义洞开了一条理论门径。惟因如此，后现代主义也就理所当然地遭到历史学家的激烈抵制与反对。

然而面对汹涌而来的后现代主义思潮，抵制与反对并不是我们的目的。只有辩证地认识其理论的合理性与局限性，"入室操戈"，才是有助于历史学科进步的正确思路。

后现代主义的理论局限，主要表现在他们对于历史认识的主观性、历史经验的特殊性，以及语言的独立性，及其与事实指述间的不确定性等问题的极端强调，从而彻底地否定了语言的规定性和相对稳定性，否定了历史事实对于历史文本组织所具有的规定性及限定性，否定了人的经验与思辨逻辑对于认识历史的可能性。然而，我们亦不能不说，后现代主义所抨击的，未尝不是标榜客观性的现代史学的致命软肋或榫接点：什么使历史的存在成为可认识的对象？不在场的历史事实与它的认识者之间，难道不是永远横亘着语言或文本化的语言？而作为人存在方式的语言本身，难道不是充满社会性与个体性、逻辑性与人文性的矛盾？而这又恰是以往的对历史的理解所没意识的。显然，后现代主义所提出的这些问题，是能够促使我们从新的视域去理解历史，理解历史的认识，理解历史的再现与文本编纂的关系，从而获得对史学工作性质及局限更深一层的认识。

后现代主义最大的理论贡献就是使我们对于历史的认识进一步深化。应该说，从20世纪90年代以来，从具体研究者来说，尽管后现代的理论，在研究视角、研究的问题意识，以及研究的方法和意义的阐释等方面，已经产生了相当的影响，呈现出多元化的倾向，如一时兴起的微观史、日常史、性别史以及伴随而采取的所谓"厚描述"方法和叙事史学的复兴等等，但是从整个历史学来说，真正有意义的绝不仅是视角和方法的问题，而是要建立起历史认识论的自觉。

E. H. 卡尔曾在他那篇《历史是什么》的著名讲演中说到，历史就是现在与过去之间的对话。然而，经过后现代主义洗礼后，我们则要意识到，我们与过去的对话，绝不是与过去的直接对话，而是与经过人的主观记忆选择和语言叙述，早已被对象化和异化的过去之间的对话。因此，这就需要我们在展开研究，或与过去事实展开对话之前，必须建立与史学史的对话，从语境上理解历史的语言活动。当然，我们还要与处于研究状态中的自我建立对话，因为作为研究者的自我同样属于历史。只有这样，我们才能尽可能地克服认识上的局限。

当然，经过后现代主义的洗礼，也使我们能以一种宽容开放的态度看待不同的、多元的历史叙述与解释。而同样重要的，是使我们在被西方对"科学"一味追求而弄得支离破碎的史学中，重新发现道德的和美学的意义，从一个新的认识高度，重新建立对于真、善、美的统一的史学追求。而这，则恰恰是我们传统史学的追求。

后现代主义对西方中心论的批判以及对多元化的强调，确实给了我们回眸自己民族史学传统的机遇。于是，以新的理论视域，重新审视我们的传统史学，发掘传统史学对于克服西方史学弊端所具有的现代价值，便理所当然地应该进入到我们的问题视域。

与后现代一再批判的西方现代"科学"史学的最大的不同，就是中国传统史学中从未呈现出主/客体、理性/非理性之间的尖锐对立或紧张。在中国传统"天人合一"或"自我/世界"思维模式的主导下，历史的认识呈现的总是一种主客体的融贯。这样，在中国传统史学理论中，便形成了与西方符合论下对绝对客观之"真"不同的"信史"追求。按《说文》"信，诚也，从人言"，即对客观真实性的实现，是依赖于主体的"言必由衷"。这种主客体在历史认识中不可分割的整体性，事实上也正是包括后现代主义在内的西方史学理论在争辩中逐渐建立的共识。而由此认识，以往一直受到激烈抨击的"春秋笔法"，如今看来，它恰是在"齐桓晋文"之事得到真实记载前提下，通过修辞手段，有效地表达作史者所"窃取"的历史批评之"义"，形成了求真与求善乃至求美的统一。这种传统，对于强调绝对客观主义的西方现代史学和绝对相对主义的后现代主义史学之间的紧张，难道不是提供了一个很好的解决参照吗？至于司马迁所提出的"成一家之言"，以及他在实践中对史实"考信"的关注，则在体现史学在事实叙述与历史解释间之张力的同时，展现出一个对叙事和解释均开放的历史世界。也就是说，对于历史而言，"一家之言"外，是可以存在多家的叙述与解释的，而这不也是后现代主义所追求的吗？

关于中国传统史学理论的现代价值，在清代章学诚的理论中表现得最精彩。其《文史通义·史德篇》说:"夫史所载者事也,事必藉文而传,故良史莫不工文,而不知文又患于为事役也。盖事不能无得失是非,一有得失是非,则出入予夺相奋摩矣。奋摩不已,而气积焉。事不能无盛衰消息,一有盛衰消息,则往复凭吊生流连矣。流连不已,而情深焉。凡文不足以动人,所以动人者,气也。凡文不足以入人,所以入人者,情也。气积而文昌,情深而文挚;气昌而情挚,天下之至文也。然而其中有天有人,不可不辨也。气得阳刚,而情合阴柔。人丽阴阳之间,不能离焉者也。气合于理,天也;气能违理以自用,人也。情本于性,天也;情能汩性以自恣,人也。史之义出于天,而史之文,不能不藉人力以成之。"① 在这段论述中,章学诚深刻地阐述了文本作者之自由意志对于历史的影响,以及对其中之"度"的把握,即竭力达到"合于理"与"本于情"的辩证统一等问题。而这些有价值的理论,恰恰是通过后现代对现代史学批判的反省意识到的。当然,除此之外,中国传统史学中还有着极其丰富的遗产,诸如历史表述的体裁、有关文史关系的讨论等等,都亟待于我们发掘。显然,在新理论的观照下,如何发掘传统史学中有价值的理论,将我们优秀的史学遗产推向世界,也理应是我们在后现代思潮之后所应思考的重要问题。

总之,历史并没有因为后现代主义的解构而失去意义,因为连那些后现代主义者也不能否认其自身就是历史的一部分。但是我们也确实在他们的批判中看到现代史学的局限。因此,如何对自身理论的缺陷进行补苴调胹,就成了我们在后现代思潮过后的必要思考。学术范式需要建构也需要解构,存在不同声音学术才有可能进步。如今有关后现代理论的争辩虽已渐平息,但其冲击造成的史学理论伤痕仍依稀可辨。近代以来,当我们张开双臂拥抱西方的学科理论建立新史学之时,事实上我们也在相当程度上接受了现代史学的种种弊病。因此,面对曾经汹涌的后现代主义思潮,我们同样有必要思考、检讨我们的史学,同时也有必要把后现代主义引入我们的问题视域,重新认识和发掘我们优秀的史学遗产以贡献于世界。

---

① 叶瑛:《文史通义校注》,220页。